本成果受到中国人民大学2019年“中央高校建设世界一流大学（学科）和特色发展引导专项资金”经费的支持

中国人民大学“统筹支持一流大学和一流学科建设”经费资助

北方民族考古

THE ARCHAEOLOGY OF NORTHERN ETHNICITY

第8辑

中国人民大学北方民族考古研究所
中国人民大学历史学院考古文博系
编

科学出版社
北京

内 容 简 介

《北方民族考古》是由中国人民大学北方民族考古研究所、中国人民大学历史学院考古文博系主办的集刊，迄今已出版七辑。本辑内容包括考古新发现、研究与探索、北域撷英、碑铭考释四个栏目，收录论文24篇，以中国北方地区的考古学探索为重心，也包括一些重要境外考古发现的个案研究，在一定程度上反映了学术界在北方民族考古研究方面的前沿动向和重要成果。

本书适合文物考古研究工作者及大专院校师生阅读参考。

图书在版编目（CIP）数据

北方民族考古．第八辑 / 中国人民大学北方民族考古研究所，中国人民大学历史学院考古文博系编．—北京：科学出版社，2019.12

ISBN 978-7-03-062833-6

Ⅰ．①北…　Ⅱ．①中…　②中…　Ⅲ．①古代民族–民族考古学–中国–文集
Ⅳ．①K874-53

中国版本图书馆CIP数据核字（2019）第240062号

责任编辑：王琳玮　董　苗 / 责任校对：邹慧卿
责任印制：张　伟 / 封面设计：张　放

科学出版社 出版
北京东黄城根北街16号
邮政编码：100717
http://www.sciencep.com
北京厚诚则铭印刷科技有限公司 印刷
科学出版社发行　各地新华书店经销
*
2019年12月第 一 版　开本：787×1092　1/16
2019年12月第一次印刷　印张：20 3/4
字数：500 000

定价：168.00 元

（如有印装质量问题，我社负责调换）

目　录

考古新发现

研究与探索

北域撷英

碑铭考释

重庆万州万顺墓群2018年度发掘简报

重庆市文化遗产研究院　中国人民大学考古文博系

内容摘要：2018年7~9月，重庆市文化遗产研究院与中国人民大学考古文博系对万顺墓群进行了发掘，发掘墓葬包括砖室墓与土坑竖穴墓，共计15座，年代为战国晚期至六朝时期。墓葬保存情况普遍较差，出土遗物并不十分丰富，主要包括陶器、铜器与钱币。墓葬的文化遗存表现出了与峡江地区墓葬文化的共性，同时也保留了部分特色。

关键词：砖室墓；战国晚期；六朝时期；铜器

重庆市万州区万顺墓群位于万州城区以南，长江东岸的新乡镇，与武陵镇隔江相望。共包括7个墓地，均分布于沿江的二级台地上，集中于伸入江中的缓坡山嘴上。2015~2017年，墓群先后历经7次发掘，其中万顺墓地与李家嘴墓地分别由湖北省宜昌市博物馆和中国人民大学考古文博系于2016年进行发掘。

2018年7~9月，为进一步落实三峡工程重庆库区消落区的文物抢救工程，重庆市文化遗产研究院、中国人民大学历史学院联合对万顺墓群的万顺墓地与李家嘴墓地进行了发掘。根据勘探结果，将万顺墓地分为2个发掘区，东西直线距离约750米（图一）。

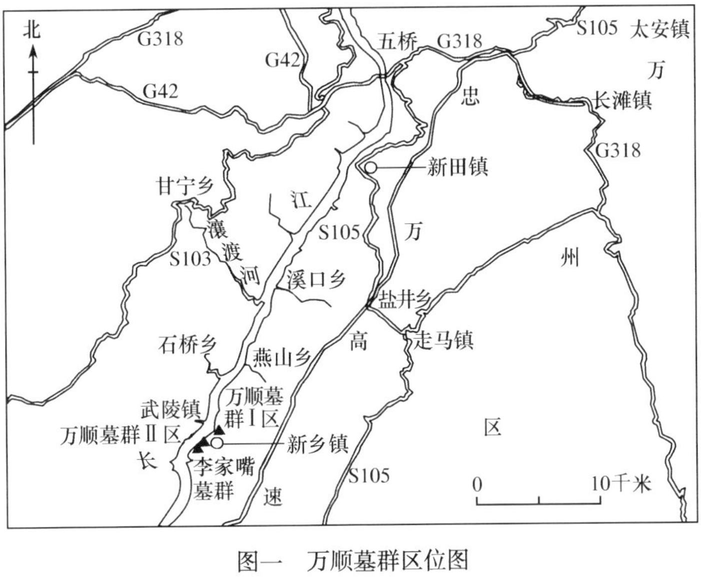

图一　万顺墓群区位图

其中Ⅰ区位于万顺村2社，Ⅱ区位于万顺村5社。李家嘴墓地位于万顺墓地Ⅱ区西南，直线距离不足100米。三处发掘区海拔146～164米，埋葬环境基本一致（图二）。

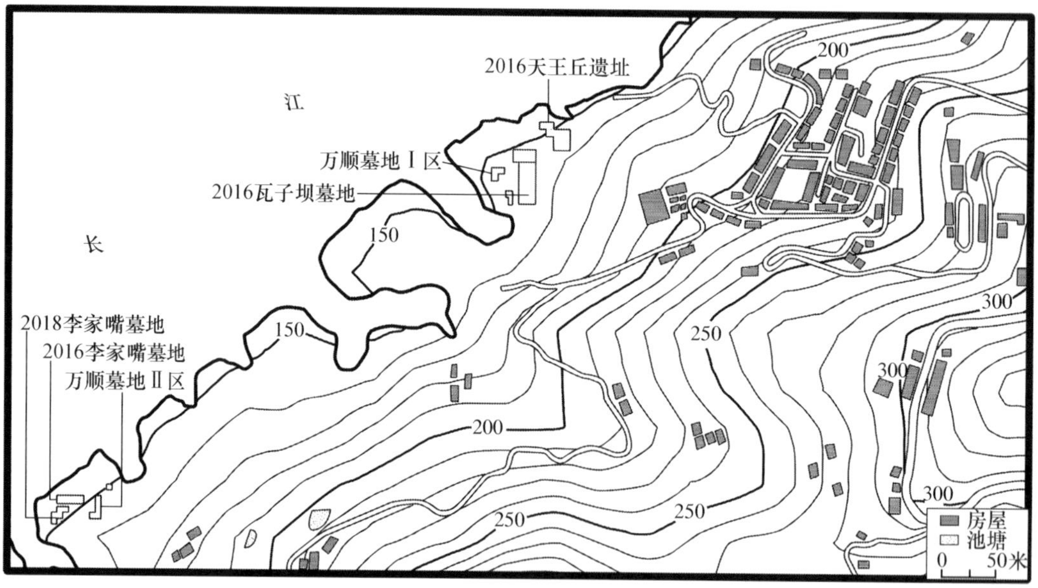

图二 万顺墓群总平面图

万顺墓群位于长江南岸的消落地带，长期受江水冲刷，部分埋葬较浅的墓葬受到严重扰乱，砖室墓的墓顶均被损毁，土坑竖穴墓保存情况相对较好。本次共发掘墓葬15座，年代为战国晚期至六朝时期。现将此次墓葬的发掘情况简报如下。

一、墓葬概况

（一）万顺墓地

此次发掘共清理墓葬8座。出土随葬器物3件，均为陶器（图三、图四）。

1. 砖室墓

共3座（XWⅠM1、XWⅠM3、XWⅡM2）。Ⅰ区2座并列分布，Ⅱ区1座位于近江处。

（1）XWⅠM1

XWⅠM1为刀把形砖室墓，方向50°。墓道口处残缺，墓室两侧壁连接顶处残，墓顶已坍塌。甬道残长253、宽195、残高约126厘米。墓室北壁长377、残高27～63厘米，7层墓砖；南壁长377、残高117～126厘米，14层墓砖；后壁长135、残高27～90厘米，10层墓砖。均为平砖错缝顺砌。墓砖有壁砖和地砖两种，其中壁砖分为两种，

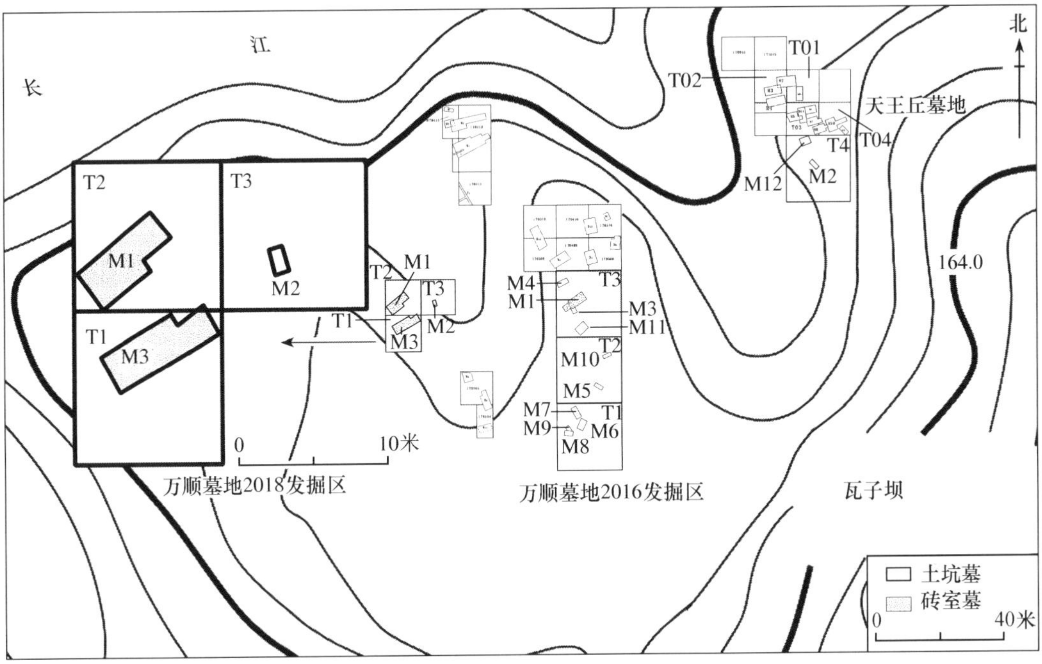

图三　万顺墓地Ⅰ区总平面图

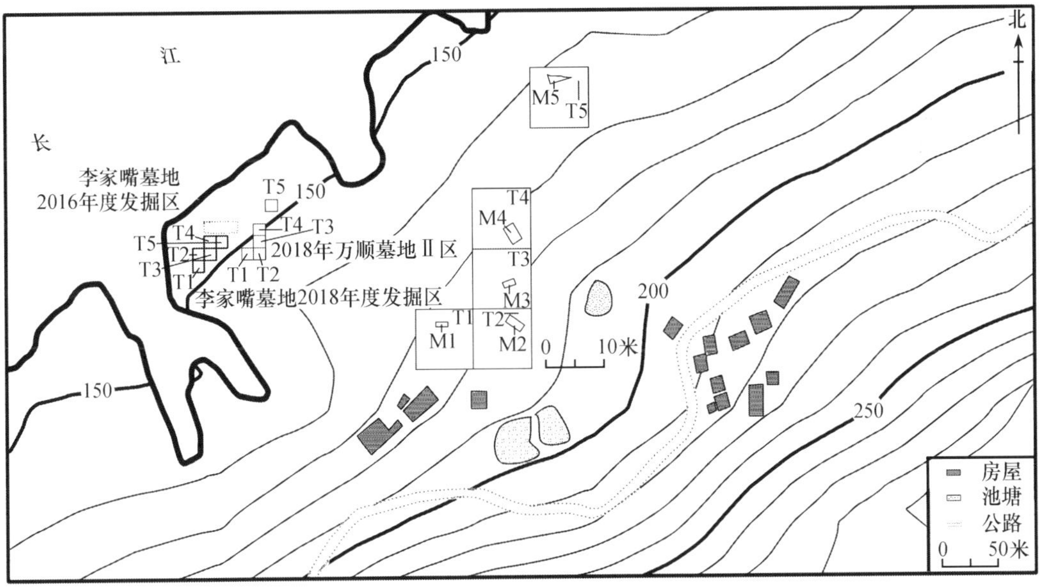

图四　万顺墓地Ⅱ区总平面图

一种长45、宽17、厚9厘米，纹饰为菱形点状几何纹；另一种长45、宽17、厚7厘米，纹饰为细菱形十字几何纹。花纹均朝向墓室。地砖残缺，形制同第一种壁砖，均为平砖错缝顺砌。未发现随葬器物，填土中发现少量陶片（图五）。

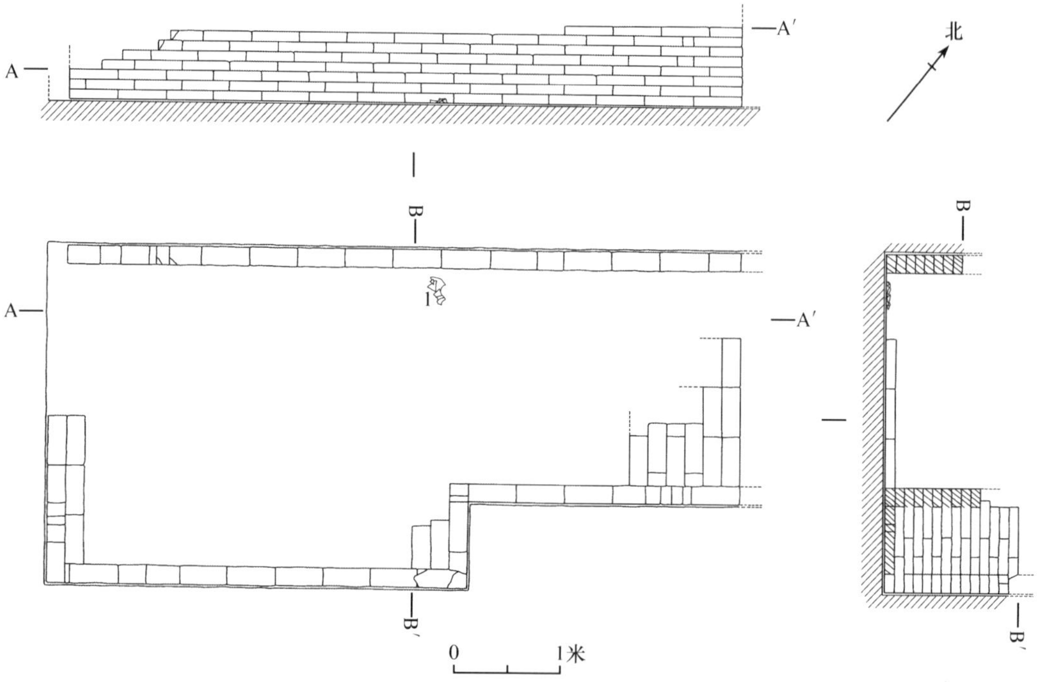

图五 XWⅠM1平、剖面图
1. 陶片

（2）XWⅠM3

XWⅠM3为刀把形砖室墓，方向60°。甬道位于墓室东南壁一侧，甬道口残缺，不见墓道与封门。墓室两侧起券处残，墓顶已坍塌。墓室东壁长111、残高88～121厘米，8～11层砖；西壁长258、残高77～110厘米，7～10层墓砖；南壁长765、残高77～110厘米，7～10层砖；北壁长561、残高77～110厘米，7～10层墓砖。甬道为长方形，长204、宽180厘米，北壁残存9层砖，南壁残存7层砖。壁砖上纹饰为车轮纹和菱形几何纹，花纹朝向墓室。地砖残缺，自东向西平砖错缝顺砌。未发现随葬器物（图六）。

（3）XWⅡM2

XWⅡM2为砖室墓，方向75°。墓道、甬道、券顶、北壁、东壁皆已无存。墓室南壁残长380、西壁残长160、残高8～32厘米，4层墓砖。均为平砖错缝顺砌。墓砖为长方形条砖，砖长47、宽18、高8厘米，纹饰皆为菱形点状几何纹，花纹朝向墓室。铺地砖长37、宽19、高9厘米。未发现随葬器物（图七）。

2. 土坑竖穴墓

共5座（XWⅠM2、XWⅡM1、XWⅡM3～XWⅡM5）。Ⅰ区1座位于较高台地，Ⅱ区4座基本并列分布。

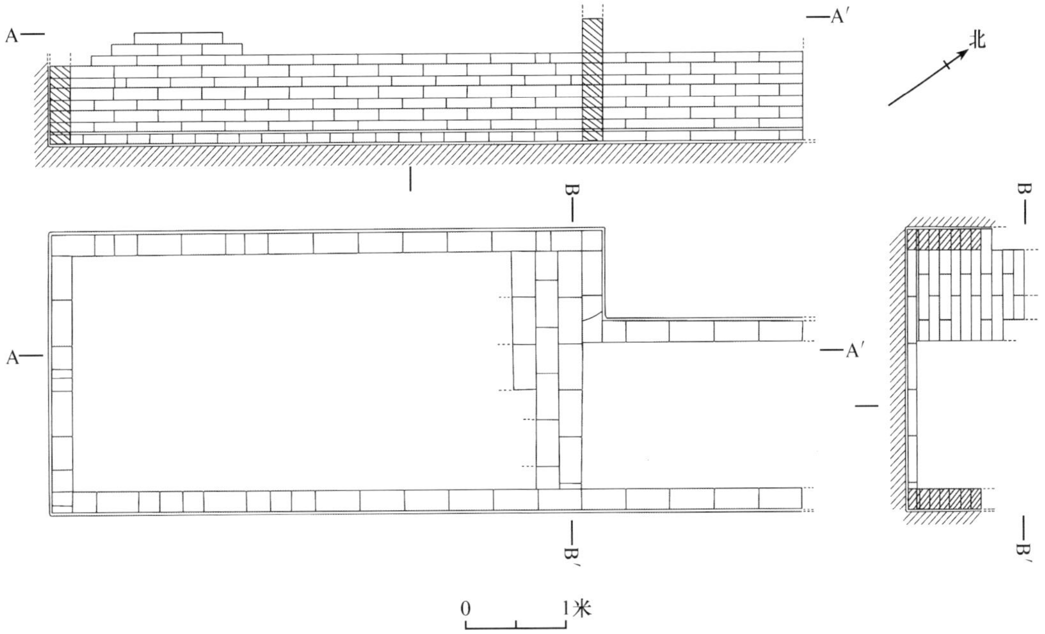

图六　XWⅠM3平、剖面图

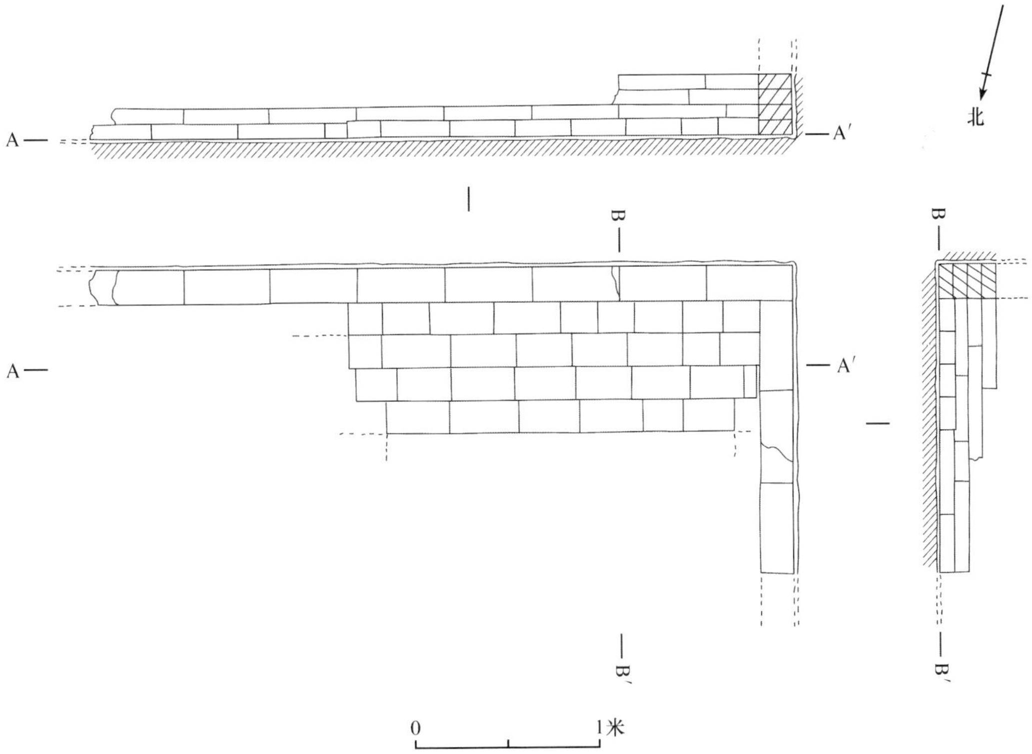

图七　XWⅡM2平、剖面图

（1）XWⅠM2

XWⅠM2为近长方形土坑墓，方向344°。墓室平面呈前窄后宽的长方形，长166～174、宽98～100、深约16厘米。未发现随葬器物，填土中发现少量陶片（图八）。

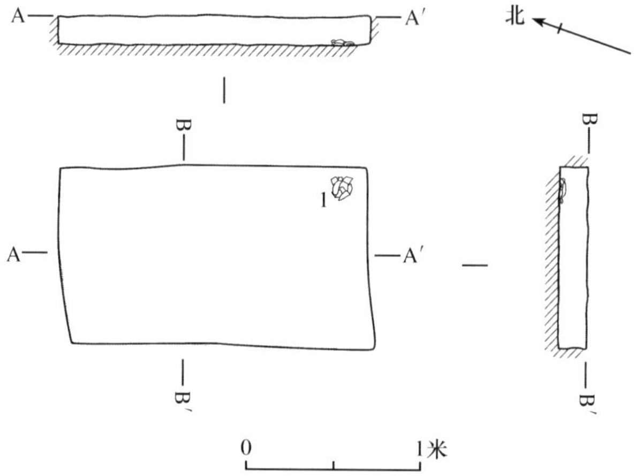

图八　XWⅠM2平、剖面图
1. 陶片

（2）XWⅡM1

XWⅡM1为近长方形土坑墓，方向270°。墓室平面呈长方形，长200、宽72、深15厘米。仅残留部分人骨（图九）。

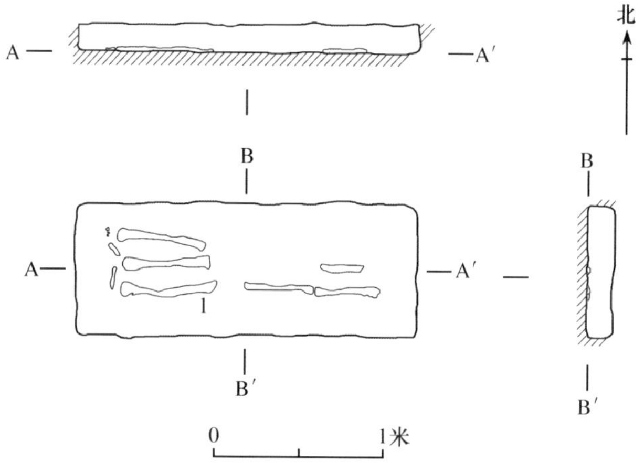

图九　XWⅡM1平、剖面图
1. 人骨

（3）XWⅡM3

XWⅡM3为近长方形土坑墓，方向75°。墓室平面呈长方形，长200～205、宽82～87、深15～23厘米。仅残留部分牙齿（图一〇）。

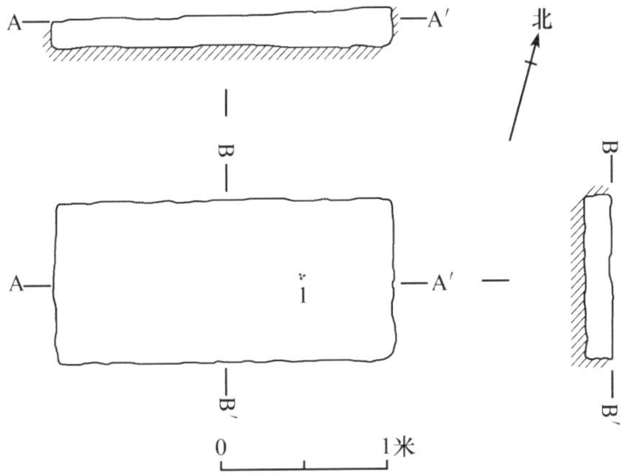

图一〇　XWⅡM3平、剖面图

1. 牙齿

（4）XWⅡM4

XWⅡM4为近长方形土坑墓，方向306°。墓室平面呈较规则的长方形，长284～290、宽134～136、深56～70厘米。随葬器物共2件，陶罐1件，陶器盖1件，陶片1袋，残留部分牙齿（图一一）。

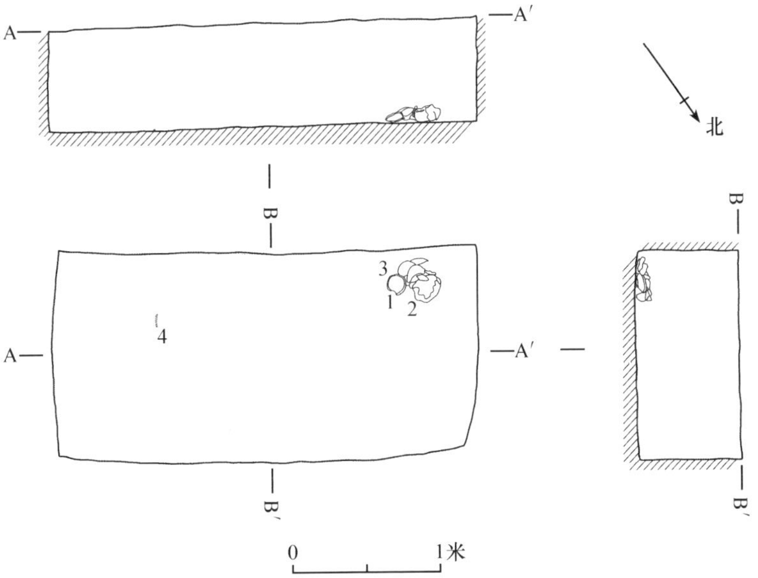

图一一　XWⅡM4平、剖面图

1. 陶器盖　2. 陶罐　3. 陶片　4. 牙齿

陶罐　1件。M4：2，灰陶，短直颈，敞口，圆唇，折肩，鼓腹，圜底。腹部饰细绳纹。口径11.8、腹径17.5、通高16.4、深15、器壁厚0.6厘米（图一三，3）。

陶器盖　1件。M4：1，灰陶，敞口，圆唇，盖面微鼓，顶部饰1个提纽。口沿直径13、通高6、深4、器壁厚0.3厘米，纽高1.7、内径4.2、外径5.8厘米（图一三，2）。

（5）XWⅡM5

XWⅡM5为近长方形土坑墓，方向331°。墓室平面呈较规则的长方形，长296～300、宽188～196、深84～102厘米。随葬器物共1件，陶豆1件，陶片若干，残留部分骨骼（图一二）。

陶豆 1件。M5∶1，灰陶，敞口，高柄，斜弧腹，实心柄，喇叭状圈足。口径12.5、底座直径8.8、通高14.6、豆盘深1.8、底座深3.4、器壁厚0.5厘米（图一三，1）。

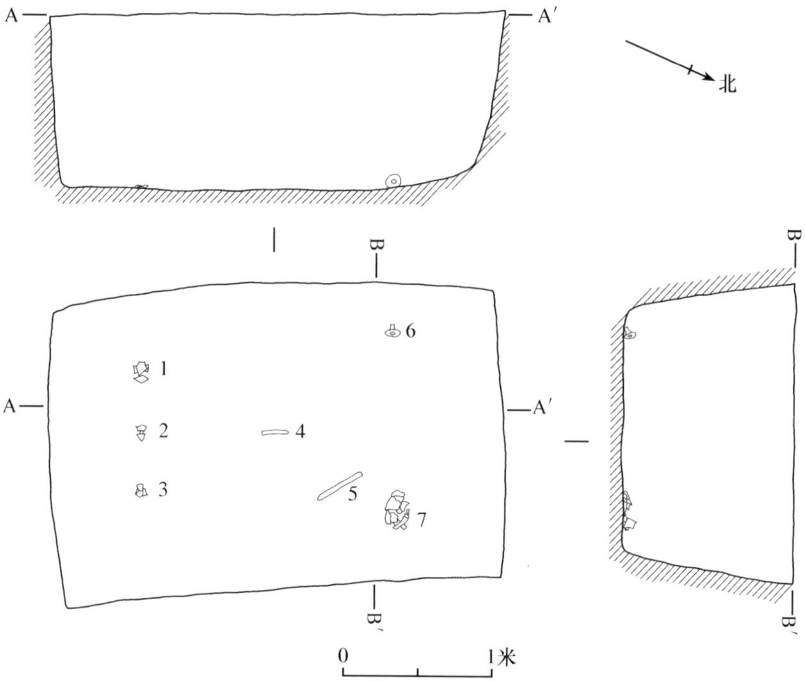

图一二 XWⅡM5平、剖面图

1～3、7. 陶片 4、5. 人骨 6. 陶豆

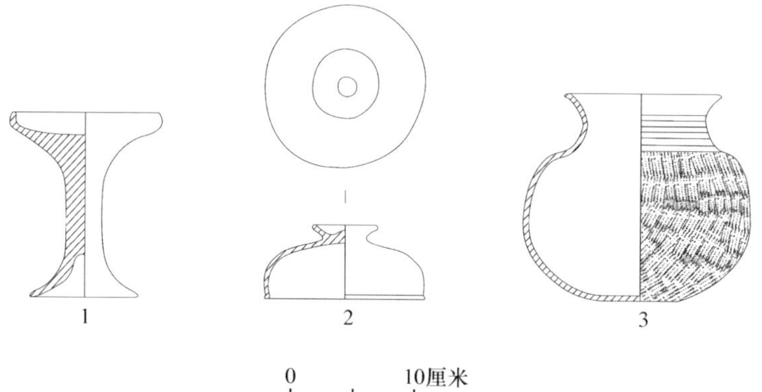

图一三 万顺墓地出土陶器

1. 豆（XWⅡM5∶1） 2. 器盖（XWⅡM4∶1） 3. 罐（XWⅡM4∶2）

（二）李家嘴墓地

此次发掘共清理墓葬7座。出土随葬器物24件，以铜器为主，另有陶器、琉璃珠、铜钱等（图一四）。

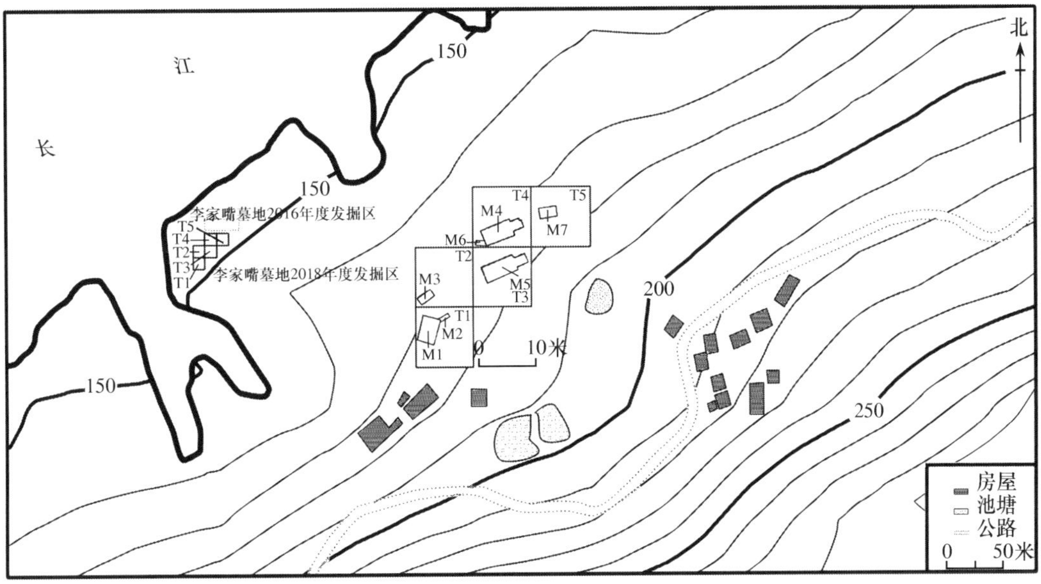

图一四　李家嘴墓地总平面图

1. 砖室墓

共2座（XLM4、XLM5）。位于墓地中部，并列分布。其中M4打破土坑竖穴墓M6。

（1）XLM4

XLM4为凸字形砖室墓，方向70°。墓道口处残缺，墓室南、北壁起券处残，墓顶已坍塌。墓室西壁南部打破土坑墓M6。墓道长37、宽202、深10厘米。墓室西壁长280、残高99厘米，9层墓砖；北壁长545、残高66～101厘米，7层墓砖。墓砖有壁砖和地砖两种，壁砖长45、宽21、厚11厘米，地砖长50、宽25、厚7.5厘米。壁砖为长方形条砖，模印轮辐纹和菱格纹（图二四，1）；地砖为长方形，一侧模印轮辐纹和菱格纹，两侧配以铜钱纹，花纹朝向墓室（图二四，3）。地砖残缺，自东向西先为竖铺，后均为平砖错缝顺砌。填土中发现大量陶片。随葬器物共4件，陶钵（残）1件，陶案足4件，陶俑1件，铜钱1件（10枚）（图一五）。

陶钵　1件。M4∶3，灰陶，敞口，圆唇，浅腹斜收，平底。口径17、底径5.5、通高6、深5.6厘米（图二二，1）。

陶案足　4件。M4∶5-1，灰陶，呈近方形四面体。宽1.5～3.3、高6厘米。M4∶5-

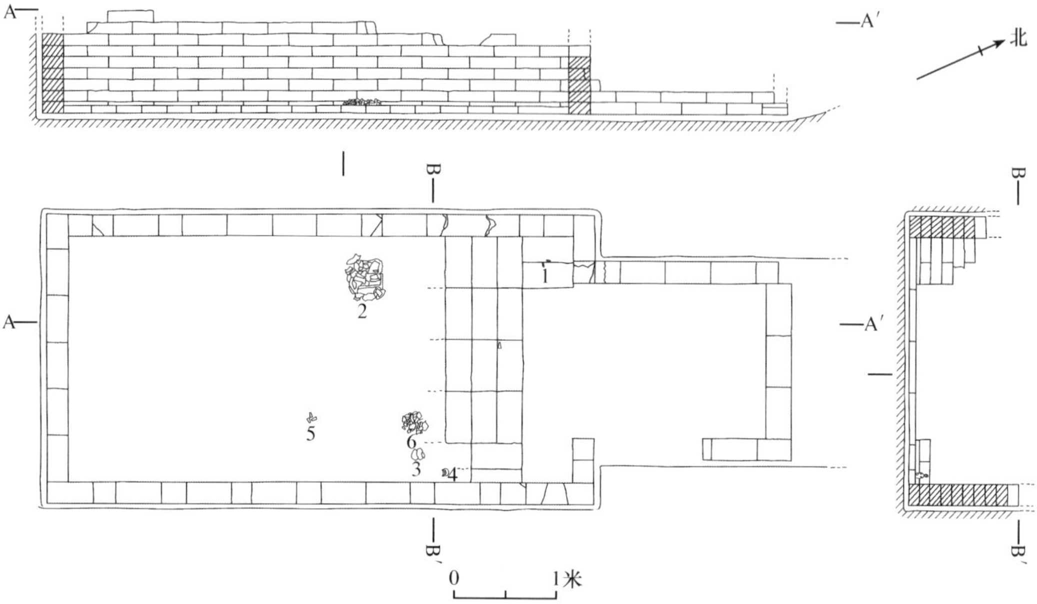

图一五　XLM4平、剖面图
1. 铜钱　2、6. 陶片　3. 陶钵　4. 陶俑　5. 陶足

2，灰陶，呈近方形四面体。宽1.6～3.2、高5.8厘米（图二二，6）。M4：5-3，灰陶，呈近方形四面体。宽1.6～2.8、高5.8厘米。M4：5-4，灰陶，呈近方形四面体。宽1.5～2.6、高5.6厘米。

陶俑　1件。M4：2，红陶，底部有孔。头戴冠，五官略模糊，细目阔鼻，胸部明显，四肢残。宽6、底部内孔直径1、孔深8.5、厚2.5、通高13.5厘米（图二二，5）。

铜钱　1件（10枚）。M4：1，均为五铢。大小相同。直径2.5、孔径0.9、厚0.1厘米（图二三，15～18）。

（2）XLM5

XLM5为凸字形砖室墓，方向70°。墓室北壁东部、甬道东部残留部分券顶，墓顶已坍塌。甬道长40、宽200、深232厘米。墓室南、北壁长552、高77～88厘米，8层墓砖；后壁长280、高77厘米，7层墓砖，均为平砖错缝顺砌。墓砖有壁砖、地砖和券砖三种，壁砖长45、宽21、高11厘米，地砖长48、宽22、厚6厘米，券砖长34、宽21、厚12厘米，榫卯部位长4、宽4厘米。壁砖为长方形条砖，模印轮辐纹和菱格纹；地砖为长方形，一侧模印轮辐纹和菱格纹，两侧配以铜钱纹；券砖为楔形子母砖，母砖正面中间模印富贵二字，两端模印多重相互套叠的菱形纹及三角折线纹（图二四，2），子砖正面中部模印大小套叠的菱形纹，两侧模印轮辐纹，四角用三角纹补白（图二四，4）。纹饰均朝向墓室。地砖仅甬道内及墓室内后壁处铺有三块地砖。随葬器物共2件，铜饰1件，铜钱1件（2枚），填土中发现少量陶片（图一六）。

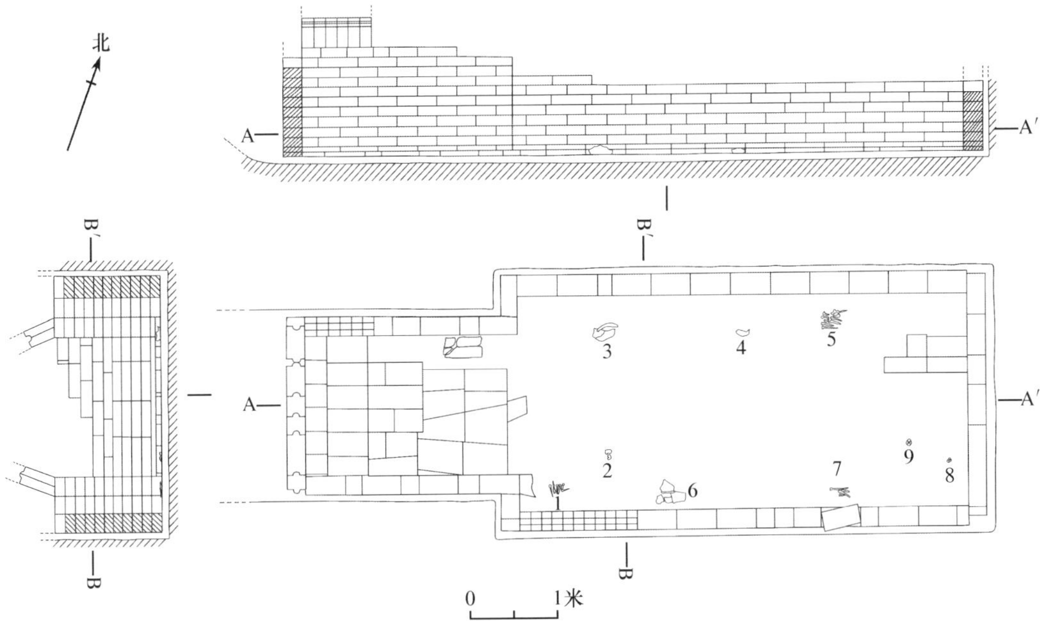

图一六 XLM5平、剖面图

1、5、7. 棺钉 2. 石器 3、4、6. 陶片 8. 铜钱 9. 铜饰

铜饰 1件。M5∶2，圆形镂空，圆内有柿蒂纹花饰，中心对称。直径4、厚0.03厘米（图二二，14）。

铜钱 1件（2枚）。M5∶1，为五铢。直径2.5、孔径0.9、厚0.1厘米（图二三，19、20）。

2. 土坑竖穴墓

共5座（XLM1～XLM3、XLM6、XLM7）。均分布于沿江陡坡地带，其中XLM1打破XLM2。XLM1～XLM3分布较集中，XLM6、XLM7位于墓地东北。

（1）XLM1

XLM1为近长方形土坑墓，方向11°。墓室平面呈较规则的长方形，长400、宽300、深83～110厘米。随葬器物共1件，陶片若干，铜钱1件（49枚）（图一七）。

铜钱 1件（49枚）。M1∶1，均为“五铢”。大小相同。直径2.5、孔径0.9、厚0.1厘米（图二三，1～14）。

（2）XLM2

XLM2为近长方形土坑墓，方向50°。墓室平面呈较规则的长方形，长170、宽77～80、深5～20厘米。未发现随葬器物（图一八）。

（3）XLM3

XLM3为近长方形土坑墓，方向50°。墓室平面呈较规则的长方形，长280、宽134、深42～46厘米。随葬器物共7件，陶罐1件，铜戈1件，铜带钩1件，铜鍪1

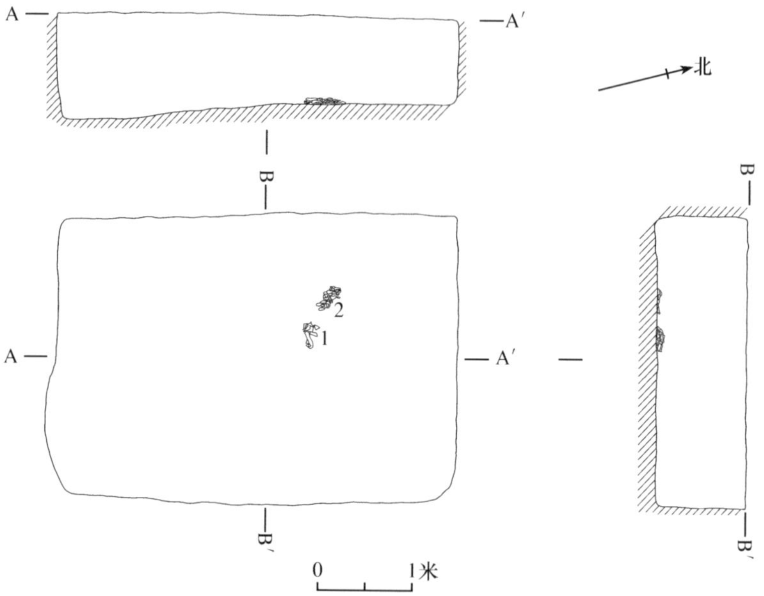

图一七　XLM1 平、剖面图
1. 陶片　2. 铜钱

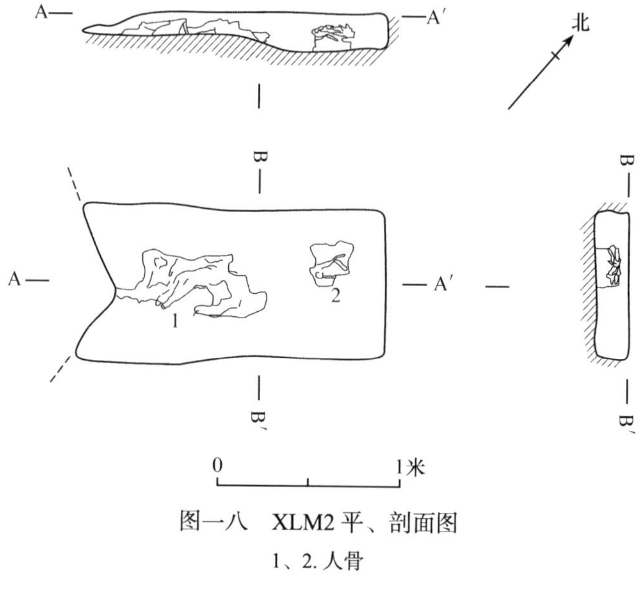

图一八　XLM2 平、剖面图
1、2. 人骨

件，铜匜 1 件，铜镈 1 件，琉璃坠 1 件（图一九）。

陶罐　1 件。M3∶6，灰陶，短直颈，圆唇，折肩，鼓腹，圜底。颈部饰有弦纹，腹部饰细绳纹。内口径 10.3、外口径 13.3、腹 23.5、通高 23、深 22、器壁厚 1 厘米（图二二，8）。

铜戈　1 件。M3∶1，援呈叶状，有中脊，胡有两个长方形穿。直内，后缘有两个长方形穿，有长阑，上阑处有一半圆形穿。援长 18、内长 9、阑长 13、胡宽 2.8 ~ 3.6

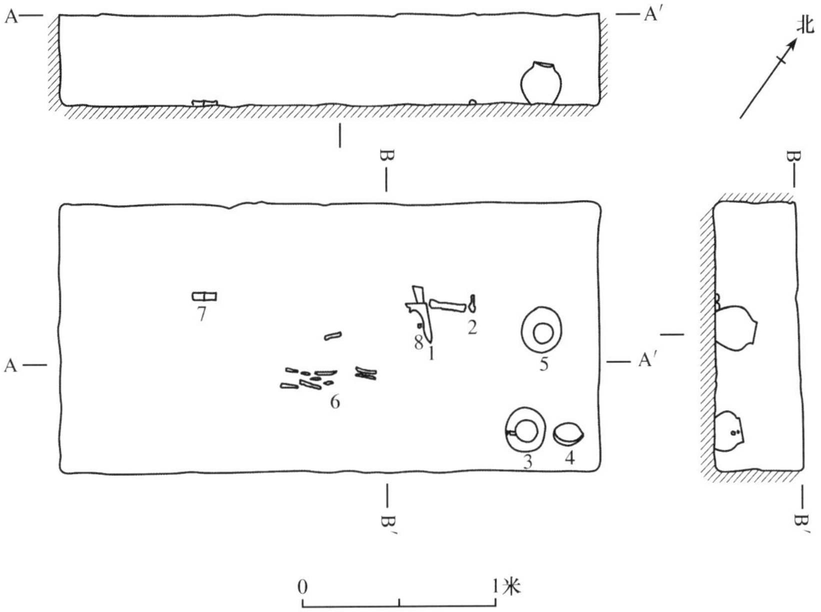

图一九　XLM3平、剖面图
1. 铜戈　2. 铜带钩　3. 铜鍪　4. 铜匜　5. 陶罐　6. 人骨　7. 铜镈　8. 琉璃珠

厘米（图二二，17）。

铜带钩　1件。M3：2，面部较为开阔，为椭圆形。一端曲首，背有圆纽，纽在面部背后正中。长8.3、宽0.7～2.2、高1.7、圆纽直径1.9厘米（图二二，18）。

铜鍪　1件。M3：3，侈口，粗颈，鼓腹，圜底，绞索状环耳较细在颈部，耳和口部已残。口径10.4、腹径13、通高11.6、深11.4、器壁厚0.2厘米（图二二，10）。

铜匜　1件。M3：4，整体呈椭圆形，前有尖状流，后无鋬，平底无足。长13.5、宽11、高4、厚0.2厘米（图二二，16）。

铜镈　1件。M3：5，呈圆柱状，截面呈水滴状。长10、宽3.1～3.7、器厚0.15、最长内径2.7厘米（图二二，20）。

琉璃坠　1件。M3：7，琉璃珠呈蓝色，筒形，无纹饰，纵向穿有一孔。直径0.7、长1.4、厚0.2厘米（图二二，15）。

（4）XLM6

XLM6为近长方形土坑墓，方向72°。墓室平面呈前宽后窄的长方形，长170、宽83～67、深7厘米。随葬器物共2件，铜带钩1件，铜钩1件（图二〇）。

铜带钩　1件。M6：1，器身细长，一端曲首，背有圆纽，通体花纹错银，锈蚀严重，难辨花纹。长10.8、宽0.7～1.1、高1.9、圆纽直径1.4厘米（图二二，19）。

铜钩　1件。M6：2，鱼钩状，长2.4、宽1.3、直径0.2厘米（图二二，12）。

（5）XLM7

XLM7为近长方形土坑墓，方向244°。墓室平面呈较规则的长方形，长286、宽

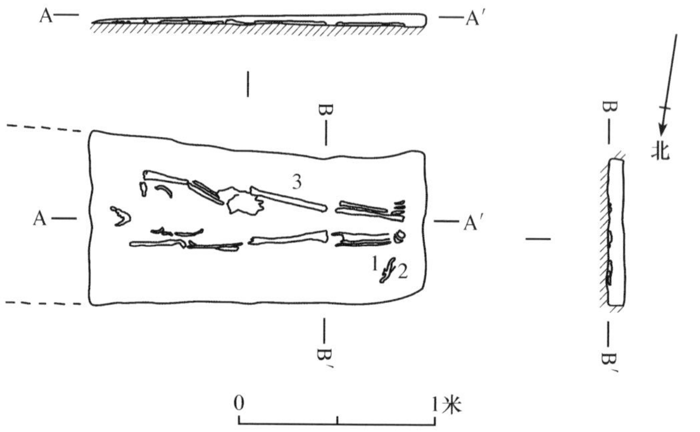

图二〇　XLM6平、剖面图

1. 铜带钩　2. 铜钩　3. 人骨

168～172、深100厘米。随葬器物共9件，陶罐1件，陶壶1件，陶钵1件，陶盆1件，陶底座1件，铜矛1件，铜剑1件，铜鐅1件，铜铺首1件（图二一）。

陶罐　1件。M7∶7，灰陶，长直颈，敞口，圆唇，圆肩，鼓腹，平底。颈至肩部饰有两道凹弦纹。口径9.8、腹径15、底径13、通高18、深17、器壁厚1厘米（图二二，7）。

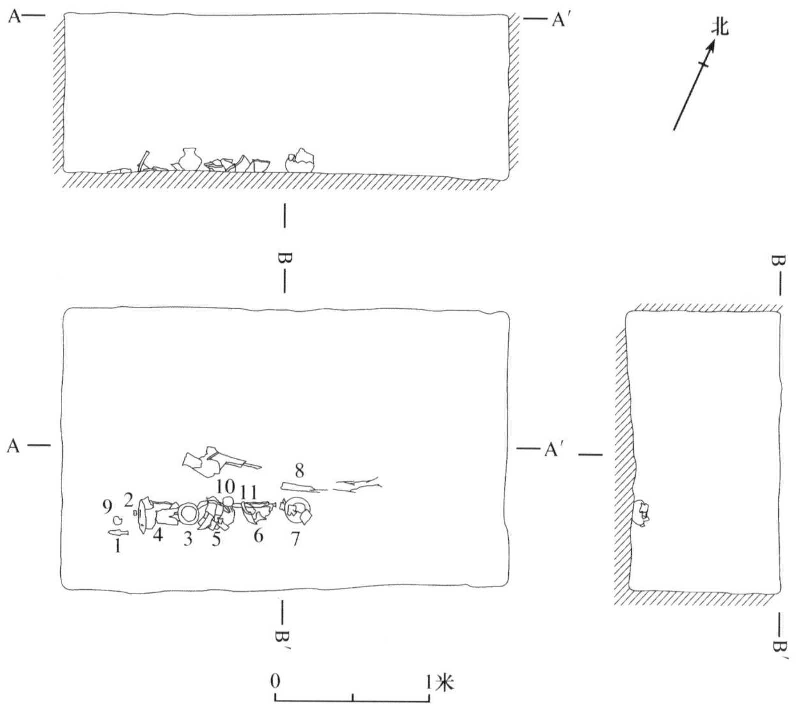

图二一　XLM7平、剖面图

1. 铜矛　2. 铜铺首　3. 铜鐅　4. 陶壶　5、7. 陶罐　6. 陶钵　8. 人骨　9. 土样　10. 陶底座　11. 铜剑

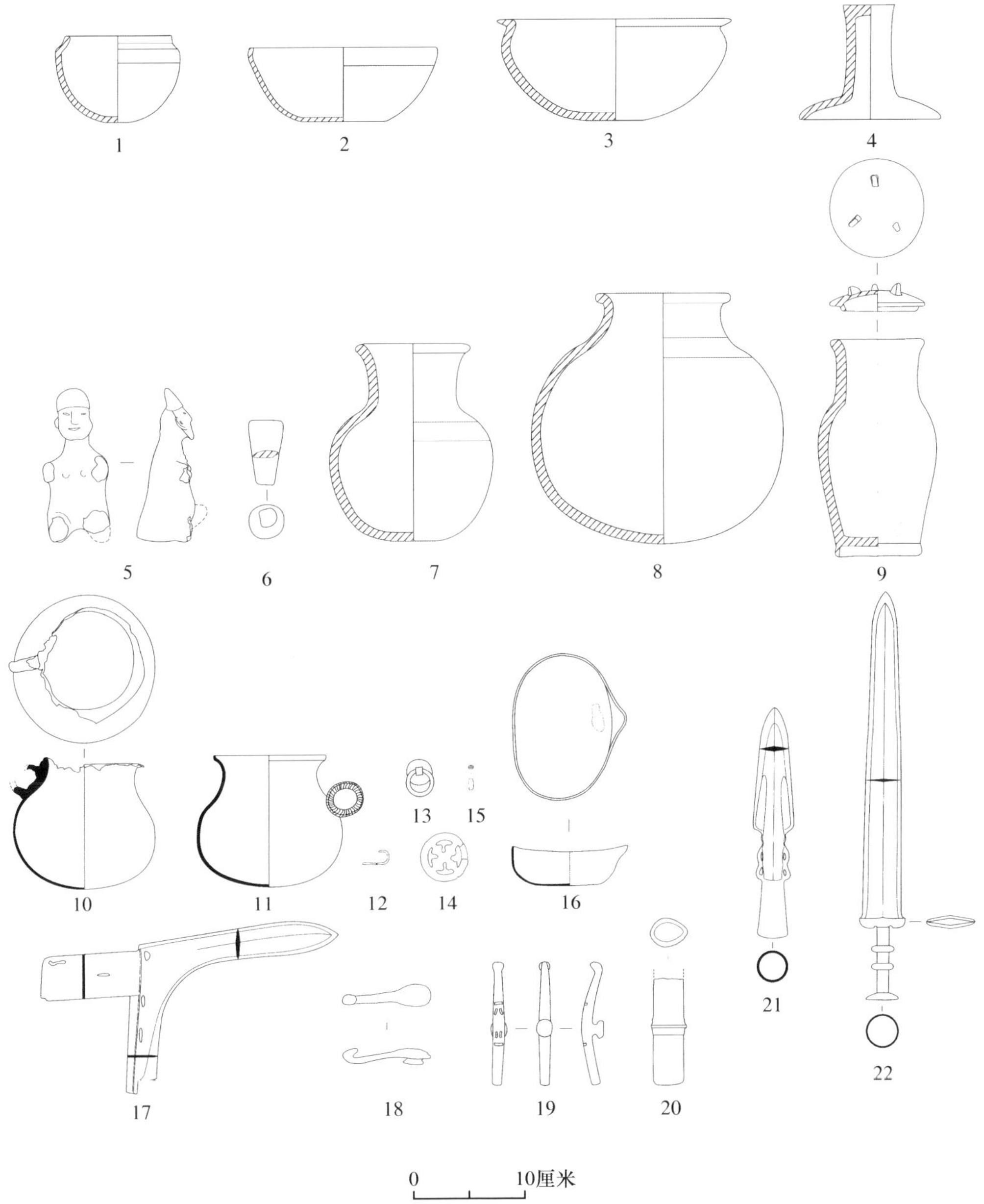

图二二　李家嘴墓地出土陶器、铜器

1、2. 陶钵（M4：3、M7：5）　3. 陶盆（M7：6）　4. 陶底座（M7：9）　5. 陶俑（M4：2）　6. 陶案足（M4：5-2）　7、8. 陶罐（M7：7、M3：6）　9. 陶壶（M7：8）　10、11. 铜鍪（M3：3、M7：3）　12. 铜钩（M6：2）　13. 铜铺首（M7：2）　14. 铜饰（M5：2）　15. 琉璃坠（M3：7）　16. 铜匜（M3：4）　17. 铜戈（M3：1）　18、19. 铜带钩（M3：2、M6：1）　20. 铜镈（M3：5）　21. 铜矛（M7：1）　22. 铜剑（M7：4）

陶壶　1件。M7：8，灰陶，敞口，方唇，束颈，溜肩，斜腹，平底，高圈足。器盖子母口，盖面微鼓，饰三个长条状纽。口径8.6、腹径11、底径8、通高19、深17.7、圈足厚0.5、器壁厚1厘米。器盖内口径8、外口径10.6、通高3、纽高1、器壁厚 0.4、厚 0.6 厘米（图二二，9）。

陶钵　1 件。M7：5，灰陶，子母口微敞，方唇，丰肩，斜腹，自肩下收至底部，小平底。内腹壁无纹饰。口径 8、底径 5、通高 11.5、深 11、器壁厚 0.5 厘米（图二二，2）。

陶盆　1 件。M7：6，灰陶，敞口，宽沿，外侈，腹部斜收，平底略内凹。无纹饰。口径 21.3、底径 7.5、口沿宽 2.1、通高 9.4、深 9、器壁厚 0.4 厘米（图二二，3）。

陶底座　1 件。M7：9，泥质灰陶，空心柄，喇叭状圈足。柄直径 5、底座直径 13、底座孔径 3、通高 10、底深 9、器壁厚 0.9 厘米（图二二，4）。

铜矛　1 件。M7：1，圆形筒状骹，上细下粗，两侧有纽，銎口呈圆形，矛头呈菱形，脊明显，两叶基本对称，有血槽，锋呈三角状。全长 20.2、矛头 11、銎直径 2.4、厚 0.2 厘米（图二二，21）。

铜剑　1 件。M7：4，剑首截面呈圆形，剑茎有剑箍两个，剑格略宽于剑身。剑脊明显，剑从部分无纹饰或铭文，且由于锈迹原因，刃部与锷部分界不明显，剑锋处略锈。剑身无残损。剑身长 36.1、剑身宽 0 ~ 3.8、剑首宽 3.3、剑首厚 0.3、剑茎长 8、剑

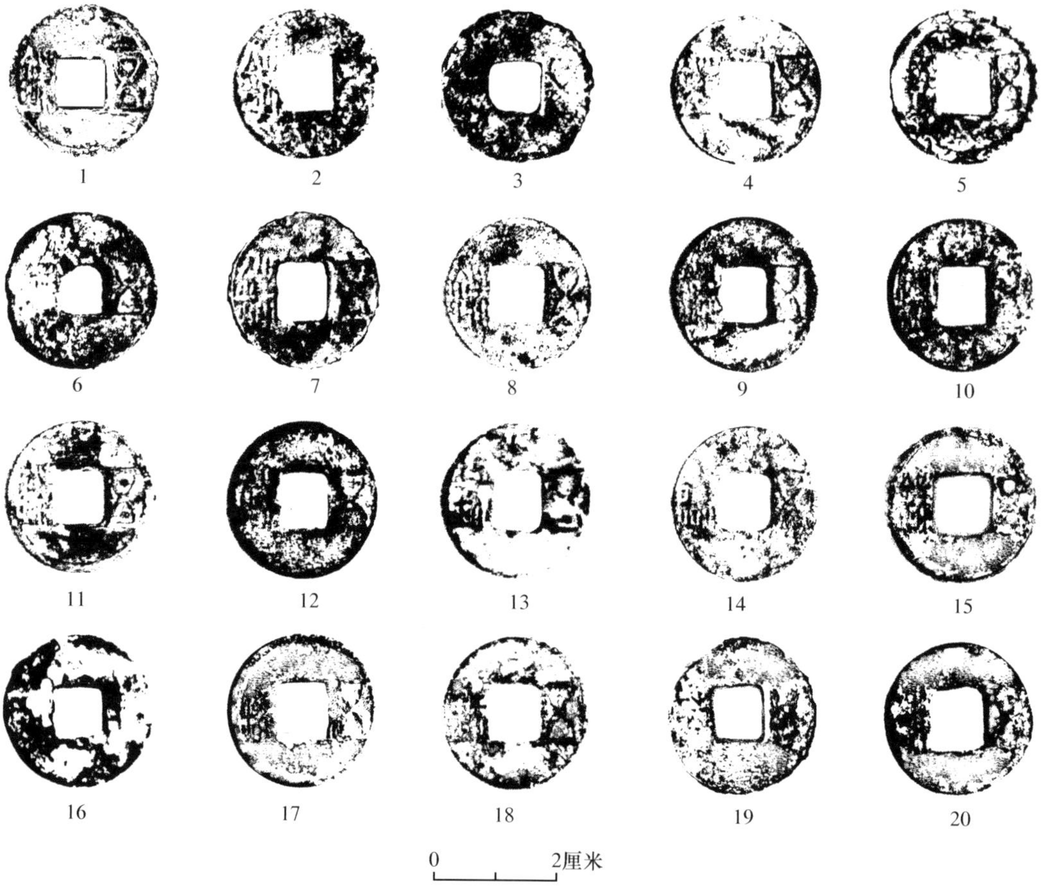

图二三　李家嘴墓地出土五铢

1 ~ 14. M1：1-1 ~ M1：1-14　15 ~ 18. M4：1-1 ~ M4：1-4　19、20. M5：1-1、M5：1-2

1 2 3 4

0 10厘米

图二四 李家嘴墓地墓砖纹饰

1、3. 长方条形砖（M4） 2、4. 楔形子母砖（M5）

茎宽1.4、剑格宽4.6厘米（图二二，22）。

铜鍪 1件。M7：3，侈口，粗颈，鼓腹，圜底，肩颈部有一只圆环形耳，耳上有绳股纹。口径9.9、腹径11.5、通高11.5、深11.3、器壁厚0.2厘米（图二二，11）。

铜铺首 1件。M7：2，素面衔环形。通长3.3、宽2.1、内径1.7、环外径2.2厘米（图二二，13）。

二、结 语

万顺墓地的8座墓葬保存状况较差，Ⅰ区2座砖室墓平面均为刀把形，受到严重扰动，墓葬上部结构不明，均未发现随葬器物。XWⅠM1和XWⅠM3墓葬形制、墓砖种类及纹饰均相似。

墓葬形制为常见的刀把形，与凸字形砖室墓同时流行于东汉晚期至六朝时期，丰都大湾墓群[1]是为一例，同类型的还有万州青龙嘴墓地[2]。

墓砖包括楔形砖和长方条形砖（图二五）。楔形砖正面模印富贵二字，两端模印多重相互套叠的菱形纹及三角折线纹；长方条形砖一侧模印轮辐纹和菱格纹，两侧配以铜钱纹。长江三峡沿岸地区的砖室墓中，忠县的石匣子东汉墓[3]，万州的钟嘴东汉墓[4]，巫山

1 2

0 10厘米

图二五 万顺墓地墓砖纹饰

1. 长方条形砖（XWⅠM3）

2. 楔形砖（XWⅠM3）

的麦沱汉墓群[5]，云阳李家坝遗址M8、M11、M14[6]，奉节周家坪墓地[7]和赵家湾墓地[8]，涪陵转转堡墓群[9]，丰都汇南墓群[10]和糖房遗址[11]都发现相似墓砖纹饰，其中丰都二仙堡墓群[12]也有相同富贵字样的楔形券砖。“以楔形子母砖砌筑券顶的结构则是这一地区东汉中晚期墓的典型作风。”[13]由此可以初步推测，XWⅠM1和XWⅠM3年代上限应为东汉时期。

XWⅠM2保存状况极差，无法断定年代。

Ⅱ区1座砖室墓已被江水冲毁，仅存部分墓壁及地砖。其余均为土坑竖穴墓。XWⅡM1、XWⅡM3保存状况极差，仅残留人骨，因此无法断定年代。

XWⅡM2墓室壁砖纹饰为较粗糙的菱形几何纹，与万州地区发现的龙门壕墓地M1[14]壁砖相似，年代可早至战国晚期。

XWⅡM4所出陶罐和器盖在汉墓中较为常见，其中器盖与丰都天平丘东汉墓[15]中M7：13器盖相似。结合墓葬出土位置及地层关系，可以初步推测其为东汉时期。

XWⅡM5所出陶豆与忠县罗家桥墓地[16]中M15：1、M15：4陶豆相似，其年代推测为战国中期，并含有巴文化特征。墓葬所出陶片中，主要为夹砂红陶和夹砂黑陶，年代较早。因此可以初步推测其年代上限可至战国时期。

李家嘴墓地的7座墓葬，除XLM4、XLM5外均为土坑竖穴墓，出土铜器集中于XLM3、XLM7中。

XLM1所出铜钱与周家院子[17]XLM4中铜钱较相似，但XLM1中五铢、朱字圆折，其年代应当在王莽时期之后，此类铜钱常见于峡江东汉墓中。XLM2被XLM1打破，仅余人骨。根据埋藏地层和位置，初步推测为东汉时期墓葬。

XLM3墓葬平面呈窄长形，多见于汉代之前。所出陶罐的绳纹时代较早，该类型陶罐与丰都麒麟包墓群[18]M2：24陶罐相似。所出铜鍪为单耳鍪，与丰都名山镇汉墓[19]中双耳鍪在形制上有很大区别，其年代较早，流行于战国时期，与开县余家坝墓地[20]M8：5铜鍪相似。所出铜匜与涪陵点易墓地[21]M3：14铜匜较相似，虽不似同一文化体系，但年代上XLM3所出铜匜应当更早。所出铜戈具有典型巴文化风格，与涪陵小田溪墓地[22]M12：30、万州嘴嘴墓群[23]M3：6的铜戈相似。综上，推测XLM3为战国晚期墓葬。

XLM4、XLM5为凸字形砖室墓，墓葬形制相同，流行于东汉时期，丰都大湾墓群[24]是为一例，同类型的还有万州青龙嘴墓地[25]。墓砖包括楔形砖、地砖和长方条形砖三种。长江三峡沿岸地区的砖室墓中，忠县的石匣子东汉墓[26]，万州的钟嘴东汉墓[27]，巫山的麦沱汉墓群[28]，云阳李家坝遗址M8、M11、M14[29]，奉节周家坪墓地[30]和赵家湾墓地[31]，涪陵转转堡墓群[32]，丰都汇南墓群[33]和糖房遗址[34]都发现相似墓砖纹饰，其中丰都二仙堡墓群[35]也有相同富贵字样的楔形券砖。“以楔形子母砖砌筑券顶的结构则是这一地区东汉中晚期墓的典型作风。”[36]由此可以初步推测，XLM4和XLM5年代上限应为东汉时期。

XLM6被XLM4打破，保存状况较差，仅残留人骨，因此仅能推测其早于东汉，具体年代不详。

XLM7墓葬平面呈窄长形，多见于汉代之前。所出铜鍪为单耳鍪，其年代较早，流行于战国时期，与开县余家坝墓地[37]M9：6铜鍪相似。所出铜矛与万州梁上墓群[38]M5：1铜矛、涪陵小田溪墓地[39]M12：102C型矛铜矛相似。所出铜剑具有该地区战国晚期铜剑的特征，与万州嘴嘴墓群[40]M3：3铜剑，巫山水田湾东周、两汉墓[41]Ⅲ M7：4铜剑、土城坡墓地[42]M3：6铜剑、高唐观遗址[43]M54中铜剑均相似。综上，推测XLM7为战国晚期墓葬。

综上所述，通过对比以往的发掘工作可以看出，从湖北宜昌地区向西，沿长江流域经过万州直至重庆东部的涪陵地区。上述长江两岸的墓葬在文化面貌上比较相似。从地形看，大多属于海拔较低处村落的后山墓地，也是古代沿江居民理想的墓地选址。这批考古遗存是古代三峡历史文化研究的重要第一手资料，对它的研究将有助于探讨万州区域内的古代社会状态及文化变迁。

附记：本次考古发掘领队为袁东山，执行领队为李梅田，参加发掘的人员有郭东珺、梁博闻、吴楚韵、贾楠、王盼盼。本次发掘工作得到了万州市博物馆的大力支持，在此谨表谢忱。

摄影：吴楚韵　梁博闻
绘图：贾　楠　吴楚韵　梁博闻
执笔：郭东珺　王盼盼　梁博闻　贾　楠　吴楚韵

注　释

[1] 孙治刚. 丰都县大湾墓群[J]. 红岩春秋，2016（8）.

[2] 青海省文物考古研究所，重庆市文化局，万州区文物管理所. 重庆万州区青龙嘴墓地考古发掘简报[J]. 华夏考古，2010（1）.

[3] 北京大学三峡考古队. 重庆忠县石匣子东汉大墓发掘报告[A]. 南方民族考古（第九辑）[C]. 北京：科学出版社，2013.

[4] 山东省博物馆，重庆市博物馆，重庆市文化局. 重庆万州区钟嘴东汉墓发掘简报[J]. 华夏考古，2004（1）.

[5] 重庆市文化局，湖南省文物考古研究所，巫山县文物管理所. 重庆巫山麦沱古墓群第二次发掘报告[J]. 考古学报，2005（2）.

[6] 四川大学考古学系，重庆市云阳县文管所. 云阳李家坝遗址Ⅳ区汉六朝墓葬发掘简报[A]. 南方民族考古（第八辑）[C]. 北京：科学出版社，2012.

[7] 武汉大学历史文化学院考古系，重庆奉节周家坪墓地发掘简报[J]. 江汉考古，2005（2）.

［8］ 武汉大学考古与博物馆学系，武汉大学科技考古中心．重庆奉节赵家湾墓地2004年发掘简报［J］．江汉考古，2009（1）．
［9］ 重庆市文化遗产研究院，涪陵区博物馆．重庆涪陵转转堡墓群发掘简报［J］．长江文明，2016（2）．
［10］ 四川省文物考古研究所，重庆市文化局，丰都县文物管理所．重庆市丰都县汇南墓群2003年度发掘简报［J］．四川文物，2013（2）．
［11］ 重庆市文化遗产研究院，重庆师范大学西南考古与文物研究中心，丰都县文物管理所．重庆市丰都县糖房遗址2016年度发掘简报［J］．四川文物，2017（3）．
［12］ 重庆市文化遗产研究院，重庆师范大学西南考古文物研究中心，丰都县文物管理所．重庆丰都二仙堡墓群2015年度发掘简报［J］．文物，2017（10）．
［13］ 罗二虎．四川汉代砖石室墓的初步研究［J］．考古学报．2001（4）．
［14］ 重庆市文物考古所，开封市文物考古研究所，万州区博物馆．重庆万州区龙门壕墓地发掘简报［J］．华夏考古，2011（4）．
［15］ 西南民族大学民族研究所，重庆市文化局三峡文物保护领导小组办公室，丰都县文物管理所．重庆丰都县天平丘东汉墓发掘简报［J］．华夏考古．2013（3）．
［16］ 成都市文物考古研究所，重庆市忠县文物管理所．重庆市忠县罗家桥战国秦汉墓地第二次发掘报告［A］．成都考古发现1999［C］．北京：科学出版社，2001．
［17］ 重庆师范大学历史与社会学院，北京大学考古文博学院，重庆市文化遗产研究院．重庆忠县两汉墓葬［J］．考古，2014（6）．
［18］ 重庆市文化遗产研究院，丰都县文物管理所．重庆丰都县麒麟包墓群发掘简报［J］．江汉考古，2015（4）．
［19］ 吴天清．丰都名山镇汉墓清理简报［J］．四川文物，1991（3）．
［20］ 山东大学考古学系，重庆市文化局，开县文物管理所．重庆开县余家坝墓地2000年发掘简报［J］．华夏考古，2003（4）．
［21］ 山东大学历史文化学院．重庆涪陵点易墓地汉墓发掘简报［J］．文物，2014（10）．
［22］ 重庆市文化遗产研究院，重庆市涪陵区博物馆，重庆市文物局．重庆涪陵小田溪墓群M12发掘简报［J］．文物，2016（9）．
［23］ 重庆市文物考古所，开封市文物考古研究所，重庆万州区文物管理所．重庆万州嘴嘴墓群发掘简报［J］．华夏考古，2013（1）．
［24］ 孙治刚．丰都县大湾墓群［J］．红岩春秋，2016（8）．
［25］ 青海省文物考古研究所，重庆市文化局，万州区文物管理所．重庆万州区青龙嘴墓地考古发掘简报［J］．华夏考古，2010（1）．
［26］ 同［3］．
［27］ 同［4］．
［28］ 同［5］．

[29] 同[6].
[30] 同[7].
[31] 同[8].
[32] 同[9].
[33] 同[10].
[34] 同[11].
[35] 同[12].
[36] 同[13].
[37] 同[20].
[38] 重庆市文物考古研究所，开封市文物考古研究所，万州区文物管理所. 重庆万州区梁上墓群发掘简报[J]. 华夏考古，2011(2).
[39] 同[22].
[40] 同[23].
[41] 武汉市文物考古研究所，巫山县文物管理所. 重庆巫山水田湾东周、两汉墓发掘简报[J]. 文物，2005(9).
[42] 武汉市考古研究所，巫山县文物管理所. 重庆巫山土城坡墓地2006年度发掘简报[J]. 四川文物，2008(3).
[43] 重庆市文化遗产研究院. 重庆巫山县高唐观遗址[J]. 大众考古，2016(8).

A Preliminary Report of the 2018 Excavation of the Wanshun Cemetery, Wanzhou, Chongqing

Chongqing Cultural Heritage Research Institute
Department of Archaeology and Museum Studies, Renmin University of China

Abstract: From July to September 2018, Chongqing Municipal Institute of Cultural Heritage and the Department of Archaeology and Museum Studies at Renmin University of China conducted excavations at the Wanshun cemetery, and recovered 15 brick-chambered tombs as well as earth pit vertical tombs dated from the Warring States period to the Six Dynasties. Most of these tombs had been looted before the excavation, and very few grave goods remained, mainly pottery wares, bronzes and coins. The artefact excavated from these burials showed commonalities with culture in the Xiajiang Region, with a few local characteristics.

Keywords: brick-chambered tomb; Warring States period; Six Dynasties; bronzes

重庆奉节赵家湾墓群2015年发掘简报

重庆市文化遗产研究院　中国人民大学考古文博系

内容摘要：赵家湾墓群位于重庆市奉节县，于2015年6～9月进行考古发掘，共清理墓葬14座。其中6座崖墓保存状况相对较好，包括5座东汉墓和1座六朝墓，出土文物较为丰富。

关键词：重庆奉节；赵家湾墓地；汉至六朝；崖墓

赵家湾墓群隶属于重庆市奉节县口前村二社，东北距奉节县城约2.2千米，处于三峡工程重庆库区消落区范围内（图一）。2001年、2004年，武汉大学考古系曾两次在该区域进行发掘[1]。2015年6～9月，重庆市文化遗产研究院和中国人民大学考古文博系对赵家湾墓群进行了发掘，共清理砖室墓1座，崖墓13座（图二）。现将其中保存情况相对较好的6座崖墓介绍如下。

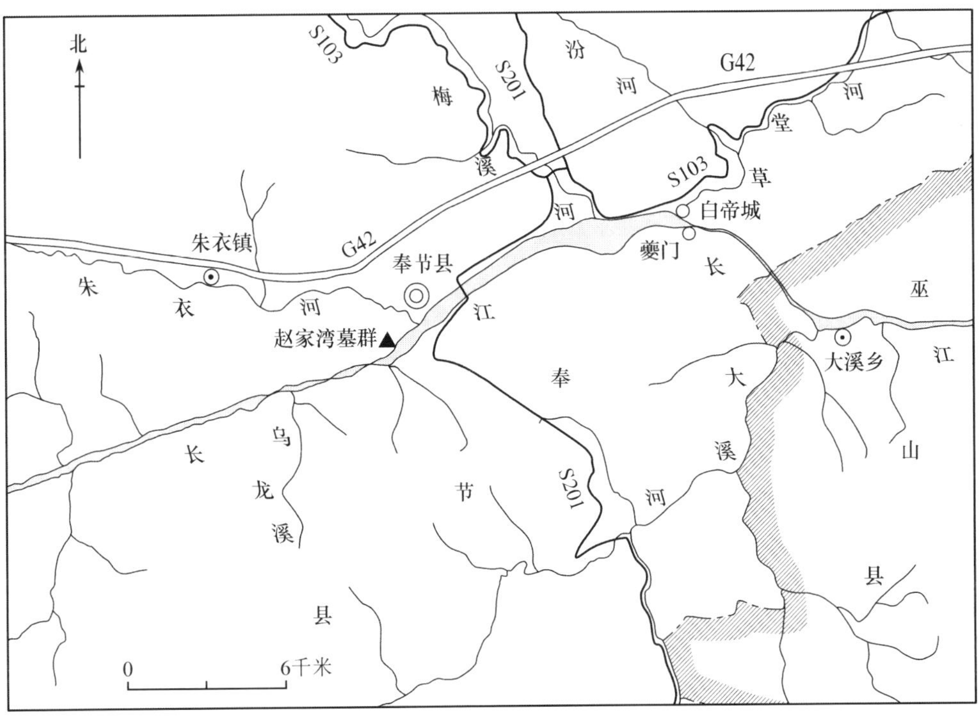

图一　赵家湾墓群位置图

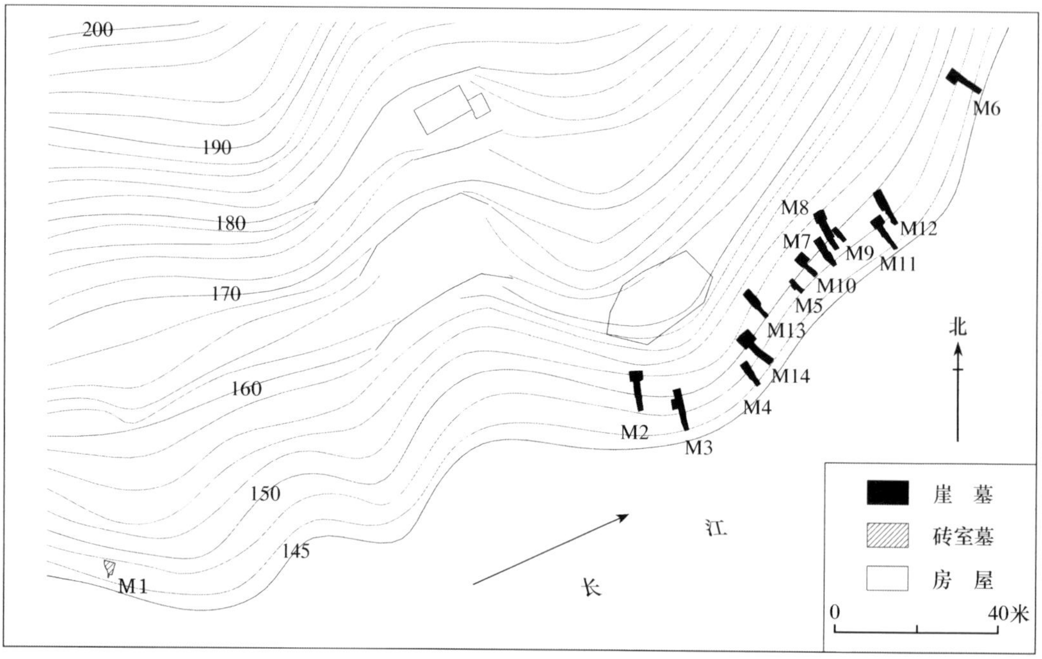

图二 赵家湾墓群总平面图

一、墓葬概括

1. M3

M3由墓道、甬道、墓室和侧室四部分构成，方向165°。墓道呈斜坡状，坡度较陡，长350、宽104～140、深326厘米。墓道与甬道相交处有一道门槽。甬道长170、宽146、高120～152厘米，平顶。墓室平面大致呈长方形，长480、宽146～180、高134～146厘米，平顶，墓室地面呈前低后高状。墓室西壁凿出一侧室，平面近长方形，长236、宽98～136、最高处152厘米，拱顶。墓内不见葬具及人骨（图三）。

陶壶 共1件。M3：1，红陶。盘口，方唇，束颈，圜肩，斜弧腹，圈足。外壁施黄褐色釉，圈足不施釉。肩颈部饰三道弦纹，肩部两侧各有一铺首，腹部饰一道凹弦纹。高36、口径16.6、腹部最大径27.5、圈足径19.5厘米（图四，1）。

陶罐 共4件。M3：2与M3：4形制基本相同，均为灰陶。直口，圆唇，圜肩，斜弧腹，平底。肩部饰有一道凹弦纹，腹部有斜向刮棱，应为制作时修整器表留下的痕迹。M3：2，高8.8、口径9.5、底径7、肩部最大径14.9厘米（图四，2）。M3：4，高9.4、口径9.2、底径6.5、肩部最大径15.4厘米（图四，4）。M3：5，灰陶。器形较扁平。敞口，折沿，圆唇，短直颈，肩略折，斜弧腹，平底。高7.1、口径11、腹部最大径15厘米（图四，5）。M3：11，灰陶。直口，圆唇，短颈，圜肩，斜弧腹，平底。肩部饰一道凹弦纹，腹部有斜向刮棱。高9.3、口径8.6、底径5.5、腹部最大径12.8厘米（图四，9）。

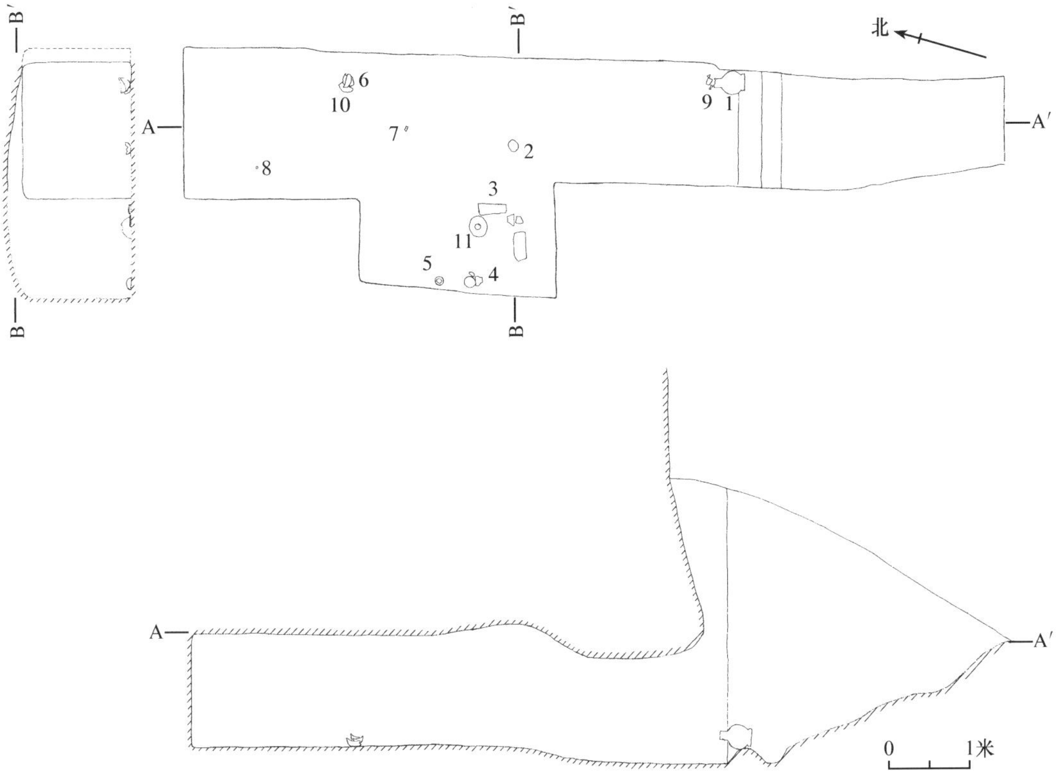

图三 M3平、剖面图

1. 陶壶 2、4、5、11. 陶罐 3、10. 陶甑 6. 陶器盖 7. 带钩 8、9. 铜钱

陶甑 共2件。M3：3，灰陶，器形较大。敞口折沿，颈微束，斜弧腹，平底略内凹，底部有21个甑孔。腹部有斜向刮棱。高18.4、口径33、底径10厘米（图四，3）。M3：10，红陶，器形较小。折沿，圆唇，弧腹，平底，底部有8个甑眼。高5.8、口径16.5、底径6厘米（图四，8）。

陶器盖 共1件。M3：6，红陶。圆形，平顶，饰两道凹弦纹，顶部有三个乳钉状纽，有施釉痕迹。高5.4、直径20.3厘米（图四，6）。

铁带钩 共1件，铁质。M3：7，已残。残长3.8、宽2、厚0.45厘米（图四，7）。

铜钱 若干枚，有货泉与五铢两种。

货泉 共1枚。M3：8，锈蚀较为严重，直径2.2、孔径0.65、厚0.17厘米（图一五，1）。

五铢 若干枚。M3：9，锈蚀较为严重，直径2.55、孔径0.92、厚0.17厘米（图一五，2）。

2. M6

M6为带墓道的刀把形崖墓，方向为125°。由墓道、甬道和墓室三部分构成。墓道位

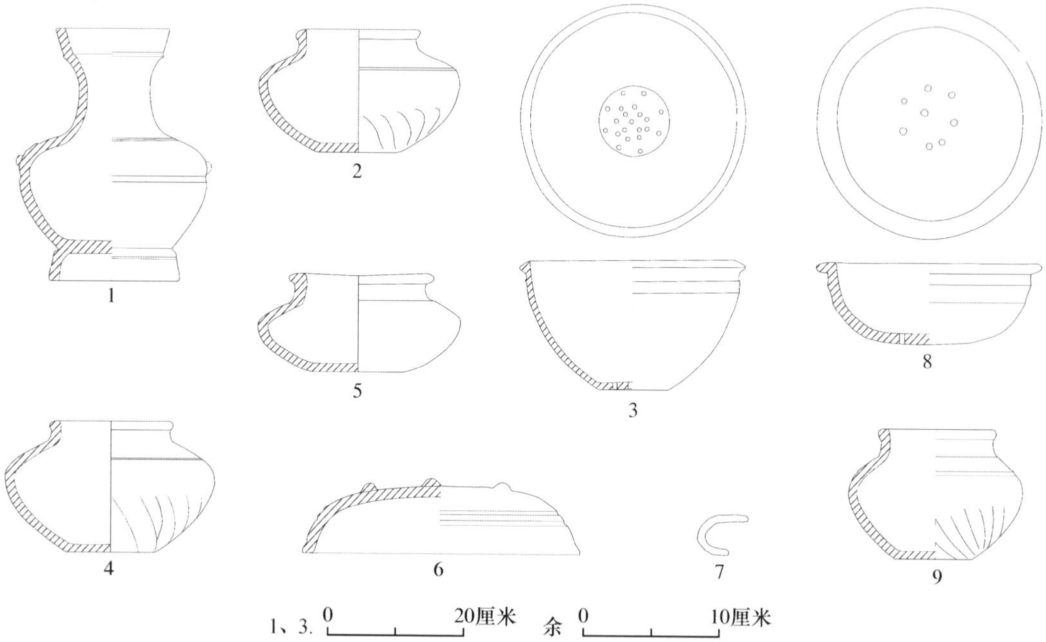

图四　M3 出土器物

1. 陶壶（M3：1） 2、4、5、9. 陶罐（M3：2、M3：4、M3：5、M3：11） 3、8. 陶甑（M3：3、M3：10）
6. 陶器盖（M3：6） 7. 铁带钩（M3：7）

于墓室东侧，呈斜坡状，长 338、宽 140 ~ 144、深 310 厘米。甬道长 238、宽 142 ~ 164、高 210 ~ 216 厘米，拱顶近平，靠近墓室处顶部部分垮塌。墓室平面大致呈长方形，长 268、宽 284 ~ 294 厘米，墓室顶部已垮塌，现存高度为 166 厘米。墓室与甬道相交处有一级台阶，墓室较甬道高 6 厘米。墓内不见葬具，仅残留少量人骨（图五）。

陶鼎　共 1 件。M6：11，红陶。鼎身子母口，两侧各有一方形耳，腹部有一道凹弦纹，兽蹄形足。鼎盖呈弧形，盖顶有三个乳钉状纽，盖面饰两道弦纹。连盖通高 17.5、腹径 20.6、耳宽 4.7 厘米（图六，11）。

陶壶　共 1 件。M6：5，灰陶。盘口，方唇，束颈，圜肩，鼓腹，圜底，圈足。肩部两侧各有一带孔小鋬，圈足上各有一相对应的小孔，可能用于穿绳。肩颈部及腹部共饰 5 道凹弦纹。高 20.3、口径 12.5、圈足直径 13、腹部最大径 20.5 厘米（图六，5）。

陶豆　共 1 件。M6：6，红陶。敞口，方唇，弧腹，实心柄，浅喇叭状底座。腹部有两道弦纹，圈足上亦饰有弦纹。高 9.6、口径 12、底座直径 8 厘米（图六，19）。

陶耳杯　共 4 件，形制相同，均为灰陶，呈椭长形。敞口，方唇，平底，两侧各有一鋬。M6：7，高 4.8、长 16.2、两侧连耳宽 13.7 厘米（图六，7）。M6：8，高 4.3、长 16.1、宽 13.7 厘米（图六，8）。M6：9，高 4、长 16、宽 13.6 厘米（图六，9）。M6：21、高 4.1、长 16.1、宽 13.4 厘米（图六，10）。

陶案　共 1 件。M6：20，灰陶。案面呈长方形，四角有孔；足呈长方形，圆形楔

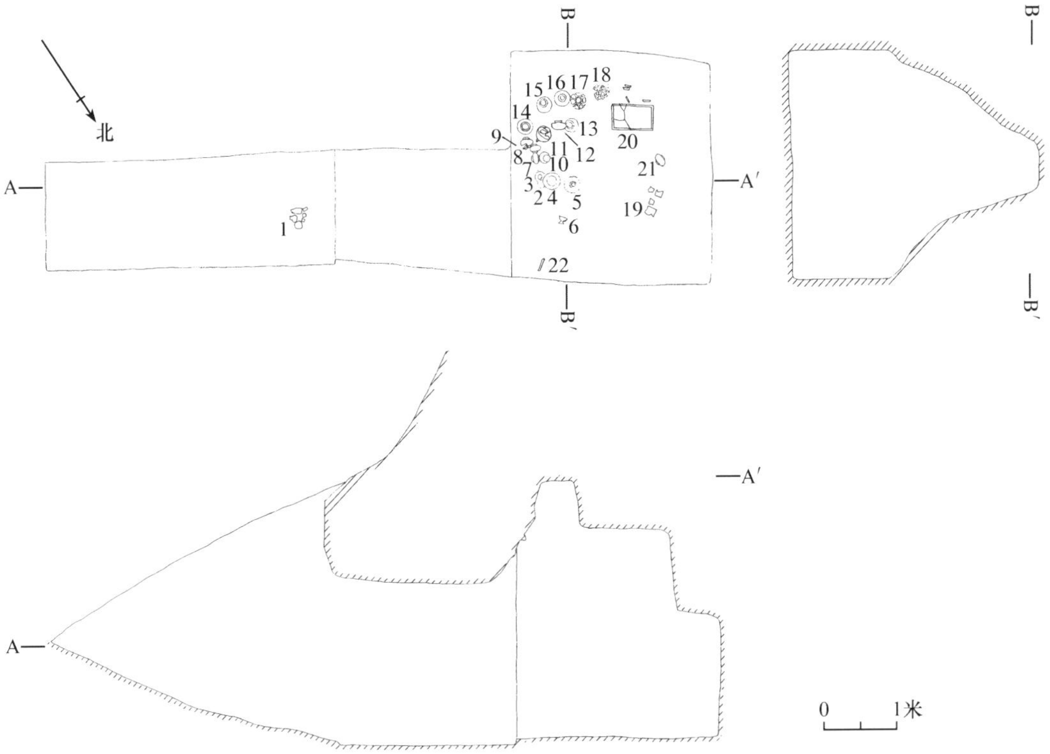

图五 M6平、剖面图

1、3、4、10、12～17、19. 陶罐 2、18. 陶甑 5. 陶壶 6. 陶豆 7～9、21. 陶耳杯 11. 陶鼎 20. 陶案 22. 人骨

口。案面长55～56.5、宽33.2、厚约2.9厘米，足高9.7厘米（图六，4）。

陶罐 共11件。M6：1，红陶。侈口，束颈，折肩，弧腹，平底。高6.6、口径13、底径5厘米（图六，18）。M6：3，灰陶。敞口，方唇，高领，圜肩，弧腹，圜底。肩部两侧各有一鋬，肩部有三道凹弦纹。高11.5、口径10.9、腹部最大径14.5厘米（图六，3）。M6：4，印纹硬陶。敞口，方唇，束颈，圜肩，斜腹，平底。白胎，上部施绿釉，器表有方格状拍印纹，肩部饰一道凹弦纹。高29、口径13、底径12、肩部宽20厘米（图六，6）。M6：10，灰陶。侈口，圆唇，直颈微束，圜肩，鼓腹，平底。肩部有一道弦纹。高10、口径10、底径6、腹部最大径14.5厘米（图六，20）。M6：19，灰陶。敛口，圆唇，折肩，直腹，平底。腹部饰有一道弦纹。高12.8、口径8.8、底径8.5、腹部最大径11.3厘米（图六，21）。M6：12等六件陶罐形制较为一致，均为灰陶。折沿，圆唇，短直颈微束，折肩，斜弧腹，圜底。腹部及底部饰有绳纹。M6：12，高13.5、口径12.4、腹部最大径21.5厘米（图六，12）。M6：13，高12.5、口径11、腹部最大径21.2厘米（图六，13）。M6：14，高12.8、口径11.6、腹部最大径20.5厘米（图六，14）。M6：15，高12.8、口径11.5、腹部最大径20.3厘米（图六，15）。M6：16，高12.6、口径11.5、腹部最大径20.1厘米（图六，16）。M6：17，器形相对较为扁平，口部及底部变形。高9.2、口径10.6、腹部最大径17.2厘米（图六，17）。

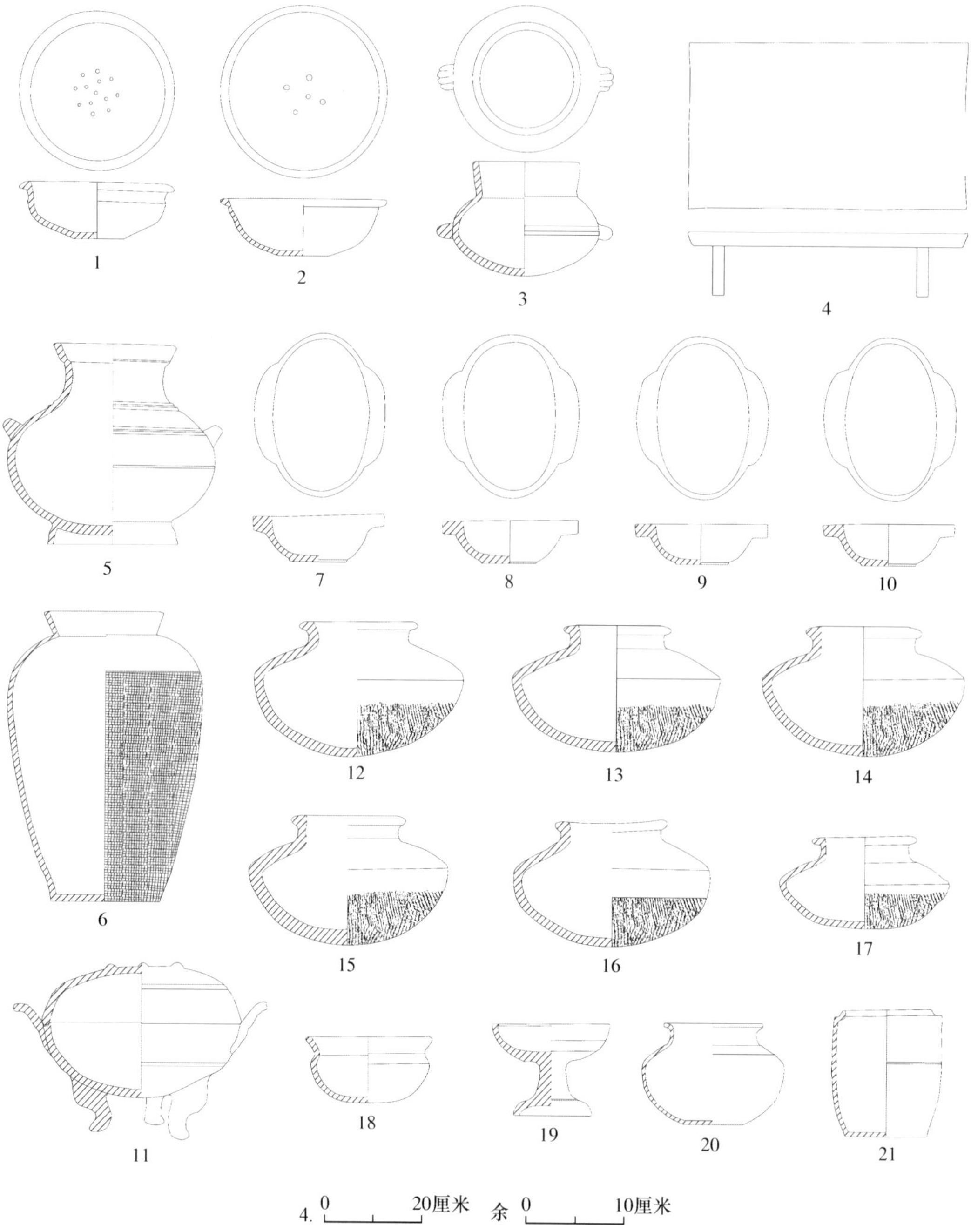

图六　M6随葬陶器

1、2. 甑（M6：2、M6：18）3、6、12～18、20、21. 罐（M6：3、M6：4、M6：12、M6：13、M6：14、M6：15、M6：16、M6：17、M6：1、M6：10、M6：19）4. 案（M6：20）5. 壶（M6：5）7～10. 耳杯（M6：7、M6：8、M6：9、M6：21）11. 鼎（M6：11）19. 豆（M6：6）

陶甑　共2件。M6：2，灰陶。敞口，折沿，尖唇，直颈微束，斜弧腹略折，平底，底部有13个孔。高5.8、口径15.8、底径5.2厘米（图六，1）。M6：18，红陶。敞口，折沿，圆唇，弧腹，平底，底部有5个孔。高5.8、口径17.2、底径4厘米（图六，2）。

3. M10

M10为刀把形崖墓，墓道偏于南侧，方向130°，由墓道和墓室两部分构成。墓道呈斜坡状，长370、宽106～126、深380厘米。墓室平面大致呈方形，长260、宽264厘米，拱顶近平，顶部略有垮塌，墓底平整，墓室高104～128厘米。M10扰乱较为严重，墓内不见葬具及人骨（图七）。

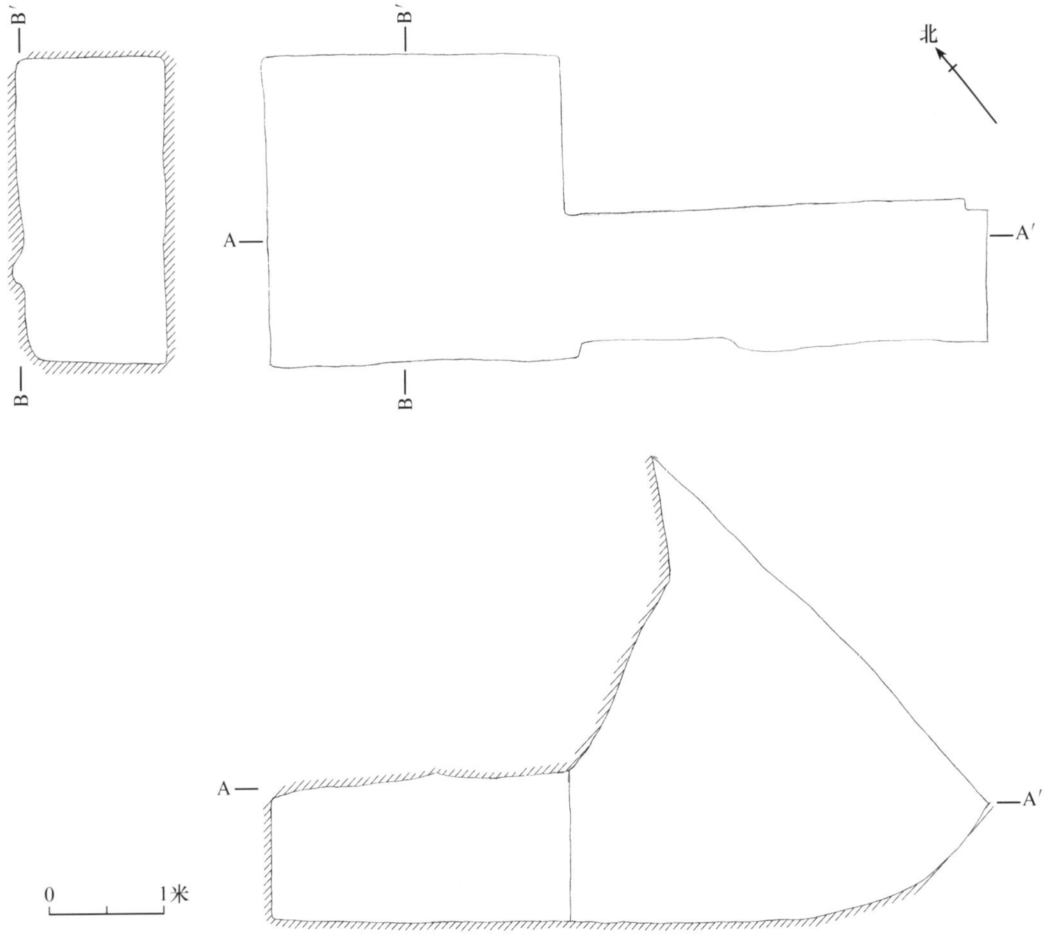

图七　M10平、剖面图

陶灶　共1件。M10：1，黑褐色陶。平面大致呈长方形，四角略微翘起。有一大一小两个灶眼，大灶眼位于灶面中部，小灶眼位于灶面一角且环绕有三个凸起，陶灶正侧面有一拱形的灶门。全长22.5、宽16.5、高8厘米（图八，1）。

陶罐　共2件。M10：2，灰陶。敞口，圆唇，短直颈，圜肩，弧腹，平底。肩颈部饰有水波纹。高12、口径9.6、底径9.5、腹部最大径16.2厘米（图八，2）。M10：3，灰陶。敞口，圆唇，短直颈，圜肩，弧腹，平底。肩部有一道凹弦纹。高9.8、口径10.5、底径8.4、腹部最大径15.4厘米（图八，3）。

陶俑头　共1件。M10：4，红陶。空心。头饰难辨，面部仅可分辨出口鼻。高5.8、宽5.2厘米（图八，4）。

陶钵　共2件。M10：5，灰陶。敞口，圆唇，弧腹，平底。高4.5、口径12、底径4.1厘米（图八，5）。M10：8，红陶。敞口微侈，方唇，弧腹，平底。腹部饰有两道弦纹，施黄褐色釉，但大多已脱落。高5.5、口径15、底径5.8厘米（图八，8）。

陶匜　共2件。M10：6，红陶。敛口，圆唇，弧腹，腹部近底处内折，平底，一侧有一把手。腹部有一道弦纹。内外壁均施黄褐色釉，外壁釉不及底。高6、口部长径14.3、短径12.4、底径5.5、把手长4.1厘米（图八，6）。M10：9，红陶。敞口，方唇，弧腹，平底，一侧有一把手。上腹部饰有一道弦纹，内外壁均施黄褐色釉，外壁釉不及底。高6.2、口径14.5、底径7、把手长3.2厘米（图八，9）。

铁带钩　M10：7，共3件。铁质，呈S形。标本一，长12.5、宽2.2、厚0.45厘米。标本二，长13、宽2.5、厚0.46厘米。标本三，已残。残长4.3、宽2.3、厚0.41厘米（图八，7）。

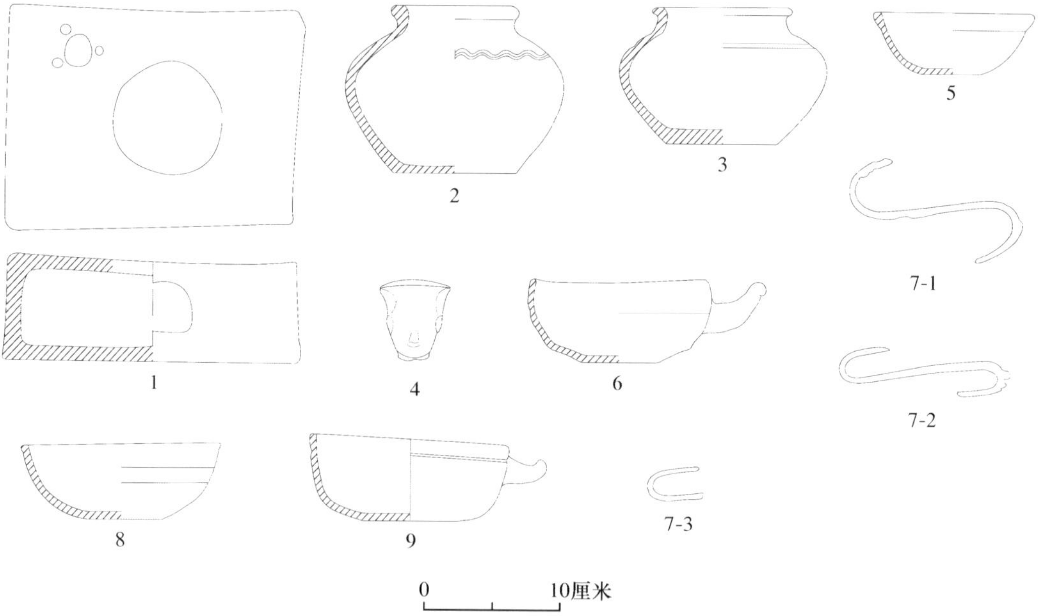

图八　M10出土器物

1. 陶灶（M10：1）　2、3. 陶罐（M10：2、M10：3）　4. 陶俑头（M10：4）　5、8. 陶钵（M10：5、M10：8）　6、9. 陶匜（M10：6、M10：9）　7. 铁带钩（M10：7）

4. M12

M12为刀把形崖墓，方向150°。由墓道、甬道和墓室三部分构成。墓道呈斜坡状，长290、宽96 ~ 126、深260厘米。甬道长144、宽126 ~ 138厘米，底部呈平缓的坡状，顶部呈拱形，前高后低，近墓道处高170厘米，近墓室处高154厘米。墓室平面呈长方形，长484、宽190 ~ 210厘米。拱顶，顶部不甚平整，高165厘米，最高处175厘米。墓室于甬道相交处有一级台阶，墓室地面较甬道低10厘米。墓内不见葬具及人骨，仅出有一枚棺钉（图九）。

图九　M12平、剖面图

1. 瓷碗　2. 武士俑　3、6、7. 陶罐　4. 陶甑　5. 陶塘　8. 陶仓　9. 青瓷虎子　10. 铜弩机　11. 陶灯　12. 陶猪　13. 陶狗　14 ~ 19. 侍立俑　20. 棺钉　21. 铜镜　22. 陶鸡

青瓷碗　共1件。M12：1，白胎偏黄，内外壁施青釉，外壁釉不及底。敞口，圆唇，斜弧腹，平底。高3.5、口径9.5、底径4.5厘米（图一〇，1）。

青瓷虎子　共1件。M12：9，遍施青釉，仅在器身尾部露出红胎。整体呈趴卧的兽形。口部呈兽首状，雕刻精细，瞠目立耳，毛发毕现，提梁形似龙身，后有一弯曲的细尾。器身大致呈葫芦状，前端刻有圆形麻布纹。四足呈兽爪形，分四趾。高18.5、长25.5厘米（图一〇，9）。

陶俑　共7件。

武士俑　共1件。M12：2，灰陶。呈站姿，面部五官可辨，瞠目张口，长颈，躯干短小粗壮，双手持剑置于胸前，剑首呈环状，剑尖朝下。背部下方有一椭长形孔，底部平底内凹，俑内空心。残高24、底径8.5厘米（图一〇，2）。

侍立俑　共6件。形制基本相同，灰陶。空心。呈站姿，身体略微前倾，体态较为修长，头戴小尖帽，面部五官可辨，但制作较为潦草，双手相持置于腹前，身着长袍，露出下裳边缘，脚着屐，微露。M12：14，高18.4、底径6.6厘米（图一〇，14）。

图一〇　M12出土器物

1. 青瓷碗（M12：1）2. 陶武士俑（M12：2）3、6、7. 陶罐（M12：3、M12：6、M12：7）4. 陶甑（M12：4）5. 陶塘（M12：5）8. 陶仓（M12：8）9. 青瓷虎子（M12：9）10. 铜弩机（M12：10）11. 陶灯（M12：11）12. 陶猪（M12：12）13. 陶狗（M12：13）14～19. 陶侍立俑（M12：14、M12：15、M12：16、M12：17、M12：18、M12：19）20. 棺钉（M12：20）21. 陶鸡（M12：22）

M12：15，高18.4、底径7厘米（图一〇，15）。M12：16，高18.1、底径7.1厘米（图一〇，16）。M12：17，高18.4、底径6.6厘米（图一〇，17）。M12：18，高18.5、底径6.5厘米（图一〇，18）。M12：19，高18.5、底径5.9厘米（图一〇，19）。

陶猪 共1件。M12：12，灰陶。呈站姿，较为瘦长，短鼻拱嘴，双耳竖起，尾部下垂，腹腔空心。高7.4、长19.5厘米（图一〇，12）。

陶狗 共1件。M12：13，灰陶。呈站姿，头部前伸，尾部上卷，腹腔空心。高7.5、长14.5厘米（图一〇，13）。

陶鸡 共1件。M12：22，灰陶。呈立姿，无爪，腹下有一圆形底座。通高8.7、长12.2、底座直径4.6厘米（图一〇，21）。

陶塘 共1件。M12：5，灰陶。平面呈圆形，敞口，方唇，斜弧腹，平底略内凹。塘内塑有荷叶、游鱼等。高3.7、口径18.3、底径14厘米（图一〇，5）。

陶仓 共1件。M12：8，灰陶。呈房形，正面刻画出门及窗，仓顶五脊四坡，仓顶与仓身可分离。通高19.7、仓身高15.8、口部长16.2、宽9.8厘米；屋顶长18.5、宽10.8～11.5厘米（图一〇，8）。

陶罐 共3件。M12：3，灰陶。敞口，圆唇，束颈，鼓腹，平底略内凹。高9.5、口径14.2、底径9.4厘米（图一〇，3）。M12：6，灰陶。敞口，颈微束，圜肩，弧腹，平底。高10.2、口径15、底径8.8厘米（图一〇，6）。M12：7，灰陶，直口，方唇，圜肩，鼓腹，平底。高12.9、口径9.1、底径9.7、腹部最大径16.7厘米（图一〇，7）。

陶甑 共1件。M12：4，灰陶。敞口，折沿，方唇，斜腹，平底，底部有一圆形甑孔。高9、口径16.6、底径8厘米（图一〇，4）。

陶灯 共1件。M12：11，灰陶。灯盘为敞口微敛，圆唇，斜弧腹，盘内平底。口沿下饰有两道弦纹。灯柄上部有一圆形小平台。喇叭状灯座。通高13.4、灯盘口径10、底座直径13.2厘米（图一〇，11）。

铜弩机 共1件。M12：10，长13.2、高9.5、宽3.2厘米（图一〇，10）。

铜镜 共1件。M12：21，镜背饰对称的夔纹。直径7.65、镜缘厚0.25厘米（图一五，4）。

棺钉 共2枚。M12：20，标本一，长13.2、钉帽直径1.34。钉身截面为长方形，长0.81、宽0.69厘米。标本二，长12.5、钉帽直径1.42。钉身截面近方形，长0.88、宽0.85厘米（图一〇，20）。

5. M13

M13由墓道和墓室两部分构成，方向140°。墓道偏于南侧，呈平缓的斜坡状，长250、宽90～104厘米，甬道长90、宽104～144厘米，顶部为前高后低状拱顶，高166～170厘米。墓室平面大致呈长方形，长460、宽168～198厘米，拱顶，顶部不平整，墓室整体呈前高后低状，前壁处高166、后壁处高120厘米。M13扰乱严重，墓内不见葬具及人骨（图一一）。

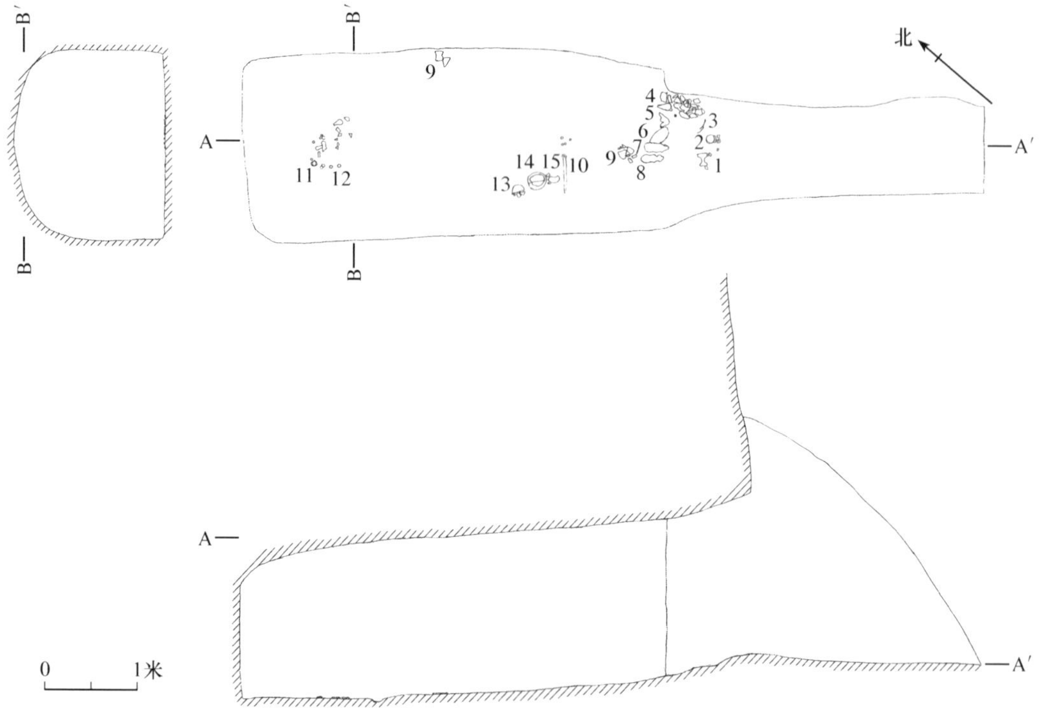

图一一　M13平、剖面图

1. 陶灯　2. 陶罐　3. 铜饰件　4. 陶鸡　5. 陶鸽　6. 镇墓兽　7. 陶狗　8. 陶猪
9. 陶匜　10. 环首铁刀　11. 陶勺　12. 铜钱　13、15. 陶钵　14. 陶器盖

陶灯　共1件。M13：1，红陶。灯盘为敞口，方唇，斜弧腹，灯柄粗短，喇叭状底座。外壁及灯盘内施有黄褐色釉。通高9.3、灯盘口径8.9、底座直径10.3厘米（图一二，1）。

陶罐　共1件。M13：2，红陶。敞口，方唇，束颈，折肩，斜弧腹，平底。内外壁均施黄褐色釉，外壁釉不及底。高5.3、口径10、肩部最大径9.8、底径5.4厘米（图一二，2）。

陶钵　共2件。M13：13，红陶。侈口，方唇，斜弧腹，下腹部略折，平底。高4.4、口径12.5、底径5厘米（图一二，12）。M13：15，灰陶。敞口，圆唇，斜弧腹，平底。腹部饰两道弦纹。高4.6、口径12.7、底径4.5厘米（图一二，14）。

陶器盖　共1件。M13：14，红陶。圆形，盖面拱起，顶部有一喙形钮。器表施黄褐色釉。高5.1、直径8.6厘米（图一二，13）。

陶匜　共1件。M13：9，红陶。口微敛，圆唇，弧腹，平底，一侧有一把，现已断裂。高5.2、口径12.4、底径4.2厘米（图一二，9）。

陶勺　共1件。M13：11，红陶。口部呈桃形，敛口，圆唇，弧腹，平底。柄部留有指窝纹。内壁施黄褐色釉。高2.4～2.7、长7、宽6、底径3.8厘米（图一二，11）。

陶鸡　共1件。M13：4，灰陶。呈站姿，两爪分开站立，头部有冠，翅膀及尾部有表示羽毛的刻画痕迹。内部空心。可能曾有彩绘，鸡身残留有白色颜料，鸡冠、鸡喙等处残留有红色颜料。通高17、通长19.4厘米（图一二，4）。

陶鸽　共1件。M13：5，灰陶。呈蹲姿，背上与胸前各有一小鸽，胸前、翅膀、尾巴均刻画出羽毛。空心，下有一圆形小底座。器身有白色颜料痕迹。通高12.5、通长17.2、底座直径5.5厘米（图一二，5）。

陶狗　共1件。M13：7，灰陶。呈站姿，仰首龇牙，颈部有项圈，尾巴上卷。四肢实心，躯干及头部空心。器身残留有白色颜料。通高21、通长25.4厘米（图一二，7）。

陶猪　共1件。M13：8，灰陶。呈站姿，体态较为肥壮，头部前伸，长鼻、拱嘴，双耳下垂，背部有鬃毛，尾巴上卷。腹部空心，四肢实心。通高11.5、长26厘米（图一二，8）。

陶镇墓兽　共1件。M13：6，灰陶。呈蹲坐姿势，鼓腹，背部隆起，头上有两角，长舌伸出下垂。空心。器身有白色和红色颜料痕迹，可能曾有彩绘。通高21.8厘米（图一二，6）。

环首铁刀　共1件。M13：10，刀身横截面呈三角形，且自环首处向刀尾逐渐变薄。长41.5、最宽处2.5、环首宽5.8、刀背厚0.2～1.1厘米（图一二，10）。

铜饰件　共1件。M13：3，半环形，表面呈金黄色，锈蚀严重，现已断为两截。现存直径19厘米，横截面呈U形，宽0.62厘米（图一二，3）。

铜钱　若干枚。M13：12，五铢，锈蚀较为严重。直径2.57、孔径0.95、厚0.15厘米。

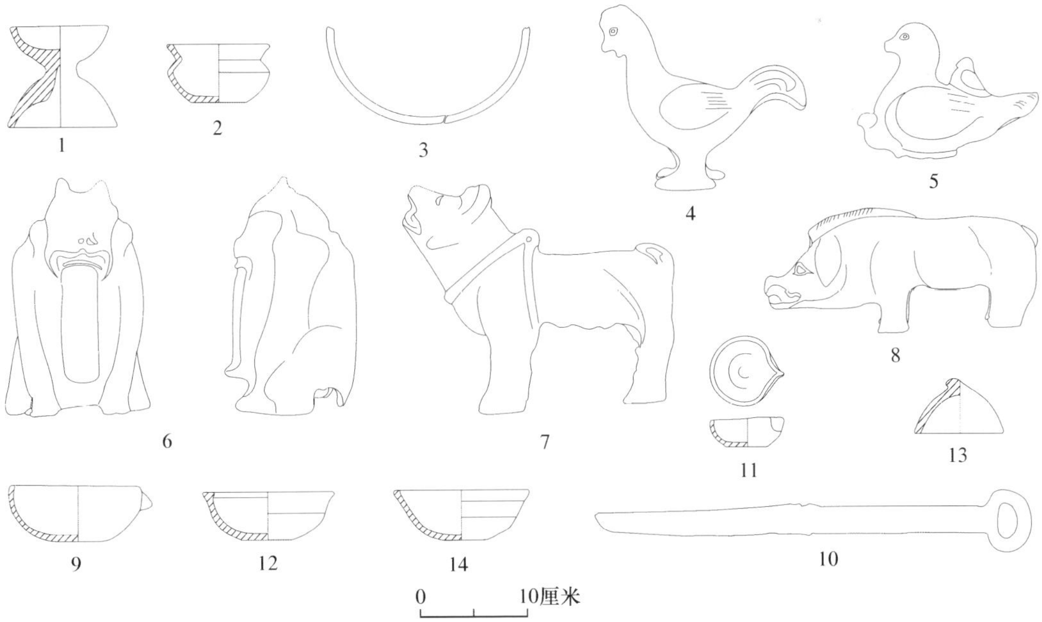

图一二　M13出土器物

1. 陶灯（M13：1）2. 陶罐（M13：2）3. 铜饰件（M13：3）4. 陶鸡（M13：4）5. 陶鸽（M13：5）6. 陶镇墓兽（M13：6）7. 陶狗（M13：7）8. 陶猪（M13：8）9. 陶匜（M13：9）10. 环首铁刀（M13：10）11. 陶勺（M13：11）12、14. 陶钵（M13：13、M13：15）13. 陶器盖（M13：14）

6. M14

M14为凸字形崖墓，方向135°。由墓道、甬道和墓室三部分构成。墓道呈斜坡状，坡度较陡，长480、宽176～190、深490厘米。墓道和甬道相交处有一道门槽。甬道长230、宽164厘米，底部较平，拱顶近平，前段部分无顶，近墓道处高210、近墓室处高170厘米。墓室平面大致呈长方形，长256～284、宽360～376厘米，拱顶近平，顶部有垮塌，底部较平，高150～170厘米，墓内不见葬具及人骨（图一三）。

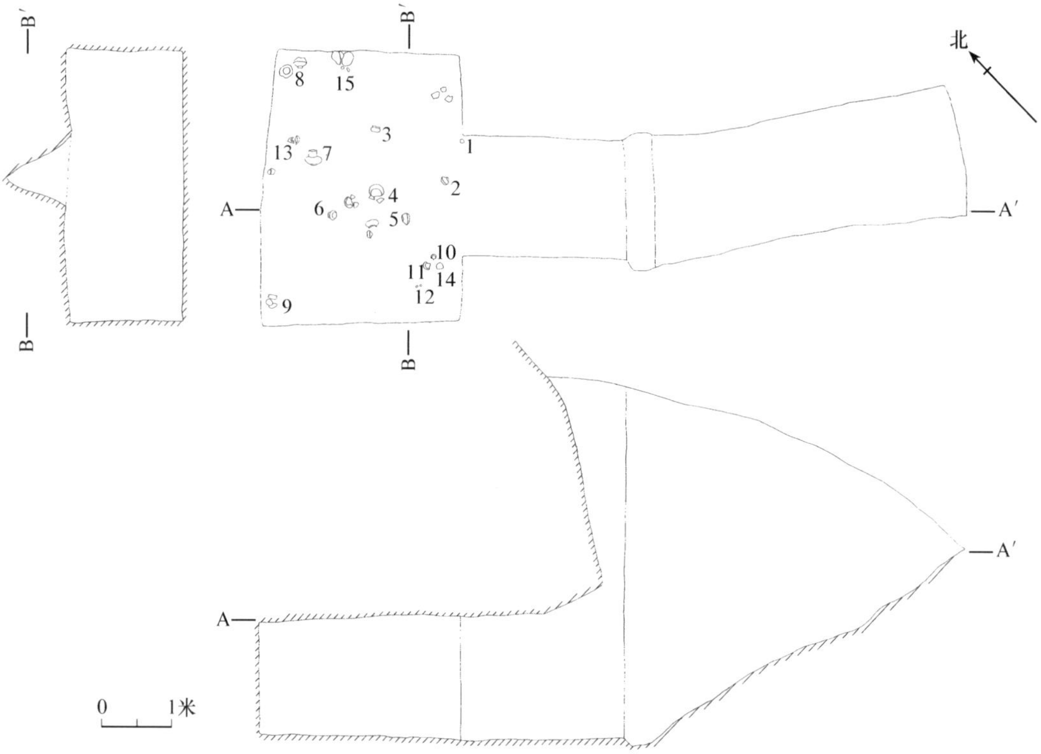

图一三　M14平、剖面图

1. 铜杯　2、3、5、6、8、9. 陶罐　4、11、13. 陶钵　7. 陶壶　10. 陶勺　12. 铜钱　14. 陶器盖　15. 陶壶

铜杯　共1件。M14∶1，敞口，折沿，斜直腹，平底，一侧有一把手，底部可见范缝。高2.5、口部长径6.6、短径6.3、底部长径3.6、短径3.4、把长1.9厘米（图一四，1）。

陶罐　共6件。M14∶2，灰陶。直口，圆唇，短颈，圜肩，弧腹，平底。高9.7、口径9.7、底径10、腹部最大径15.6厘米（图一四，2）。M14∶3，红陶。折沿，颈微束，折肩，直腹略弧，圜底近平。肩两侧各有一小耳，肩部饰有两道凹弦纹，口沿及外壁施黄褐色釉，釉不及底。高8.6、口径12、腹部最大径12.4厘米（图一四，3）。M14∶5与M14∶8形制较为接近，灰陶。折沿，圆唇，折肩，斜弧腹，平底。M14∶5，束颈，肩颈部有三道弦纹。高11.6、口径10.8、底径8、腹部最大径15厘米（图一四，5）。M14：8，直颈。肩部饰有一道凹弦纹。高11.7、口径11.4、底径11、腹部最大径16.2厘米（图一四，8）。M14：6与M14：9形制较为接近，均为敞口，高领，圜肩，弧腹，平底，肩两侧各有一乳钉状小耳。M14：6，灰陶。平底略内凹，肩部饰两道弦纹。高8.4、口径11.7、底径7.2厘米（图一四，6）。M14：9，红陶。腹部有三道凹弦纹。高8.9、口径10.3、底径7厘米（图一四，9）。

陶钵　共3件。M14：4，灰陶。敞口，圆唇，折腹，平底。高6.8、口径19.1、底径5.8厘米（图一四，4）。M14：11与M14：13形制相似，灰陶。敞口，圆唇，斜弧腹，腹部略折，平底。M14：11，高4.8、口径11.6、底径4.6厘米（图一四，11）。M14：13，高4.9、口径11.7、底径3.8厘米（图一四，12）。

陶勺　共1件。M14：10，灰陶。平面呈桃形，敞口尖唇，平底，一侧有一小把。高2、宽6.2、底径4厘米（图一四，10）。

陶器盖　共1件。M14：14，红陶。圆形，顶部较平。盖面上有四道凹弦纹。高2.4、直径10.5厘米（图一四，13）。

陶壶　共2件。M14：7，灰陶。敞口，方唇，直颈，圜肩，鼓腹，圈足，颈下有两道弦纹，肩部有两道弦纹。高25.2、口径12.6、腹部最大径26.5、圈足直径13.8厘

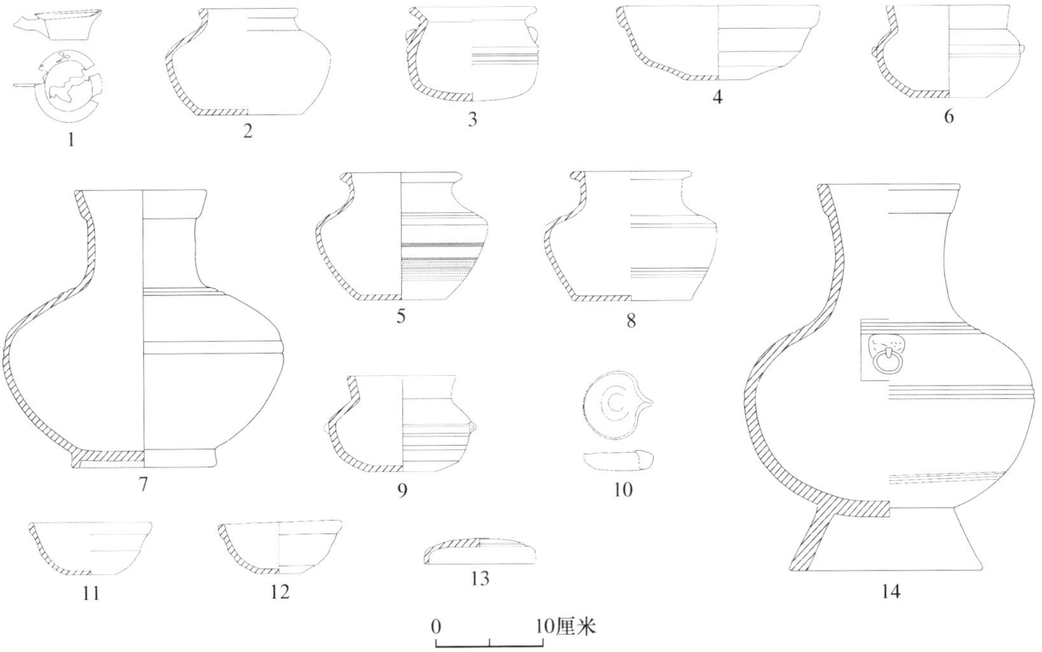

图一四　M14出土器物

1. 铜杯（M14：1）　2、3、5、6、8、9. 陶罐（M14：2、M14：3、M14：5、M14：6、M14：8、M14：9）　4、11、12. 陶钵（M14：4、M14：11、M14：13）　7、14. 陶壶（M14：7、M14：15）　10. 陶勺（M14：10）　13. 陶器盖（M14：14）

米（图一四，7）。M14：15，灰陶。敞口，方唇，长颈，圜肩，鼓腹，圈足较高，肩部两侧各有一铺首，颈下、肩部各饰有两道凹弦纹。高35.1、口径约12.8、腹部最大径27.6厘米（图一四，14）。

铜钱　M14：12，货泉3枚，直径2.27、孔径0.78、厚0.15厘米。五铢1枚，直径2.65、孔径0.94、厚0.15厘米（图一五，3）。

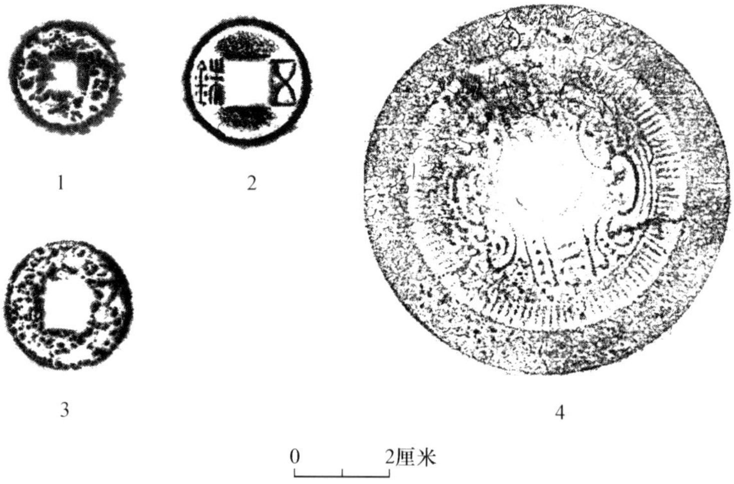

图一五　铜器

1. 货泉（M3：8）　2、3. 五铢（M3：9、M14：12）　4. 镜（M12：21）

二、墓葬年代及初步认识

这6座崖墓在形制上较为一致，由墓道、墓室或墓道、甬道、墓室组成，墓室呈方形或长方形。根据随葬器物特点，大致可分为两组。

一组为M3、M6、M10、M13、M14。所出器物组合多为陶壶、陶罐、陶钵等，有一定数量的釉陶。M13出有动物俑，除M10所出俑头外不见人物俑。M6出有作为仿铜陶礼器的陶鼎、陶壶，所出的陶案、耳杯等为王莽至东汉初期开始流行的祭祀用器，与赵家湾M8所出形制相似[2]，所出圜底罐可见于东汉早期的丰都汇南JM20（JM20：24）[3]。M3所出釉陶壶与东汉中期的赵家湾M22所出的陶锺（M22：22）[4]较为相似。M14所出陶壶重心较低，腹部圆鼓，圈足较矮，为东汉早中期时的形态[5]，可见于万州大地嘴M14：38[6]，所出高领罐亦可见于赵家湾M22（M22：42）[7]。M13出有长舌镇墓兽、子母鸽、环首铁刀等，带有明显的地域特点[8]，动物俑造型生动，更接近峡江地区东汉中晚期的陶俑特点，如巫山琵琶洲永初五年墓所出陶猪（M4：1）、陶狗（M4：2）[9]等。此外，M3出有货泉、五铢，M13、M14出有五铢，可为断代提供了一定依据。据此，该组墓葬的年代应当集中在东汉早中期，其中M13年代可能相对偏晚，可至东汉中期以后。

另一组为M12，出有青瓷虎子、青瓷碗、铜弩机等，应当为六朝时期墓葬。其中M12所出青瓷虎子呈茧形，中间束腰，两端浑圆，与南京板桥镇西晋永宁二年墓所出虎子[10]，以及鄂州六朝墓所出Ⅲ型1式虎子（M2006：12、M3045：9）[11]较为接近，但四足已简化。鄂州M2006、M3045均将年代定为西晋前期。由此推断，M12的年代大致在西晋。

此次发掘的包括这6座崖墓在内的14座墓葬，似按照一定顺序排列，可能经过了一定的规划。其中M6、M12保存完好，较为难得。赵家湾一带经过多次考古发掘，清理了数量众多的汉至六朝时期墓葬，是该区域一处重要的汉晋墓地，为完善峡江地区的墓葬文化序列提供了丰富的材料。

附记：本次考古发掘领队为袁东山，执行领队为李梅田，参加发掘的人员有乔峡、陈昊雯、乔汉英、陈星宇、党威、陈孔杨等，本次发掘工作得到了奉节县文管所的大力支持，在此谨表谢忱。

摄影：陈昊雯　乔　峡
绘图：姚　婷　李　童　李万靖　魏　镇　杨宏昌
整理：乔汉英　陈昊雯　李增辉
执笔：陈昊雯　李梅田　乔　峡

注　释

[1] a. 武汉大学考古与博物馆学系，武汉大学科技考古中心. 重庆奉节赵家湾墓地2004年发掘简报[J]. 江汉考古，2009（1）.
b. 武汉大学考古学系，重庆市文化局三峡办公室，重庆奉节赵家湾东汉墓发掘简报[J]. 文物，2011（1）.

[2] 武汉大学考古学系，重庆市文化局三峡办公室. 重庆奉节赵家湾东汉墓发掘简报[J]. 文物，2011（1）.

[3] 四川省文物考古研究院，重庆市文化局，丰都县文物管理所. 重庆市丰都县汇南墓群2003年度发掘简报[J]. 四川文物，2013（2）.

[4] 同[1]a.

[5] 蒋晓春. 三峡地区秦汉墓研究[M]. 成都：巴蜀书社，2010：91～110.

[6] 湖南省文物考古研究所，巫山县文物管理所. 万州大地嘴墓地发掘报告[A]. 重庆库区考古报告集·1999卷[C]. 北京：科学出版社，2006.

[7] 同[1]a.

[8] 索德浩．峡江地区汉晋墓葬文化因素分析［M］．成都：巴蜀书社，2012：80～94.
[9] 中国社会科学院考古研究所三峡工作队．巫山琵琶洲遗址发掘报告［A］．重庆库区考古报告集·1998卷［C］．北京：科学出版社，2003.
[10] 南京市文物保管委员会．南京板桥镇石闸湖晋墓清理简报［J］．文物，1965（6）.
[11] 南京大学历史系考古专业，湖北省文物考古研究所，鄂州市博物馆．鄂城六朝墓［M］．北京：科学出版社，2007：209，210.

The Excavation of Zhaojiawan Cemetery in Fengjie County, Chongqing Municipality

Chongqing Cultural Heritage Research Institute
Department of Archaeology and Museum Studies, Renmin University of China

Abstract: Zhaojiawan Cemetery, located on Fengjie County, Chongqing Municipality, was excavated from June to September in 2015. 14 cliff tombs have been recovered and 6 of them were well preserved, including 5 Eastern Han Dynasty tombs and one Six Dynasties tomb. The grave goods were various.

Keywords: Chongqing Municipality Fengjie County; Zhaojiawan cemetery; Han and Six Dynasties; cliff tombs

论东北新石器时代陶器的花边口装饰传统*

高云逸

（吉林大学考古学院，长春，130012）

内容摘要：近年来所开展的考古工作及新披露的材料显示，陶器唇部施纹而形成花边口是东北多个地区共见的陶器装饰传统，这是颇引人注目但尚不见系统研究的文化现象。已有证据表明，东北地区新石器时代花边口的装饰技法于万年前滥觞于嫩江中下游，并于此地持续沿用数千年之久。这种传统在嫩江流域漫长的延续过程中也存在动态的传播与扩散过程，使周边诸多地区在不同历史阶段出现花边口陶器。在考古学文化互动关系的研究课题中，陶器花边口装饰传统为了解不同文化间的联系提供了一个新的视角。

关键词：东北地区；新石器时代；陶器；花边口；传播；文化交流

花边口装饰是指陶器成型后在唇面和唇外侧按压或戳压饰纹的技法，所饰纹饰通常沿器物唇部一周等距离排列，从而使陶器口沿部分呈现出一种花边状态。一般而言，方唇者多于唇面施纹，圆唇者多于唇外侧修饰。需要说明的是，本文所讨论的陶器花边口装饰传统不包括陶器口部饰经过加工的附加堆纹的做法。

东北地区新石器时代陶器的造型相对简单，器类比较单一，但陶器表面尤尚装饰。正因如此，在东北地区除陶器形态和器物组合外，陶器的施纹技法与装饰题材也成为界定、区分考古学文化及探讨诸考古学文化间嬗变传承与互动交流关系的重要依据。饰各类压印纹的平底筒形罐是东北文化区的主要地域特征[1]，实际上，装饰陶器唇部的花边口传统也是东北许多考古学文化共见并区别于其他文化区的重要区域特点。就目前东北地区考古材料来看，这种传统最早出现于嫩江流域，且前后延续时间长达数千年，嫩江中下游也是东北新石器时代花边口陶器的核心分布区。近年来新材料的涌现及研究的深入使我们有条件系统地梳理嫩江流域花边口陶器装饰传统的演进脉络，并以这种传统的传播为窗口窥探嫩江流域与周边相关考古学文化区碰撞与交流情况。根据东北地区新石器时代花边口陶器的地域与文化差别，本文分为五个地区进行讨论。

* 本文受国家社会科学基金项目（17BKG020）资助。

一、嫩江流域

嫩江源起大兴安岭，流经松嫩平原，南下注松花江。1962 年，张忠培先生对吉林白城的考古调查曾采集到饰篦纹和附加堆纹的陶片，所属器形极为简单，显现出相对原始的特性[2]。1996 年，他据此推断黑龙江地区将会找到距今万年的新石器时代文化[3]。时隔 20 年，吉林与黑龙江两省交界处的白城市双塔遗址[4]和大安市后套木嘎遗址[5]的相继发掘证实了张先生早年的预言。这两处遗址的发掘极大地丰富了该地区新石器时代文化内涵，为相关研究的开展奠定了可靠的基础。

2007 年，双塔遗址的发掘揭露出两期面貌不同的新石器时代遗存。发掘者将第一期遗存命名为双塔一期文化，将第二期遗存的性质界定为哈民忙哈文化。研究表明，前者的年代为公元前 9000 ~ 前 6000 年，后者的年代为公元前 3500 ~ 前 3000 年[6]，双塔遗址的发掘以确凿的层位关系确立了这两类新石器时代文化的相对年代关系。

2011 ~ 2015 年，连续五年大规模发掘的后套木嘎遗址发现的属新石器时代的第一至四期遗存尤为引人瞩目。关于这四期遗存的文化性质及绝对年代，王立新已做了详细的论证，即后套木嘎一期文化（公元前 10900 ~ 前 9100 年）、黄家围子文化（公元前 6000 ~ 前 5000 年）、后套木嘎三期文化（公元前 4800 ~ 前 3500年）、哈民忙哈文化（公元前 3500 ~ 前 3000 年）[7]。四期遗存层位关系明确，时序特征明显，连同双塔遗址发现的两期遗存使得嫩江流域新石器时代考古学文化编年序列比较清晰地呈现出来了，为该地区相关遗存的定性与断代树立了一个可靠的标尺。

后套木嘎一期文化陶器即见花边口的作风，此期陶器胎体甚厚，多通体饰纹，唇面所饰平行斜向戳压纹包括直线型（图一，19）和篦点型（图一，20、21）两种，这是东北地区已知年代最早的花边口陶器。双塔一期文化陶器的花边口相较后套木嘎一期文化发生了一些变化，如唇面纹饰以指甲纹为主（图二，4、6、7、9），少见直线纹和篦点纹，并且新出现了唇外侧按压花边的做法（图二，5）。

双塔遗址发掘后，段天璟认识到，吉林镇赉县黄家围子遗址[8]早期遗存与双塔一期文化存在一定联系，且前者年代应晚于后者[9]。随后王立新将晚于双塔一期文化的后套木嘎第二期遗存和黄家围子早期遗存命名为黄家围子文化[10]，并提出这两支考古学文化很可能存在一脉相承的谱系关系[11]。后套木嘎遗址二期遗存已发表的陶器虽未见花边者，但在黄家围子遗址出土陶器上却比较普遍，其唇外侧按压（图二，1、3）和唇面戳压（图二，2）的装饰手法明显延续着上一个阶段的传统。

继黄家围子文化之后兴起的后套木嘎三期文化仍可见前者风行的附加堆纹，但呈现出明显的简化特征（图一，8、11）。与之相应，花边口装饰同样继续沿用并在陶器群中占据较大比重（图一，6、9、11），展示出本地区传统文化基因的传承与延续。

除双塔遗址和后套木嘎遗址外，白城市向阳南岗遗址[12] Ⅱ区发现的第 3 层和打破

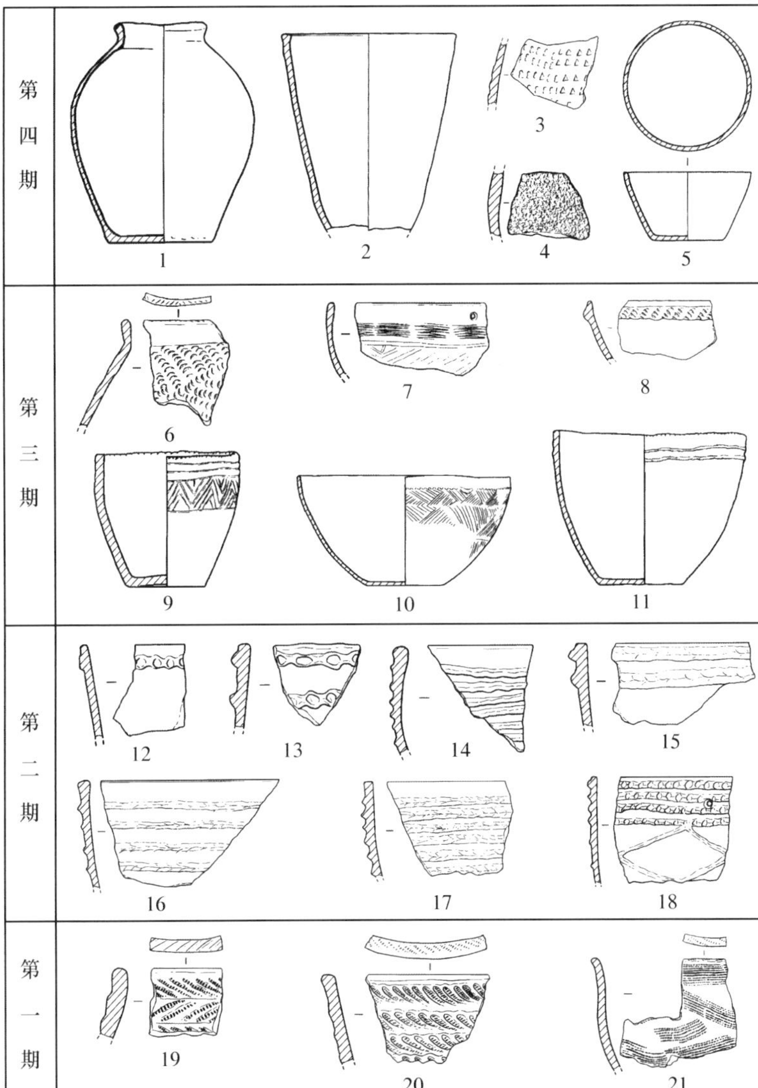

图一　后套木嘎遗址出土陶器

1、6. 罐（AⅢM90：1、AⅢT1307②：6） 2、9、11～20. 筒形罐（G2：93、AⅢG1：12、AⅢG1：42、AⅢH99：2、AⅢH101：1、AⅢH141①：4、AⅢH66：1、AⅢH97：2、AⅢH97：3、AⅢH97：1、AⅢG18①：21、AⅢG18②：5） 3、4. 陶片（G2：92、G2：73） 5、7、8. 钵（H54：3、AⅢH61①：17、F2：20） 10、21. 盆（AⅢG1：47、AⅢH189：11）

第3层的ⅡF1、ⅡF2、ⅡH1两类新石器时代遗存同样惹人注目。第3层披露的陶器除一件筒形罐外均为纹饰拓片，不难发现ⅡTG2③：1筒形罐（图三，9）所饰横刻竖排的细线“之”字纹与后套木嘎遗址第三期AⅢH61①：17陶钵（图一，7）纹饰如出一辙。南岗遗址ⅡTG5③：1席纹（图三，16）和ⅡTG4③：1同心三角纹（图三，15）分别与后套木嘎遗址第三期AⅢG1：47（图一，10）盆、AⅢG1：12筒形罐上腹纹饰相同（图一，9），显然南岗遗址第3层遗存应纳入新命名的后套木嘎三期文化的范畴。

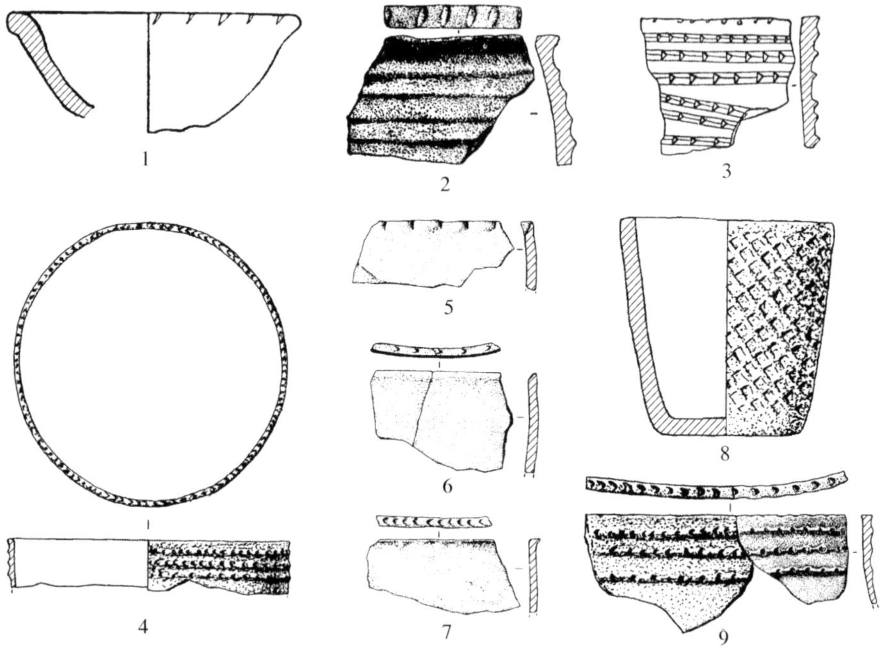

图二　双塔、黄家围子遗址出土陶器

1. 钵（G4③标：3）　2～9. 筒形罐（T7③标：1、T2②标：3、ⅡT303②：11、ⅡT130②：12、ⅡT127①：4、ⅡT127②：10、ⅡT305①：2、ⅡT402②：5）

（1～3 黄家围子、4～9 双塔）

对于层位上晚于第3层的房址与灰坑的文化属性与年代，学界存在两种不同的认识。一种意见以南岗遗址报告编写者为代表，认为这类遗存代表了本地区一种新的考古学文化，其年代大致在公元前2500～前2000年。另一种意见则认为，这类遗存亦属公元前4800～前3500年的后套木嘎三期文化[13]。

从文化面貌来看，南岗遗址的两期新石器时代遗存不能划归同一考古学文化。例如，第3层陶器陶质以夹细砂陶为主，ⅡF1、ⅡF2、ⅡH1出土陶器中泥质陶占绝对优势，而且前者富有时代性特征的"之"字纹、阶梯状纹和席纹等不见于后者。我们注意到，南岗遗址ⅡF2：8溜肩鼓腹罐（图三，7）与哈民忙哈文化后套木嘎遗址AⅢM90：1（图一，1）造型相仿。南岗遗址ⅡF2：14鼓腹罐（图三，6）腹部所饰三角形戳印纹与套木嘎遗址G2：92（图一，3）完全相同，前者的形态特征和装饰手法与哈民忙哈文化南宝力皋吐遗址[14]F10：12（图四，3）雷同。南岗遗址ⅡF1：1筒形罐（图三，1），素面，口微敛，形态酷似南宝力皋吐遗址F10：18（图四，4）。

因此，Ⅱ区以房址为代表的遗存并非处于新石器时代末期未被辨识的考古学文化，亦非新确立的后套木嘎三期文化。就其陶器所反映的内涵而言，应将之认定为公元前3500～前3000年间哈民忙哈文化居民的遗留。相较其南部哈民忙哈遗址[15]而言，南岗遗址陶器占极高比例的花边口作风表现出浓郁的地方特色（图三，2～8）。

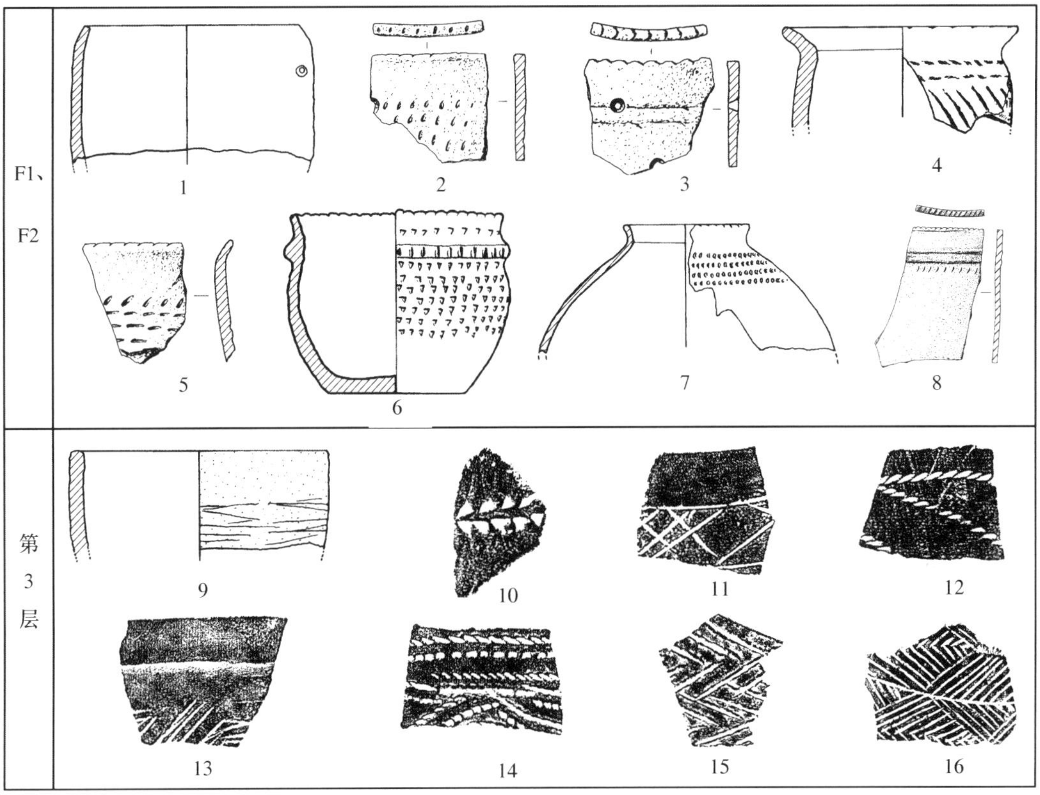

图三　向阳南岗遗址出土陶器

1～3、5、8、9. 筒形罐（ⅡF1：1、ⅡF1：3、ⅡF2：9、ⅡF2：11、ⅡF2：4、ⅡTG2③：1）4. 折沿罐（ⅡF2：12）6. 鼓腹罐（ⅡF2：14）7. 罐（ⅡF2：8）10～16. 纹饰拓片（ⅡTG6③：1、ⅡTG4③：2、ⅡTG7③：1、ⅡTG1③：1、ⅡTG1③：2、ⅡTG4③：1、ⅡTG5③：1）

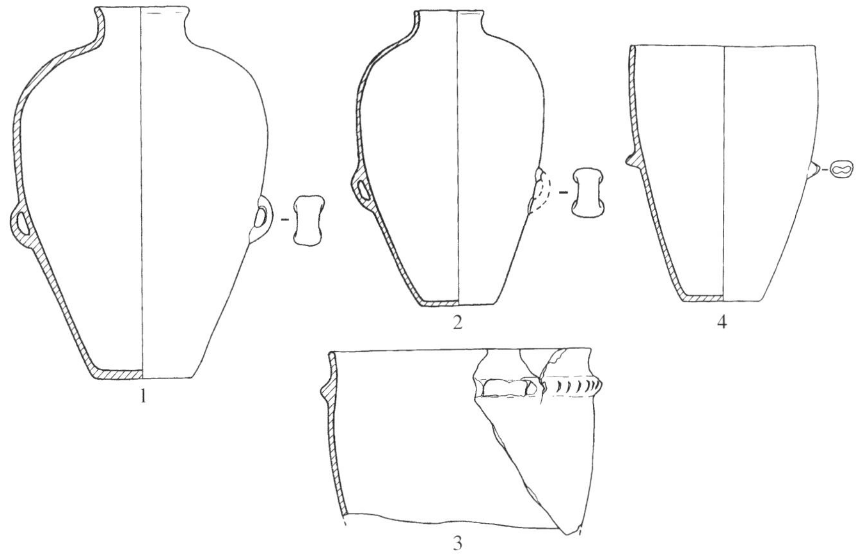

图四　南宝力皋吐遗址D地点F10出土陶器

1、2. 壶（F10：4、F10：21）3. 鼓腹罐（F10：12）4. 筒形罐（F10：18）

上述考古学文化的确立使嫩江中下游新石器时代的文化发展序列初步构建起来，虽然它们之间的谱系关系尚待进一步完善，但花边口装饰这种文化因素于本地区源远流长、自成系统则是不争的事实。这一延续数千年的陶器装饰传统构成了嫩江流域新石器时代一种颇具个性的文化现象，它在这一地区的生命力之顽强由此可见一斑。在新石器时代，嫩江流域既是东北地区东、西方文化交流的前沿，也是南、北方文化互动的枢纽。这里是多元文化影响的辐辏之处，此地的史前族群也将其自身文化因素积极地向外输出，其中花边口陶器装饰传统的扩散即为突出的一例。

二、东辽河流域

东辽河发源于吉林哈达岭山脉，流经吉林西南部和辽宁北部，于铁岭市昌图县与西辽河汇合。2007年发掘的吉林双辽市东明镇盘山遗址发现了新石器时代、青铜时代及辽金多个时期的古代遗存。此次发掘所获新石器时代遗存数量不多，发掘报告公布了H1、H2的出土遗物及少量采集陶片[16]。

这2个灰坑出土陶片比较破碎，无可完整复原器物。除素面外，纹饰有花边口、附加堆纹、绳纹和戳点纹几种，其中唇部按压出花边口和颈部贴塑的附加堆纹是这批陶器的显著特征。环绕器身的附加堆纹数量为一至六条，堆纹细窄而外缘尖锐，个别经手指捏塑。堆纹上施戳印纹的又分两类，一类在堆纹中间戳印使之呈现出间断状；另一种从堆纹的上下两边戳印使其呈现出鱼骨状。

由于以往在东辽河流域未发现过以盘山遗址H1、H2为代表的这类遗存，发掘者也未对其文化性质给出明确界定，仅将其年代推断为新石器时代晚期。发掘者注意到，这2个灰坑出土的花边口和附加堆纹陶片与黄家围子遗址早期遗存相近，后者过去曾被划归在新石器时代晚期昂昂溪文化之中，这当是发掘者做出上述年代判断的依据。近年来伴随着西梁[17]、双塔及后套木嘎遗址的发掘，学者们认识到广见于松嫩平原的附加堆纹陶器实际上分属于不同的考古学文化，延续时间很长，绝非昂昂溪文化一支考古学文化所能涵盖。基于最新考古材料和研究成果，我们有条件对盘山遗址H1、H2这类遗存的年代进行重新探讨。

盘山遗址出土陶器的斜向压印花边口（图五，1～5）与黄家围子遗址G4③标：3（图二，1）相似，盘山遗址出土呈鱼骨状的附加堆纹带（图五，6～8）同于后套木嘎遗址第二期AⅢH97：2、AⅢH97：3（图一，16、17）。盘山遗址所见边缘尖锐的附加堆纹带（图五，9～11）与后套木嘎遗址出土者无异（图一，14），盘山遗址附加堆纹中间施戳印纹（图五，12～14）的作风在后套木嘎遗址（图一，12、13）同样存在。此外，两遗址还共见口沿处饰平行附加堆纹带、腹部施几何形附加堆纹的陶器（图五，16；图一，18）。

通过对陶器的对比可以判断盘山遗址H1、H2的年代晚不到新石器时代晚期，而应

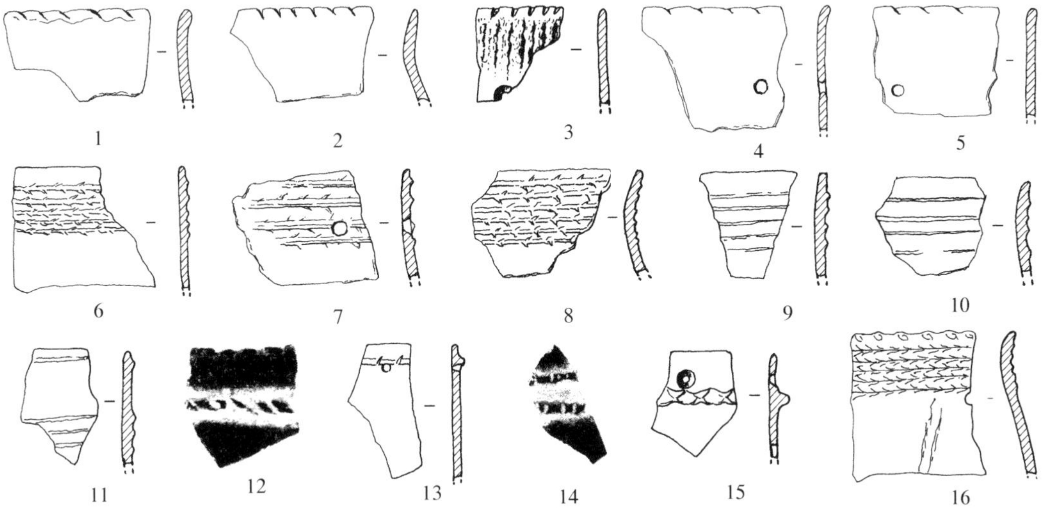

图五 盘山遗址 H1、H2 出土及采集陶器

1～16. 罐口沿（H1 标：3、H1 标：5、H1 标：15、H2 ②标：2、H2 ②标：8、H1 标：1、H2 ②标：3、H2 ②标：9、H2 ②标：15、H2 ②标：13、H2 ②标：16、H1 标：4、H1 标：9、H2 ②标：22、H1 标：16、07SP 采：1）

与黄家围子文化大致相当，即公元前 6000～前 5000 年。由于目前东辽河流域发现的这类遗存数量极少，其整体文化面貌和分布范围尚不清晰。所以不妨将盘山 H1、H2 所代表的新石器时代遗存暂称为“盘山遗存”，待资料丰富时再进行文化或类型的界定。

三、西流松花江流域

西流松花江源于长白山地，西倚松辽分水岭，北上入松花江，主要流经吉林中部地区。吉林长岭县腰井子遗址[18]地处嫩江流域与西流松花江流域间过渡地带，该遗址既存在附加堆纹、花边口（图六，1～3）等嫩江流域文化因素，又存在“之”字纹、扭曲纹和阶梯状纹等西流松花江流域左家山下层文化典型纹样。段天璟提出，左家山下层文化年代上限不晚于公元前 5000 年，且腰井子遗址发现的这两类遗物见证了左家山下层文化与嫩江流域考古学文化在科尔沁草原的对峙与交流[19]。

无独有偶，西流松花江流域左家山遗址 2015 年的发掘[20]也发现了花边口筒形罐（图六，7、8）。将这些线索连缀起来，便可勾勒出黄家围子文化花边口陶器装饰传统自嫩江中下游经由科尔沁草原东北部向西流松花江流域传播的轨迹。

公元前 3500 年左右，左家山上层文化取代左家山下层文化，占据西流松花江流域，由短斜线刻划纹组成的各种纹饰构成了前者突出的文化特征。左家山上层文化左家山遗址[21] T9 ③和 H13 均见有花边口状的陶器（图六，4、6），而上述两单位出土陶器所饰具有标识性的刻划“人”字纹（图六，5、6）在属哈民文化的“后套木嘎遗址第四期遗存中也有少量发现，表明两种文化应存在一定的交流”[22]。这些现象说明，左家山上

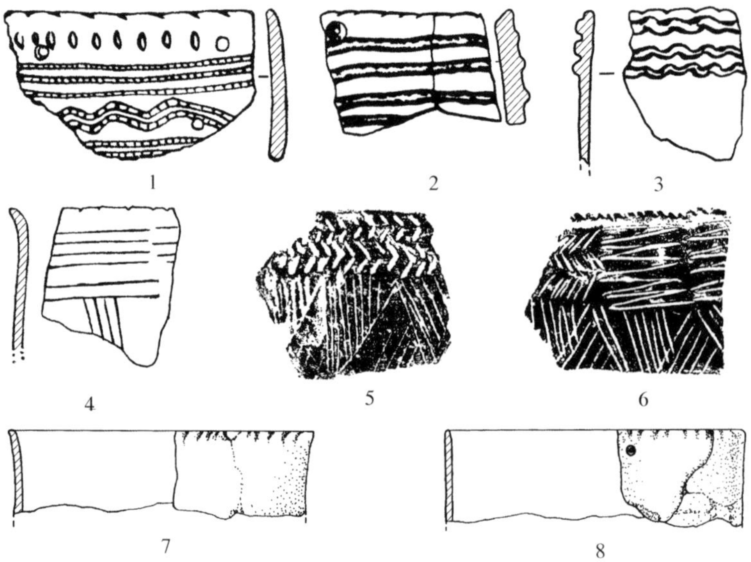

图六　左家山、腰井子遗址出土陶器

1～4. 筒形罐（AT8 ①标：2、AT4 ①标：10、CT2 ③标：5、T9 ③：8）　5、6. 拓片（T9 ③、H13）
7、8. 筒形罐（T1506 ④：7、T1506 ④：8）（1～3 腰井子、4～8 左家山）

层文化在向哈民忙哈文化施加影响的同时，后者的花边口装饰作风亦被前者所吸收。

嫩江和西流松花江作为松花江的南、北两源，流域内的史前居民虽分属不同的文化系统和族群集团，但由于同饮一江之水及河流的相向流动使得两地间的文化联系持续而紧密，文化发展具有内在的向心力，这从两流域新石器时代陶器花边口装饰方面即可窥见。

盘山遗址发现的附加堆纹和花边口陶器表明嫩江流域在黄家围子文化时期的文化影响曾跨过松辽分水岭和西流松花江，向南一直延伸到东辽河流域。有趣的是，青铜时代的白金宝文化沿着花边口陶器曾走过的道路再次上演了长驱南下施加文化影响的情景，在紧邻盘山遗址的后太平墓地[23]留下了篦点几何纹陶壶和筒形罐等文化传播的印记。嫩江和西流松花江交汇为松花江后入黑龙江，西辽河和东辽河合流成辽河后注渤海，这两大水系间广袤的松辽平原始终是古代东北地区南、北方文化交流的大动脉。

四、海拉尔河流域

纵穿内蒙古东部的大兴安岭是内蒙古高原和东北平原的分界线，也是嫩江和海拉尔河的分水岭。由于嫩江和海拉尔河同属黑龙江水系，自然地理的联结作用使得两地的文化联系十分密切，所以张忠培先生在划分东北文化区时曾将呼伦贝尔地区归入嫩江流域[24]。近年来发表的哈克遗址发掘材料为探讨嫩江流域花边口陶器装饰传统的西向传播创造了条件。

呼伦贝尔市海拉尔区哈克遗址发现了新石器时代和相当于汉、唐三个时期的遗存[25]。

新石器时代遗存主要是第 7 层及 7 层下开口的诸遗迹，出土陶器烧成火候较低，陶质疏松，器型仅有圜底罐和平底罐两类。

哈克遗址 04T9 ⑦：106 为素面直口罐残片，唇外侧按压出花边（图七，4），形态及风格与双塔遗址ⅡT130 ②：12（图二，5）相仿。由于目前积累的考古材料较少，哈克遗址发现的以素面和绳纹陶器为代表的这类新石器时代遗存的分布范围及渊源流向等问题尚不明晰。哈克遗址第 7 层出土标本的碳十四测定数据显示，此类遗存的年代大致在公元前 6000 年左右，推测哈克遗址出土的花边口陶器可能与双塔一期文化影响有关。

发掘者提出，哈克遗址发现的绳纹和圜底陶器应与外贝加尔湖以东至黑龙江中游一带的新石器文化存在联系，这种认识是可信的。过去一般认为，东北地区的绳纹是小河沿文化时期由黄河流域传入辽西地区的，尽管最近发掘的朝阳半拉山红山文化墓地[26]也出土了绳纹陶器，但这也仅能将绳纹进入东北南部的时间追溯至公元前 3500 年前后。哈克遗址出土的公元前 6000 年前后的绳纹陶器（图七，6）表明绳纹流入东北的路线并非仅有黄河流域至辽西地区这样一条南线，还存在贝加尔湖以东至海拉尔河流域这样一条北线，而北线的形成时间要比南线早数千年。东辽河流域盘山遗址 H1 标：15 按压花边与绳纹共饰一器（图五，3）的现象耐人寻味，生动地展现了辗转南下的海拉尔河流域和嫩江流域文化因素在此交汇融合的图景。

2003 年和 2004 年，中国社会科学院考古研究所细石器课题组两度发掘了呼伦贝尔辉河水坝遗址，随后发表的发掘报告公布了四个单位出土的新石器时代陶片[27]。其中，T3 ⑦ H1 出土的花边口、腹部饰拍印斜方格纹的陶片颇引人注意。T3 ⑦ H1：1385、T3 ⑦ H1：1388（图七，1、2）唇面按压斜向篦点纹，这种类型的花边口最早见于后套

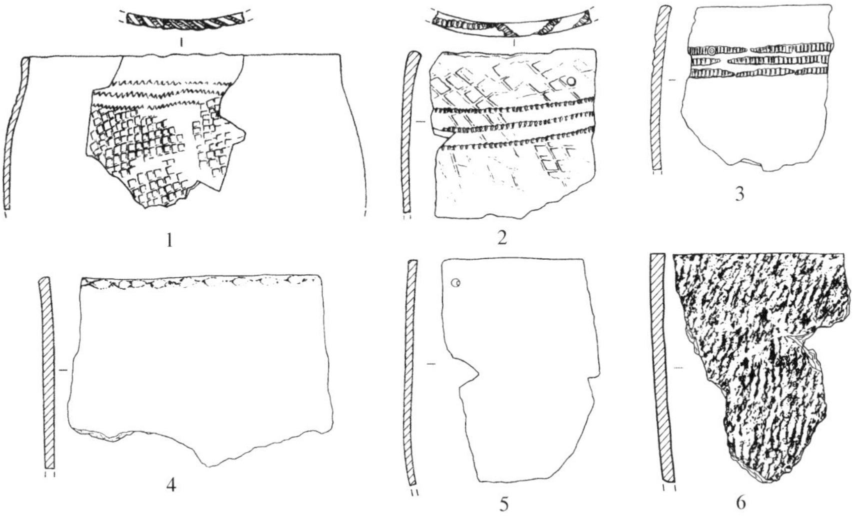

图七　哈克、辉河水坝遗址出土陶器

1. 鼓腹罐（T3 ⑦ H1：1385） 2 ~ 6. 筒形罐（T3 ⑦ H1：1388、T3 ⑦ H1：1412、04T9 ⑦：106、04T5-T6F1：96、08T5-T6F1PG1：3）（1 ~ 3 辉河水坝，4 ~ 5 哈克遗址）

木嘎一期文化，但此后篦点状花边口则罕见于嫩江流域。不难发现，T3 ⑦ H1：1388 所饰拍印斜方格纹（图七，2）与哈民忙哈文化双塔遗址Ⅱ T305 ①：2 筒形罐（图二，8）纹饰如出一模，这指示出以 T3 ⑦ H1 为代表的遗存与嫩江流域的文化联系。辉河水坝遗址 T3 ⑦ H1 出土动物骨骼的碳十四测年数据为公元前 2620 年（经树轮校正），通过与哈民忙哈文化的比较，我们认为，最近有学者将以辉河水坝遗址 T3 ⑦ H1 为代表的遗存的年代上限判定在公元前 3000 年左右[28]是有道理的。但 T3 ⑦ H1 出土陶器所见篦点状花边口是否是哈民文化影响的产物尚难定论，这一问题不妨留待材料丰富时再做探讨。

五、辽西地区

与嫩江隔科尔沁草原相望的辽西地区是中原、华北与东北腹地多方文化的汇聚之处，优越的区位条件及开放的文化性格赋予了辽西地区史前文化多元复杂的特点。西梁文化发达的条形附加堆纹见证了嫩江流域文化集团的强势南下，使辽西地区在一定时期内呈现出多方力量的并立局面。小河西、兴隆洼、富河文化陶器虽也均发现有比较简单的附加堆纹，但基本完全不见具有嫩江流域文化特征的花边口风格，至红山文化时期辽西地区开始零星出现花边口陶器。

红山文化筒形罐流行于口沿下饰一周附加堆纹，并在附加堆纹上按压出纹饰，如老牛槽沟遗址[29] F1：17、F1：8、F1：16（图八，6 ~ 8）。如前所述，这与本文所界定的唇部饰纹的花边口陶器存在显著的区别，自然不可等而论之。老牛槽沟遗址 F1 还出土了一件陶盘（图八，9），该器浅盘凹底，唇部按压一周花边，这是辽西地区目前所知年代较早的一件花边口陶器。从共存的筒形罐形制来看，这件花边口盘应属红山文化中期遗物。

后套木嘎三期文化陶器所饰细密“之”字纹与辽西赵宝沟文化展示出相同的时代风格，暗示出二者可能发生一定程度的文化交流，前者与红山文化也存在较长时期的并行发展阶段。位于嫩江中下游南部的白城市通榆县发现过红山文化中期陶片[30]，证明红山文化的影响曾远播至此，这样一条呈西南—东北走向的地理路线应是红山文化与后套木嘎三期文化交流的文化通道。此外，位于通辽市南部的阿仁艾勒遗址[31]也发现了花边口筒形罐和斜口器，以及具有红山文化中期特征的“黑顶”钵，这些线索比较清晰地将辽西地区与嫩江流域从地域与文化两方面衔接起来了。可以推断后套木嘎三期文化逆红山文化东进的路线而西下，从而在辽西地区留下了以花边口陶器为代表的文化影响的印记。

1988 年发掘的赤峰市敖汉旗榆树山、西梁遗址揭露出了一批以素面筒形罐为特征的新石器时代遗存，鉴于其文化内涵有别于辽西地区已知的考古学文化，杨虎遂据稍早发掘的小河西遗址提出了小河西文化的命名[32]。白音长汗遗址提供了小河西文化早于兴隆洼文化的层位关系[33]，然而榆树山、西梁遗址公布的三个测年数据却比兴隆洼文

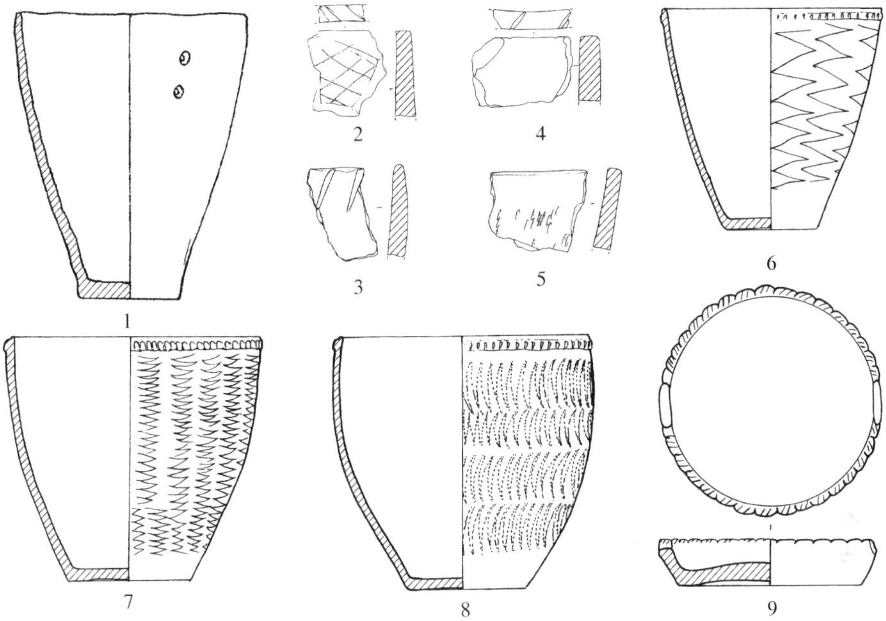

图八　老牛槽沟、榆树山、西梁遗址出土陶器

1～8. 筒形罐（F8②：6、F11④、F11④、F101①、F8②：6、F1：17、F1：8、F1：16）9. 盘（F1：15）

（1～3、5. 榆树山　4. 西梁　6～9. 老牛槽沟遗址）

化晚数千年[34]，测年结果与层位关系的相悖程度已远超数据误差所允许的范围，所以有学者提出含素面筒形罐的文化或遗存年代未必都早于兴隆洼文化[35]。之后将两遗址素面陶器的文化性质归属于哈民忙哈文化[36]，这是颇具启发性的认识。的确，榆树山遗址F8②：6筒形罐（图八，1）与哈民忙哈文化后套木嘎遗址G2：93（图一，2）相比形态上别无二致。

虽然榆树山、西梁遗址发表的陶器数量有限，但仍可见唇面和唇外侧施按压斜线纹的花边口标本（图八，2～4）。如果说红山文化陶器偶见的花边口作风是其与嫩江流域同时期文化交流的产物，那么榆树山、西梁遗址出土的哈民忙哈文化花边口陶器则是嫩江及周边地区人群南下入驻辽西的结果。

六、结　　语

于陶器唇部施纹的花边口装饰传统是东北地区新石器时代颇具个性的一类文化因素，然而过去并未引起人们太多的重视。近年来，嫩江中下游所开展的几项大规模考古发掘工作使其起源与扩散问题渐趋明朗，它为我们洞悉相关考古学文化的互动情况提供了一个新的窗口。后套木嘎一期文化陶器厚重胎体所形成甚宽的唇面为花边口装饰的出现提供了必要条件，在嫩江流域引领起花边口装饰的风潮。它一经出现便展现出强大的生命力，在嫩江流域的存续几乎贯穿新石器时代始终，使该区域成为东北地区花边口状陶器分布的核心区和传播的策源地。此地如同一个强大而持久的风源，在不同时间阶段将花边口陶器装饰传统向周边地区吹送。

在前仰韶时代，嫩江流域花边口陶器装饰传统向南传播到西流松花江流域左家山下层文化和东辽河流域“盘山遗存”之中，向西波及海拉尔河流域以哈克遗址为代表的新石器时代遗存。在仰韶时代，后套木嘎三期文化花边口传统挺进辽西地区，使红山文化先民接受了这种陶器装饰技艺。随后哈民忙哈文化曾在一定时期内强势进驻辽西，伴随着人群的迁移花边口陶器亦涌入此地。哈民忙哈文化的影响向东渗透至西流松花江流域，催生了左家山上层文化的花边口陶器。与上述地区形成对照的是，辽东半岛则鲜有花边口陶器的发现，推测这与其偏居东北南端，空间位置距花边口陶器中心区较远有关。

花边口陶器装饰理念或许在嫩江流域新石器时代居民中承载着令人难以窥测的某种内涵，使其在数千年的发展进程中长盛不衰，并对周边文化产生不同程度的影响，它所隐含的文化信息耐人寻味。

注 释

[1] 郭大顺．东北文化区的提出及意义［A］．边疆考古研究（第1辑）［C］．北京：科学出版社，2002：170～180．

[2] 张忠培．白城地区考古调查述要［J］．吉林大学社会科学学报，1961（3）：80～82．

[3] 张忠培．黑龙江考古学的几个问题的讨论——1996年8月24日在“渤海文化研讨会”上的发言［J］．北方文物，1997（1）：6～12．

[4] 吉林大学边疆考古研究中心，吉林省文物考古研究所．吉林白城双塔遗址新石器时代遗存［J］．考古学报，2013（4）：501～533．

[5] a. 吉林大学边疆考古研究中心，吉林省文物考古研究所．吉林大安市后套木嘎遗址AⅢ区发掘简报［J］．考古，2016（9）：3～24．

b. 吉林大学边疆考古研究中心，吉林省文物考古研究所，镇赉县文管所．吉林大安市后套木嘎遗址AⅣ区发掘简报［J］．考古，2017（11）：3～30．

[6] 段天璟，王立新，汤卓炜．吉林白城市双塔遗址一、二期遗存的相关问题［J］．考古，2013（12）：58～70．

[7] 王立新．后套木嘎新石器时代遗存及相关问题研究［J］．考古学报，2018（2）：141～164．

[8] 吉林省文物考古研究所．吉林镇赉县黄家围子遗址发掘简报［J］．考古，1988（2）：141～156．

[9] 同［6］．

[10] 王立新，霍东峰，方启．吉林大安后套木嘎遗址发掘的主要收获［A］．边疆考古研究（第21辑）［C］．北京：科学出版社，2017：321～333．

[11] 同［7］．

[12] 吉林省文物考古研究所. 吉林镇赉县向阳南岗遗址发掘简报［A］. 边疆考古研究（第22辑）［C］. 北京：科学出版社，2017：31～59.
[13] 同［7］.
[14] 内蒙古文物考古研究所，扎鲁特旗文物管理所. 内蒙古扎鲁特旗南宝力皋吐遗址D地点发掘简报［J］. 考古，2017（12）：21～38.
[15] 内蒙古文物考古研究所，科左中旗文物管理所. 内蒙古科左中旗哈民忙哈新石器时代遗址2010年发掘简报［J］. 考古，2012（3）：3～19.
[16] 吉林省文物考古研究所等. 后太平——东辽河下游右岸以青铜时代遗存为主的调查与发掘［M］. 北京：文物出版社，2011：27～34.
[17] 吉林大学边疆考古研究中心，内蒙古文物考古研究所. 内蒙古林西县井沟子西梁新石器时代遗址［J］. 考古，2006（2）：3～14.
[18] 吉林省文物考古研究所，白城地区博物馆，长岭县文化局. 吉林长岭县腰井子新石器时代遗址［J］. 考古，1992（8）：673～688.
[19] 段天璟. 吉林农安左家山遗址新石器时代遗存的再认识［J］. 考古，2018（9）：88～99.
[20] 吉林大学边疆考古研究中心，吉林省文物考古研究所，长春市文物保护研究所等. 吉林农安县左家山遗址新石器时代遗存2015年发掘简报［J］. 考古，2018（2）：12～25.
[21] 吉林大学考古教研室. 农安左家山新石器时代遗址［J］. 考古学报，1989（2）：187～212.
[22] 王立新. 后套木嘎新石器时代遗存及相关问题研究［J］. 考古学报，2018（2）：141～164.
[23] 同［16］：70～74.
[24] 同［3］.
[25] 中国社会科学院考古研究所等. 哈克遗址——2003～2008年考古发掘报告［M］. 北京：文物出版社，2010：74～85.
[26] 辽宁省文物考古研究所，朝阳市龙城区博物馆. 辽宁朝阳市半拉山红山文化墓地的发掘［J］. 考古，2017（2）：3～34.
[27] 中国社会科学院考古研究所细石器课题组等. 内蒙古呼伦贝尔辉河水坝细石器遗址发掘报告［J］. 考古学报，2008（1）：65～90.
[28] 丁风雅，赵宾福. 海拉尔河流域四种新石器文化遗存辨析［J］. 中国国家博物馆馆刊，2018（10）：6～14.
[29] 内蒙古自治区文物考古研究所. 翁牛特旗老牛槽沟红山文化遗址发掘简报［A］. 内蒙古文物考古文集（第四辑）［C］. 北京：科学出版社，2013：129～171.
[30] 朱永刚，郑钧夫. 通榆县三处史前遗址调查与遗存分类［A］. 边疆考古研究（第7辑）［C］. 北京：科学出版社，2008：334～352.
[31] 内蒙古自治区文物考古研究所，吉林大学边疆考古研究中心. 科尔沁左翼后旗阿仁艾勒遗址调查与遗存试析［J］. 草原文物，2011（1）：1～11.

［32］ 杨虎. 敖汉旗榆树山、西梁遗址［A］. 中国考古学年鉴（1989年）［C］. 北京：文物出版社，1990：131，132.

［33］ 内蒙古自治区文物考古研究所. 白音长汗——新石器时代遗址发掘报告［M］. 北京：科学出版社，2004：19.

［34］ 中国社会科学院考古研究所. 中国考古学中碳十四年代数据集（1965～1991）［M］. 北京：文物出版社，1992：58.

［35］ 王立新，段天璟. 中国东北地区发现万年前后陶器——吉林白城双塔遗址一期遗存的发现与初步认识［J］. 吉林大学社会科学学报，2013（2）：65～71.

［36］ 同［7］.

A Study on the Wavy Flared Rim in the Neolithic Pottery of Northeast China

Gao Yunyi

Abstract: The archaeological work conducted in recent years shows that the decorative tradition of wavy flared rim is a noticeable cultural phenomenon in Neolithic Northeast China. This tradition originated thousands of years ago in the Nenjiang Basin, where it lasted for thousands of years. This cultural tradition in Nenjiang Basin has a dynamic process of outward dissemination, which has resulted in the appearance of lace-mouth pottery in many surrounding areas at different historical stages. In the research of cultural interaction, the lace-mouth decoration tradition of pottery provides a new perspective for the study of the relationship between different cultures.

Keywords: Northeast China; Neolithic Age; Pottery; wavy flared rim; Dissemination; Cultural Exchange

夏家店下层文化房址初探*

余肖肖　包曙光

（黑龙江大学黑龙江流域文明研究中心，哈尔滨，150080）

内容摘要：本文通过夏家店下层文化房址的分类和分区研究，探讨了其房址演变的大体发展脉络，进而从建筑技术角度观察夏家店下层文化与其他文化的互动关系。我们认为夏家店下层文化首先继承了小河沿文化的建筑传统，发展过程中接受了后岗二期文化土坯技术的渗透，同时与其周边的大坨头文化、岳石文化和高台山文化人群进行了双向的文化交流。

关键词：夏家店下层文化；房址；分类与分区研究；建制演变；文化互动

夏家店下层文化是我国北方长城地带东段夏至早商阶段的青铜文化，主要分布于燕山以北地区，北起西拉木伦河，西至桑干河上游，东抵医巫闾山。夏家店下层文化内涵较为清晰，考古工作开展比较深入，房址建筑的基础材料较为充足。1988 年吴鹏在谈及燕南地区夏家店下层文化性质时，将燕山南北地区房屋建筑形制进行比较，并以此作为区分二者文化性质的一个重要依据[1]。目前对夏家店下层文化房址的专门性研究仍较欠缺。

据初步统计，共有 24 处遗址发现房址遗迹，其中包括分布于内蒙古地区的药王庙与夏家店[2]、康家湾[3]、蜘蛛山[4]、大甸子[5]、南台地与塔山[6]、河东[7]、乃林皋[8]、二道井子[9]、东山嘴[10]、大山前[11]、小榆树林子[12]、上机房营子与西梁遗址[13]、红山石城址[14]和三座店石城址[15]，以及辽宁地区的朝阳罗锅地[16]、土城子遗址[17]、北票丰下[18]、界力花[19]、城子山[20]、康家屯石城址[21]和平顶山石城址[22]。这些遗址共发掘房址遗迹 353 座，其中具有详细描述资料的房址有 68 座，发表遗迹平剖面图的有 49 座。本文将从房址的分类、分区研究着手，进一步分析房址的建筑演变过程，以期从建筑技术角度观察夏家店下层文化与周边其他文化的交流现象。不妥之处敬请方家指正。

---

* 本文为教育部人文社会科学研究青年基金项目成果（中国北方与欧亚草原东部青铜时代至早期铁器时代的殉牲研究，项目号：17YJC780001），并获黑龙江省艺术科学规划项目（编号：2017C018）支持。

一、房址的分类研究

根据已经发表的资料，夏家店下层文化的房址较为多样。下文对房址做分类研究的材料中，仅将发掘材料翔实的遗迹纳入统计。应当注意的是，石城址中发现的石砌建筑非常多，如红山石城址发掘报告发表了22座石砌建筑，且形制较为统一；康家屯城址发掘了49座房址，但报告中详细介绍的仅4座；另外，二道井子遗址共发掘149座房址，但简报中可供参考的房址材料也仅5座。目前的研究资料虽不甚齐全，也基本涵盖了夏家店下层文化的房址建筑类型。我们以建筑技术为主要特征，将房址分为A类夯土泥墙、B类石块垒砌和C类土坯堆砌，并结合房址的其他相关特征对比做进一步的类型划分，以期发现一些规律。

A类　夯土泥墙，共21座。形状以圆形为主，共14座，方形和不规则形状分别为4座和1座。建筑方式以半地穴式为主，共19座，其余2座为地面式建筑。根据房址中心柱洞的数量，分为Aa型和Ab型（图一）。

Aa型　房址中心对称分布1～2个柱洞，如东山嘴F1、F2和F5；大山前F86；乃林皋F12；城子山F2；平顶山F101；康家湾F1。

Ab型　房址中心无柱洞，如界力花F1和F5；土城子H265；药王庙F2；塔山F1。

B类　石块垒砌，共15座。形状以圆形为主，共11座，方形4座。建筑方式以地面式为主，共14座，半地穴式仅1座。根据石块垒砌的方式和房内遗物发现情况，分为Ba型、Bb型和Bc型（图二）。

Ba型　圆形单圈石块堆砌，中部填碎石或土，呈凸起状，发现遗物极少，如红山石城址8号圆形建筑、红山石城址9号圆形建筑。

Bb型　单圈或双圈石块垒砌，或附带院子等复杂结构，房内多有灶址，发现遗物较多，如药王庙F1；西梁石城址F3和F4；康家屯F18和F23；三座店F11、F27和F60。

Bc型　预先挖凹槽，再以石块填充堆砌墙壁，仅蜘蛛山F5一例。

C类　土坯堆砌，共13座。形状以圆形为主，共11座，方形2座。建筑方式以地面式为主，共10座，半地穴式3座。根据建筑方式，分为Ca型、Cb型、Cc型和Cd型（图三）。

Ca型　半地穴式，仅使用少量土坯材料，如北票丰下F2、F4、F5和F12。

Cb型　半地穴式，土坯堆砌墙壁，如河东F1。

Cc型　地面式，仅使用少量土坯材料，如界力花F4。

Cd型　地面式，土坯堆砌墙壁，如小榆树林子F1；大山前F28；二道井子F75、F69和F55。

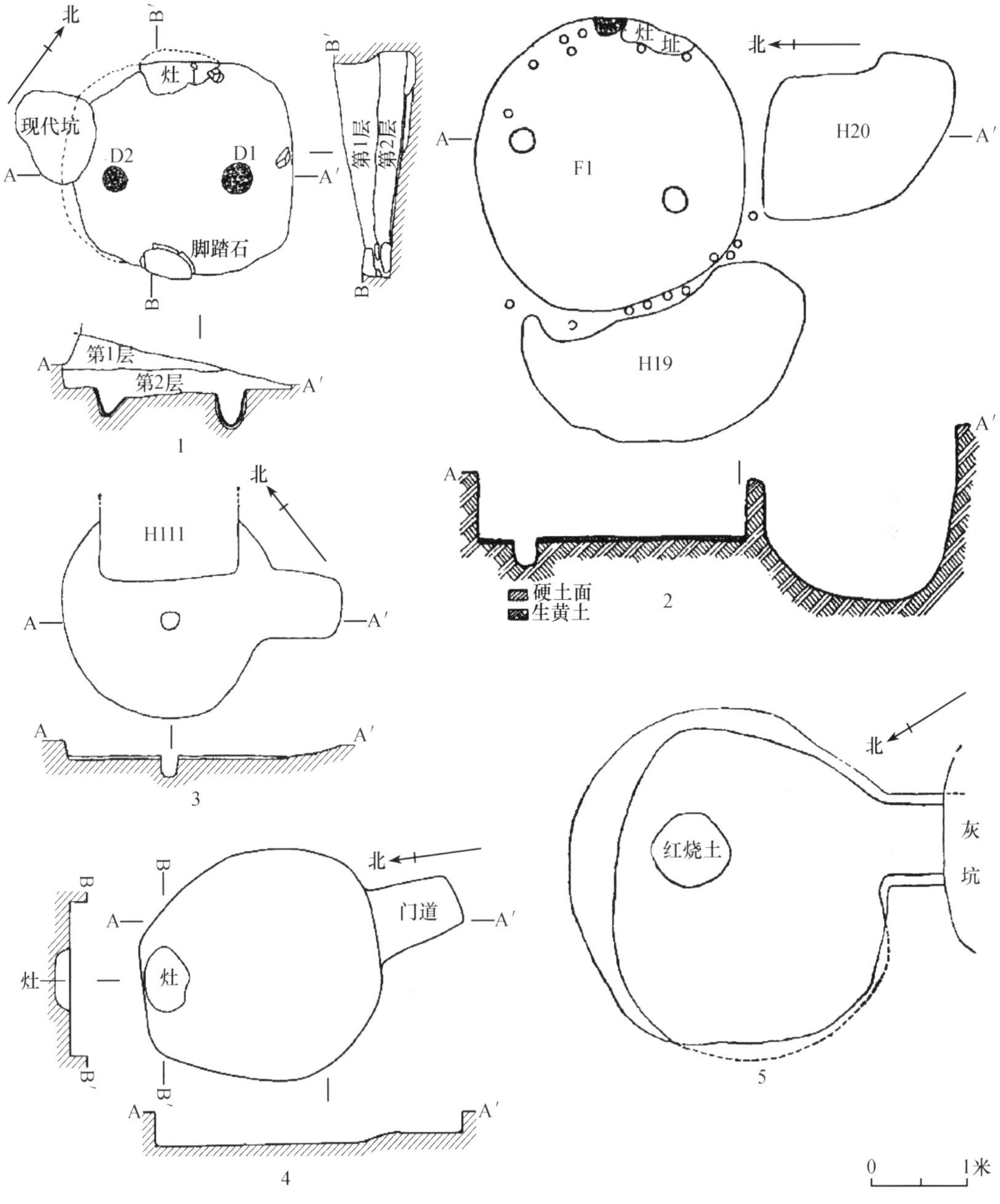

图一　夏家店下层文化中的 A 类夯土泥墙房址

1～3. Aa 型（1. 康家湾 F1；2. 东山嘴 F1；3. 平顶山 F101） 4、5. Ab 型（4. 界力花 F5；5. 药王庙 F2）

二、房址的分区研究

夏家店下层文化所在的辽西地区，南北以燕山山脉和西拉木伦河为界，整体呈东西长，南北窄的长方形区域分布。我们以教来河与努鲁尔虎山为界，将夏家店下层文化分

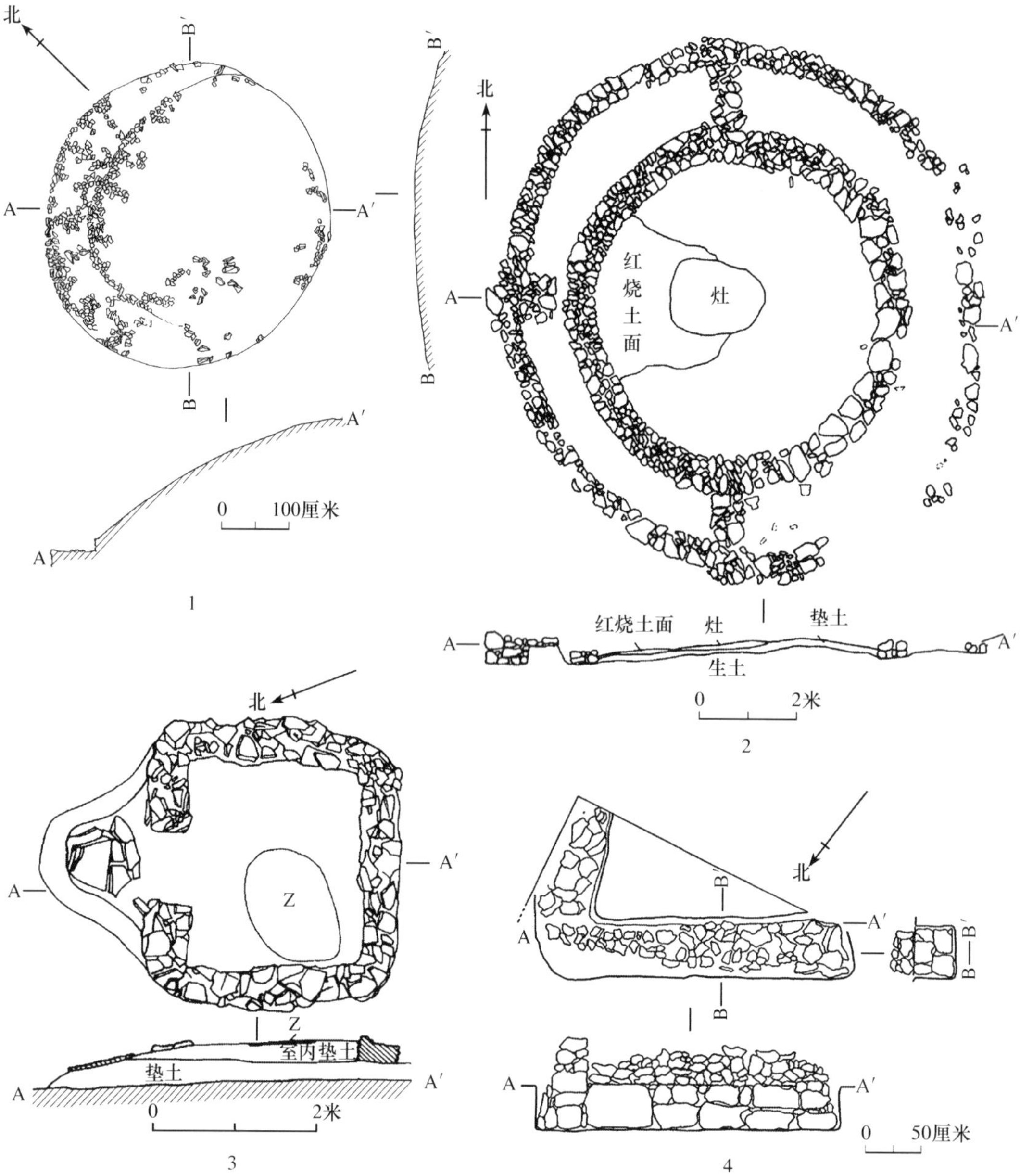

图二　夏家店下层文化中的B类石块堆砌房址

1. Ba型（红山石城址8号建筑）2、3. Bb型（2. 西梁石城址F4；3. 康家屯F18）4. Bc型（蜘蛛山F5）

为东西两个区域，西区以赤峰为中心，东区则以辽宁朝阳为中心（图四）。从遗址的整体分布情况来看，西区16处遗址，东区8处遗址，显然两区的文化发展不甚平衡，西区较东区而言，居住址分布更为密集，其文化中心地位表现更为强势，且呈现出由中心向四周辐射的分布态势。

A类房址见于东西两区遗址中，是夏家店下层文化多有发现的一类遗迹。B类房址

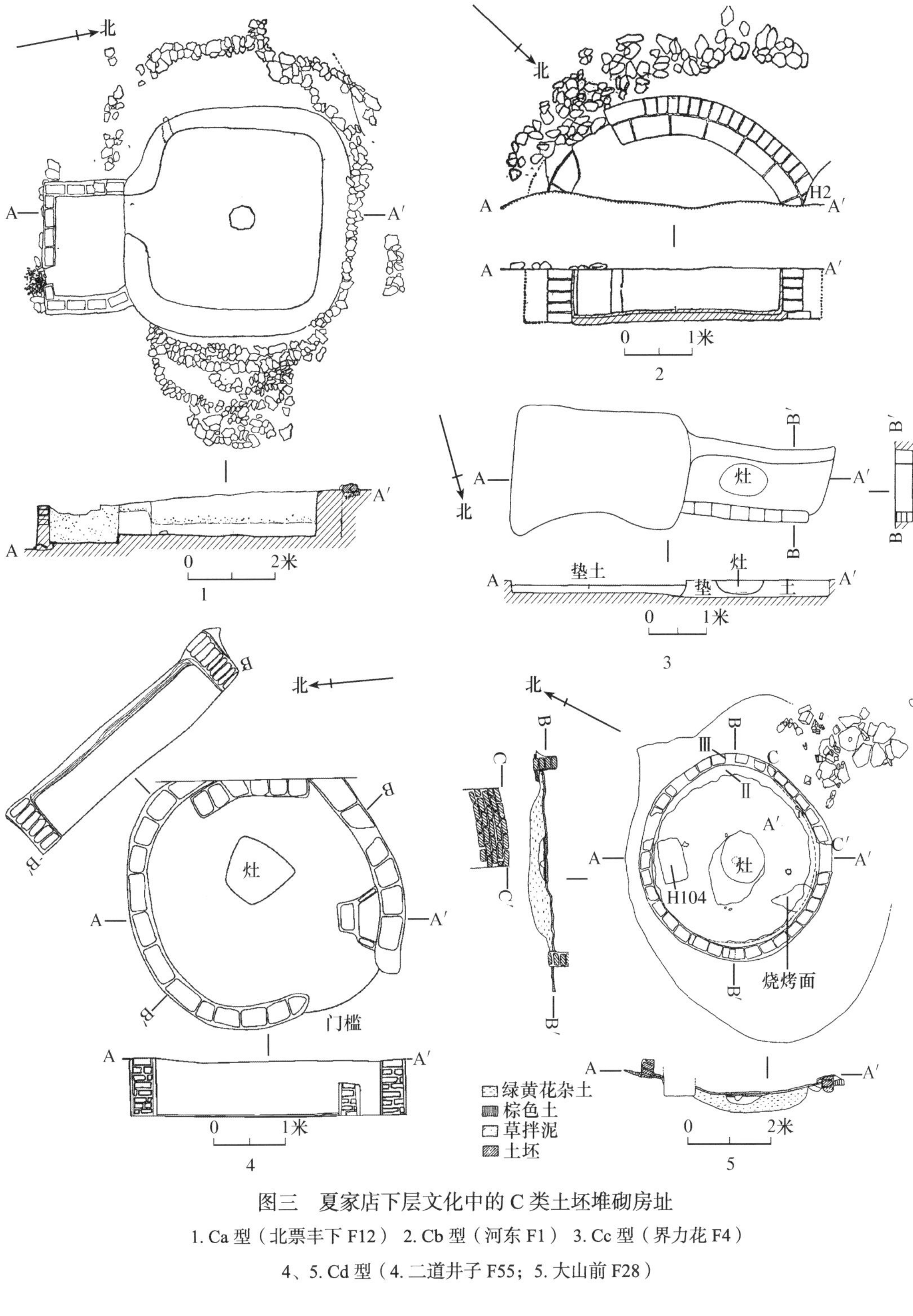

图三　夏家店下层文化中的 C 类土坯堆砌房址

1. Ca 型（北票丰下 F12） 2. Cb 型（河东 F1） 3. Cc 型（界力花 F4）

4、5. Cd 型（4. 二道井子 F55；5. 大山前 F28）

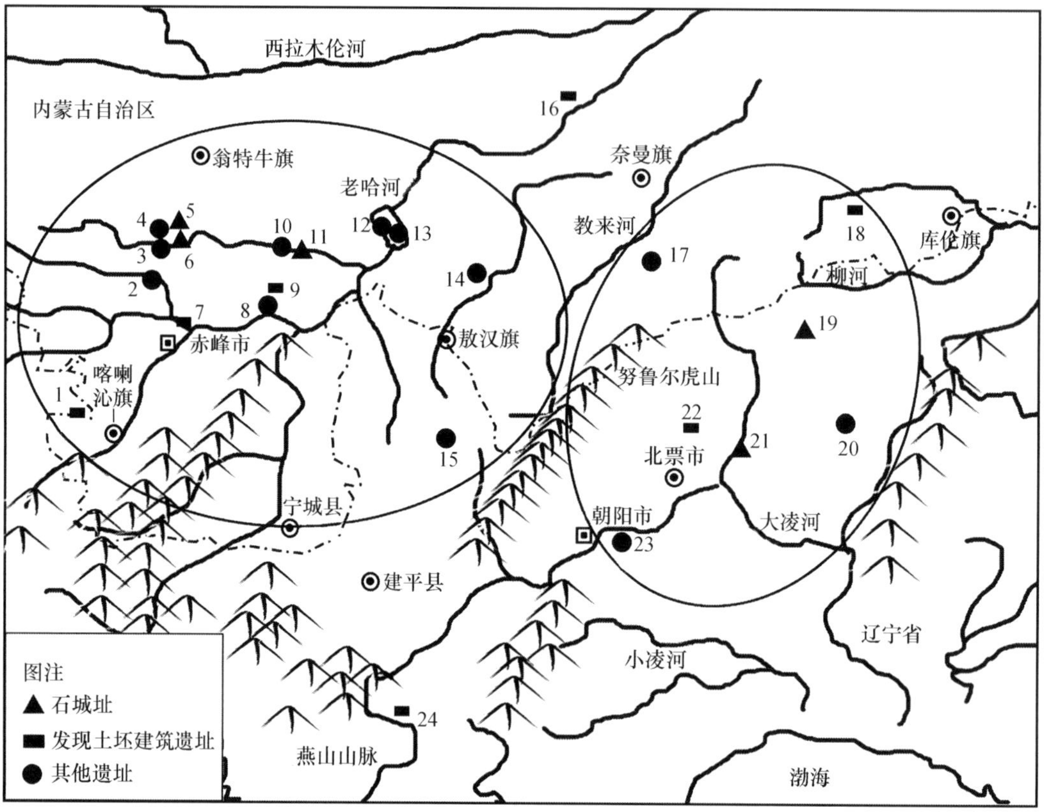

图四　夏家店下层文化遗址分区示意图

1. 河东遗址　2. 四分地东山嘴遗址　3. 上机房营子　4. 康家湾遗址　5. 西梁石城址　6. 三座店石城址　7. 大山前遗址　8. 药王庙遗址　9. 二道井子遗址　10. 夏家店遗址　11. 红山石城址　12. 南台地遗址　13. 塔山遗址　14. 乃林皋遗址　15. 城子山遗址　16. 小榆树林子　17. 大甸子遗址　18. 界力花遗址　19. 平顶山石城址　20. 蜘蛛山遗址　21. 康家屯石城址　22. 北票丰下遗址　23. 朝阳罗锅地遗址　24. 土城子遗址

则主要发现于石城址中，东西两区的石城址在功能和性质上略有区别。首先明确的是，Ba 型房屋未见灶址，遗物亦不多见，推测并非日常生活居所，很可能作祭祀之用。Bb 型房址可能是作日常生活营居之用，但较普通聚落居址而言防御性更强。

西区 Ba 型和 Bb 型并存，Ba 型见于红山石城址和城子山石城址，红山石城址中仅见 Ba 型遗迹，共 27 座，如此规模的石城位于西区文化中心范围内，石城内又不见大量居住性遗迹，可能是周边村落联合营建的祭祀场所。城子山石城址靠近燕山北麓，既见 Ba 型又见 Bb 型，且发现大坨头文化因素，显然处于文化边缘位置的遗址所见文化因素更为复杂。Bb 型房址以三座店石城址和西梁石城址为例，这两个石城址位于西区文化中心区内，地层堆积较薄，均为晚期遗存，马面遗迹，石墙建筑和院落式的遗迹的出现显示人群强烈的领地意识。西区石城址主要分布于遗址密集区域，同时见 Ba 型和 Bb 型建筑，其作用既有祭祀，也有营居。自然环境的变化和内部资源竞争问题是这一中心区域石城址产生的主要原因，且石城址可能具有同时服务于周边村落的性质。

东区则主要发现Bb型房址，以康家屯石城址和平顶山石城址为例，均沿用较长时间，康家屯石城址经过两次倒塌与重新规划，报告推测年代上限约等同于蜘蛛山遗址的距今（3965±90）年，下限约同于北票丰下遗址的距今（3550±80）年，属于早中期遗存，遗物中可见高台山文化因素，石穴遗迹中又见人骨与毁器现象，至第三期石城已接近废弃状态；平顶山石城址则分为两期，第一期为夏家店下层文化晚期，第二期则为高台山文化。东区石城址所处人文环境则较为复杂，其面临的是东边高台山文化人群的资源掠夺。从各种现象来看，因此石城址营建相对较早，沿用时间较长，防御性更加突出，且居住址结构相对复杂，为抵御外族入侵可能形成了更为紧密的族群联盟和管理体系。

夏家店下层文化发现C类房址的相关遗址仅7处，应当注意的是，Cb型和Cd型均发现于西区，包括二道井子遗址、河东遗址、大山前遗址、小榆树林子遗址；而Ca型和Cc型均发现于东区，包括土城子遗址、北票丰下遗址、界力花遗址。根据刘丹对夏家店下层文化的分期研究[23]，河东遗址土坯建筑相当于大山前第二期，二道井子遗址发现的土坯房属于Cd型，原报告认为其与大山前T413第9层年代相近。若该认识无误，二道井子土坯建筑应早于大山前第一期。北票丰下的土坯建筑属于Ca型，相当于大山前第三期四段，界力花遗址的土坯建筑属于Cc型，相当于大山前第三期三段。也就是说，西区的土坯建筑出现要比东区更早，且技术更精湛。由此可见，土坯建筑技术可能由西侧传入夏家店下层文化西区中心，渗透过程中夏家店下层人群又进行了技术的改良发展，并借由文化中心强有力的辐射作用向东区传布。

三、房址的建筑形制演变过程

通过对夏家店下层文化不同类型房址的对比（表一）和相关层位信息的分析，这一文化中房址由早及晚的发展规律如下。

表一　房址类型及其相关特征统计表

	A类夯土泥墙		B类石块垒砌		C类土坯堆砌		合计
	半地穴式	地面式	半地穴式	地面式	半地穴式	地面式	
方形	4			4	1	1	10
圆形	14	2	1	29	2	9	57
不规则形	1						1
小计	19	2	1	33	3	10	
总计	21		34		13		68

首先，建筑方式从地穴式向地面式发展。例如，大山前第4地点中发现地面式房屋F105叠压半地穴式房屋F086。在夏家店下层文化中，A类夯土泥墙房址以半地穴为主，而B类和C类则多为地面式，随着地穴式向地面式发展，屋顶的搭建方式产生了一些

变化。从地穴式中心立柱，到地面式房址中心立柱现象完全消失，Aa 型房址或早于其他类型的房址。

其次，房屋建筑方式中 A 类夯土泥墙出现较早，之后出现 B 类石块堆砌，C 类土坯垒砌出现最晚。药王庙遗址发现石块垒砌房址叠压夯土泥墙房址；北票丰下遗址发现土坯建筑 F2 叠压石砌建筑 F6；河东遗址中发现 5 座依次叠压的房址，除最晚的 F1 为 Cb 型房址外，其余均为 A 类房址。B 类建筑主要发现于石城址中，多为地面式建筑。药王庙 F11 为圆形半地穴建筑，使用石块堆砌穴壁，房址中心对称分布两个柱洞，也可能是 B 类房址萌芽阶段，仍带有 Aa 型房址的主要特征。

最后，关于房址建筑形状的发展过程，从总的数量上来看，夏家店下层文化的房址以圆形为主，方形较少见。具体分析东西两区存在差别，西区存在方形向圆形演变的过程，如河东遗址中，晚期圆形房址叠压早期方形房址；而东区则是圆形向方形演变。例如，康家屯石城址，早期多见圆形建筑，晚期则多见方形；界力花遗址发现圆形半地穴房址和方形地面式房址。可见在所处地理环境与人文环境均存在差异的情况下，夏家店下层文化东西区文化发展并不完全一致。

四、从建筑技术角度观察文化互动现象

燕山以北辽西地区的考古学文化序列基本厘清，比夏家店下层文化更早是兴隆洼文化、赵宝沟文化、红山文化和小河沿文化。白音长汗遗址[24]中，属于兴隆洼文化的 AF40、属赵宝沟文化的 AF41（图五，1）和属红山文化的 AF45（图五，2）均为方形半地穴房址。夏家店下层文化中也有一些房址如南台地遗址 F12、塔山遗址 F1（图五，3）仍具有当地典型的文化传统。

南台地遗址中属小河沿文化的 F4（图五，4)，为椭圆形半地穴房址。可见在小河沿文化时期，建筑形制发生了一些明显的变化。此外，同样属于小河沿文化的南台地 F8（图五，5）为圆形半地穴，未发现门道，房址中部有两个柱洞对称，灶址居中。这种中间两个对称柱洞的形制跟屋顶的构建方式有关，而这一形制在夏家店下层文化时期发展出具有代表性的 Aa 型房址，在东山嘴遗址、北票丰下遗址、大山前第 4 地点、药王庙遗址、康家湾遗址中均有发现。目前看来，夏家店下层文化这一建筑技术很可能源自小河沿文化。

在与同期的其他考古学文化房子相比较下，也可以观察到一些文化间的互动现象。医巫闾山以东高台山文化平安堡遗址[25]同样发现了 Aa 型房址（图六，2)，该遗址碳十四年代数据为距今（3700 ± 135）年和距今（3670 ± 125）年，与其较相似的大甸子 F86 年代测定大致为公元前 1600 年，二者几近同期，很难说明高台山文化中这一建筑是受夏家店下层文化人群影响，也可能是二者同时继承了小河沿文化的建筑传统。

夏家店下层文化还有一种较为少见的房址，形制为椭圆形的双间套房。比较典型的有东山嘴 F6（图六，1)。同时期发现这类房址的还有山东的岳石文化[26]（图六，4）和

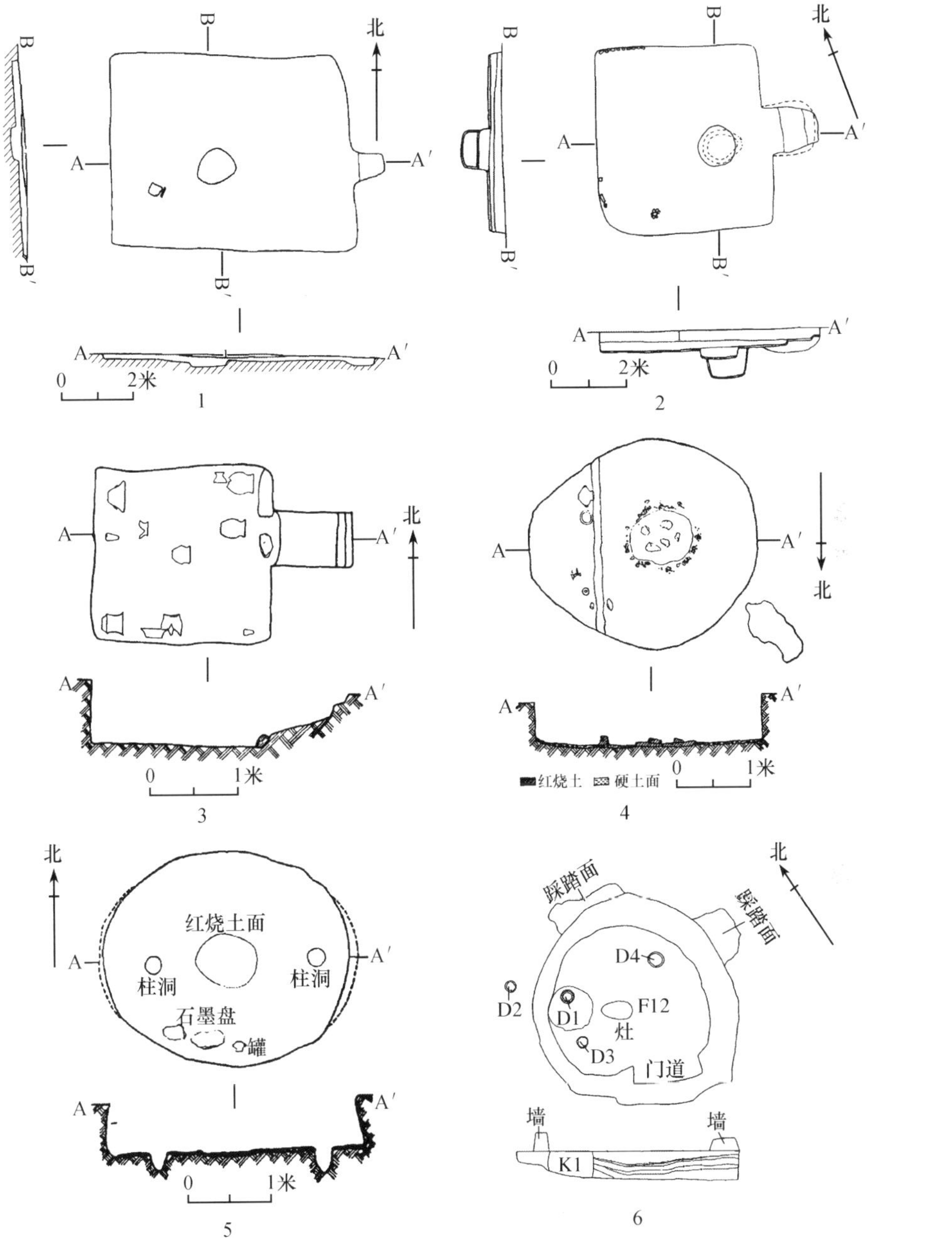

图五　夏家店下层文化与本地区早期考古学文化的比较

1. 赵宝沟文化（白音长汗 AF41）　2. 红山文化（白音长汗 AF45）

3、5、6. 夏家店下层文化（3. 塔山 F1；5. 南台地 F8；6. 乃林皋 F12）　4. 小河沿文化（南台地 F4）

燕山南麓的大坨头文化[27]（图六，5）。继夏家店下层文化消亡之后，辽西区魏营子文化也发现了类似的双套间椭圆形半地穴式房址[28]。这一时期辽西地区人群与燕山以南人群存在着密切的交流与互动，而后续的魏营子文化显然也继承了部分来自夏家店下层文化的文化因素。

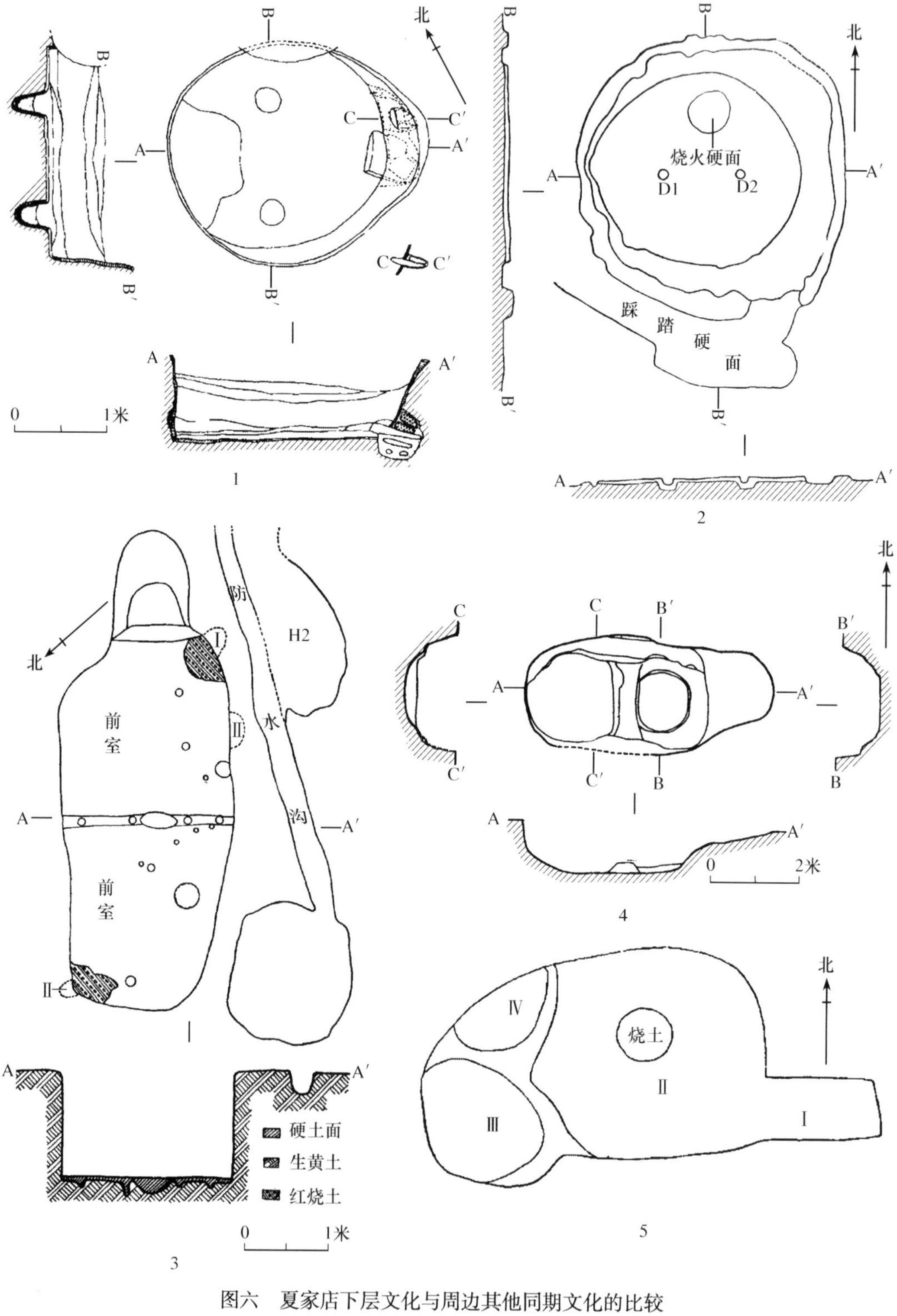

图六　夏家店下层文化与周边其他同期文化的比较

1、3. 夏家店下层文化（1. 大山前 F86；3. 东山嘴 F4）2. 高台山文化（平安堡 F1001）

4. 岳石文化（照格庄 H37）5. 大坨头文化（张家园 F1 第 3 层）

夏家店下层文化中的土坯建筑来源一直以来是受学界关注的话题。燕山以北地区土坯建筑的出现，在目前研究中仍然是一个略显突兀的现象。在以往的考古学文化中并未发现有其原始或萌芽的状态，并且夏家店下层文化中土坯建筑所使用的双层堆砌、错缝叠砌等方法已经相当成熟，似乎一下子就达到了相当完善且复杂的程度。显然，夏家店下层文化中的土坯建筑为非本地起源。目前普遍认为，夏家店下层文化土坯建筑很可能是受豫北冀南地区的后岗二期文化影响[29]。后岗二期文化的年代要早于夏家店下层文化，且发现的土坯建筑已经出现模制和错缝堆砌的技术，无论在时间上还是技术发展程度上都具有很大的技术传播可能性。

从东西区发现的土坯建筑情况分析，西区的土坯建筑出现时间比东区要早，且堆砌技术更精湛。或许可以推测这样一条文化传播路线（图五），后岗二期人群流散后从燕山以北的西侧进入夏家店下层文化人群活动的中心领域，土坯建筑技术被当地人群掌握并进一步发展，由于西区作为文化中心具有强大的辐射作用，经由东西区人群的互动，这一技术继续往东传播，而东区有着较为复杂的人文环境，在与外来人群互动过程中，这一技术最终也影响了医巫闾山以东的高台山文化。

五、结　语

从现有的材料出发，夏家店下层文化房址实现了从半地穴式走向地面式的发展，类型主要有三种，先后出现为夯土泥墙类、石块堆砌类和土坯垒砌类。由于文化分布地理环境与人文环境的差异，夏家店下层文化东西两区并非完全同步发展。西区是夏家店下层文化的文化核心地区，文化辐射作用表现更强势且凝聚力较强，在保留主流文化的基础上对外来文化的融合发展更具张力；东区作为非核心区，由于其所处相对复杂的人文环境，更多表现出对周边地区文化因素的接收。

从房屋建筑技术和风格上看，夏家店下层文化一方面延续了当地小河沿文化的建筑传统；另一方面在发展过程中也吸收了来自豫北冀南地区后岗二期文化的土坯建筑技术，且又与燕山以南地区大坨头文化和山东地区岳石文化有一定的联系。同时，医巫闾山以东的高台山文化在长期与夏家店下层文化东区人群的互动交流中，部分吸收了后者的建筑技术。该地区其后发展起来的魏营子文化，其房址的建筑特点也明显受到了夏家店下层文化的影响。

注　释

[1] 吴鹏．试论燕北地区夏家店下层文化的分期——兼谈燕南地区所谓“夏家店下层文化”性质及相关问题[J]．华夏考古，1988（4）．

[2] 中国科学院考古研究所内蒙古工作队．赤峰药王庙、夏家店遗址试掘报告[J]．考古学报，

1974（1）.
[3] 陈国庆，王立新．内蒙古赤峰市康家湾遗址 2006 年发掘简报［J］．考古，2008（11）.
[4] 徐光冀．赤峰蜘蛛山遗址的发掘［J］．考古学报，1979（2）.
[5] 中国社会科学院考古研究所．大甸子——夏家店下层文化遗址与墓地发掘报告［M］．北京：科学出版社，1998.
[6] 李恭笃．辽宁敖汉旗小河沿三种原始文化的发现［J］．文物，1977（12）.
[7] 姿念恩．辽宁建平县喀喇沁河东遗址试掘简报［J］．考古，1983（11）.
[8] 内蒙古自治区文物考古研究所．黑龙江大学考古学系．内蒙古敖汉旗乃林皋遗址 2015 年发掘简报［J］．文物，2018（6）.
[9] 曹建恩，孙金松，党郁．内蒙古赤峰市二道井子遗址的发掘［J］．考古，2010（8）.
[10] 李恭笃，高美骏，冯永谦．内蒙古赤峰县四分地东山咀遗址试掘简报［J］．考古，1983（5）.
[11] a. 朱延平，郭治中，王立新．内蒙古喀喇沁旗大山前遗址 1996 年发掘简报［J］．考古，1998（9）.
b. 彭善国，朱延平，郭治中，王立新．内蒙古喀喇沁旗大山前遗址 1998 年的发掘［J］．考古，2004（3）.
[12] 刘廷善．内蒙古宁城县小榆树林子遗址试掘简报［J］．考古，1965（12）.
[13] 内蒙古自治区文物考古研究所，吉林大学边疆考古研究中心．赤峰上机房营子与西梁［M］．北京：科学出版社，2012.
[14] 赵爱民，黄丽，张艳玲，于晓玲．赤峰市红山夏家店下层文化石城址调查报告［J］．内蒙古文物考古，2009（1）.
[15] 张亚强，郭治中．赤峰市松山区三座店遗址 2005 年度发掘简报［J］．内蒙古文物考古，2006（1）.
[16] 华玉冰，张振军，杜守昌．朝阳罗锅地夏家店下层文化遗址的分期及相关问题［J］．边疆考古研究，2002.
[17] 崔贵华，王祯哲，马红光等．辽宁喀左土城子遗址 2014~2015 年发掘简报［J］．文物，2018（4）.
[18] 辽宁省文物干部培训班．辽宁北票县丰下遗址 1972 年春发掘简报［J］．考古，1976（3）.
[19] 司伟伟，徐政，张桂霞．辽宁阜新县界力花青铜时代遗址发掘简报［J］．考古，2014（6）.
[20] 李恭笃．辽宁凌源县三官甸子城子山遗址试掘报告［J］．考古，1986（6）.
[21] 辛岩，李维宇．辽宁北票市康家屯城址发掘简报［J］．考古，2001（8）.
[22] 朱永刚，赵宾福，王成生等．辽宁阜新平顶山石城址发掘报告［J］．考古，1992（5）.
[23] 刘丹．夏家店下层文化的分期与分区［D］．吉林大学，2012.
[24] 郭治中，索秀芬．内蒙古林西县白音长汗新石器时代遗址 1991 年发掘简报［J］．文物，2002（1）.
[25] 朱永刚，王成生，赵宾福．辽宁彰武平安堡遗址［J］．考古学报，1992（4）.
[26] 韩榕．山东牟平照格庄遗址［J］．考古学报，1986（4）.
[27] 韩嘉谷，纪烈敏．蓟县张家园遗址青铜文化遗存综述［J］．考古，1993（4）.
[28] 董新林．魏营子文化初步研究［J］．考古学报，2000（1）.
[29] 李晓扬．中国早期土坯建筑发展概述［J］．草原文物，2016（1）.

A Preliminary Study on Settlements of the Lower Xiajiadian Culture

Yu Xiaoxiao Bao Shuguang

Abstract: This paper explores the general evolution of settlements through their classification and spatial distribution in lower Xiajiadian sites, and looks at the interaction between the lower Xiajiadian culture and other cultures from the point of view of technology. We believe that this area inherited the architectural tradition of earlier cultures, and was later influenced by the adobe construction technology from second-stage Hougang culture. At the same time, the area engaged in a two-way cultural exchange with its surrounding neighbors such as the Datuotou, Yueshi and Gaotaishan cultures.

Keywords: lower Xiajiadian; settlement; classification and spatial distribution; architectural evolution; cultural interaction

春秋战国时期新疆地区纺织服饰考古研究*

李文瑛

（新疆文物考古研究所，乌鲁木齐，830011）

内容摘要：本文对塔里木盆地南缘、哈密绿洲和吐鲁番盆地三个区域的纺织服饰考古资料进行分析，认为春秋战国时期，成熟的配套服装在三个区域间推广传播，已掌握成熟的织造技术、多种显花技术以及多种染色工艺，随着服饰制作、纺织技术工艺的进步，各区域纺织服饰文化的内涵日益丰富，互相之间的影响也更为密切，与此同时，与中原以及邻境地区纺织服饰文化的交往交流也日益频繁。

关键词：春秋战国时期；吐鲁番盆地；哈密绿洲；塔里木盆地南缘

纺织的出现是人类社会的一大进步。我国中原地区早在新石器时代就出现了纺织，原料主要是麻、葛和丝，还有毛。在古代新疆，毛纺织是当地最早发展起来的传统手工业。考古发现表明，距今4000年前，天山南北的居民就开始利用当地优越的自然条件——广阔的草原、绿洲——饲养牲畜，发展畜牧业和家庭养殖业，利用牲畜毛皮制革，纤维纺捻染色织造，为当时人们衣着和其他日用品提供了主要来源。塔里木盆地中、东部青铜时代早期墓葬出土的羊毛织品，绝对年代在公元前21～前15世纪，即夏至商初，是目前所知新疆地区最早的纺织服饰遗存。从技术层面上看，这一时期的纺织工艺、服饰制作都还处于初始阶段。吐鲁番盆地和哈密绿洲青铜时代晚期，绝对年代在公元前13～前9世纪，即商代中晚期至西周时期，这一时期墓葬出土纺织服饰工艺及制作技术明显进步。塔里木盆地早期铁器时代绝对年代在公元前8世纪～前3世纪，即春秋战国时期，这一时期墓葬出土纺织服饰遗存类型、品种极其丰富，显示出新疆天山以南绿洲区域的纺织业进入到一个蓬勃发展的时期。这一时期，黄河流域彩陶文化西渐活跃，欧亚草原游牧文化兴起，文化东西交流与交融，南北互动与影响，呈现出异彩纷呈的局面，天山南北文化的发展进入一个新的阶段。塔里木盆地、天山各区域传统的纺织工艺、服饰文化受中原及周邻区域的影响，发生了时代性变化。

本文在系统整理新疆出土春秋战国时期纺织服饰类实物的基础上，拟对这一时期服

* 本研究为国家哲学重点项目“楼兰地区史前遗存的多学科研究”中期研究成果之一，项目编号17AKG002。

装样式、面料的纺织技术、艺术特点及其与中原以及邻境地区纺织服饰文化的交流互动进行探讨。

一、春秋战国时期新疆纺织服饰遗存的考古发现

新疆发现和发掘的春秋战国时期（早期铁器时代）的考古遗存为数不少，特别是处于极端干旱地区的遗存，基本上都有纺织服饰类遗物保存下来。其中塔里木盆地南缘以扎滚鲁克二期早段文化[1]遗存为代表，主要包括且末扎滚鲁克一号墓地、于阗克里雅河流域圆沙古城附近墓葬[2]。吐鲁番盆地以苏贝希文化[3]遗存为代表，主要包括鄯善苏贝希墓群、洋海一、二号、三号墓地早期铁器时代墓葬。哈密绿洲以焉不拉克晚期文化[4]遗存为代表，主要包括五堡墓地晚期墓葬、焉不拉克墓地晚期墓葬、艾斯克霞尔墓地、艾斯克霞尔南墓地等。

扎滚鲁克二期早段文化遗存中，以扎滚鲁克一号墓地出土纺织服饰类实物数量最多，种类也最为丰富，依据这批材料，可归纳春秋战国时期塔里木盆地南缘居民服饰的基本类型：上装有长袍和短衣，长袍和短衣又有开襟和不开襟两种样式，下装有裤、裙，除此之外，还有编织帽、披巾、袜等。开襟长袍，长度多极地，身部多为上窄下宽的渐宽式样，个别为直筒式，袖多为梯形窄袖，下摆均为“一”字形直摆。整体款式上，多宽松式大长袍，也有的为窄肩宽下摆长袍，个别为宽大的直筒形袍。袍服采用专门织制的整幅面料缝合，不施裁剪，衣身多为两幅毛布，前后纵向对折，后背缝合，前面开襟，两袖各为一幅毛布，对折而成（图一，1）[5]。也有个别袍身用一整块毛布横折，前面开襟，袍长即毛布本身的幅宽，两经边（经头、经尾）即袍的两襟。袍服缝制时，肩胸部和两袖多采用向内折卷的办法，以达到不同形制的要求。衣片拼缝时，常在领、摆、襟、袖口以及后背中缝处，镶缝彩色牙线作为装饰。长袍面料，大多素织无文，个别在下摆处缂织一周彩色图案（图四，1～3），还见1件开襟袍服上通幅手绘红色“龙”纹图案（图四，5）。套头长袍，和开襟长袍常见的面料织片形式相同，衣身的两幅毛布自肩部前后对折，前襟上部留出自然领口，其下缝合（图一，3），也有的制成圆领。也有个别袍服，采用在下摆两侧各加一块三角形布的办法，明显加宽下摆，具有裙摆的效果（图一，4）。短衣亦有开襟和不开襟两种样式，开襟短上衣的衣身整体呈直筒式，有的衣身特别宽大，袖多直袖，也有中部宽两头窄的腰鼓形袖。整件上衣均采用专门织制的整幅面料缝合，基本不施裁剪。短上衣的织片及其拼合形式有不同的几种，常见的一种和袍服一样，也是用两幅毛布缝制衣身，织片前后纵向对折，后背缝合，前面开襟；也有的衣身用一整块毛布，横折，前面开襟，肩部缝合，两边开口接缝衣袖，衣长即毛布本身的幅宽，两经边（经头、经尾）即上衣的两襟；还有个别的衣身用三幅毛布，后背一块，左右襟各一块，肩部相拼接缝合（图一，6）[6]。开襟短上衣缝制时，也主要依靠布幅的内折或卷边来满足形制的变化，也有个别上衣通过局部加缝裁片来体

样式＼文化	扎滚鲁克二期文化早段	苏贝希文化	焉布拉克文化晚期	南西伯利亚巴泽雷克墓地
开襟长袍（或长衣）	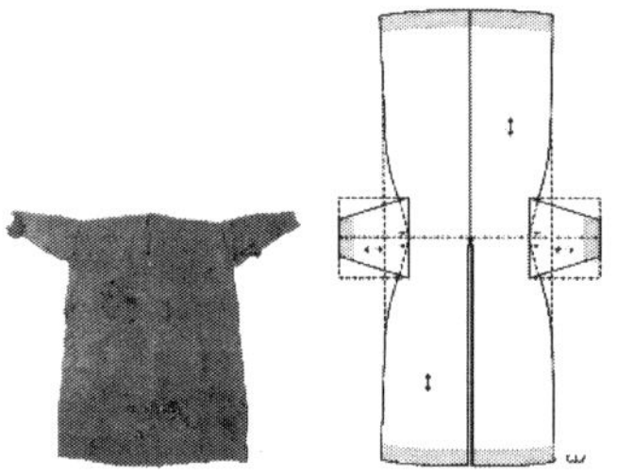 1. 扎滚鲁克一号墓地 85QZM2：10	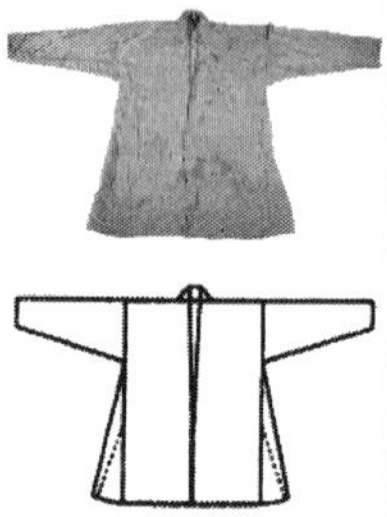 2. 苏贝希一号墓地 92SAS Ⅰ M10：8	艾斯克霞尔南墓地，见死者身穿毛布开襟长衣	
套头长袍（或长衣）	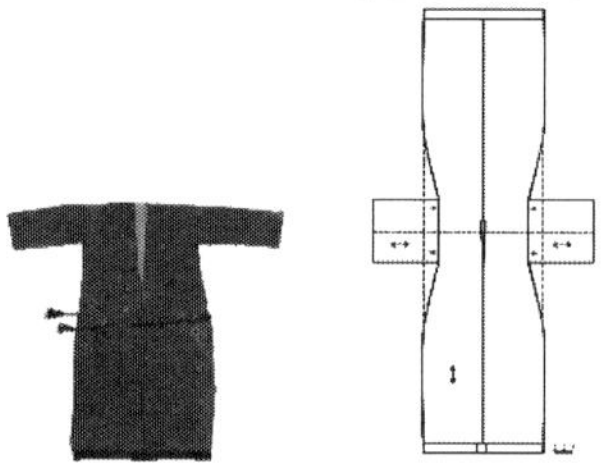 3. 96QZIM100：2C  4. 85QZM2：21		 5. 套头长衣残片 （艾斯开霞尔墓地 99HWAM2：25）	
开襟短上衣	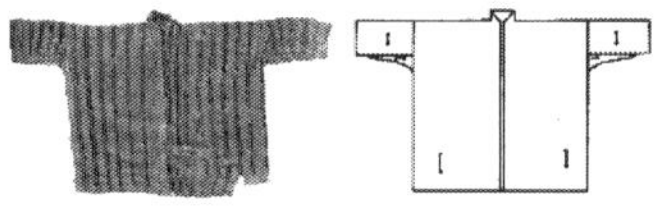 6. 85QZM4：26			
套头短上衣	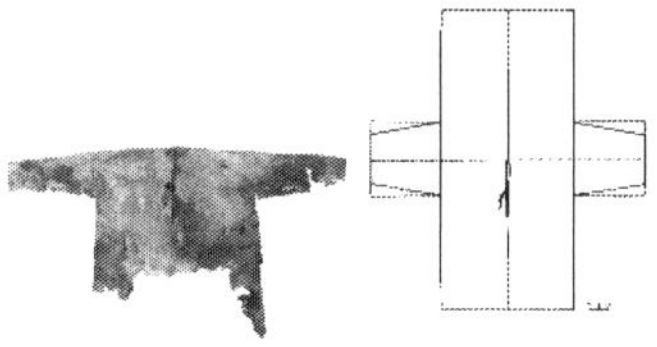 7. 96QZIM71：6A 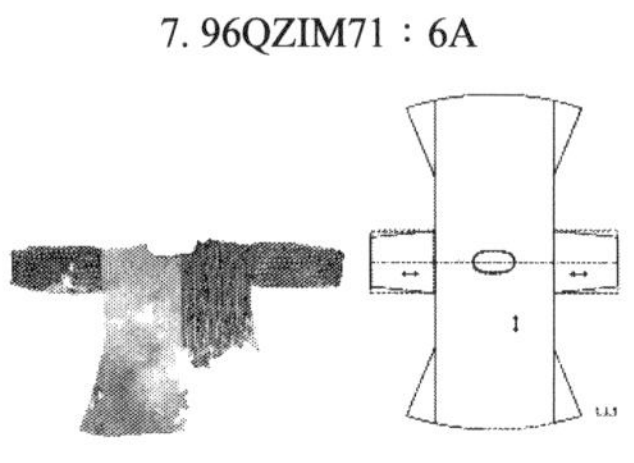 8. 96QZIM14：75C	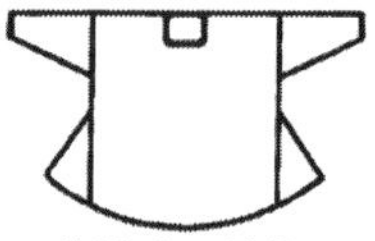 9. 苏贝希三号墓地 92SAS Ⅲ IM6：c		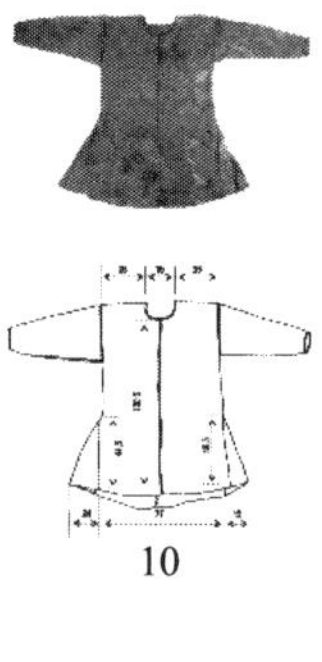 10

图一　各区域上衣样式比较

（图中扎滚鲁克服饰结构图均采自《扎滚鲁克纺织品珍宝》）

现细节上的不同，如在领口或衣袖处加片等。衣服的装饰主要是在衣服的领口、袖口或衣身两侧镶缝牙线。另外，还见1件上衣面料通幅手工朱绘“虫”纹（图四，6）。套头短上衣有两种样式，一是直筒式，腰身和下摆一样宽，衣身一般是用两块毛布，前后对折，将后面缝合，前襟留出一段作领口，其下亦缝合，两侧留出袖口（图一，7）；另一种是宽下摆式，衣身用一块毛布，前后对折，中部挖出圆领口，下摆两侧各加一块三角形毛布（图一，8）。裤服，从样式上看，常见直筒或近直筒形的合裆裤，裤筒的形式变化不大，裤裆则有“阶梯”十字形、方形或菱形之分，也有个别无裆裤（图二，4）。在

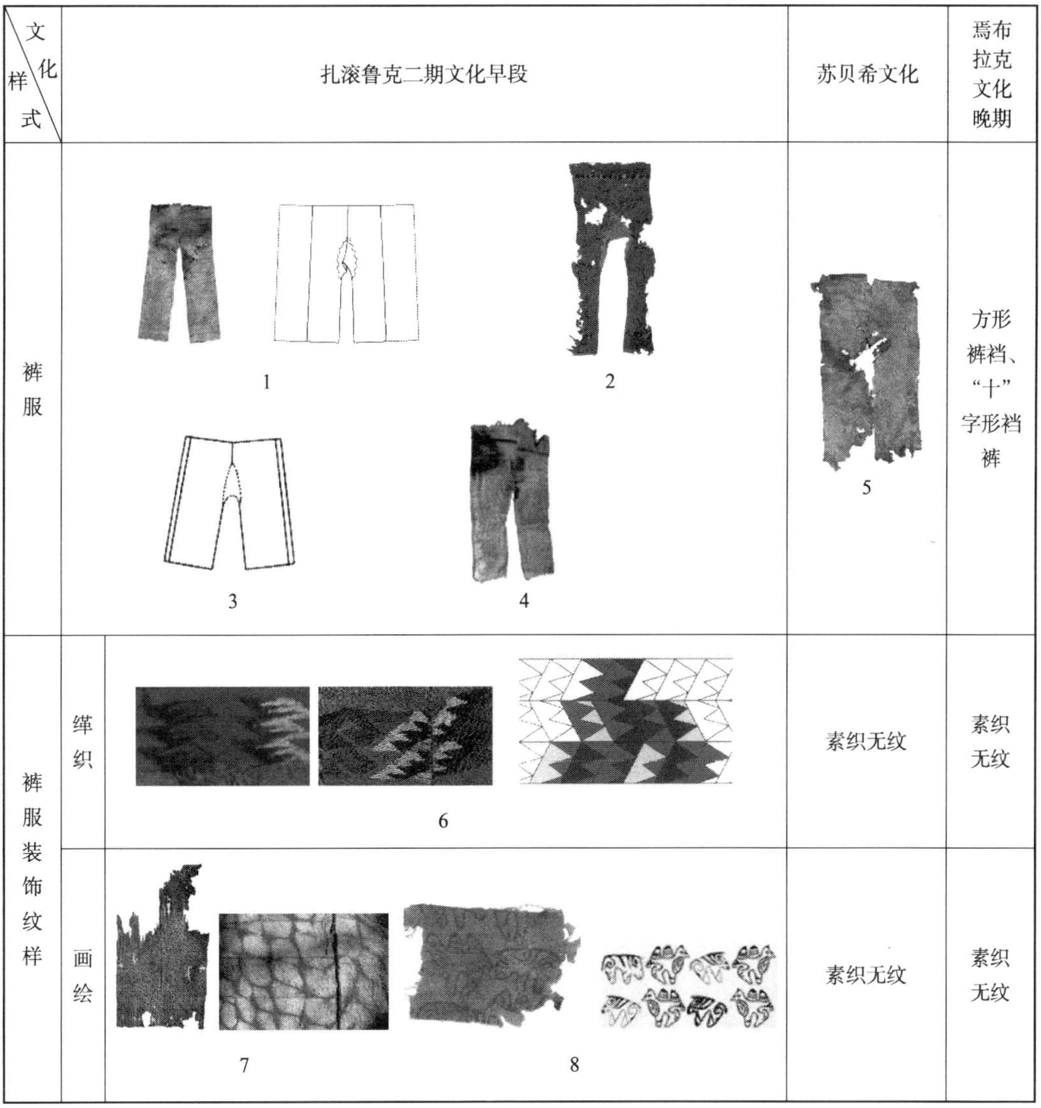

图二　各区域裤服样式及装饰技法、纹样比较

1. 十字形裆（85QZM2：33-1） 2. 十字形裆（85QZM4：50） 3. 方形裆（85QZM4：57）
4. 无裆（96QZIM136：11） 5. 洋海Ⅱ号墓地方形裆裤（03SYIM52：11） 6. 裤边饰（85QZM4：50）
7. 裤纹样（96QZIM68：2A） 8. 裤纹样（85QZM4：23）

缝制工艺上，存在无裁裤和裁剪裤的区别[7]。无裁裤，皆利用织出的布片，不施裁剪，直接缝合，布片都存有完整的幅边，一条裤子通常由预先织制的三片织物缝合而成，左右两片做成裤腰连裤腿，另一片为裤裆，左右两片布料沿中线对折做左右裤筒，由外向内纵向对折，而后加裆缝制（图二，1）。裤筒主要依靠布幅的内折或卷边，来满足肥瘦的变化。裁剪裤，裁剪部位主要是裆布，方形或菱形的裆布一部分经过了裁剪。经过裁剪处理的布片没有完整的幅边。毛布裤面料装饰不多，有的在裤腰及裤脚处缂织出一道彩色绦式花边（图二，2、6），个别裤服面料通幅手工彩绘网状几何纹或动物纹（图二，7、8）。裙服，从面料、制作方法上，可分为编织毛绦裙、毛布横接裙、毛布纵接裙；款式上也有一些变化，一种为近直筒形裙，一种为裙腰稍窄、裙摆略宽的喇叭状裙。编织毛绦裙，均采用数条或数十条彩色编织绦横向缝缀而成，所用毛绦普遍细窄，幅宽 0.5 ~ 1.5 厘米，多以斜编或斜向绞编技法编制。有的毛绦为单色，有的多色编织图案，各种不同花色的编织绦巧妙排列缝缀在一起，制成多彩的横向图案效果的花裙（图三，1、2）。毛布横接裙多为喇叭状裙，由裙身布幅的使用，又可分两类，一类为两片式横接裙（图三，4），一类为多片式横接裙，有的裙摆边无装饰，有的裙摆处镶缝牙线或毛编窄绦或缂织绦作装饰（图三，5 ~ 7），还有一件裙服通幅手工彩绘鱼纹（图六，14），一件利用绞缬技法防染印出大面积的彩色齿纹（图五，9）。毛布纵接裙，将几块纵长的毛布相连而成，一般略呈喇叭状（图三，13），也有的近直筒形（图三，14）。有的面料考究，或通幅缂织星纹、波纹图案或局部于裙摆边缂织绦式波纹。编织帽出土时有的戴在头上，有的作帽套。从技法上看，均采用环编技法编织而成，但具体结构有所变化，有单一挂环法、复杂挂环法。有的是直接编织成帽，有的则是先编织出布片，然后缝合在一起，形状上大致有圆锥形帽、扁圆形帽。

克里雅圆沙古城附近墓葬遗存属扎滚鲁克二期文化，发现发掘的墓葬较少，出土纺织品数量不多，但服饰类型不少，有毛布上衣、编织毛绦裙、毛布横接裙、披巾等。从仅有的一件毛布上衣的衣袖残片（96MD10：19c）看，所用面料为预先织出，织造时，衣袖织片有意在袖口和肩袖相接的位置各织出一周黄色条纹，肩部也织出平行的两道黄色横条纹，具有较强的装饰效果[8]。编织毛绦裙，毛绦编织技法色彩纹样都与扎滚鲁克所见一致，如编号 96MH1：1 的残裙，用红色、棕色 2/2 斜编毛绦与一种斜向绞编法编织的多彩毛绦相间缝缀而成，红色毛绦间隔在多彩毛绦和棕色毛绦之间，形成红地上多色横条效果的彩裙（图三，2）。多片式横接裙 2 件，编号 96YYMB3：51-53 的毛布横接裙，宽腰，裙身由六幅宽窄不一的原白和红色 2/2 斜纹条状毛布横向相间拼缝而成，裙摆处镶缝一条宽 1.5 厘米的蓝地缂毛窄绦和一条幅宽 5 厘米的红色 2/2 斜编绦（图三，6）。编号 96YYMD4：1 的毛裙残片，残存条状毛布横向拼缝成的裙身，其裙摆处镶缝一条宽 1.3 厘米的斜向绞编法编成的波纹毛绦和一条宽 2.5 厘米的红色 2/2 斜编毛绦（图三，7）。新疆博物馆曾征集到一件十分完整的毛布横接裙[9]，裙下摆镶缝一条几何纹缂毛绦和 2/2 斜编毛绦，和克里雅横接裙作风完全一致，有可能出自圆沙一带。

文化 / 样式	扎滚鲁克二期文化早段	苏贝希文化	阿尔然、巴泽雷克墓葬发现裙服及装饰
编织毛绦裙	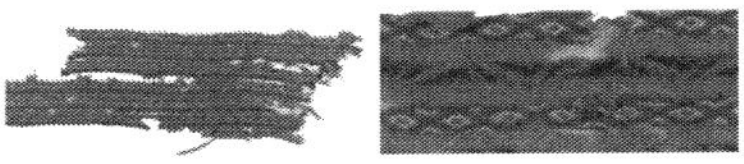 1 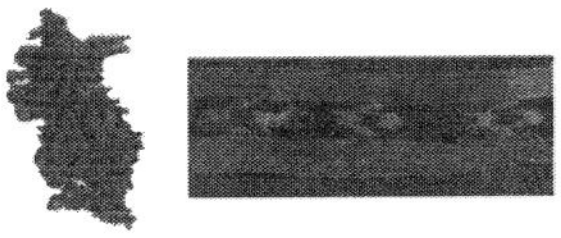 2	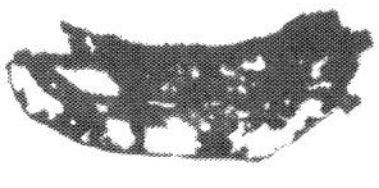 3	
毛布横接裙	 4  5 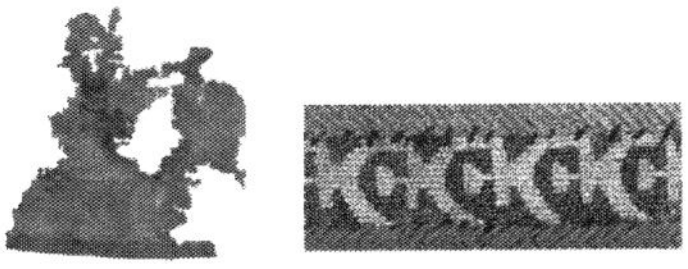 6 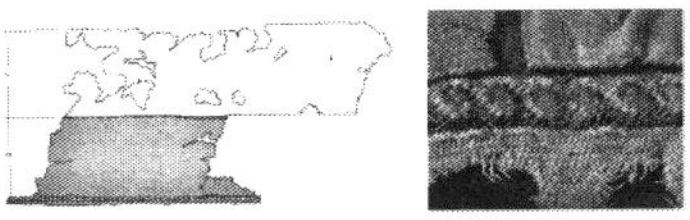 7	 8  9	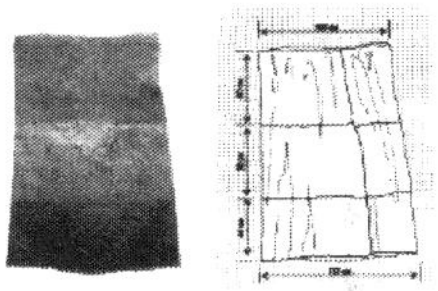 10  11 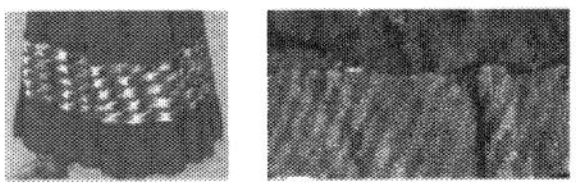 12
毛布纵接裙	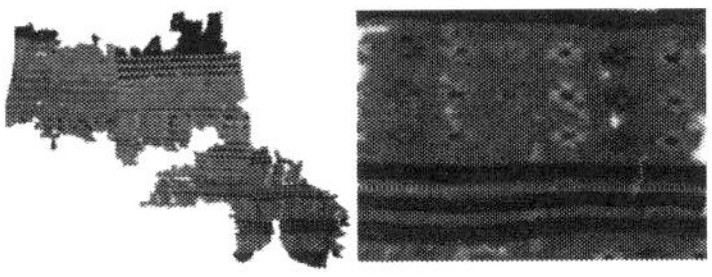 13 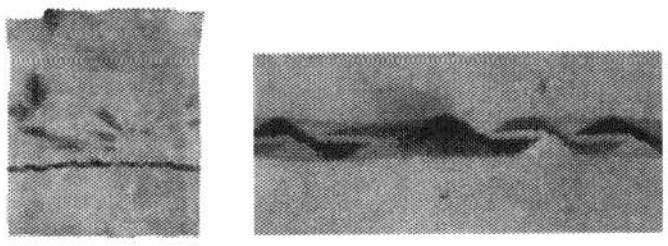 14	 15	

图三　各区域裙服样式及装饰技法、纹样比较

1. 扎滚鲁克一号墓地（85QZM2：38）　2. 克里雅（96MH1：1）　3. 洋海Ⅱ墓地（03SYIIM223：1）　4. 两片式横接裙（96QZIM4：73）　5. 多片式横接裙及缂织纹样（85QZM4：6）　6. 多片式横接裙及缂织纹样克里雅（96YYMB3：51）　7. 多片式横接裙及斜绞编织纹样克里雅（96YYMD4：1）　8. 多片式横接裙苏贝希墓地出土（吐鲁番博物馆展品）　9. 多片式横接裙（洋海Ⅱ墓地 03SYIIM277：5）　10. 巴泽雷克墓葬出土多片式横接裙　11. 巴泽雷克多片式横接裙缂织纹样　12. 阿尔然 2 号冢裙服摹绘及缂织绦局部　13. 纵缀裙及通幅缂织纹样（96QZIM14D：63）　14. 纵缀裙及局部缂织纹样（98QZIM136：13D）　15. 色织条文纵缀裙（苏贝希一号墓地 92SASIM11：？）

吐鲁番盆地苏贝希文化遗存中的苏贝希墓群、洋海一至三号墓地早期铁器时代墓葬中或多或少都有纺织服饰类实物出土，据此可以归纳春秋战国时期吐鲁番盆地居民纺织服饰的基本类型：上装有圆领套头短上衣、开襟长衣，下装有合裆长裤、各种毛裙[10]，还有编织帽和发套。上装以圆领套头短上衣为主，挖圆领，领、袖口处镶缝红色毛绦（图一，9）。开襟长衣只是偶见，苏贝希一号墓地开襟毛布长衣（92SASIM10：8）保存完整，织片很有特点，其衣长96厘米，采用特制衣料，后身为整块毛布，在后脖际处分织成两幅，形成左右前襟，两袖各为一幅布，由袖头至袖口渐内折，形成梯形袖。衣身两侧自腋下至下摆处各加缝两块长三角形布片，以加大衣摆宽度。衣领是在衣身中缝处沿肩线向两侧剪一道口，将织成的长方形领片装入，成为小立领。袖口、袖头、领口、襟缘均用浅黄色毛线作牙线加固并装饰（图一，2）。合裆长裤为三块织片缝合，裤裆方形，裤腿直筒形，所用面料素织无纹。裙的类型和扎滚鲁克所见一样，也有三类。编织毛绦裙，从较完整的式样看，由裙腰、裙身、裙摆三部分组成，整体呈上窄下宽的喇叭形，裙腰、裙摆用普通毛布缝制，裙身由数十条彩色斜编毛绦横向缝缀而成。毛布横接裙，用专门织制的长条状单色毛布沿幅边横向缝缀而成，有三片式横接裙，也有5～7条毛布缝缀的多片式横接裙，毛布面料幅宽在10～30厘米（图三，8、9）。毛布纵接裙只发现1件，穿在苏贝希一号墓地92SASIM11女尸身上，裙长100厘米，明显呈喇叭状，由四块大致相同的色织横条纹的平纹毛布纵向缝合而成，每块毛布都特织成上窄下宽的梯形，存两面幅边，上端幅宽45厘米，由上至下逐渐变宽，最下端幅宽58厘米（图三，15）。编织帽，以女性所戴由编织网状发套、棒状物组成的特殊的高尖帽饰，最具特色。技法上，编织帽饰均采用环编技法编织而成，发套使用单一挂环法或与复杂挂环法联合使用。

哈密绿洲焉不拉克晚期文化遗存中，以五堡墓地晚期墓葬出土纺织服饰类遗物最为丰富，但其主要发掘资料尚未刊布，这里我们仅根据五堡墓地已刊布资料以及艾斯克霞尔墓地简报等梳理春秋战国时期哈密居民的服饰，主要有毛布开襟长衣、套头长衣、方形裆和十字形裆长裤及编织帽[11]等（图一，5）。

二、春秋战国时期新疆纺织服饰的样式与纺织技术、艺术特征

（一）服装样式

从目前的研究看，春秋战国时期，吐鲁番盆地、哈密绿洲所见毛布开襟长衣是两地自商、西周时期（青铜时代晚期）开始就有的上衣服制[12]的延续，但早晚不同时期长衣的衣料和纹样风格都发生了变化。商、西周时期吐鲁番洋海文化居民开襟长衣流行的那种满幅缂织或局部绞织图案的作风，到春秋战国时期完全消失，传统风格的延续体现在服装形制及衣片的结构上，如吐鲁番苏贝希开襟毛布长衣（92SASIM10：8）“后背整

幅、前襟分幅的凹形衣片”及衣片的拼合形式，完全承袭了商、西周时期洋海开襟长衣的衣片形式，但也有新的变化，苏贝希文化居民在衣身的两侧加缝出长三角形布片，用以加大衣摆的宽度，这样的做法，与扎滚鲁克二期早段文化居民宽下摆式套头短上衣和套头长袍的局部设计完全相同。而这一时期，塔里木盆地南缘绿洲并未见这类开襟长衣，扎滚鲁克居民有着自己成熟的上装——长袍和短衣。不过，扎滚鲁克的开襟长袍和开襟短上衣缝制时使用预先织制、不施裁剪的衣片及其拼合形式，其传统自然根溯于商、西周时期的哈密绿洲和吐鲁番盆地。扎滚鲁克居民在此基础上不断进行改进，还出现了新的织片形式。例如，衣身用一幅毛布横折，前面开襟，且缝制时往往还依靠布幅的内折或卷边来满足具体形制的变化，也有个别的通过局部加缝裁片来体现细节上的不同。加缝裁片的程序虽然简单，但意义却非一般，因为这样便出现了裁剪的工序，商、西周时期服装那种“不施裁剪”的传统被打破。王博先生认为，从衣片的裁剪痕迹看，当时使用的裁剪的工具是刀[13]，剪子还未出现。“不施裁剪”的衣服和局部刀裁衣片的衣服，在春秋战国时期有很长的共存期，总的来看，“不施裁剪”的特点，从夏商时期开始一直延续，到春秋战国时期仍为主流。

套头长衣，是商、西周时期哈密绿洲居民最先穿着的上衣样式。这类长衣与东部甘青地区居民的传统服制可能存在一致性[14]，套头长衣的传统，被春秋战国时期哈密绿洲居民所继承。有意思的是，向西穿过200千米的戈壁到了吐鲁番盆地及天山沟谷地区，商周时期，这些地区套头长衣却一直未见踪迹。吐鲁番苏贝希文化的居民常穿的套头衣均为短上衣，样式与同时期且末扎滚鲁克的套头短上衣相同。哈密绿洲居民习惯穿着的套头长衣与扎滚鲁克居民的套头长袍和部分套头短上衣的衣片及其拼合形式大同小异，说明两区域服饰文化之间存在着互相影响的关系。

合裆裤在且末扎滚鲁克常见不施裁剪、直接缝合织片的裤子，其织片的结构，特别是“阶梯”十字形裤裆的形式，明显承袭了商、西周时期吐鲁番洋海文化居民的服制传统[15]，这一传统也影响到了哈密绿洲。奇怪的是，这类始自商、西周时期吐鲁番盆地的制裤传统，并未被这一地区后来的苏贝希文化的居民所继承。目前，“阶梯”十字形裤裆的裤服在春秋战国时期的吐鲁番盆地未见实物出土，取而代之的是苏贝希文化的方形裆长裤。总的来看，春秋战国时期裤服的变化主要表现在两个方面：一方面是裤裆的形式多样，另一方面是出现了裁剪裤，王博认为是“刀裁裤”。无裁裤商、西周时期就已出现，“刀裁裤”春秋战国时期始有，但延续时间很长，一直延续至东汉或更晚[16]。

裙服，是新疆地区在春秋战国时期新出现的下装类型[17]，天山盆地、塔里木盆地南缘绿洲裙服的制作与类型都比较统一。塔里木盆地南缘和吐鲁番盆地裙服面料的纺织技术上无明显区别，裙服类型流行的也主要是编织的毛绦裙、毛布横接裙、毛布纵接裙。两地最大的区别是，塔里木盆地南缘裙服面料的制作讲究、装饰丰富，吐鲁番盆地裙服面料相对简单，素织无纹的较多。另外，还有一些样式上的细微区别，如吐鲁番的编织毛绦裙所用毛绦和扎滚鲁克同类裙服用毛绦相比普遍要宽，幅宽最窄的2厘米，最宽的8厘米，扎滚鲁克居民所用的毛绦幅宽均在0.5～1.5厘米。新疆编织毛绦裙仅在春秋战国时期流行，此前和其后时段都未见发现。毛布横接裙，扎滚鲁克既有多片式也有两片式，吐鲁番盆地仅见多片式。扎滚鲁克和克里雅墓葬出土多片式裙服，都见加入缂织或编织出彩色花纹的或宽或窄的毛绦作为装饰，特别是以缂织毛绦和红色斜编毛绦相缀装饰裙摆的做法，至汉代形成了以洛浦山普拉墓地横接裙为代表的区域特色。3世纪中期左右，东汉时期中原风格的单片式围裙传入，这类毛布横接裙逐渐消失。传统的毛布纵接裙也延续到汉代，逐渐演变为间色裙，并存在了较长时间。

披巾，商、西周时期吐鲁番盆地、哈密绿洲居民习惯披戴，到春秋战国时期，吐鲁番苏贝希文化、扎滚鲁克二期早段文化居民也都有了披戴披巾的喜好（图六，11）。除了幅宽略窄的两端带流苏的披巾外，扎滚鲁克墓地还普遍发现一种布幅略大的带流苏或不带流苏的毛布，出土时多或铺或盖于死者身上，发掘者称之为布单或毯。其中带流苏的布单或毯让人联想到夏商时期（青铜时代早、中期）小河文化的块料形的毛织斗篷。

在我国中原地区，商代以来的传统服装为上衣下裳制，上衣交领右衽，下裳（裙）以两片或多片布料连结，缀以腰带，围裹在身上，裳内著胫衣和裤。至春秋战国时期，又出现了上衣下裳连属的直襟和曲襟的“深衣”，衣料多施以裁剪。从目前的考古发现看，中原服饰最早对西域服饰产生影响，既有服装样式上的，也有装饰纹样上的[18]。服装样式上的影响，主要是胫衣，这种不连裆的套裤在商末周初就已出现在哈密绿洲，春秋战国时期吐鲁番苏贝希文化居民将之与足衣连属制成长筒毡靴，以带束于腰上。中原地区遮掩下体的“裳”与春秋战国时期新疆的裙服相比，前者“联结群幅”（《释名·释衣服》）而成一整片围裹下体，后者则缝制成筒状，两者有所区别。而筒状裙服在欧亚草原一带则比较常见，欧亚草原中部地区的图瓦阿尔然二号王冢（前7世纪）女性墓主人下身穿着一件裙服。从残片看，这件裙服可能是横接裙，裙上缝缀有缂织彩色几何花纹的宽绦[19]（图三，12）。南西伯利亚的巴泽雷克墓地（前5～前3世纪）出土的三片式横接裙（图三，10）与吐鲁番苏贝希文化居民所穿的同类裙服样式上完全一致。巴泽雷克墓地还发现一件毛布的横接裙面料，斜纹毛布织片和缂织羊角纹宽毛绦拼缝在一起（图三，11）。这件横接裙与扎滚鲁克墓地编号85QZM4：6的彩色毛布横接裙及缂织羊角纹的宽毛绦基本一致（图三，5）。巴泽雷克墓地还出土了宽下摆、两侧拼缝小三角布片、衣长及膝的套头长衣（图一，10），也都与扎滚鲁克、苏贝希居民所穿的一些套头短上衣的形制相同，只是巴泽雷克长衣面料实施了裁剪。另外，塔里木盆地南缘、吐鲁番盆地、哈密绿洲等地，发现了数量不一的环编技法的毛线编织帽，形制多样，技法丰富。图瓦阿尔然二号王冢、阿勒泰巴泽雷克墓地也都出土有技法、样式基本一致的环编帽饰。

（二）纺织技术、工艺

纺织纤维方面，研究者对扎滚鲁克墓地出土的9件毛织物纤维应用扫描电镜进行了品种的鉴定，结果显示多数羊毛纤维较粗，据分析是当地的绵羊毛，包括和田羊毛等，很少的有安哥拉山羊毛特征[20]。

染色方面，春秋战国时期新疆毛织物通常用原色羊毛织成，羊毛的原色有白、黑、棕等色，织工们利用不同原色的羊毛，混捻出富于变化的纱色。另外常见的就是染色羊毛，染毛的主色有蓝、红、黄、绿等，而且染色的深浅不同，呈现不同的色泽变化。红色中有绯红、深红、浅红；黄色中有土黄、姜黄；蓝色中有天蓝、浅蓝等。对扎滚鲁克墓地部分毛织物样品的染料、染色实验室的分析结果显示，蓝色染料的主要成分是靛蓝素，即蓝草植物染料；红色的主要成分是茜素和紫茜素，即茜草植物染料[21]。近年，通过对春秋战国时期新疆毛织物样品中蓝色纱线的检测，发现了两种衍生物，这一结果与国外报道的相关菘蓝的谱图类似，所以这类蓝色染料可能是新疆当地出产的菘蓝（isatis indigotica）。参照《新疆植物志》的记载，菘蓝是唯一本地产的含靛植物，主要产于阿勒泰、哈巴河、玛纳斯等县，菘蓝根（板蓝根）、叶（大青叶）均供药用，叶可以提取蓝色染料。最值得关注的染料是扎滚鲁克墓地毛绦裙（巴州博物馆藏品）残片上的粉红色染料。高效液相色谱－质谱联用技术检测的结果显示，粉红色纱线上存在胭脂红素和胭脂酮酸，说明染料来自一种介壳类动物——胭脂虫（*Kermes vermilio* Planchon）。这种染料原产于南欧、中亚和南亚[22]。南西伯利亚的巴泽雷克墓地也发现有与扎滚鲁克墓地相同的胭脂虫染色的毛织物。说明至少在公元前五六世纪或者更早的时候，西方或北方的染料已传入新疆。

织造技术方面，吐鲁番盆地和哈密绿洲两地居民服装面料的组织结构，衣、裤面料普遍采用平纹，个别采用斜纹，主要为 2/2 斜纹，三枚斜纹非常少，目前搜集到的资料只有洋海Ⅱ号墓地春秋战国时期墓葬出土的一条裤子使用了 1/2 斜纹组织的毛布。裙服，毛布横接裙多见使用幅宽在 10 ~ 30 厘米条状窄幅毛布织片，多采用 2/2 斜纹。编织毛绦裙，所用毛绦均采用 2/2 斜纹技法编织。扎滚鲁克居民服装面料的组织结构，比吐鲁番盆地和哈密绿洲两地明显丰富，服装类型不同，面料的使用也有讲究。扎滚鲁克居民所穿的开襟长袍，衣宽体长，是保暖的外衣，面料多选择厚实的斜纹毛布，以 2/2 斜纹毛布为主，其次是 1/2 斜纹，还有 3/3 斜纹、4/4 斜纹面料。套头长袍面料，则以平纹为主，个别为 1/2 斜纹。贴身或内套的短上衣，绝大多数为平纹毛布，选择较薄的布料。扎滚鲁克居民的裤服主要以 1/2 斜纹面料缝制，其次是平纹、2/2 斜纹，还有 3/3、2/3 组织斜纹面料。裙服除编织毛绦裙主要采用 2/2 斜编以及斜绞编织物外，其他毛布裙均采用梭织物缝制，主要以 2/2 斜纹面料为主，其次是 1/2 斜纹和平纹面料。披巾、布单面料一般多采用平纹组织，也有一些 2/2 斜纹组织，面料普遍较薄。毛毯的面料比较厚重，以 2/2 斜纹组织为主，其次是 3/3、1/2 组织，还有 1/3、2/3、4/4 斜纹组织。除了列举的这些平纹、斜纹原组织以及斜纹变化组织外，扎滚鲁克所见的平纹织物，还通过毛纱线径或捻度的变化来呈现不同的外观效果，如透孔条纹效果的毛假纱，表面起绉的毛绉织物，平纹组织与浮线较长的 1/3 纬重平组织联合而成的凸条组织等。其中透孔条纹效果的毛假纱早在商、西周时期的哈密绿洲就有少量发现。扎滚鲁克居民还常将平纹变化组织——纬重平组织用在其他组织的织物局部，如披巾、布单、毛毯的边缘，常见的是采用一经双纱的纬重平组织织出缘边。类似的具有牢固织物缘边作用的技术处理方法，可以追溯到夏商时期小河文化的毛织斗篷，商、西周时期洋海墓地裤服织片上也能看到完全相同的以纬重平组织织出特殊经边的作法。

扎滚鲁克出土织物组织多样，织物的幅宽有宽有窄，出现各种斜纹及其变化组织，暗示当时的织机既有织造窄幅织物的腰机，也有织造宽幅织物的立机，而这种立机，可以通过增加或减少棕杆的数量，来织造各种不同组织的斜纹织物。

织物显花技术方面，春秋战国时期哈密绿洲和吐鲁番盆地居民的衣裤面料多为素织无纹的单色毛布，偶见通过色线的排列变化，来织出格纹、条纹（图四，11、12），采用缂织技法的衣料不多。洋海Ⅱ号墓地1件2/2斜纹组织的毛布开襟长衣（03SYIIM203：1）下摆处的缂织一周勾连纹[23]（图四，4），与扎滚鲁克流行的缂织绦式花边的作风一致，当是后者影响所致。洋海春秋战国时期墓葬发现1件红蓝色鹿纹平纹的缂毛残片（03SY1M167：1）[24]（图六，1），这是鹿的形象首次出现在吐鲁番盆地的纺织图案中，当与春秋战国时期北方草原动物纹流行及对吐鲁番盆地的影响有关。商、西周时期吐鲁番盆地洋海纺织服饰中流行的缂织、绞织等显花技法及纹样，这一时期在当地全然衰退[25]。但我们在塔里木盆地南缘扎滚鲁克居民那里看到的则是另一番景象。扎滚鲁克墓地出土实物展示的这一区域织物显花技术特别丰富，除了利用色织格纹条纹、局部"通经迴纬"缂织、局部挖花等技术在织机上织出花纹以外，还出现了手工画绘、染缬、刺绣等多种工艺，显示丰富多彩的局部或通幅纹样。织出的花纹由于受织造技术的限制，图案结构相对单一，而绘、染、绣工艺而不然，特别是手工画绘，表现纹样的自由度大，纹样内容丰富多样。

先看缂织技法。在塔里木盆地南缘发现的春秋战国时期缂织技法显花织物，在数量上比同时期的哈密绿洲和吐鲁番盆地多一些，但相对于当地出土的数百件素织服饰织物，10余件缂毛织物所占比例并不高，与商、西周时期吐鲁番洋海文化居民服饰普遍流行缂织纹样、尤其是通幅纹样的情况大相径庭，形成很大的反差。可以看出春秋战国时期缂织技术在显花技术极大丰富的塔里木盆地南缘一带并没有明显兴盛和普及。与缂织显花工艺明显式微的状况比较，扎滚鲁克二期早段文化的居民似乎更喜欢手工画绘、染缬等显花工艺，缂织技术在塔里木盆地南缘没有发展起来的原因，显然和这些技术难度不大、显花更便捷的工艺兴起有关。所见扎滚鲁克二期早段文化的13件缂毛织物中，花、地都采用平纹组织的7件，都采用2/2斜纹的3件，都采用1/2斜纹和3/3加强斜纹的各1件，还有1件地组织是4/4加强斜纹，花部组织采用3/3加强斜纹。斜纹和加强斜纹组织下的缂织图案，两组不同色彩的纬线相遇时，织物表面会呈现斜向的点状豁口，无经向的裂缝（图五，3）。平纹组织下的缂织，有的两种色彩的纬线相遇时，均缠绕在同一根经线上，因此织物表面也没有裂纹（图五，1）。这

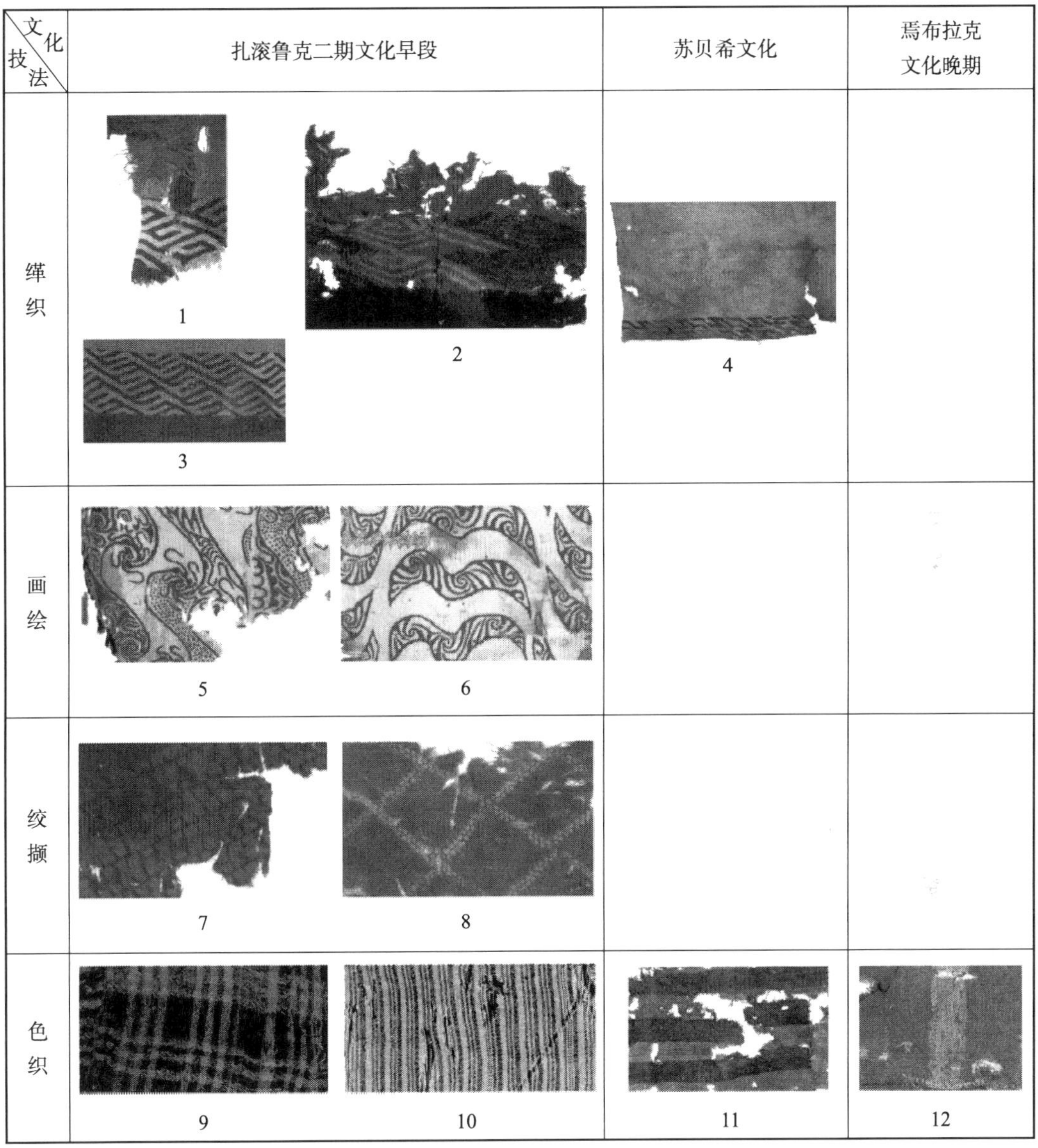

图四 各区域上衣面料显花技法与纹样比较

1. 85QZM2：34 2. 85QZM4：57-2 3. 89QZMC：6 4. 洋海Ⅱ号墓地 03SYIIM203：1 5. 98QZIM113：26-1A 6. 98QZIM103：1-1B 7. 97QZIM69：1-33 8. 96QZIM99：1 9. 96QZIM4-87 10. 96QZIM14：75C 11. 洋海Ⅱ号墓地 03SYIIM3：8 12. 艾斯开霞尔墓地 99HWAM2：25

些技术特点，与商、西周时期的吐鲁番洋海的缂织技术特点完全相同。值得注意的是，织物表面有裂纹的缂织，此时塔里木盆地南缘也有少量发现，如扎滚鲁克的1件缂织物（96QZM4-65Q）[26]、圆沙墓葬1件毛布横接裙（96YYMB3：51-53）[27]上缀缝的缂毛绦，都以平纹组织缂织，两种色彩的纬线相遇，互不相交，织物表面存在明显的裂纹（图五，2）。这一技术特点，明显影响了其后两汉时期的扎滚鲁克以及洛浦山普拉居民的缂织物。从实物看，扎滚鲁克的缂织技术主要用在服饰或织物特定的

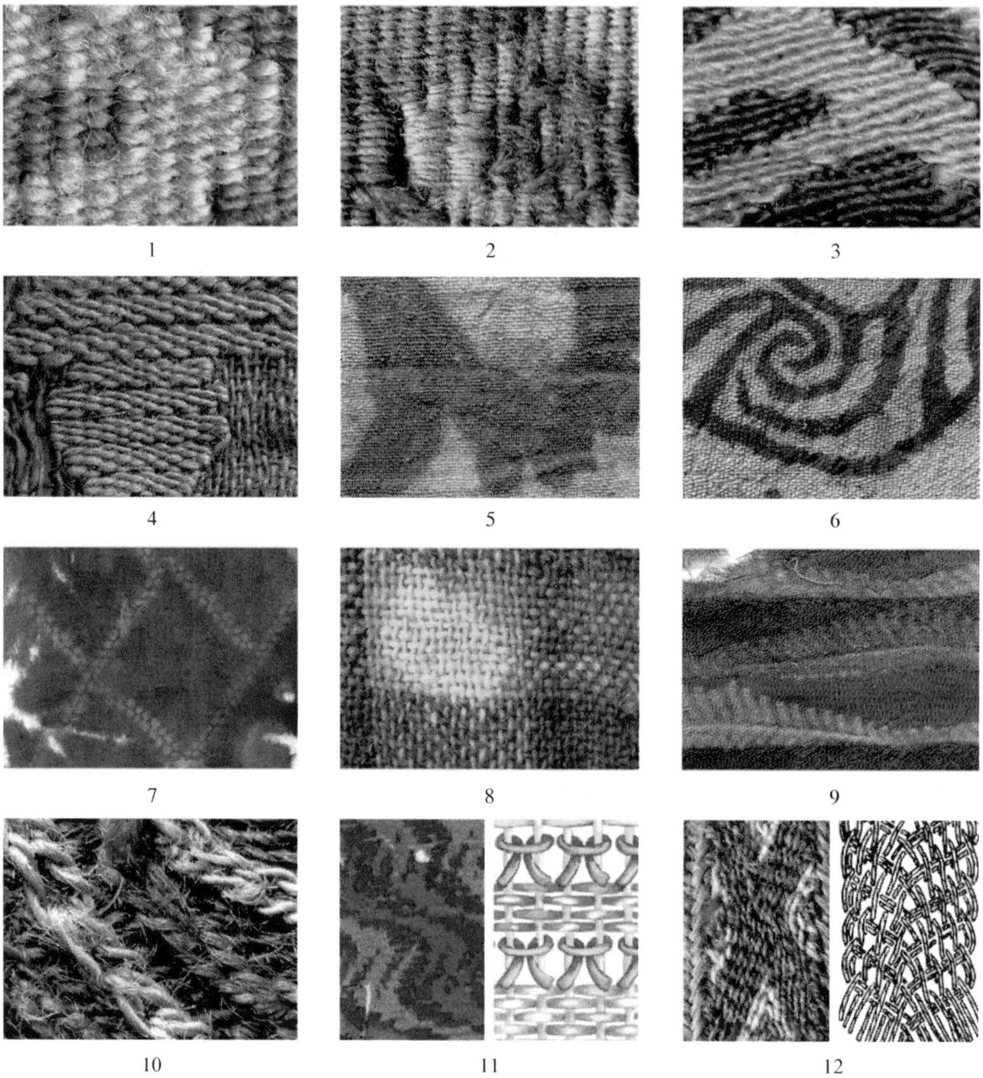

图五　新疆春秋战国时期织物显花技法

1、2. 平纹缂织（85QZM4：6、96QZM4：65Q）3. 2/2 斜纹缂织（89QZMC：6）4. 挖花技法（85QZM3：10）5、6. 画绘技法（85QZM4：23、98QZIM103：1）7. 绞缬－缝绞法　8. 绞缬－绑扎法（96QZIM65：24）9. 夹缬（96QZIM64：20H）（96QZIM69-1）10. 锁绣（85QZM3：12）11. 栽绒技法－马蹄扣（03SY1M189：7）12. 斜向绞编技法

位置，局部缂织出绦式花边装饰，即织工在上机织造时，已经预先设计好了图案的部位，如在长袍前后衣身的下摆处缂织宽 10 余厘米或 20 余厘米的几何纹花边（图四，1 ~ 4），在裤子腰部和裤腿处缂织宽 2 ~ 5 厘米的绦式花边（图二，2、6），在毛布直筒裙近裙摆处（图三，14）、在毛布单的两端缂织绦式花边（图六，7）。追溯起来，这种在整片衣料或织物局部缂织出绦式花边的特点，早在商、西周时期的哈密亚尔墓地就有零星发现[28]，吐鲁番洋海服饰虽然也流行局部绦式花边装饰，但采用的则是源

于塔里木盆地小河文化的绞织技法显花[29]，与缂织绦式花边形式上相同，但技法上完全不同。这从侧面反映了吐鲁番盆地商、西周时期发达的缂织技术对塔里木盆地南缘的影响更多只是体现在技术层面，而在衣料局部或大幅织物局部缂织花边的作法，应该是春秋战国时期扎滚鲁克居民的创造。扎滚鲁克和克里雅圆沙墓葬都新出现了一种通幅缂织的毛绦，幅宽窄的1.5 ~ 2.5、宽的12.4厘米，这类缂织毛绦一律缝缀在横接裙上，多在底摆部位作为装饰（图三，5、6）。此类装饰缂织毛绦的横接裙，直接影响了其后的洛浦山普拉墓地两汉时期裙服特色的形成。

挖花技法，这种技法的特点是在织物不同区域以彩色纹纬迴纬挖织出纹样，花部组织一般与地组织相异。这种在地组织上以附加纬线表现局部花纹的技法，我们称为挖花，也有研究者称为“嵌织法”[30]、“缂绣”[31]。哈密五堡墓地的1件商西周时期的红地三角纹毛布袍残片、1件毛布披巾上见有用这种技法织成的几何花纹，其地组织为平纹，以平纹和2/2斜纹规律挖织显花。扎滚鲁克墓地出土挖花毛毯3件，以平纹或2/2斜纹组织为地，以1/3纬重平组织或1/2斜纹规律挖织显花，除了几何纹外，还挖出羚羊纹、骆驼纹动物纹样（图六，9、10）。其中有的挖织纹样明显凸起于地部，视之有很强的立体感（图五，4）。从早到夏代（青铜时代早期）的孔雀河古墓沟墓地出土的严格按经纬规律实施的“织补”上，似乎能看到在地组织上附加纬线显示花纹的技术端倪，商、西周时期的哈密绿洲出现了以挖花技法织出简单的几何纹，春秋战国时期塔里木盆地南缘挖花技法逐渐成熟，但其应用似乎并不普遍，目前看只用在几件相对厚实的毯类织物上。这可能是因为同时期缂织、画绘、刺绣、染缬等多种显花技法共存，挖花技法因技术特点的局限，一边织地一边织花、且花地组织多不相同，技术难度大于缂织，依经纬规律织造、表现花纹的自由度又远不如刺绣、画绘，这些可能都使得挖花技法形成之后便很快衰退，到西汉时期只在克里雅圆沙古城发现1件鱼纹挖花毛织物，其后再无踪迹。

手工画绘技法。绘画的历史出现的很早，在欧洲发现了旧石器时代居民数万年前在一些洞穴岩壁上用赭石绘的彩绘画，有动物和几何纹样。我国内地大约在新石器时代晚期至商代的一些墓葬中发现使用朱砂、赤铁矿、土黄等矿物颜料在丝绸上着色的实例。中国最早的古籍史料《尚书》中记载，当时的“帝”将十二章中的日、月、星辰、山、龙、华虫做绘，但缺乏考古实物证据。新疆地区由于独特的保存条件，一些绘画织物得以保存下来。焉不拉克墓地晚期墓葬出土1件木俑的裹布上，残有大红、紫红色的条纹，可能是手工画绘上去的。春秋战国时期且末绿洲手工画绘织物工艺一时兴盛，扎滚鲁克墓地出土画绘毛织物，品类丰富。王博先生等结合文献，将这些画绘毛织物称为“缋罽”[32]。从出土的情况看，画绘技法在当时应用范围广泛，王博刊布的11件缋罽实物中有毛布上衣2件、裤服2件（图二，7、8）、裙服1件（图六，14）、袜1件、披巾2件、毛布单1件（图六，13），余为残片。织物组织主要为平纹和2/2斜纹，画绘图案主要为动物纹和几何纹。画绘色彩以红色色调为基础，间配以黄色、红紫、黑灰色。图案以线条勾勒为主，辅以色块平涂（图五，5、6）。绘制工具似为木棍之类的硬“笔”。出土缋罽最多的85QZM4曾取样做过碳十四测年测定，结果为公元前740±120年，相当于中原的春秋时期，这是扎滚鲁克缋罽出现的上限。缋罽的工艺一直流行到公元前3世纪末，流行的范围目前看，只在且末绿洲一带。

绞缬工艺，即今日所谓的扎染，是古代纺织品防染法染花工艺的一种。王明芳、王博详细分析了扎滚鲁克一号墓地出土的5件采用绞缬工艺的毛织物，参考王矜先生对中国绞缬染色工艺的分类，认为扎滚鲁克的绞缬工艺存在缝绞法、绑扎法和夹缬法三种[33]。其中2件毛布衣服使用了针线穿缝、绞扎的缝绞法进行防染加工，2件毛布单使用了绑扎法，1件毛布裙使用了夹缬工艺进行防染印花（图五，7～9）。出土这些绞缬毛织物的墓葬，年代断在公元前8～前3世纪末，但是，出土实物反映出的绞缬纺织工艺已经相当成熟，特别其中的夹缬法工艺更为复杂，扎滚鲁克二期早段文化居民绞缬染技术不会是初始的形态，绞缬染技术在当地出现的时代应当会更早一些[34]。吐鲁番洋海Ⅱ号墓地，属于春秋战国时期的墓葬中也出土有1件扎染毛布残片[35]，但这一技术在同时代的吐鲁番盆地绿洲并未流行起来。这件扎染的毛布残片，当与塔里木盆地南缘流行的绞缬染技术向北方的影响有关。

刺绣工艺。扎滚鲁克墓地出土一批刺绣品。据王博等分析，扎滚鲁克二期早段文化居民的刺绣工艺品种为毛锈，技法上可以分为直针法、钉线锈、锁针锈[36]。从实物分析，扎滚鲁克二期早段文化居民采用直针法，是为了补合衣服的裂口。追根溯源，这种针法早在夏代孔雀河古墓沟墓地的斗篷上就见有端倪，古墓沟人也是在斗篷的破损部位用基本同样的手法进行修补，只不过严格地按经、纬走向以平纹织法“织补”，是直平针，而扎滚鲁克二期早段文化居民则用的是斜平针。在商末周初哈密盆地五堡居民的“胫衣”上，也见有斜平针绣的纹样[37]。商、西周时期新疆地区的直针法只是一种对衣物残破处进行修补的手法，并未成为一种实质上装饰技法，到春秋战国时期，采用这种针法进行缝补的同时，才有意地显示出几何纹样，兼具装饰的功能。扎滚鲁克墓地出土的钉线锈毛布片，只看见线，看不见钉绣痕迹，表现出的也只是很简单的线条，不过，这也是目前见到的最早的此类针法实物。锁针锈是一种工艺较为复杂的绣法，扎滚鲁克二期早段文化居民毛绣中的锁针绣，属于闭口锁针绣法。出土的两件实物为棕地涡旋三角纹的毛绣毯（图五，10；图六，8）、白地三角纹毛绣残片，年代上限都早到公元前8世纪。结合中原地区的发现看，直针法刺绣技艺在中原丝绸上的出现晚到西汉时期，而钉线锈则在唐宋以后才流行起来，唯有锁锈这一技艺考古中发现实物较早。陕西宝鸡茹家庄发现过西周时期涡卷花卉纹刺绣印痕，其图案就是采用的锁绣针法，线条舒卷自如，针迹均匀齐整，显示出当时锁锈技艺的成熟。王博先生等认为，扎滚鲁克二期早段文化居民的毛绣中的锁绣工艺技术，可能是由中原传入的。出土的棕地涡旋三角纹毛绣毯上的绣纹，在同时期的缋罽、木盒上都能见到，显然，扎滚鲁克居民将中原的锁锈技艺运用在了当地的毛织物上[38]。

栽绒毛织物。栽绒是除了服饰面料之外，值得一提的毛织物品种。吐鲁番洋海一号墓地出土的目前所知世界上最早栽绒织物，年代至迟在公元前10～前8世纪。至春秋战国时期，栽绒这种特殊的毯类织造技法，仍只局限在吐鲁番盆地，而且栽绒结扣技法仍延续当地早期的马蹄扣，图案除菱格纹外，还见变体水波纹（图五，11）。

编织毛绦技术。编织技术出现的很早，最初利用植物茎条进行编织，大概始于旧石器时代晚期，距今1万年以后新石器时代，人类的编织技术飞跃发展，不同类型的编织品不断发现。夏商时期塔里木盆地小河文化居民就有着发达的绞编草篓工艺，同时斜编技法也大量应用在纺织服饰，如腰衣上。到了商西周时期，编织毛绦在服饰（镶边）和服饰配件（腰带、头带、腿带等）中得到普遍应用，其工艺十分娴熟，品类丰富、工艺精湛。商、西周时期的吐鲁番洋海文化居民，除了掌握着斜编、绞编技术外，至少在公元前10～前8世纪，还创新出一种绞编与斜编相结合的斜向绞编技法，其特点是毛线斜向排布，两个系统的毛线之间按一定角度交叉，并相互进行开合包夹和绞转编织，编织的工艺比较复杂。春秋战国时期，这种斜向绞编技法被频繁地应用在毛绦裙多彩的毛绦编织上（图五，12）。扎滚鲁克墓地、克里雅圆沙古城出土的多彩的斜向绞编毛绦完全相同，哈密艾斯克霞尔南墓地出土的1件毛布囊上也镶缝着同样技法的波纹毛绦[39]。欧亚草原中部的图瓦阿尔然二号王冢（前7世纪）也有此类技法的毛绦出土。在我国内地，斜向绞编的丝带最早发现于江西的东周墓葬，时代约在春秋中晚期，到了汉代，这一技法的在丝绸上广泛应用。

（三）图案艺术风格

春秋战国时期，哈密绿洲服饰和织物纹样仅见色织的条纹。吐鲁番盆地的服饰和织物绝大多数素织无纹，个别饰有纹样。除了少量色织格纹外，见有缂织在衣服下摆处简化的勾连纹花边（图四，4），个别织物上缂织散点分布的卧鹿纹以及满幅的菱格纹（图六，1、2）。栽绒毯上也有同样风格的菱格纹，还有变形水波纹（图六，3、4）。

塔里木盆地南缘且末绿洲的织物显花技法多样，服饰和织物上的纹样比较丰富。大体上可分为几何纹和动物纹两大类。几何纹有色织的条纹或格纹（图四，9、10）；编结的菱格纹、波纹（图三，1、2、7）；缂织的勾连纹、勾连雷纹、锯齿纹、菱形回纹、波纹、叶纹、变体羊角纹、八角星纹等（图二，6；图四，1～3；图六，6、7）；挖织的三角纹、菱形纹、腰鼓形几何纹（图六，9、10）；刺绣的涡旋三角纹、折线纹（图六，8）；绞缬工艺形成的特殊的网纹、树叶条纹、圈纹（图四，7、8；图五，7～9）。画绘的网纹、涡旋三角纹、涡旋纹（图六，11、13、14）。动物纹则是主要是画绘而成，主要有虎、野猪、骆驼、鱼、虫、“龙”等（图二，8；图四，5、6；图六，12、14），也有挖织形成的骆驼纹、羚羊纹（图六，9）。纹样的布局与技法多有关系，多色经纬线分区布列织出满幅格纹、条纹，缂织主要为局部二方连续的绦式纹样，也有极个别通幅

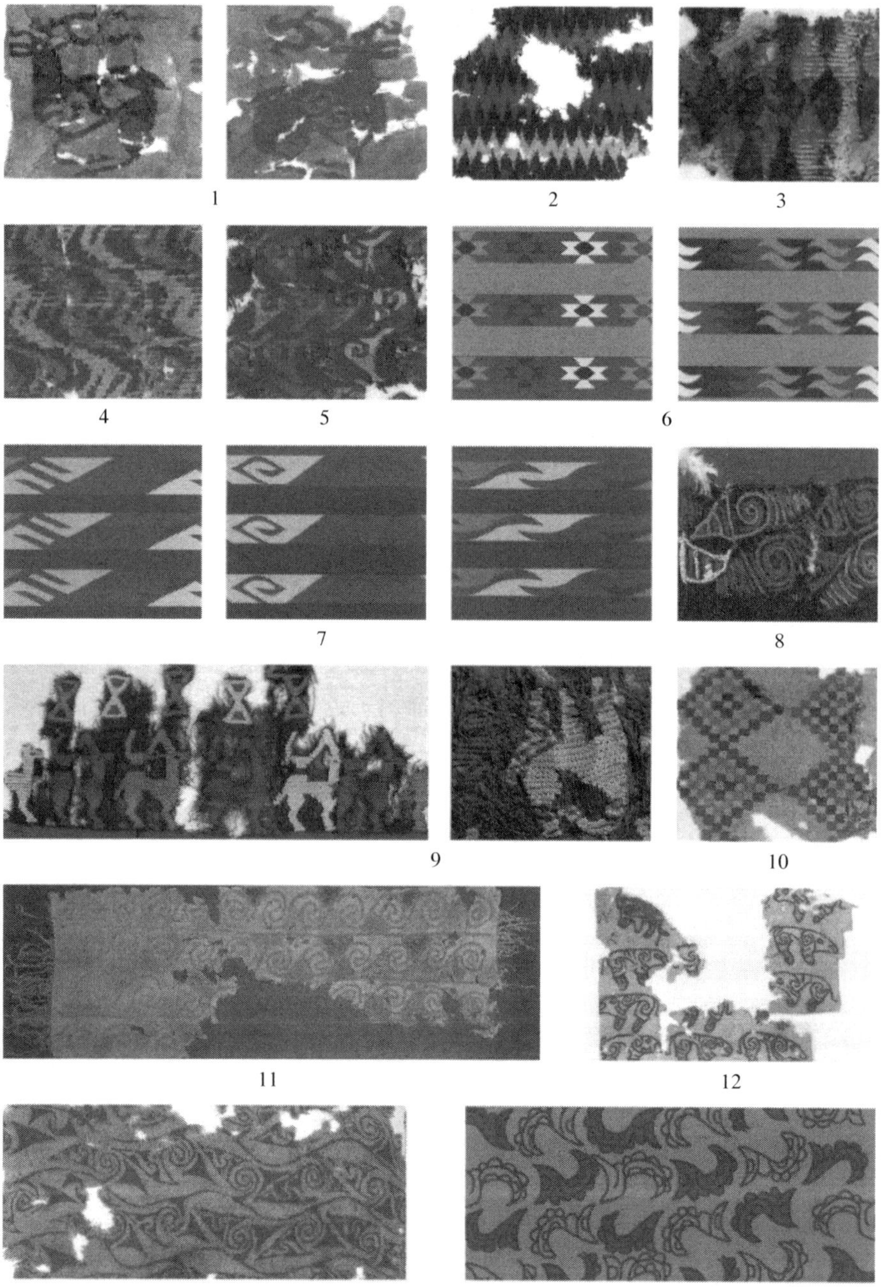

图六　新疆春秋战国时期纺织纹样

1. 鹿纹缂毛织物（洋海Ⅰ号墓地 03SY1M167：1） 2. 锯齿纹缂毛织物（洋海Ⅱ号墓地 03SYⅡM12：11） 3、4. 菱格纹、变体水波纹栽绒毯（洋海Ⅰ号墓地 03SY1M87：23、03SY1M189：7） 5. 羊角纹缂毛织物（扎滚鲁克 96QZM4-65Q） 6. 星纹、波纹缂毛裙摹绘（96QZIM14D：63） 7. 缂织波纹、叶纹、勾连纹绦式纹毛布单摹绘（98QZIM114：2A） 8. 涡旋三角纹毛绣毯（85QZM3：12） 9. 挖织羊纹、几何纹毛毯（85QZM3：10） 10. 挖织菱格纹毛布（85QZM3：11） 11. 画绘涡旋纹披巾（85QZM4：80） 12. 画绘虎、野猪纹毛布（85QZM4：56） 13. 画绘涡旋三角纹布单（85QZM4：79） 14. 画绘鱼纹横缀裙摹绘（85QZM4：23-1）

纹样，画绘、绞缬以及挖织的几何纹或动物纹，大多都是满幅布列。

春秋战国时期，新疆各区域出现的几种纺织纹样值得关注，一方面，如扎滚鲁克二期早段文化织物上的勾连纹、勾连雷纹、锯齿纹，其祖型都可以追溯到吐鲁番青铜时代晚期洋海的织物纹样。另一方面，由这些纹样形成的一些组合图案，如锯齿纹和菱形回纹的组合，在天山南麓察吾呼沟文化的彩陶中也发现基本相同的风格。涡旋纹以及涡旋三角纹，在扎滚鲁克二期早段文化居民的毛绣和画绘织物上都有基本相同的作风。吐鲁番盆地苏贝希文化的织物上虽未见到这类纹样，但其彩陶上盛行风格类似的涡旋纹或变体涡旋纹。动物纹样，扎滚鲁克二期早段文化纺织纹样中的动物纹如虎、野猪和骆驼纹都比较醒目，其造型风格在当时的木器上频繁雕刻。吐鲁番苏贝希文化居民的织物上，虽然只见到1件鹿纹，但更多的草原动物如羊、狼、鹿等形象出现在苏贝希文化的木器上。

三、春秋战国时期新疆地区各区域间纺织服饰的发展与关系

春秋战国时期，以吐鲁番苏贝希文化、哈密焉不拉克晚期文化人群为代表的天山盆地绿洲古代居民，主要继承和发展了商、西周时期这一区域纺织服饰文化的主要传统，服饰、纺织品体现出的时代特征十分明显。服装类型、形制、衣裤织片、装饰纹样上，由早到晚呈现出不同的风貌。春秋战国时期，纺织技术上以平纹组织为主，个别采用斜纹，主要为2/2斜纹，商、西周时期常见的三枚斜纹几乎绝迹。显花技术上，以传统的色织为主，偶见缂织。特别是吐鲁番盆地，商、西周时期洋海文化居民与春秋战国时期苏贝希文化居民在服饰、纺织文化传统上，前后区别更为明显。洋海文化居民习惯穿着满幅缂织纹样的开襟长衣、“十”字形、“阶梯”十字形裤裆的长裤、短裤，而苏贝希文化居民，纺织的服饰常见套头短上衣、方形裤裆长裤以及各式毛裙，偶见开襟的毛布长衣。总的来看，东部天山的两个盆地，春秋战国时期纺织服饰文化较之商、西周时期，有明显的衰退趋势。究其原因，可能与春秋战国时期天山地区经济形态的变化有关。这一时期由北向南传播而来的游牧经济文化因素，发展并占据重要地位，商、西周时期有利于服饰纺织技术发展的农牧兼营、农业经济占主导的稳定的定居环境被改变。

塔里木盆地南缘，因缺乏当地商、西周时期的纺织服饰资料，难以进行历时性比较。但从现有材料明显可以看出，吐鲁番盆地商、西周时期的洋海文化纺织服饰，对塔里木盆地南缘春秋战国时期的纺织服饰产生了重要影响，如“阶梯”十字形裤裆、缂织技术、斜向绞编技法、三枚斜纹技术等，这些明显都是接受了来自吐鲁番盆地洋海文化服饰纺织、编织等方面的传统。别有深意的是，吐鲁番洋海纺织服饰文化的这些传统因素，并没有被春秋战国时期当地的苏贝希文化居民所继承，而是被塔里木盆地南缘从事农牧兼营绿洲经济、享有稳定定居生活的扎滚鲁克二期早段文化人群更多地承袭并创新光大。

春秋战国时期，塔里木盆地南缘纺织服饰文化异常发达，可谓奇彩纷呈，不仅有着

成熟的类型齐备的配套服饰，纺织技术特别是显花技术更是丰富多样。织物组织不仅有平纹、三枚斜纹原组织，还有 2/2、1/3、2/3、3/3、4/4 等斜纹变化组织，同时还出现了平纹变化组织和联合组织，如有透孔效果的毛假纱，平纹与 1/3 纬重平组织联合形成的凸条组织等。显花技法上，色织、缂织、挖花、手工画绘、染缬、刺绣等多种工艺并存，其中挖花、手工画绘、染缬以及刺绣当中的直针锈、钉线绣等，从目前的材料看，都可能是塔里木盆地南缘扎滚鲁克居民在毛纺织技艺上的重要贡献。

春秋战国时期，塔里木盆地南缘、哈密绿洲、吐鲁番盆地三个区域的纺织服饰文化，彼此之间的联系更为明显。例如，衣、裤、裙“预先织制、不施裁剪”的织片及其拼合形式，还有多种环编技法的帽饰等，三地基本相同。相比之下，塔里木盆地南缘与吐鲁番盆地的交往似乎更为密切，如相同的套头短上衣、三种样式的裙服以及缂织技法、勾连纹、涡旋纹、动物纹等，都显出基本相同的服饰传统和纺织技法、装饰风格。

四、春秋战国时期新疆地区与中原以及邻境地区纺织服饰文化的交流

春秋战国时期，新疆地区的纺织服饰文化与周边区域的交往，相互间的影响表现得也更为明显。这一时期，中原传统纺织文化的代表性产品——丝绸，已传入天山南北。20 世纪 70 年代在乌鲁木齐鱼儿沟发掘出土了战国时期楚地风格的凤鸟纹刺绣[40]，近年发掘的阿勒泰哈巴河喀拉苏墓地[41]、帕米尔高原塔什库尔干曲曼墓地[42]，也都有战国时期的丝绸出土。俄罗斯境内巴泽雷克墓地过去也出土有战国时期的几何纹锦和凤鸟纹绣[43]。这些发现特别是帕米尔高原的最新发现显示，在张骞“凿空”之前，战国时期内地丝绸向西传播的主要途径，除了先到阿尔泰山南麓再向北传播这一条路线外，天山以南的塔里木盆地至更西的帕米尔高原应该也是一条通途。而且，来自中原地区纺织文化的影响不只限于丝绸产品，还有技术方面的，如源于中原的锁锈技法，此时已为塔里木盆地南缘居民所掌握。这一时期纺织品上所见鹿、虎等动物纹样，则反映出北方草原游牧文化因素的影响。从陶器等其他考古学文化因素的研究看，塔里木盆南缘扎滚鲁克二期早段文化与中亚一带文化上存在关联，扎滚鲁克纺织服饰文化的形成，或许也包含有中亚的影响因素，只是目前除了胭脂虫染色显示出可能来自中亚的影响外，尚缺乏与中亚地区同时期纺织服饰可资对比研究的直接资料。

文化的影响是双向的，一些线索表明，新疆春秋战国时期纺织服饰文化对周边区域可能产生有影响。例如，栽绒毛织物，吐鲁番盆地商至战国时期墓葬中均有实物出土，结马蹄扣，图案以几何纹为主。吐鲁番盆地所出栽绒毯是目前考古所见世界上最早的栽绒类织物，年代在公元前 10 ~ 前 8 世纪。周边地区，目前所知年代较早的栽绒织物出自南西伯利亚的巴泽雷克墓地，年代在公元前 5 ~ 前 3 世纪，是大型栽绒毯，也结马蹄扣，其图案繁缛，风格与吐鲁番的不同。再如且末扎滚鲁克的绞缬染技术，工艺多样

复杂，这一技术出现的年代不晚于公元前 8 世纪。欧亚草原中部公元前 7 世纪的图瓦阿尔然二号王冢，也发现有扎染形成满幅红色圈纹的毛织物[44]。中国内地有绞缬的丝绸，但出现的时代要晚到汉代及以后。此外，还有其他一些因素，如毛布横接裙、套头长衣、环编帽饰、斜绞编技法等，这些在欧亚草原中部及南西伯利亚阿勒泰地区都存在相同或相似的发现，年代上，则比天山中部和塔里木盆地的同类发现略晚或大致相当，暗示着这些区域之间存在着纺织服饰文化上的交往和交流。

五、余　论

据考古资料，夏商西周时期新疆地区服饰的突出特点是不施裁剪的“量体织衣”，至春秋战国时期，不施裁剪的作风依旧延续，同时也出现了局部施裁的变化，但“量体织衣”的主流没有变，这就决定了西汉以前约两千年间，新疆地区的纺织工匠们是按不同的服饰类型设计织物各要素的，如匹长、幅宽、组织结构、图案、色彩等，即服饰的样式和面料的技术、艺术特征基本上是融合在一起的，类似考古研究中器物的“组合关系”。我们在研究中，重视这种“组合关系”，结合考古类型学等方法理论，对夏商周时期新疆地区不同区域的服装类型、样式、裁剪缝制工艺和纺织技术、艺术特点进行类比分析，大致可勾勒出其发展演变的基本脉络：即夏至商初流行以织出的块状衣料包裹身体，商代中晚至西周时期开始出现缝制的成形的衣、裤[45]，春秋战国时期成熟的配套服装在各区域间推广传播；织物面料从最初简单的组织、单一的染色，到掌握成熟的织造技术、多种显花技术以及多种染色工艺等。随着服饰制作、纺织技术工艺的进步，新疆各区域纺织服饰文化的内涵日益丰富，互相之间的影响也更为密切。与此同时，与中原以及邻境地区纺织服饰文化的交往交流也日益频繁。

服饰是文化传承的重要载体，春秋战国时期新疆地区纺织服饰的考古发现与初步研究，对深入研究这一时期新疆居民物质、精神层面的社会生活，以及中国纺织史、服饰史、东西文化交流史等，都将具有十分重要的价值。

附记：本文在资料搜集过程中，得到贾应逸、王博、王明芳、吕恩国、曹洪勇等先生的大力支持，在此深表谢意。

注　释

[1] 扎滚鲁克墓地，地处塔克拉玛干沙漠南缘、车尔臣河流域，分布在且末县托格拉克勒克乡扎滚鲁克村附近约 5 平方千米的范围内，这里共有 5 处古墓地，其中一号墓地面积最大，达 3.5 万平方米，1985 年、1989 年、1996 年、1998 年先后四次对该墓地进行了发掘，发掘墓葬合计 167 座．二号墓地约 4000 平方米，1996 年发掘墓葬 2 座．发掘者将这些墓葬划分出三期文化，一期文化墓葬年代在公元前 10 世纪前后，仅有 1 座墓（无纺织品出土）；二期年代在公元前 8 ~

3 世纪中期，有 138 座墓葬；三期年代在公元 3 世纪中期至 6 世纪晚期，有 30 座墓葬. 第二期文化是扎滚鲁克墓地的主体，发掘者王博在近年的研究中，又对第二期文化做了进一步的分析，将其分出早、晚两段，早段时间为公元前 8 ~ 前 3 世纪末（相当于中原地区春秋战国时期），晚段为公元前 3 世纪末至 3 世纪中期（两汉时期）. 本文早期铁器时代的纺织品，即出自第二期文化早段墓葬中. 参见新疆维吾尔自治区博物馆编著，王博、王明芳等著. 扎滚鲁克纺织品珍宝［M］. 北京：文物出版社、阿贝格基金会，2016.

［2］ Corinne Debaine-Francfort, Abduressul Idriss(ed.). *Keriya, Memoires d'un Fleuve: Archelolgie et Civilization des Oasis du Taklamakan*. France: Editions Findakly, 2001：164-219. 克里雅圆沙古城遗址位于塔里木盆地中部，塔克拉玛干沙漠中心，克里雅河下游古河道西岸. 古城周围分布着多处墓地. 1996 年调查发掘 6 处，根据墓葬出土遗物特征，结合碳十四测定，研究者认为其年代应在战国 ~ 西汉时期。笔者根据出土纺织品、服饰特征，将其分为早、晚两段，早段时间大致在公元前 5 ~ 前 3 世纪末，相当于中原地区战国时期，晚段为公元前 3 世纪末至公元前后，即西汉时期.

［3］ 对于苏贝希文化的认识，笔者同意刘学堂的观点. 公元前 1 千纪上半叶的后段，吐鲁番盆地进入了早期铁器时代，在青铜时代晚期洋海文化的基础上形成了苏贝希文化. 苏贝希文化的年代在大致在公元前 7 世纪至公元前后，以鄯善苏贝希墓群为代表，还包括洋海一、二号、三号墓地的部分墓葬，另外乌鲁木齐南山、阿拉沟一带发现大量这时期的遗存，其文化面貌体现出与苏贝希墓群存在密切关系，也属于苏贝希文化的组成部分. 参见吴福环主编. 中国地域文化通览・新疆卷［M］. 北京：中华书局，2014：43.

［4］ 以哈密绿洲为中心的东天山地区，在公元前 1 千纪初到到汉代前后，处于早期铁器时代. 这一时期，哈密绿洲在焉不拉克早期文化的基础上，形成了焉不拉克晚期文化，焉不拉克晚期文化的典型遗存包括焉不拉克墓地晚期墓葬、五堡墓地晚期墓葬、艾斯克霞尔墓地、艾斯克霞尔南墓地、寒气沟墓地等，前四处墓地都有纺织品出土.

［5］ 同［1］：130 ~ 133.

［6］ 同［1］：154 ~ 156.

［7］ 王博，王明芳. 扎滚鲁克毛布服装的“裁”［A］. 丝绸之路图像与历史［C］. 上海：东华大学出版社，2011.

［8］ 同［2］.

［9］ 王明芳. 新疆博物馆新收藏的纺织品［J］. 文物，2009（2）：83 ~ 89.

［10］ a. 新疆吐鲁番学研究院，新疆文物考古研究所. 新疆鄯善洋海墓地发掘报告［J］. 考古学报，2011（1）.

b. 吐鲁番地区文管所. 新疆鄯善苏巴什墓群［J］. 考古，1984（1）.

c. 新疆文物考古研究所等. 鄯善县苏贝希一号墓地发掘简报［J］. 新疆文物，1993（4）.

d. 新疆文物考古研究所. 鄯善县苏贝希墓群三号墓地［J］. 新疆文物，1994（2）.

e. 新疆文物考古研究所. 新疆鄯善县苏贝希遗址及墓地［J］. 考古，2002（6）.

f. 新疆文物考古研究所等. 新疆鄯善县三个桥墓葬发掘简报［J］. 文物，2002（6）.
［11］ 新疆文物考古研究所等. 新疆哈密市艾斯克霞尔墓地的发掘［J］. 考古，2002（6）.
［12］ 参见李文瑛，康晓静. 新疆青铜时代服饰研究［J］. 艺术设计研究，2014（1）.
［13］ 同［7］.
［14］ 同［12］.
［15］ 同［14］.
［16］ 同［7］.
［17］ 青铜时代哈密五堡墓地发现有裙，但是孤例，而且五堡墓葬时代有早晚之别，其资料未完全整理，所以难做讨论.
［18］ 同［14］.
［19］ 〔德〕Fassbinder J W E, H Becker, Der Skythenzeitliche Fürstenkurgan Arzan 2 in Tuva（《斯基泰时期图瓦地区阿尔然Ⅱ号土丘冢》), Die Magnetometer-prospektion, Archologie in Eurasien, 2010.
［20］ 贾应逸，陈元生，解玉林等. 新疆扎滚鲁克、山普拉墓群出土（西周至东汉）毛织品的鉴定［J］. 文物保护与考古科学，2008（1）：18～23.
［21］ a. 贾应逸，陈元生，解玉林等. 新疆扎滚鲁克、山普拉墓群出土（西周至东汉）毛织品的鉴定［J］. 文物保护与考古科学，2008（1）：1～7.
b. 熊樱菲，解玉林. 周～汉毛织品的染色工艺探讨［J］. 文物保护与考古科学，2002（1）：34～37.
c. 同［20］.
［22］ 刘剑，康晓静，李文瑛，赵丰，王炳华，伊弟利斯阿不都热苏勒. 新疆地区出土史前毛织物上的染料分析. 中国纺织考古与科学研究［M］. 上海：上海科学技术出版社，2018.
［23］ 贾应逸. 新疆古代毛织品研究［M］. 上海：上海古籍出版社，2015：36.
［24］ 贾应逸. 新疆古代毛织品研究［M］. 上海：上海古籍出版社，2015：40，234.
［25］ 李文瑛，康晓静. 新疆青铜时代服饰研究［J］. 艺术设计研究，2014（1）.
［26］ 新疆维吾尔自治区博物馆编著，王博、王明芳等著. 扎滚鲁克纺织品珍宝［M］. 北京：文物出版社，阿贝格基金会，2016：215，216.
［27］ 同［2］.
［28］ 资料未发表，实物现存新疆文物考古研究所.
［29］ 同［14］.
［30］ 贾应逸. 新疆古代毛织品研究［M］. 上海：上海古籍出版社，2015.
［31］ 于颖. 山普拉墓地出土毛织物服饰和织物研究［D］. 东华大学博士学位论文，2010.
［32］ 王博，王明芳. 扎滚鲁克墓地出土缋罽研究［J］. 新疆师范大学学报，2009（3）.
［33］ 王明芳，王博. 且末县扎滚鲁克一号墓地与绞缬染毛织物［J］. 新疆文物，2015（3，4）.
［34］ 同［33］.
［35］ 资料待刊，实物现存吐鲁番市博物馆.

［36］ 王博，王明芳. 扎滚鲁克毛绣［J］. 文博，2010（3）.
［37］ 同［14］.
［38］ 同［36］.
［39］ 资料待刊，现存于新疆文物考古研究.
［40］ 新疆社会科学院考古研究所. 新疆阿拉沟竖穴木椁墓发掘简报［J］. 文物，1981（1）.
［41］ 资料待整理，实物现存新疆文物考古研究所.
［42］ 曲曼墓地出土丝绸资料待整理，具体信息据发掘者巫新华先生告知.
［43］ C. N. 鲁金科，潘孟陶. 论中国与阿尔泰部落的古代关系［J］. 考古学报，1957（2）.
［44］ 同［19］.
［45］ 同［14］.

Archaeological Study on Textile and Clothing in Xinjiang during the Spring and Autumn Period and the Warring States Period

Li Wenying

Abstract: This paper analyses the archaeological data of textile and clothing in the southern margin of the Tarim Basin, Hami Oasis and Turpan Basin. It is believed that in this period, mature matching clothing was popularized and disseminated among the three regions, and that mature weaving technology, various flower-display technology and various dying techniques were mastered. With the progress of clothing production and textile technology, textile and clothing in different regions developed. Decoration increased, showing various influences. At the same time, communication with the Central Plains and the adjacent areas increased.

Keywords: Spring and Autumn Period and Warring States Period; Turpan Basin; Hami Oasis; Southern Margin of Tarim Basin

宁夏倒墩子墓地偏洞室墓的来源问题

孙静怡

（山西大学，太原，030006）

内容摘要： 宁夏倒墩子墓地是西汉中晚期的匈奴墓地，学术界多认为其偏洞室墓来源于当地的文化传统。本文将宁夏杨郎文化偏洞室墓殉牲墓与之进行了对比分析，对倒墩子墓地偏洞室墓及其殉牲遗存的来源进行了重新的探讨，发现其来源受到了多种文化因素的影响。

关键词： 匈奴；杨郎文化；洞室墓；殉牲

一

倒墩子墓地位于宁夏回族自治区同心县王团乡东北约 8 千米，是西汉中晚期的匈奴墓葬[1]。该墓地在 1983 年和 1985 年经过两次发掘，共发掘墓葬 32 座，发表 27 座（图一）。根据墓葬形制可分为竖穴土坑墓、偏洞室墓和石椁墓三种。长方形竖穴土坑墓 20 座，

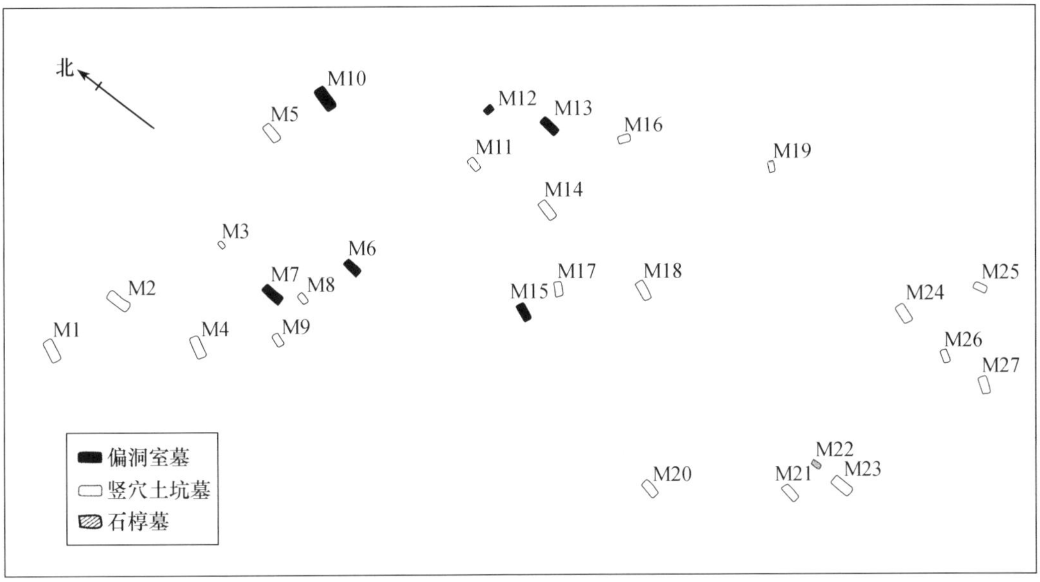

图一　倒墩子匈奴墓地墓葬分布示意图

（采自宁夏文物考古研究所等：《宁夏同心倒墩子匈奴墓地》，《考古学报》1988 年第 3 期，第 334 页）

其中成人墓13座，儿童墓7座。成人墓均有木质葬具，并且流行在北壁留有生土二层台或挖有小龛，儿童墓均无木质葬具。竖穴土坑墓中均没有发现陪葬牲畜。偏洞室墓6座，其中成人墓5座，儿童墓1座，墓室均位于墓道西壁，呈圆角长方形。成人墓均有木棺，有的墓葬在墓道和墓室之间发现有柱洞和板灰的痕迹，墓道中随葬有数量不等的牛、羊的头和蹄骨（表一）。倒墩子墓地中的M22是唯一一座石椁墓，是匈奴继承了石板墓文化而形成的墓葬形制，该石椁墓中埋葬的是一个婴儿，该墓地共发现5座婴儿墓，其余4座随葬品均较少，只有该婴儿墓中出土大量随葬品。倒墩子墓地的墓葬均为单人葬，葬式为仰身直肢葬，头向北。随葬器物主要包括陶罐、铜带饰、铜环、五铢钱、刀和装饰品等。

表一　倒墩子墓地殉牲墓统计表

墓号	形制	性别	年龄/岁	陪葬牲畜/个
M6	偏洞室	女	50±	牛头2，羊头13
M7	偏洞室	男	17～18	牛头1，羊头5
M10	偏洞室	女	50～55	牛头2，羊头11
M13	偏洞室	女	22～24	牛头1，羊头7
M15	偏洞室	女?	12～13	牛头1，羊肢骨1

土坑墓是匈奴墓葬中常见的墓葬形制，在俄罗斯、蒙古和中国北方长城地带发现的所有匈奴墓葬中，大多数是土坑竖穴墓[2]。匈奴墓葬中使用偏洞室墓这一墓葬形制的仅有倒墩子墓地这六座墓葬。倒墩子墓地也只有偏洞室墓中有游牧民族常见的殉牲习俗，在长方形竖穴土坑墓和石椁墓中均不见殉牲。

针对这种现象，多位学者认为原因是倒墩子墓地的偏洞室墓吸收了西北地区当地的文化因素，尤其是受到了杨郎文化的影响[3]。我们发现，倒墩子墓地的偏洞室墓与杨郎文化的洞室墓在墓葬形制上有较大差别，殉牲的种类组合和摆放位置等方面也存在差异。因此，这种文化现象可能与其他文化有关。我们通过对倒墩子墓地与杨郎文化墓葬的对比，试图对这种现象的来源进行初步的探究。

二

杨郎文化是位于宁夏南部的北方青铜文化，其中固原马庄[4]、于家庄墓地[5]是经过科学发掘的大规模墓葬，分别南距倒墩子墓地约73、87千米。马庄墓地可辨形制的29座墓中，有28座洞室墓；于家庄墓地较完整的22座墓中有16座洞室墓。

杨郎文化的洞室墓较为规整，属于在竖井式墓道短边挖建墓室的纵式洞室墓，墓室底部低于墓道底部，呈斜坡状，外浅内深，弧形顶。墓室内的人骨头低足高，多数墓葬中人骨呈仰身直肢葬，一部分在洞室内，一部分在墓道中（图二）。倒墩子墓地的偏洞

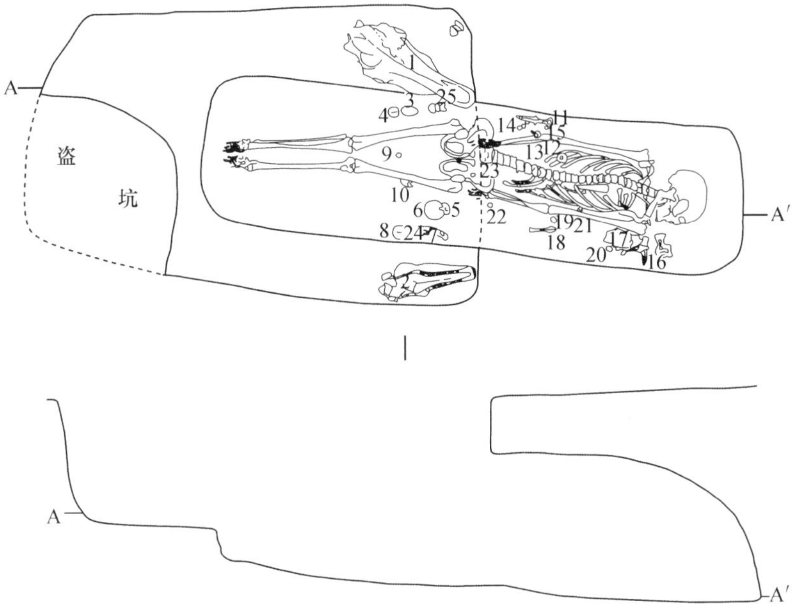

图二 宁夏杨郎马庄墓地 MⅠ4
（采自许成等：《宁夏固原杨郎青铜文化墓地》，《考古学报》1993 年第 1 期，第 23 页）

室墓修建得比杨郎墓地的洞室墓更为规整，在竖井式墓道的长边一侧挖建墓室，墓室底部略低于墓道，呈圆角长方形，弧形顶。葬式均为单人仰身直肢葬，人骨平放在墓室内（图三）。可以看出，两者在墓葬形制上存在较大差异，很难说倒墩子墓地的偏洞室墓是受到杨郎文化影响而形成的。

白鹿原汉墓[6]中，五 M77 是唯一的一座偏洞室墓（图四）。白鹿原汉墓位于西安市东郊浐、灞两河间的高地上，周围墓葬遗存较多，共分为四个发掘区，为了便于了解墓葬所在地的区域位置，墓葬编号采用发掘时的临时编号，即在墓葬编号前加上代表其所在位置的汉字，位于国棉五厂的墓葬编号均为“五 M”。五 M77 的墓葬形制和人骨摆放位置都与倒墩子墓地的偏洞室墓十分相似。这座偏洞室墓是平面略呈日字形的横式洞室墓，竖井式墓道底部作成二级台阶状，墓室底部略低于墓道，呈长方形，顶部略呈弧形。葬式为单人仰身直肢葬，人骨平放在墓室内。

在西安半坡战国墓葬[7]的 112 座墓葬中，洞室墓占 101 座。根据洞室所处位置的不同可以分为三式。Ⅰ式共计 89 座，洞室都开凿在竖穴长边一侧，与竖穴并列。竖穴和洞室均为长方形，洞室顶部呈拱形（图五）。其中有约三分之一的墓葬在底部做出土台，81 号墓有双重土台，上下形成阶梯状。这种在洞室墓的竖穴下部设置土台的情况，在已经发现的战国墓葬中较为少见[8]。Ⅱ式共计 10 座，洞室窄而深长，也都开凿在竖穴长边一侧。竖穴的形状与Ⅰ式相似，洞室都开凿在它的北侧中部，洞室底部呈梯形，顶部为拱形，前端比后端宽大。Ⅲ式共 2 座，洞室都开凿在竖穴短边一侧。竖穴和洞室的形状与Ⅰ式相同。高庄墓地[9]的洞室墓也分为三式。Ⅰ式洞室开凿在竖穴墓道短边

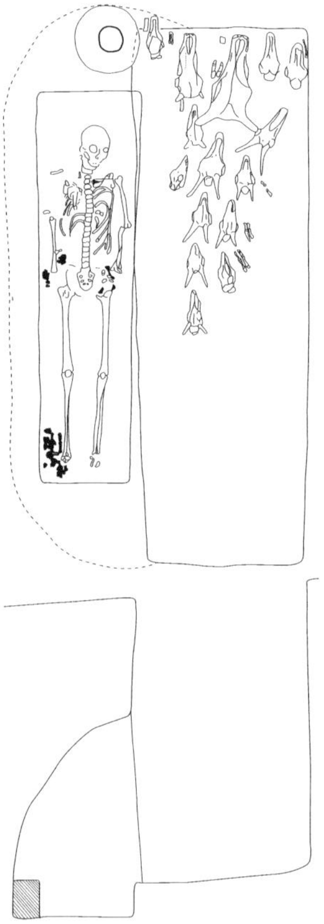

图三　宁夏同心倒墩子墓地 M6
（采自宁夏文物考古研究所等：《宁夏同心倒墩子匈奴墓地》，《考古学报》1988 年第 3 期，第 340 页）

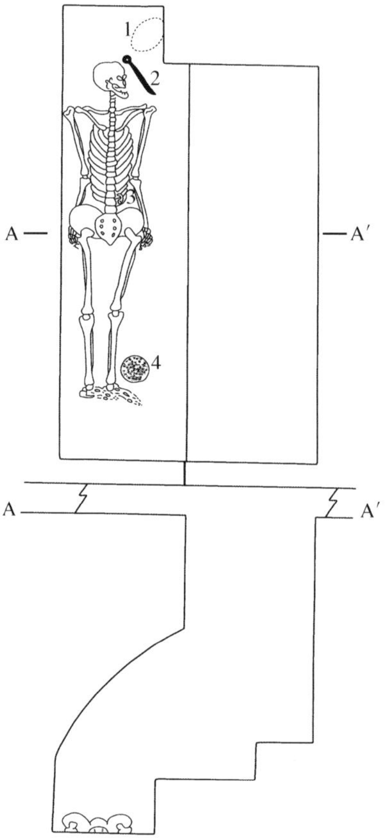

图四　西安白鹿原汉墓五 M77
（采自陕西省考古研究所：《白鹿原汉墓》，三秦出版社，第 25 页）

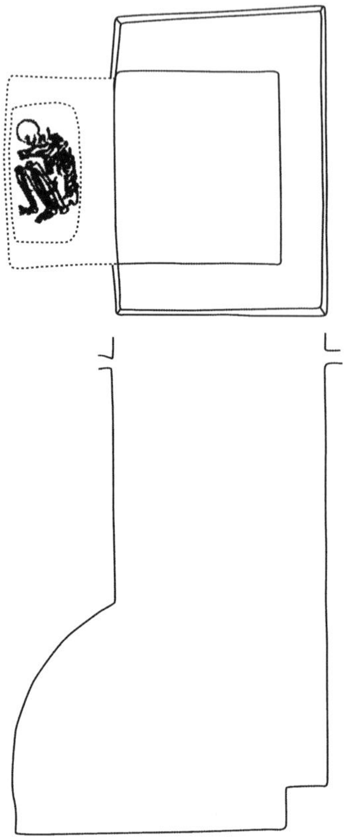

图五　西安半坡战国墓地 M76
（采自金学山：《西安半坡的战国墓葬》，《考古学报》1957 年第 3 期，第 69 页）

一侧，竖穴与洞室前后相接，长宽基本相等；Ⅱ式洞室墓的洞室也开凿在竖穴墓道短边一侧，洞室宽度大于竖穴宽度，竖穴与洞室成丁字形，在竖穴或洞室壁上凿出小龛，放置随葬品；Ⅲ式的洞室都开凿在竖穴长边一侧，竖穴墓道与洞室平行。

西安半坡战国墓葬中的Ⅰ式洞室墓和凤翔高庄墓地的Ⅲ式洞室墓，均为在竖穴墓道长边一侧开凿洞室，且洞室的中轴线与竖穴墓道的中轴线平行，且西安半坡战国墓葬中的Ⅰ式洞室墓在洞室的竖穴下部做出土台，这些形制都与白鹿原汉代墓葬中五 M77 相同，白鹿原汉代墓葬中的偏洞室墓应是继承秦文化洞室墓而来的。

元狩二年（前 121 年）匈奴浑邪王率部归顺汉朝，汉武帝“分徙降者边五郡故塞外，而皆在河南，因其故俗，为属国”[10]。宁夏同心县当时在五属国的范围内，倒墩子的墓地的年代被定为西汉中晚期[11]。从时间、地望和出土随葬品上看，倒墩子墓地很有可能属于当时降汉的匈奴人，他们在与汉民族杂居错处的过程中进行了一部分汉化，墓葬形制上有可能受到了西汉时期偏洞室墓的影响，而西汉时期的偏洞室墓是继承秦文化而来的。因此，倒墩子墓地的偏洞室墓可能受到过秦文化墓葬的影响。

三

殉牲是游牧民族常见的葬俗，蒙古境内的大型匈奴墓葬中发现有用马、牛、羊作为殉牲的情况[12]；在伊沃尔加墓地发现少数随葬品丰富的墓葬中也用牛、羊的头蹄作为殉牲[13]。杨郎文化墓葬也是如此，在马庄墓地发掘的49座青铜文化墓葬中，有殉牲墓22座，占44.9%；于家庄墓地发掘的28座东周时期墓葬中，确定有殉牲的墓葬有24座。在倒墩子墓地的5座成人偏洞室墓的墓道中也发现有数量不等的牛、羊头和蹄骨。

倒墩子墓地与杨郎文化的殉牲习俗既有相似之处又存在区别。相同点是两者均先将墓主及部分随葬品放入墓室内，再用牲畜的头和蹄代替全牲埋于墓道填土中，把墓道作为专用的殉牲坑。这应是倒墩子墓地的匈奴人受到了杨郎文化的影响，因为在俄罗斯和蒙古的匈奴墓葬中，殉牲是出土于填土、棺内或棺盖板上的。

而在殉牲的摆放位置、种类组合和个体数量等方面两者又区别。下面将对这些区别加以分析，因于家庄墓地的简报中只介绍了殉牲的总体情况，没有介绍每座墓葬的殉牲种类和数量，因此下文只用马庄墓地的殉牲情况和倒墩子墓地进行对比分析。

1. 殉牲的摆放位置

马庄墓地动物头骨的朝向与排列方式多数无明显规律，仅ⅠM1和ⅠM3排列有序。倒墩子墓地的成人偏洞室墓的殉牲摆放的十分规整。殉牲均位于墓道北端，吻部朝北，顺次成行排列，有的在头前摆放一对蹄骨（图六）。

2. 殉牲的种类组合

马庄墓地可以分为三种情况：①殉有一种动物的墓葬5座，占22.73%；其中殉有羊的墓葬1座，占20%；马2座，占40%；牛2座，占40%。②殉有两种动物的墓葬10座，占45.45%，可分为两组，其中殉有羊和牛的墓葬7座，占70%；殉有羊和马的墓葬3座，占30%。在每一座墓中动物的数量是不等的。③殉有羊、牛、马三种动物的墓葬7座，占31.82%。从上述统计分析可以看出，马庄墓地以两种动物殉葬的墓数量最多，其次是三种动物殉葬墓，再次是一种动物殉葬墓。其中有羊的墓葬17座、马13座、牛16座，分别占殉牲墓葬的77.27%、59.1%、72.73%。可以看出，羊出现的最高，其次是牛，马最少。而倒墩子墓地的5座殉牲墓的种类组合只有羊和牛一种，没有发现殉马的情况（表二）。

倒墩子墓地的墓葬都较小，墓室平面长约2、宽约1米，属于普通匈奴墓葬，表明墓主是身份较低的匈奴人，而非高等级贵族。伊沃尔加墓地埋葬的主要是农业、手工业生产者，他们的身份、地位也较低[14]。这两个墓地发现的殉牲都只有牛、羊两种。而在蒙

1　　2

图六　倒墩子墓地殉牲墓殉牲摆放位置示意图

1. 倒墩子墓地 M6　2. 倒墩子墓地 M13

（两图均采自宁夏文物考古研究所等：《宁夏同心倒墩子匈奴墓地》，《考古学报》1988 年第 3 期，第 340 页）

表二　马庄墓地殉牲种类组合情况统计表

墓葬区域	陪葬牲畜			墓葬区域	陪葬牲畜			墓葬区域	陪葬牲畜		
	羊	马	牛		羊	马	牛		羊	马	牛
Ⅰ M1	19	4	1	Ⅱ M1			1	Ⅲ M1	19	5	1
Ⅰ M2	14	7	3	Ⅱ M4		1		Ⅲ M2	6		3
Ⅰ M3	11		3	Ⅱ M6			1	Ⅲ M3	40	10	4
Ⅰ M4		2		Ⅱ M8		1		Ⅲ M4	38	6	7
Ⅰ M5	14	2	2	Ⅱ M10	1	1		Ⅲ M5	4	3	4
Ⅰ M6	16		2					Ⅲ M6	7		3
Ⅰ M7	1	1	1					Ⅲ M7	13		2
Ⅰ M8	3		1					Ⅲ M8	7	3	
Ⅰ M10	4	1									

古境界发现的匈奴统治阶级的大型墓葬中，除了牛、羊之外还随葬有马。在蒙古都尔利格纳尔斯墓地 M2 的第二层台阶北壁摆放有马、羊的头骨和肢骨，马骨放在中间，羊骨放在两侧[15]。由此可以看出，与其他游牧民族不同，马在匈奴族中可能有着更为特殊的地位。那么倒墩子墓地偏洞室墓中仅用牛、羊作为殉牲而不使用马则应是匈奴自身的文化因素。

3. 殉牲的个体数量

马庄墓地 20 个个体以上的墓葬有 5 座墓，个体数在 10 ~ 20 的墓葬有 7 座，少于

10个个体的墓葬有10座。从个体数的统计来看少于10个个体数的最多，个体数在10～20的其次，20个个体数以上的墓葬最少。倒墩子墓地五座殉牲墓的个体数分别为15、13、8、6、2。倒墩子墓地在殉牲数量上比杨郎墓地少，各墓葬之间的差距也较小。

四

倒墩子墓地的发掘者认为只有偏洞室墓中随葬殉牲的原因是其墓主拥有较高的社会地位[16]。等级较低的匈奴墓葬中殉牲习俗较为少见，在伊沃尔加墓地中只有随葬品丰富的墓葬中才有殉牲。倒墩子墓地偏洞室墓中的随葬品数量较多，但倒墩子墓地的M1、M14、M18等竖穴土坑墓的随葬品种类和数量与偏洞室墓相当，却没有发现殉牲。此外，倒墩子墓地的27座墓葬皆分布在南北长约135、东西宽约75米的区域内。其中6座偏洞室墓位于墓地偏北，相互之间距离较近。从分布位置上看，偏洞室墓与竖穴土坑墓相间分布，没有较为明显的规律，也看不出墓主的地位有特殊性（图一）。

在这6座偏洞室墓的墓主中，有两名中老年女性、一名青年女性、一名女孩、一名青年男性和一名婴儿，其中女性的数量远多余男性。这种特殊的埋葬方式或许有可能是以某种方式从其他族群带来的。

五

从上述分析中，我们看到倒墩子墓地偏洞室墓的来源应该是受到了多种文化因素的影响。墓葬形制与白鹿原汉墓中的偏洞室墓十分相似，而与当地的杨郎文化洞室墓差异较大。西汉时期的偏洞室墓是继承秦文化而来的，因此倒墩子墓地的偏洞室墓可能与秦文化亦有关联。将殉牲放置在墓道中这一点与当地杨郎文化相似，而与俄罗斯、蒙古匈奴墓葬中殉牲的摆放位置存在明显不同，应是受到了当地杨郎文化影响。只用牛、羊作为殉牲很可能与匈奴自身的习俗有关。倒墩子墓地只有这六座墓葬使用偏洞室墓这一墓葬形制，并殉有牛、羊头和蹄的原因，是墓主社会地位较高还是因为其来自其他族群，或是否还有其他原因，值得我们继续探讨。

附记：本文是在本科毕业论文的基础上修改、加工而成。感谢中国人民大学王晓琨老师的指导和帮助。

注　释

［1］宁夏文物考古研究所，中国社会科学院考古研究所宁夏考古组，同心县文物管理所．宁夏同心倒墩子匈奴墓地［J］．考古学报，1988（3）．

［2］单月英．匈奴墓葬研究［J］．考古学报，2009（1）．

［3］ a. 同［1］.
b. 乌恩. 论匈奴考古研究中的几个问题［J］. 考古学报，1990（4）.
c. 潘玲. 伊沃尔加城址和墓地及相关匈奴考古问题研究［M］. 北京：科学出版社，2007.
d. 蒋璐. 北方地区“南匈奴”墓葬再探讨［A］. 边疆考古研究［C］. 北京：科学出版社，2011.
［4］ 许成，李进增，卫忠等. 宁夏固原杨郎青铜文化墓地［J］. 考古学报，1993（1）.
［5］ 宁夏文物考古研究所. 宁夏彭堡于家庄墓地［J］. 考古学报，1995（1）.
［6］ 陕西省考古研究所. 白鹿原汉墓［M］. 西安：三秦出版社，2003.
［7］ 金学山. 西安半坡的战国墓葬［J］. 考古学报，1957（3）.
［8］ 同［7］.
［9］ 吴镇烽，尚志儒. 陕西凤翔高庄秦墓地发掘简报［J］. 考古与文物，1981（1）.
［10］ 司马迁. 史记·卫将军骠骑列传·第五十一［M］. 北京：中华书局，1959.
［11］ 同［1］.
［12］ 安纬，奚芷芳. 蒙古匈奴贵族墓地初步研究［J］. 考古学报，2009（1）.
［13］ 潘玲，伊沃尔加城址和墓地及相关匈奴考古问题研究［M］. 北京：科学出版社，2007.
［14］ 同［13］.
［15］ 潘玲，萨仁毕力格. 匈奴大型墓葬概述［J］. 草原文物，2015（2）.
［16］ 同［1］.

The Origin of Cave Burials from the Daodunzi Cemetery in Ningxia

Sun Jingyi

Abstract: Daodunzi in Ningxia is a Xiongnu cemetery dating to the mid to late Western Han Dynasty. Most scholars believe that the cave burials of the Daodunzi cemetery originated in local cultural traditions. However, compared with the cave burials of the Yanglang culture in Ningxia, the Daodunzi cave burials are different in the characteristics of the tomb and the custom of sacrifice. This article re-examines their origins and finds that cave burials in Daodunzi are influenced by many different cultural factors.

Keywords: Xiongnu; Yanglang culture; cave tomb; sacrifice

家驴的起源、东传与古代中国的利用*

尤　悦[1]　吴　倩[2]

（1. 首都师范大学历史学院，北京，100089；2. 郑州市文物考古研究院，郑州，450052）

内容摘要：古 DNA 研究和考古学研究结果共同显示家驴起源于北非，但传播至中国的时间和路线仍不明确。本文通过梳理中国北方地区以往动物考古学研究成果发现从旧石器时期至元代共有 12 处考古遗址出土了驴骨材料，其中内蒙古井沟子遗址和新疆圆沙古城发现的材料可以确认是家驴，说明它在中国出现的时间可早至公元前 550 至前 250 年，这为其东传路线提供重要线索。家驴传入中国后的数量比例一直不高，居址中驴的可鉴定标本数没有超过 5.30%，最小个体数没有超过 10.00%。古代先民开发了多种利用家驴的方式，如役用、食用和药用，而在家驴的起源地——北非的民族学调查显示当地居民仍然保持不吃驴肉的做法。

关键词：家驴起源；动物考古学；井沟子遗址；圆沙古城；古代中国

驴（*Equus asinus*），或称“家驴”，虽然不在中国“六畜”之列，但与中国古代社会生活息息相关。张果老倒骑驴、阿凡提骑小毛驴的形象深入人心。驴在动物学分类中的地位为哺乳纲（Mammalia）、奇蹄目（Perissodactyla）、马科（Equidae）、马属（*Equus*）。

驴喜干燥温暖地区，较不耐寒冷，能耐饥渴，消化能力比马强，抗病力强，消化疾病少，能吃苦耐劳；性成熟早，适配期为 2 ~ 3 岁，营养好时繁殖年限可达 20 岁以上，自然寿命可达 30 年，4 ~ 15 岁役用性最强；较马少一个腰椎，脊椎横突短而厚，故腰强固，有利于驮载；善走对侧步，骑乘时人感觉舒适；驴性情温驯、胆小而执拗[1]。驴的负重能力可达 60 ~ 80 千克[2]。

目前，中国驴的生态地理分布大体上以长江为界，集中产区为北纬 35° ~ 44° 之间，属中温带、南温带气候的华北、西北和东北部分地区，尤以黄河流域分布最多。这种分

---

* 本文得到霍英东教育基金会资助，系国家社会科学基金“中原地区夏至早商时期动物考古学研究（项目号：16CKG021）”和北京市教委人文社会科学研究计划重点项目“丝绸之路开通前欧亚大陆文明交流互鉴研究”（批准号：SZ202010028011）阶段性成果。

布特点与这一带的平原、丘陵、沙漠、荒漠地区的社会经济需要驴作为役用有关[3]。驴的品种的形成，除与遗传因素有关，社会经济需要则是先决条件。家驴传入中国后，受环境影响形成平原生态类型的地方良种，体格高大，体质结实，胸廓宽广，中躯呈圆桶状，尻斜偏短，四肢坚实，关节强大，蹄大质坚，耕挽能力强，如陕甘大驴、晋南驴、山东大驴等[4]。

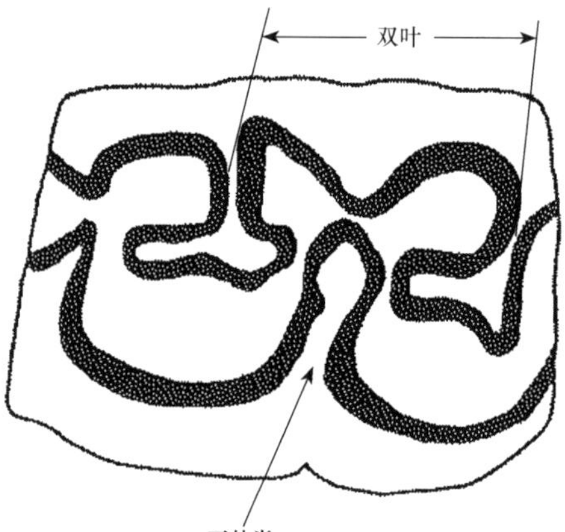

图一　驴下颌前臼齿咀嚼面
（艾森曼 Eisenmann，1986，Fig.21）

在考古遗址出土的马属动物遗存中，马和驴的骨骼形态差异较小，肉眼观察时只有牙齿相对容易区分。动物学者艾森曼（Eisenmann）认为驴和其他马属动物的前臼齿的下外脊都较短（图一），而臼齿的下外脊变长，但驴的变化不如其他马属动物的变化明显；另外，驴的第3前臼齿（P3）、第4前臼齿（P4）、第1臼齿（M1）和第2臼齿（M2）的双叶在靠近舌侧的部位呈V型，而马呈U型，这一判断方法的前提是牙齿磨损程度不十分严重[5]。

马属动物头骨和四肢骨的骨骼形态也有一定差异，须借助测量工具进行鉴定和研究。艾森曼等对欧美博物馆收藏的现生和欧洲古代发现的马、驴等马属动物的第Ⅲ掌骨和第Ⅲ跖骨进行测量，提出用第Ⅲ掌/跖骨的测量数据区分马和驴的骨骼的方法[6]。最近，波林·哈诺（Pauline Hanot）等学者对现代42匹马、44只驴和12个杂交个体的头骨和四肢骨进行3D几何形态研究，并用罗马和现代遗址出土的马属动物骨骼进行验证[7]。这些研究为动物考古学者从形态方面区分和鉴定马、驴等马属动物提供了重要信息，为我们鉴定和研究考古遗址出土的驴骨奠定基础。

一、家驴的起源

分子生物学的研究显示家驴起源于非洲野驴，将家驴的起源地锁定在非洲北部。2004年，阿尔巴诺·佩雷拉（Albano Beja-Pereira）等学者通过对亚非拉三大洲52个国家现代家驴的线粒体DNA进行分析，排除了家驴起源于亚洲野驴的可能性，确认其有两个母系起源的世系，虽然努比亚野驴极有可能是家驴的祖先，但是索马里野驴也可能被驯化[8]。随后，木村（Kimura）等学者对考古遗址出土的、博物馆收藏的驴的核DNA与现代索马里野驴的线粒体DNA进行分析，追查母系起源，确认阿尔巴诺·佩雷拉提出的一个世系来源于努比亚野驴，另一个世系的真正来源目前尚不明确[9]。中国现代家驴线粒体 DNA 的分析结果显示中国家驴起源于非洲野驴[10]，古代（陕西西安万科唐代遗址和内蒙古燕家梁元代遗址）驴骨线粒体 DNA 的分析结果显示阿尔巴诺·佩雷拉提出的两个世系均为古代中国家驴的母系来源[11]。这些研究从分子生物学的角度指明中国家驴来源于非洲，但并未提到家驴起源的时间。

动物考古学的研究为家驴起源的时间提供线索。家驴最早在埃及前王朝时期的 El 奥马里（Omari）遗址（公元前 4600 ~ 前 4400）和马迪（Maadi）遗址（公元前 4000 ~ 前 3500）出现[12]。早王朝时期的阿拜多斯（Abydos）遗址（公元前 3000）发现了法老陵墓的随葬坑，出土 10 只驴的完整骨架，多数驴的椎骨出现棘突挤压和变形、椎体骨质增生等病理现象，这些现象为证明它们是家养动物提供了直接证据，而且这也是埃及最早利用驴来运输的动物考古学证据[13]。阿拜多斯的 10 只驴中，6 只可辨认性别的驴均为雄性；4 只可以判断年龄的驴集中在 8 ~ 13 岁。

公元前 4000 年中叶美索不达米亚和叙利亚也出现家驴[14]。地中海东岸黎凡特（Levant）南部地区在铜石并用时期负重动物的形象主要是牛，家驴出现后逐渐取代前者，成为远距离运输的主要工具。约旦北部的 Ḫirbet ez-Zeraqōn 遗址是早期青铜时代美索不达米亚和埃及之间的一处贸易遗址，遗址出土 4 件动物负重形象和 1 件人类骑乘动物形象的陶塑，使用的牲畜都是驴[15]。再向东，公元前 2800 年伊朗南部的 Tal-e Malyan 遗址也发现家驴的骨骼[16]。

除了考古发现的驴骨遗存和动物形象的陶塑，家驴在负重方面的作用从古代文献和图像材料中可见一斑。埃及古王国第五王朝（公元前 2494 ~ 前 2345）的 1 件石刻提到 760 只驴和其他 5000 只家畜一同饲养在一处私人农场里，另 1 件石刻提到 1000 多只驴组成了努比亚和埃及之间的驴商队[17]；中王国时期，家驴负重的形象可以在墓葬壁画上见到（图二）。公元前 2700 年后，苏美尔人陶板上的楔形文字记载驴是重要的交通工具，他们还记载了家驴与野驴、马之间进行杂交；公元前 1000 年时，用驴运输成为埃及至西亚之间常见交通方式[18]。

值得注意的是，驴除了负重也供人类骑乘。美索不达米亚公元前 2000 年至 1750 年出土的陶板上刻画出骑手坐在驴背、左手握住与鼻环相连的缰绳的图像（图三），驴侧面两前腿重合、两后腿重合呈奔跑状。与马不同的是，驴前肢和颈部力量有限，所以骑者坐在驴背靠后的位置，这一不舒适的位置可能阻碍其骑乘功能的进一步发展。

驴在美索不达米亚出现后，小亚细亚半岛奥斯曼卡亚斯（Osmankayasi）墓葬曾出土小型马属动物的骨骼，暗示家驴可能于赫梯时期（Hittite Period，公元前 1700 ~ 前 1200）向西北传播，到达安纳托利亚地区。在欧洲，驴是罗马帝国广泛分布的驮运动物，在法国地中海沿岸也有出现[19]。公元 3 世纪，英格兰南部赛伦塞斯特（Cirencester）的马赛克上呈现希腊神西勒诺斯（Silenus）靠坐在驴背上的图案[20]。17 世纪驴被西班牙人带入北美，19 世纪进入澳大利亚。

图二　埃及贝尼·哈桑（Beni Hasan）遗址克努霍特普二世（Khnumhotep Ⅱ）墓内壁画（1900BC）

图三　美索不达米亚陶板上骑者与驴的形象（Littauer & Crouwel，1979，Fig.37）

二、家驴的东传与利用

公元前2000年，家驴在美索不达米亚出现后，何时传入中国？传入的路线如何？目前还无法准确回答这些问题，只能根据有限的考古材料初步推测。陕西咸阳平陵的丛葬坑坑内东西两侧各对称地开凿了27个拱形顶长方形洞室，每个洞室里都放置了一头大型哺乳动物，其中有10只驴[21]，驴骨周围还有绳索[22]。研究者指出由于汉昭帝死于公元前74年，可以断定至少在公元前74年以前，驴已经作为家养动物通过文化交流传到了陕西西安一带。遗憾的是发掘人员需要对这些驴骨进行原址保护、不能移动，未能对其进行测量，也无法开展动物考古学研究。

中国目前经动物考古学研究确认发现有驴骨的遗址有 12 处。晚更新世早期，河南省灵井遗址发现蒙古野驴的化石[23]；新石器时代，内蒙古自治区大坝沟遗址[24]、陕西省木柱柱梁遗址[25]和陕西省东营遗址[26]发现驴骨；青铜时代和早期铁器时代，甘肃省秦魏家墓地[27]、北京市张营遗址[28]、内蒙古自治区井沟子墓地[29]和新疆维吾尔自治区圆沙古城[30]发现驴骨；东汉及以后，内蒙古自治区哈克遗址[31]、西藏自治区察秀塘遗址[32]、吉林省敦化市敖东城遗址[33]和内蒙古自治区燕家梁遗址[34]发现驴骨。

（一）新石器时代的驴骨

上述新石器时代的遗址中，大坝沟遗址位于内蒙古自治区乌兰察布盟察右前旗境内的黄旗海南岸丘岭台地上，属于仰韶文化晚期阶段的“庙子沟文化”类型[35]，《中国考古学·新石器时代卷》将其归为海生不浪文化（公元前 3300 ~ 前 2800）[36]。遗址发现野驴（*Equus hemionus*），可鉴定标本数（NISP）为 5，占全部可鉴定标本数的 2.20%；最小个体数（MNI）为 1，占全部最小个体数的 2.78%。这 5 件野驴标本分别为左侧股骨体残块 1 件、左侧胫骨远端 1 件和近端趾骨 3 件。测量数据见表一。

表一　考古遗址出土驴骨测量数据　（单位：毫米）

遗址名称	骨骼名称	数量数据
大坝沟遗址	胫骨	胫骨远端长 37、宽 56.1
	近端趾骨	近端宽、长、高分别为 38.3、29.1、72
	近端趾骨	近端宽、长、高分别为 36.5、27、76
东营遗址	胫骨	Bd=49，Dd=32.3
	掌骨	GL=205，GLI=202.9，LI=200.3，Bp=43.3，Dp=29.4，SD=31.4，DD=18，Bd=41.7，Dd=29.8
	第 1 节趾骨	GL=71.2，Bp=48.9，BFp=44.8，Dp=29，SD=31.7，Bd=42.3，BFd=40.2
张营遗址	第 1 门齿	内外侧径 11、唇舌径 12.4
	下颌骨	P2 长 22.6、宽 11.7，P3 中部下颌骨高 51.8、厚 21.3
圆沙古城	近端趾骨	GL 测量样本 4 件，平均值 67.1，范围 64 ~ 71 Bp 测量样本 4 件，平均值 34.5，范围 33 ~ 36
	中间趾骨	GL 测量样本 4 件，平均值 34.3，范围 32 ~ 37 Bp 测量样本 4 件，平均值 35.4，范围 34 ~ 37.5
	远端趾骨	GL 测量样本 3 件，平均值 34.8，范围 32 ~ 38.5 Bp 测量样本 3 件，平均值 38.3，范围 33 ~ 43
	距骨	GL 测量样本 10 件，平均值 44.4，范围 43 ~ 46.5 Bd 测量样本 10 件，平均值 44.8，范围 41.5 ~ 48

续表

遗址名称	骨骼名称	数量数据
圆沙古城	跟骨	GL 测量样本 3 件，平均值 80，范围 75 ~ 84 GB 测量样本 3 件，平均值 39，范围 38 ~ 40
哈克遗址	第 1 节趾骨	GL=73.2，BP=40.5，Bd=33.1
	上颊齿	长 22.7
察秀塘遗址	头骨	颅全长 510.5，基长 490，腭长 260，齿隙 65，齿隙宽 51.5， 上齿列长 146，门齿宽 62.5，眼眶宽 148.4
	头骨	上齿列长 157

木柱柱梁遗址位于陕西省神木县大保当镇野鸡河村南约 3 千米的木柱柱梁北部缓坡上，是一处龙山晚期的环壕聚落遗址，驴骨的可鉴定标本数为 10，在遗址发现的羊、马、猪、狗、牛等动物中的数量比例为 0.36%；最小个体数 2，在这些动物中的数量比例为 1.02%。

东营遗址位于陕西省高陵县泾渭镇东营村，发掘的动物遗存属于仰韶时期和龙山时期。发现的 8 件马属（*Equus sp.*）动物标本均属龙山时期，相当于客省庄二期文化（公元前 2600 ~ 前 2000）。研究者认为其中 3 件的测量数据明显偏小，应为驴骨，分别为胫骨 1 件、掌骨 1 件和第 1 节趾骨 1 件。3 件驴标本占仰韶时期和龙山时期脊椎动物可鉴定标本数的 0.60%，最小个体数为 1，占脊椎动物最小个体数的 1.67%。测量数据见表一。

（二）青铜时代和早期铁器时代的驴骨

秦魏家墓地位于甘肃省永靖县莲花公社村东台地上，属于齐家文化（公元前 2183 ~ 前 1630）。墓地发现的驴骨数量少、破碎严重，研究者只鉴定其种属，未进行数量统计和测量。

张营遗址位于北京市昌平区东约 4.5 千米张营村，年代大约为夏商时期。遗址第三段（商代）出土驴骨 2 件，占第三段全部可鉴定标本数的 0.72%；最小个体数 1，占全部最小个体数的 4.17%。这 2 件驴骨标本分别为左上第 1 门齿 1 件，下颌骨 1 件，下颌骨保留 P2，骨体下缘有砍痕。研究者认为无法判断它们是家驴还是野驴，测量数据见表一。

井沟子遗址位于内蒙古自治区赤峰市林西县双井店乡井沟子村，墓葬年代为春秋晚期至战国前期（公元前 550 ~ 前 350）。墓地发现驴和马、牛、羊、骡等动物一起随葬的现象，整个墓地随葬的驴的最小个体数是 9，占全部随葬家养的动物的 9.18%。该墓地随葬动物并非完整个体，而是按部位殉葬。M6、M21、M22、M26、M32、M33、M34、M46 和 M51 共 9 座墓葬随葬驴骨，每座墓都有趾骨。此外，M6 随葬驴肋骨，M21 随葬驴胸骨，M22 随葬头骨，M32 随葬股骨和胫骨，M34 随葬股骨，M46 随葬股骨。随葬的驴的年龄也不同，M32 和 M34 为 1 岁以下，M33 和 M46 为 2 ~ 2.5 岁，M22 为未成年个体，M21为成年个体，其他墓葬不详。研究者认为随葬的驴、马、牛、羊和骡都是家养动物。

圆沙古城位于新疆维吾尔自治区于田县大河沿乡，地处塔克拉玛干沙漠腹地，法国学者对圆沙故城城墙^{14}C测年的结果为距今约2200年，即约公元前250年。发掘的动物遗存中的驴的可鉴定标本数为13，占全部可鉴定标本数的1.40%；驴的最小个体数为3，占全部最小个体数的4.60%。采集的动物遗存中的驴的可鉴定标本数为69，占全部可鉴定标本数的5.30%。测量数据见表一。研究者认为驴是家养动物。

（三）东汉及以后的驴骨

哈克遗址位于内蒙古自治区呼伦贝尔市海拉尔区哈克镇北部，驴骨出土于遗址第6层，第6层上部碳十四测年距今1785±35年，第5层底部距今1750±35年，即约公元250年。驴的可鉴定标本数为2，占第6层脊椎动物全部可鉴定标本数的2.56%；最小个体数为1，占10.00%。这2件驴骨标本分别为第1节趾骨1件和左上颊齿1件，测量数据见表一。研究者指出第6层见有驴、马和牛的骨骼，虽然数量少、标本破残，但鉴于时代较晚，应该都是家养动物。

察秀塘遗址位于西藏自治区那曲县罗马乡十七村辖地，是一处祭祀遗址，时代为公元9～11世纪。祭祀坑J2出土藏野驴（*Equus kiang*）骨骼标本的可鉴定标本数为13，占J2全部可鉴定标本数的38.24%；最小个体数为4，占J2全部最小个体数的16.67%。这13件驴骨标本分别为头骨2件、肱骨远端7件、第1节趾骨1件、第2节趾骨1件、第3节趾骨1件和趾骨1件。从2件头骨标本骨缝愈合、牙齿磨蚀和犬齿的发育情况可以判断一为雄性老年个体，一为壮年个体。测量数据见表一。

敖东城遗址位于吉林省敦化市东南部。金代的动物遗存发现驴骨，可鉴定标本数为7，占遗址发现的驴、马、牛、狗、猪和鹿的全部可鉴定标本的2.88%；最小个体数为2，占9.10%。其中5件驴骨标本分别为右肩胛骨近端1件、右掌骨近端2件、左胫骨近端1件和右胫骨远端1件。

燕家梁遗址位于内蒙古自治区包头市九原区麻池镇，是一处元代村镇遗址。驴骨的可鉴定标本数为82，占全部可鉴定标本数的2.05%；最小个体数为5，占全部最小个体数的0.99%。发现有驴的头骨（含碎块）、上颌骨、下颌骨、游离齿、肩胛骨、肱骨、尺骨、桡骨、掌骨、盆骨、股骨、胫骨、跟骨、距骨、跖骨、趾骨等，基本包括驴全身的骨骼。研究者认为这些驴是家养动物。测量数据较多，详见原报告。

（四）讨　　论

家驴起源于北非后，杨再先生认为我国殷商时代新疆地区已开始驯养驴，到汉代初才有少量驴、骡进入内地[37]；林梅村先生认为家驴于公元前5世纪进入印度河流域，之后可能由中亚粟特商人经丝绸之路于公元前2世纪带入成都平原[38]；韩璐等学者结合文献资料提出家驴在汉代之前就被引入到我国北部和西部地区[39]。本文通过对新石器时代、青铜时代和早期铁器时代以及东汉以后各时间段考古遗址发现的驴骨材料的梳理，尝试探讨中国家驴出现的时间和地点。

1. 家驴出现的时间和地点

西汉时期文献记载"唐虞以上有山戎、猃狁、薰鬻，居于北蛮，随畜牧而转移。其畜之所多则马、牛、羊，其奇畜则橐驼、驴、骡（骡）、駃騠、騊駼、驒騱……"[40]，表明在《史记》成书以前，驴已经成为北蛮"奇畜"。

春秋晚期至战国前期（公元前550～前350），内蒙古自治区井沟子遗址墓地随葬的动物除驴以外还有马、牛和羊，而后三种动物是家养动物。墓地6座墓葬随葬的6只驴可以判断死亡年龄，分别为1岁以下、1岁以下、2～2.5岁、2～2.5岁、未成年和成年，其中1岁以下和2～2.5岁均属于未成年，可见未成年的个体占83.33%（5/6）。这一比例暗示人类倾向于选择幼年个体随葬，也暗示驴是家养动物这一结论，因为在家畜群中更容易选择并获得幼年个体。

新疆维吾尔自治区圆沙古城的时代比内蒙古自治区井沟子遗址略晚，约公元前250年，遗址采集和发掘的家驴和家马的距骨、跟骨和趾骨的测量数据在研究报告公布的散点图上很容易区分，研究者认为圆沙古城的马与山西省曲村遗址的马大小接近，驴骨的测量数据说明这是一种小型驴。作者指出中国西北和北部牧区主要分布许多小型驴种，其中的新疆驴是这一地区长期繁衍的干旱沙漠生态类型的小型驴。

这两处遗址是目前动物考古学研究可以确认的家驴较早出现的地点，时间为公元前550年至前250年。

2. 驴的数量比例

上述多数遗址的研究报告都公布了驴的数量和比例，笔者将其归纳入表二。其中井沟子遗址、圆沙古城采集的动物遗存缺少可鉴定标本数和最小个体数等信息，在表中用横线表示。

表二　考古遗址出土驴骨的数量比例

遗址名称	年代	可鉴定标本数 NISP	可鉴定标本数比例	最小个体数 MNI	最小个体数比例
大坝沟遗址	公元前3300～前2800	5	占全部可鉴定标本数的2.20%	1	占全部最小个体数的2.78%

续表

遗址名称	年代	可鉴定标本数 NISP	可鉴定标本数比例	最小个体数 MNI	最小个体数比例
木柱柱梁遗址	龙山晚期	10	在遗址发现的羊、马、猪、狗、牛等动物中的数量比例为 0.36%	2	在遗址发现的羊、马、猪、狗、牛等动物中的数量比例为 1.02%
东营遗址	公元前 2600 ~ 前 2000	3	占脊椎动物全部可鉴定标本数的 0.60%	1	占脊椎动物全部最小个体数的 1.67%
张营遗址	夏商时期	2	占全部可鉴定标本数的 0.72%	1	占全部最小个体数的 4.17%
井沟子墓地	公元前 550 ~ 前 300		—	9	占全部随葬家养的动物的 9.18%
圆沙古城（发掘）	公元前 200	13	占全部可鉴定标本数的 1.40%	3	占全部最小个体数的 4.60%
圆沙古城（采集）		69	占全部可鉴定标本数的 5.30%	—	—
哈克遗址	约公元 250 年	2	占第 6 层脊椎动物全部可鉴定标本数的 2.56%	1	占第 6 层脊椎动物全部最小个体数的 10.00%
察秀塘遗址	9 ~ 11 世纪	13	占 J2 全部可鉴定标本数的 38.24%	4	占 J2 全部最小个体数的 16.67%
敖东城遗址	金代	7	占遗址发现的驴、马、牛、狗、猪和鹿的全部可鉴定标本数的 2.88%	2	占遗址发现的驴、马、牛、狗、猪和鹿的全部最小个体数的 9.10%
燕家梁遗址	元代	82	占全部可鉴定标本数的 2.05%	5	占全部最小个体数的 0.99%

由于这些报告写作的年代有先后、研究者探讨的问题各有侧重，所以在数量比例方面存在比较对象不一致的情况。以“可鉴定标本数比例”为例，大坝沟遗址、张营遗址、圆沙古城和燕家梁遗址都用驴的可鉴定标本数与遗址发现的全部动物的可鉴定标本数做比较，哈克遗址和察秀塘遗址则与特定单位的骨骼数量做比较，“最小个体数”比例也存在类似情况。这在一定程度上影响了“可鉴定标本数比例”和“最小个体数比例”的数值。

虽然存在比较对象不一致的情况，我们仍然能够发现驴骨在各个时期的遗址中数量比例都很低的现象。察秀塘遗址是一处祭祀遗址，在祭祀坑 J2 中，藏野驴的数量比例达到 38.24%（可鉴定标本数比例）和 16.67%（最小个体数比例）。这两个数值的比较对象局限在一个祭祀坑中，仅代表祭祀活动选用的驴的数量。其他遗址，特别是居址中的驴的数量比例都很低，可鉴定标本数比例没有超过 5.30%，多在 2.88% 以下，最小个体数比例没有超过 10.00%，多在 4.60% 以下。

为什么驴的数量比例较低？无独有偶，中国家狗也有同一趋势。根据武庄等人的分析，中国新石器时代至先秦时期家狗在遗址出土的全部哺乳动物中所占的可鉴定标本数或最小个体数比例大致在 5 ~ 10% 之间[41]。与之形成鲜明对比的是猪成为家养动物后在黄河流域的史前遗址中的数量比例一直较高，如河南省西坡遗址的家猪在全部动物可鉴定标本数的比例为 84%，最小个体数的比例为 58.9%[42]；河南省二里头遗址的家猪从二里头一期四期、二里岗早期和二里岗晚期的可鉴定标本数在全部动物中都是最高的，分别为 45.45%、52.27%、43.91%、40%、56.52%、42.95%，最小个体数的比例分别为 33.33%、53.24%、38.64%、62.95%、68.09%、46.67%[43]。

驴、狗的低数量比例和猪的高数量比例可能与古代人类开发利用家养动物的方式有关。猪是人类主要的肉食来源，人类日常生活中消费较多，食用后的碎骨常丢弃在居址附近。狗、驴除了食用，在其他方面发挥更为重要的作用。前文已述，家驴在北非起源之初就显示出被人类役用的证据，如阿拜多斯遗址随葬驴骨的椎骨出现棘突挤压和变形、椎体骨质增生等病理现象，甚至在黎凡特南部地区取代了家牛成为远距离运输的主要工具。遗憾的是，中国的驴骨材料非常有限，尚未开展驴骨的病理现象研究，无法就其使役问题进行探讨。王子今先生曾结合中国的文献资料探讨两汉时期家驴的骑乘和役使情况[44]。《唐大诏令集》记载了唐玄宗颁布的《禁杀害牛马驴肉敕》，这一敕令强调牛马驴的使役功能，不是祭祀之时不准进献牛马驴肉。一方面，驴因役用价值受到保护，另一方面，驴还具有药用价值。孙思邈在《千金宝要》中提到驴肉的药用功能，“妇人妊娠……食驴肉，延月”。王孝华论述了驴在宋、金时期的社会作用，提出北宋时期的人们已经认识到驴全身都是宝，驴皮是制作阿胶的重要原料，驴鞭、驴涎、驴乳，甚至驴尿、驴屎都具有药用价值；驴肉价廉，做法多样，是餐桌的美味；当战马供应紧张时，驴成为人们日常出行的交通工具[45]。但是，从现有材料看，多种开发利用方式并未造成驴骨在考古遗址中，特别是居址中大量出现。

三、结　　语

本文梳理了中国动物考古学关于驴骨的发现和研究现状，讨论了中国家驴出现的时间和地点、驴在动物群中的数量比例和利用方式等方面的问题。在中国发现驴骨、开展动物考古学研究的 12 个遗址中，内蒙古井沟子遗址和新疆圆沙古城的驴骨代表了中国较早的家驴，时代为公元前 550 年至前 250 年。之后，公元前 74 年，家驴可能作为一种“奇兽”随葬于汉平陵的随葬坑中，说明它已经在中原地区出现。

家驴的起源和传播与其使役功能密不可分，随着时间的推移不同文化的人群发展出多样的开发利用方式。近东地区现代的民族学观察显示家驴的主要作用仍是交通运输，人们对家驴的饲养和繁殖都采用粗放的管理方式，保持不吃驴肉的做法[46]；但是家驴传入中国以后，从驮兽逐渐变成“全身都是宝”的家畜，可供役用、食用和药用，反映出不同文化传统的人群开发利用同一种家畜的差异性。

注 释

[1] 田家良. 马驴骡饲养管理［M］. 北京：金盾出版社，2008：6，34，102，132.

[2] Epstein C. Indigenious Domesticated Animals of Asia and Africa and Their Uses［A］. *Domestication, conservation and use of animal resources*［C］. Amsterdam: Elsevier，1983：63～91.

[3] 郑丕留主编. 中国家畜生态志［M］. 北京：农业出版社，1992：175.

[4] 郑丕留主编. 中国家畜生态志［M］. 北京：农业出版社，1992：178，179.

[5] Véra Eisenmann. Comparative osteology of modern and fossil horse, half-asses, and asses［A］. *Equids in the ancient world*［C］. Wiesbaden: Dr. Ludwig Reichert Verlag, 1986: 67～116.

[6] Véra Eisenmann, Sophie Beckouche. Identification and discrimination of metapodials from pleistocene and modern Equus, wild and domestic［A］. *Equids in the ancient world*［C］. Wiesbaden: Dr. Ludwig Reichert Verlag, 1986: 117～163.

[7] Pauline Hanot, Claude Guintard, Sébastien Lepetz, Raphaël Cornette. Identifying domestic horses, donkeys and hybrids from archaeological deposits: a 3D morphological investigation on skeletons［J］. *Journal of Archaeological Science*, 2017, 78: 88～98.

[8] Albano Beja-Pereira, Phillip R England, Nuno Ferrand, Steve Jordan, Amel O Bakhiet, Mohammed A Abdalla, Marjan Mashkour, Jordi Jordana, Pierre Taberlet, Gordon Luikart. African Origins of the Domestic Donkey［J］. *Science*, 2004, 304 (18): 1781.

[9] Birgitta Kimura, Fiona B Marshall, Shanyuan Chen, Sónia Rosenbom, Patricia D Moehlman, Noreen Tuross, Richard C Sabin, Joris Peters, Barbara Barich, Hagos Yohannes, Fanuel Kebede, Redae Teclai, Albano Beja-Pereira, Connie J Mulligan. Ancient DNA from Nubian and Somali wild ass provides insights into donkey ancestry and domestication［J］. *Proc. R. Soc. B*, 2011, 278: 50, 57.

[10] a. 雷初朝，陈宏，杨公社，孙维斌，雷雪芹，葛庆兰，王朝锋，吕宁，高雪，侯文通. 中国驴种线粒体 DNA D-loop 多态性研究［J］. 遗传学报，2005，32(5)：481～486.

b. 卢长吉，谢文美，苏锐，葛庆兰，陈宏，沈善义，雷初朝. 中国家驴的非洲起源研究［J］. 遗传，2008，30（3）：324～328.

[11] Lu Han, Songbiao Zhu, Chao Ning, Dawei Cai, Kai Wang, Quanjia Chen, Songmei Hu, Junkai Yang, Jing Shao, Hong Zhu, Hui Zhou. Ancient DNA provides new insight into the maternal lineages and domestication of Chinese donkeys［J］. *BMC Evolutionary Biology*, 2014, 14: 246.

[12] a. Fiona Marshall. African pastoral perspectives on domestication of the donkey: a first synthesis［A］. *Rethinking agriculture: archaeological and ethnoarchaeological perspectives*［C］. Walnut Creek CA: Left Coast Press, 2007: 371～407.

b. Birgitta Kimura, Fiona Marshall, Albano Beja-Pereira, Connie Mulligan. Donkey Domestication

[J]. *The African Archaeological Review*, 2013, Vol. 30, No. 1: 83 ~ 95.

[13] Stine Rossel, Fiona Marshall, Joris Peters, Tom Pilgram, Matthew D Adams, and David O'Connor. Domestication of the donkey: timing, processes, and indicators [J]. *PNAS*, 2008, 105(10): 3715 ~ 3720.

[14] 转引自 Fardous Al-Ajlouny, Khaled Douglas, Bilal Khrisat and Abdulraouf Mayyas. Laden animal and riding figurines from Ḫirbet ez-Zeraqōn and their implications for trade in the early Bronze Age [J]. *Zeitschrift des Deutschen Palästina-Vereins*, 2012, 128 (2): 99 ~ 121.

[15] 同 [14].

[16] Zeder, M A. The equid remains from Tal-e Malyan, southern Iran [A]. Equids in the Ancient World [C], Wiesbaden: Ludwig Reichert Verlag, 1986: 366 ~ 412.

[17] 同 [14]: 99 ~ 120.

[18] Juliet Clutton-Brock. *Horse Power: A History of the Horse and the Donkey in Human Societies* [M]. Cambridge, MA: Harvard University Press, 1992: 65.

[19] Frederick E. Zeuner. *A history of domesticated animals* [M]. London: Hutchinson of London, 1963: 377 ~ 382.

[20] 同 [18]: 117，118.

[21] 袁靖. 动物考古学揭秘代古代人类和动物的相互关系 [A]. 西部考古（第 2 辑）[C]. 西安：三秦出版社，2007：82 ~ 95.

[22] 袁靖. 中国动物考古学 [M]. 北京：文物出版社，2015：109.

[23] 李占扬. 许昌灵井旧石器时代遗址 2006 年发掘报告 [J]. 考古学报，2010（1）：73 ~ 100.

[24] 黄蕴平. 庙子沟与大坝沟遗址动物遗骸鉴定报告 [A]. 庙子沟与大坝沟 [C]. 北京：中国大百科全书出版社，2003：599 ~ 611.

[25] 杨苗苗，胡松梅，郭小宁，王炜林. 陕西省神木县木柱柱梁遗址羊骨研究 [J]. 农业考古，2017（3）：13 ~ 18.

[26] 胡松梅. 高陵东营遗址动物遗存分析 [A]. 高陵东营 [C]. 北京：科学出版社，2010：147 ~ 200.

[27] 中国科学院考古研究所甘肃工作队. 甘肃永靖秦魏家齐家文化墓地 [J]. 考古学报，1975（2）：57 ~ 96.

[28] 黄蕴平. 北京昌平张营遗址动物骨骼遗存的研究 [A]. 昌平张营 [C]. 北京：文物出版社，2007：254 ~ 262.

[29] 陈全家. 内蒙古林西县井沟子遗址西区墓葬出土的动物遗存研究 [A]. 林西井沟子：晚期青铜时代墓地的发掘与综合研究 [C]. 北京：科学出版社，2010：315 ~ 377.

[30] 黄蕴平. 新疆于田县克里雅河圆沙古城遗址的兽骨分析 [A]. 考古学研究（七）[C]. 北京：科学出版社，2007：532 ~ 540.

[31] 黄蕴平，哈达. 动物遗存 [A]. 哈克遗址——2003 ~ 2008 年考古发掘报告 [C]. 北京：文物

出版社，2010：190 ~ 200.

[32] 胡松梅，张建林. 西藏那曲察秀塘祭祀遗址哺乳动物遗存及其意义［A］. 动物考古（第1辑）［C］. 北京：文物出版社，2010：241 ~ 251.

[33] 赵海龙，陈全家. 吉林敦化市敖东城遗址2002年出土的动物骨骼鉴定［J］. 考古，2006(9)：53 ~ 55.

[34] 陈全家，赵莹，张海斌. 内蒙古燕家梁遗址出土的动物骨骼研究报告［A］. 包头燕家梁遗址发掘报告［C］. 北京：科学出版社，2010：746 ~ 799.

[35] 魏坚. 庙子沟与大坝沟有关问题试析［A］. 内蒙古中南部原始文化研究文集［C］. 北京：海洋出版社，1991：113 ~ 118.

[36] 中国社会科学院考古研究所. 中国考古学·新石器时代卷［M］. 北京：中国社会科学出版社，2010：391 ~ 397.

[37] 杨再. 中国养驴史话［A］. 中国畜牧史料集［C］. 北京：科学出版社，1986：46 ~ 48.

[38] 林梅村. 家驴入华考——兼论汉代丝绸之路的粟特商队. 欧亚学刊新7辑［C］. 北京：商务印书馆，2018：80 ~ 92.

[39] 同［11］.

[40] 司马迁. 史记·匈奴列传［M］. 北京：中华书局，1982：2879.

[41] 武庄，袁靖，赵欣，陈相龙. 中国新石器时代至先秦时期遗址出土家犬的动物考古学研究［J］. 南方文物，2016(3)：155 ~ 161.

[42] 马萧林. 河南灵宝西坡遗址动物群及相关问题［J］. 中原文物，2007（4）：48 ~ 61.

[43] 中国社会科学院考古研究所. 二里头1999 ~ 2006［M］. 北京：文物出版社，2014：1316 ~ 1373.

[44] 王子今. 论汉昭帝平陵从葬驴的发现［J］. 南都学坛，2015，35（1）：1 ~ 5.

[45] 王孝华. 驴在金代交通工具中的作用初议［J］. 北方文物，2011（3）：69 ~ 75.

[46] Fiona Mashall, Lior Weissbrod. Domestication processes and morphological change: through the lens of the donkey and african pastoralism［J］. *Current Anthropology*, 2011, 52, (S4): S397 ~ S413.

The Origin, Eastward Propagation of Domestic Donkeys and Their Utilizations in Ancient China

You Yue　Wu Qian

Abstract: According to current DNA and archaeological research in the world, domestic donkeys (*Equus Asinus*) initially originated in North Africa six thousand years ago. However, it is unclear that when and where they were introduced to ancient China. To address these questions, we investigated zooarchaeological reports and found that domestic donkeys, Asiatic wild ass (*Equus hemionus*) and Kiang (*Equus kiang*) were identified in twelve sites, most of them were in Northern China, dating from the Paleolithic period to the Yuan Dynasty. Based on zooarchaeological standards, it is concluded that the earliest donkey in ancient China appeared in the Jinggouzi site in Inner Mongolia and Yuanshagucheng (Yuan Sha ancient city) in Xinjiang, belonging to 550 BC to 250 BC approximately. In JingGouzi site, donkeys were buried in the cemetery with other domestic animals (horses, sheep and cattle). Donkeys was discovered in nine tombs, thus their MNI was nine and the MNI ratio was 9.1%. Six of them could be estimated death ages, two were less than one year old, two were less than 2-2.5 years old, one was a sub-adult and the last one was an adult, suggesting a young preference of scarified donkeya in Jinggouzi. In Yuanshagucheng, comparations of measurements distinguished donkeys from horses since the sizes of former were smaller obviously, representing a local type pointed by the author. Subsequently, ten donkeys were found in the Zhao emperor's scarified pits, who died in 74 BC according to historic documents. It is demonstrated that donkeys arrived at the hinterland of Han Dynasty at least before that time. In addition, statistic data indicate that the ratio of donkeys was kept at a low level, especially in domestic contexts, and the NISP and MNI ratios were less than 5.30% and 10.00%, respectively, even after they had been the domestic animals for a long time in history. Unlike donkeys are still used as labor animals and not allowed to eat today in North Africa where they originated initially, the ancient human in China developed multiple exploitation strategies, such as traction (load and riding), food, medicine and so on.

Keywords: the origin of domestic donkeys; Zooarchaeology; Jinggouzi site; Yuanshagucheng; ancient China

河南新安县博物馆藏汉代“京兆官弩”铜弩机

杨利娟　高耀伟　高　峰

（新安县博物馆，新安，471800）

内容摘要：1988年9月，河南新安县磁涧镇农场在建设厂房挖地基时，出土一件汉代铜弩机，望山上刻有“京兆官弩”铭文，非常少见。为研究西汉时期京畿地区行政区划、铜弩机的形制及青铜冶铸业的发展等提供了重要资料。

关键词：新安县博物馆；汉代；铜弩机

1988年9月，河南新安县磁涧镇农场在建设厂房挖地基时，发现汉代砖室墓一座，新安县文管所对其进行了抢救性清理。该墓葬形制规整，出土文物丰富，有陶器、铜器等。

陶壶，侈口，束颈，溜肩，鼓腹，平底，假圈足。口径10、腹径19.5、底径11.5、高28厘米（图一）。

铜洗，侈口，沿外折，腹较深，圜底（残破）。口径18.3、残高5.5厘米（图二）。

图一　陶壶

图二　铜洗

铜弩机（图三），悬刀长11、宽2厘米。弩牙竖直置于郭后端，前有两齿，用以钩住弓弦齿下方，中间有一圆铜柱相连，后左边有一长齿，即望山，为瞄准的装置，竖直立于铜郭中，牙长5厘米。铜郭平面呈长方形，后部上端向后凸出，长12、宽3.5厘米。在铜郭上部正前端、牙的两齿之间，有一道浅槽，为矢道，前宽后窄，前部宽2、后部宽 0.3、长 8.5 厘米。郭体上有两个圆孔，内装有两个铜纽（一纽缺失），将弩牙、悬刀固定在了郭体上，铜纽长 5.9、直径为 2.2 厘米（图四）。在望山部位阴刻有刻度和铭文。铭文錾刻连续节线而成，为篆书：“京兆官弩”（图五）。

图三　弩机正视图

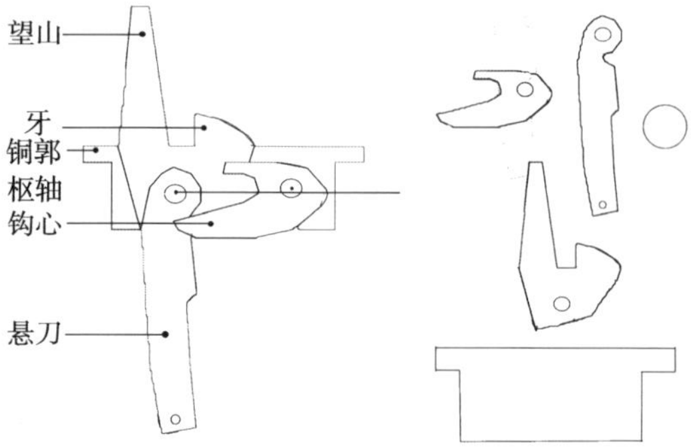

图四　弩机各部件名称

图五　弩机局部图

陶壶与烧沟汉墓西汉晚期墓 1M45 陶壶相近，铜洗与烧沟汉墓西汉晚期 M105 铜洗相同[1]。洛阳出土的铜弩机多为明器，实用器较少。该弩机与洛阳西郊汉墓新莽时期前后 M8014 所出弩机相似[2]，均为实用器。故该墓为西汉晚期至新莽时期的墓葬。

弩机是弓弩的关键部件，弩机的机件主要有望山、悬刀、钩心和两个将各部件组合成为整体的键，是我国古代一种冷兵器[3]。弩机发展到了西汉时期，出现了带刻度的望山，它的作用近似步枪上的表尺，射者依目标的远近，通过望山控制镞端的高低，找出适当的发射角，以便准确地命中目标。

弩机望山上刻“京兆官弩”，刻铭笔画浅细，具有汉代铜器铭刻的书法特征。京兆在汉时被形容为辇毂，意思是在天子的车轮之下。据《汉书》记载，秦统一全国后，在全国各地实行郡县制，两级行政管理，在首都咸阳设内史，不属任何郡县，直属中央政府。内史管辖京畿各县，行政区划与官职同名，为郡县建制。汉武帝太初元年（前 104 年），将右内史东部改为京兆尹（西部改为右扶风、左内史改为左冯翊并称“三辅”），与郡守相当，共同管辖京畿地区，治所在长安（今西安市西北），辖境在当今陕西秦岭以北，西安市以东，渭河以南地[4]。

汉代铭文弩机出土很少，京畿地区带有铭文的更是少见。“京兆官弩”铜弩机的发现，弥足珍贵。它与《洛阳发现两件西汉有铭铜弩机及其相关问题》中的两件铜弩机形制相似[5]。这些发现为研究西汉时期京畿地区行政区划、弩机的形制及青铜冶铸业的发展水平等提供了重要的实物资料。

注　释

［1］洛阳区考古发掘队．洛阳烧沟汉墓［M］．北京：科学出版社，1959．

［2］中国科学院考古研究所洛阳发掘队．洛阳西郊汉墓发掘报告［J］．考古学报，1963（2）．

［3］杨泓．中国古兵器论丛（增订本）［M］．北京：文物出版社，1980．

［4］夏大兆．汉书·地理志．第二章．

［5］赵晓军，姜涛，周明霞，洛阳发现两件西汉有铭铜弩机及其相关问题［J］．华夏考古，2010（1）．

The “Jingzhao Official Crossbow”: A Han Dynasty Copper Crossbow Trigger in Xin’an County Museum, Henan Province

Yang Lijuan　Gao Yaowei　Gao Feng

Abstract: In September 1988, a bronze crossbow trigger dated to the Han Dynasty was unearthed in a farm in Cijian Town, Xin’an County, Henan Province, when digging a factory building’s foundations. The inscription “Jingzhao official crossbow” was engraved on the hill, which is very rare. It provides important information for the study of administrative divisions in the Gyeonggi region of the Western Han Dynasty, the formation of copper gongs, and the development of bronze smelting and casting.

Keywords: Xin’an Museum; Han Dynasty; bronze crossbow trigger

2018 鲜卑与北魏考古相关研究新进展

董　耘

（中国人民大学北方民族考古研究所，北京，100872）

内容摘要：本文系统收集 2018 年发表的 72 篇（部）与鲜卑、北魏考古有关的著作，旨在梳理鲜卑考古的最新进展和研究状况，给学界提供最新的学术索引，并归纳研究特点，发现该年度之研究给予拓拔以外的鲜卑部族更多关注，善用墓志为研究材料，并且重视鲜卑与他族的文化交流情况。

关键词：鲜卑；北魏；文化交流

从东周后期长城地带成为游牧文化带以来，北方游牧民族与中原农耕民族的碰撞一直是中华文明不断发展和自我更新的重要动力。在北方游牧民族中，鲜卑虽不如匈奴在欧亚大陆影响广泛，但从中国史的角度看，却比匈奴更值得重视[1]。鲜卑是中国北方的古老民族，首见于《后汉书》的《乌桓鲜卑列传》，自登上历史舞台开始，就与中原农耕民族不断接触、碰撞、融合，建立了包括北魏在内的多个政权，上承两汉，下启隋唐，在中国历史上产生了巨大的影响。

近年来，学界越发重视鲜卑与北魏考古，本文将以中文文献为主，梳理 2018 年鲜卑、北魏等相关课题的学术研究，藉以了解 2018 年一年的学术成果如何帮助我们推进对鲜卑、北魏的认识，供学界索引、参考。由于资料庞杂，在收集资料的过程中难免有所遗漏，还望读者海涵。

一、发掘报告

2018 年仅有三篇（部）发掘报告出版：《西安市东郊东小寨村两座北魏墓葬发掘简报》[2]，两座北魏墓葬皆为长斜坡墓道单室土洞墓，M3 是双人同棺合葬、M4 是双人异棺合葬。M3 墓道填土中出有一块刻有“太和七年”的刻铭砖。由两座墓葬的形制、随葬品相似判断年代应该相近，重要出土物包括陶罐、细颈陶壶、泥质冥币、铜钗等。刻铭砖也显示墓主姓朱，此地应为一处从十六国延续到北魏的家族墓地，排列有序。《山西大同湖东北魏墓群发掘简报》[3]介绍的是湖东墓群的 M1 ~ M10、M12 ~ M15

（M11已于2014年发表[4]），有洞室墓、砖室墓、竖穴土坑墓三种，重要出土文物包括鎏金铜铺首衔环、铜带扣，属于平城时期墓葬。《小营与西红门：北京大兴考古发掘报告》[5]详记了配合北京市大兴区于2008年大兴线枣园路站和2010年西红门商业综合区等工程建设的发掘成果，其中包括北魏年代的墓葬、窑址。

二、期刊论文与学位论文

1. 鲜卑的早期发展

关注鲜卑早期发展的研究大部分集中在两个主题，其中之一即为族名与族属。杨敬凯《鲜卑及其部落名称研究综述》[6]梳理了几个鲜卑名称由来的论点，包括带钩说、神兽说、自古皆然说、以山名族说、瑞祥说，但这些说法都只停留在对鲜卑族称的释义，欠缺对各部落名称的来源也多加考察。鲜卑两大支之一的拓跋，其族称来源也多有争议，其分歧的说法包括，认为"拓跋"是鲜卑父匈奴母后代之意，或是一种以神兽为纹饰的带钩，或是指称官职等。鲜卑的另一大支则是慕容，其族称来源的说法包括，认为"慕容"是"步摇"之音讹，或寺庙名称，或是认为和远古部落高辛氏有关。鲜卑族名来源的争议也恰恰反映了鲜卑族源之复杂，聂定《从考古发现探寻拓跋鲜卑族源及名称由来》[7]以呼伦贝尔地区四个典型拓跋鲜卑遗存举例，这些遗址具有共同特征，但却又各自有其特色，说明了拓跋鲜卑族源的多元性，是由不同人群融合而形成的统一部落。不同史书对于拓跋鲜卑的族源有不同的说法，也从文献的角度证明了拓跋鲜卑族源的复杂性。商周之际正值青铜时代过渡到铁器时代，中国北方农牧交错地带的人群与文化发生了重大变化，蒙海亮《青铜至铁器时代部分北方游牧民族的主要父系遗传类型》[8]对这时期北方部分人群的主要父系遗传类型做出推测，基于中国古代北方游牧人群DNA相关研究的整理，结合考古学对遗址族属的判定，对部分北方游牧民族的父系遗传构成进行讨论，涉及赤狄、匈奴、丁零、西戎、山戎、东胡和鲜卑。

另一个较集中的主题则是经济形态，阐述了鲜卑的政治、经济形态如何随着迁徙阶段逐步变化。颜炳鑫《浅谈拓跋鲜卑南迁之"大泽"》[9]、颜炳鑫《浅谈拓跋鲜卑迁徙中经济生产方式的发展状况》[10]两篇文章皆简述了拓跋鲜卑在迁徙过程中如何从狩猎经济为主转变为游牧为主、狩猎为辅的经济形态。苑小雪《拓跋鲜卑的起源与迁徙——以大兴安岭嘎仙洞遗址为例》[11]，关注拓跋以嘎仙洞为起点的南迁，阐述其过程中的封建解体与民族融合。

此外，另有两篇研究以文献的角度探讨了鲜卑的早期发展。王文光、张曙辉《两汉时期乌桓鲜卑的历史人类学研究》[12]以史料为基础，综合性地概述了鲜卑早期发展中的婚姻、游牧、宗教，以及鲜卑在汉代政治格局下的活动。李鹏《鲜卑"季春大会"之"作乐水"考辨》[13]则具体考订了"作乐水"的位置，指出西拉木伦河及其支流新开河在辽金时期并称为潢河，目前学界也认为西拉木伦河即为三国志鲜卑传中的“作乐水”，但“作乐水”应指的是新开河。文中也统计了两条河周边的汉代鲜卑遗址，发现西拉木伦河沿岸仅有5处，而新开河沿岸多达27处。此外，新开河的河道属性也较适合在河边进行大规模的聚会，且易农易牧，易渔易猎。

2. 鲜卑各部族

拓跋鲜卑作为北魏王朝的建立者，在历史上具有影响力，向来都是学术研究的热点，然而2018年的研究也有不少文章专门讨论拓跋以外的鲜卑部族，如乞伏鲜卑未见于2017年的研究中，却在2018年多次被讨论；其他还有慕容、宇文、秃发（源氏）、勿忸于氏、素和氏，并且也兼论及这些部族的统治区域，如此对鲜卑族群多元的探讨着实细致化了鲜卑内部不同势力的流动、竞争与发展。

4世纪初开始有几批从辽东到辽西的大规模移民，张丽娜、李林《辽西三燕墓葬美术中的多民族文化特征探析》[14]认为，这批移民将汉魏之际形成的新型文化传播开来，促进辽西壁画墓的题材延续辽东壁画墓的题材配置，如宴饮、庖厨，也出现和鲜卑游牧、射猎相关的新主题，主要以黑、红色为主，并较辽东多了以草泥平整壁面、涂抹白灰的工序。刘成赞《三燕时期辽西地区农业发展述论》[15]指出，十六国时期因气温变迁，平均温度较低，有利于抑制虫害和保持土壤中的水分。慕容廆率部迁到辽西之后，开始大规模掠夺人口、招抚流民、延揽人才，使得人口增长，益于农业开展，同时政府也照魏晋制度行使屯田、建筑水利工程。

艾冲、孟洋洋《鲜卑族乞伏部南迁时间与路线新考》[16]根据晋书和后汉书中的记载互相对照，勾勒出以乞伏部为首的四个鲜卑部落的南迁路线，并划分为三个阶段，第一阶段自涿邪山起，穿越戈壁、哈拉乌山乌兰布拉格峡谷，抵达后套；第二阶段则于126年开始，进入河套高原西部，于265年抵达宁夏山水河流域，再迁居宁夏清水河流域；第三阶段又西迁至六盘山北段，再南迁到苑川河流域，后在此建立西秦政权。刘勇《墓志所见唐代定居介休的乞伏鲜卑后裔》[17]由墓志中分析乞伏鲜卑的流动：西秦灭亡后，乞伏基的祖先归附北魏，成为六镇驻军，后为高欢所收拢，又南下介休戍守，定居于汾河流域，逐渐和当地汉等民族相融。墓志记载，乞伏基一生大半时间都在家乡的军府担任中下级军官，证明了唐初的府兵制虽不再受尊崇但仍正常运转。

宇文氏被前燕所灭后，余种依附前燕、后燕，后又归于北魏。段锐超《北魏鲜卑将军宇文延史事述论——以〈宇文延墓志〉为据》[18]认为，志文中自称轩辕苗裔，表达当时依附汉文化的历史文化认同。此文也对照史料和其他墓志梳理了宇文延的经历：他曾担任皇帝近臣，丁忧后停职，直至六镇、河北乱起才又任西道别将赴关陇，最后在追击万俟丑奴部之战中殉职，葬于覆舟山之南的宇文家族墓地。

赵宗福《鲜卑源氏家族文化史考述》[19]认为，南凉政权时秃发氏已经广泛接受汉化，南凉灭亡后源贺等人投奔北魏，并在约17年后因战功而获赐名源氏。源贺出生地为西平乐都，后源氏家族随孝文帝自平成迁都到洛阳，逐渐成为世居洛阳及周边的大家族，隋唐时更彻底汉化。中唐后因为科举选人制度实施，使得源氏家族不能再庇荫入仕而逐渐没落。北宋之后，源氏南迁霄乡，并把此地视为祖居地。党斌《新见〈源伯仪墓志〉及中古源氏世系补考》[20]对志文中记载的源氏家族进行考察，重新梳理源氏世系。

段锐超《北魏〈于神恩墓志〉考释》[21]认为，于氏乃由鲜卑姓氏‘勿忸于氏’省改而来，志主一生担任军府幕僚、郡守、皇帝近侍，参与北魏取得寿春、彭城等军事行动，他的仕宦经历表现了一个汉化鲜卑贵族在北魏末年军事政治斗争中的际遇。

安瑞军、李鹏为《北齐和士开墓志相关问题研究》[22]将和士开、“和公”、和守阳等墓志对照后，确认和氏家族为鲜卑素和部人氏，来自河西甘肃的金山，他们的移动可能和 3 世纪的鲜卑西迁有关，当时的素和部可能就在受南凉控制的张掖一带活动。和士开的墓志志文提供了史料失载的信息，指出和士开生前受封为开国王。

段志凌、吕永前《唐〈拓拔驮布墓志〉——党项拓跋氏源于鲜卑新证》[23]指出，此墓志确认了党项拓跋源出鲜卑拓跋：这一支拓跋鲜卑原是出自秃发氏，在北周党项强大之后自称党项，后拓跋驮布家族又依附吐谷浑。另一个党项拓跋的墓志为《拓拔守寂墓志》，该墓志自称源出羌族。支持拓跋羌族说的学者认为《元和姓纂》中的拓跋鲜卑说有误，而《拓拔驮布墓志》比《元和姓纂》早了 80 余年，可见当时唐人已有拓跋鲜卑同源之说，《元和姓纂》是有所依据的。

3. 平城与平城时代[24]

平城作为北魏王朝的首都，在文化融合、传播上都占有重要地位。以下的几篇文章内容包括透过墓葬、镇墓组合、壁画、彩绘木棺、射艺等主题说明平城与平城时代的文化面貌与政治格局，并梳理迁洛前平城地区是什么样的自然环境，表现了一座首都城市的兴衰变化。

关于平城人口的族属与文化来源问题，以下两篇文章分别以体质人类学和墓葬壁画得出了相似的结论。水泊寺廉租房墓地于 2015 年开始发掘，出有北魏墓葬的人骨 116 例，李鹏程《山西省大同市水泊寺廉租房墓地人骨研究》[25]对其年龄、性别、颅骨形态特征、身高进行分析，发现该地人群和大同南郊北魏墓人群特征相近，应为汉族，但渗透有其他民族如鲜卑之成分。大同沙岭七号墓属于北魏平城时代早期，但韦正《大同沙岭七号北魏墓壁画几则题材浅析》[26]认为，从墓葬壁画中镇墓武士、镇墓兽、伏羲、女娲、摩尼宝珠、升龙、墓主夫妇并坐、鞍马牛车、大树、奇禽异兽等图像看来，当时以拓跋鲜卑为首的北魏上层人物已经吸收了大量源自汉晋，也就是华夏文明的文化因素。延伸看来，当时大量的中原民众迁入平城，也将自身的文化传递给了拓跋鲜卑，因此平城文化的来源应是华夏文明。除了以上两者，马一凡的《北魏时期的彩绘木棺研究》[27]也支持上述结论，指出彩绘木棺在平城时代受到两汉传统影响，但尚有河西风格、鲜卑旧俗等文化因素，在北魏早期有所发展，于孝文帝太和改制后，彩绘图像的内容开始变化，重新回归两汉文化，后被同时期盛行的石棺所取代，逐渐消失。

以下两篇研究呈现了平城时代如何在巩固王权、揉入他者文化因素的同时也保有自身的主体性。永固陵是由文明太后生前亲自设计、规划、建设的，杜一雪《北魏方山永固陵研究》[28]认为，方山永固陵除了具有权力空间之内涵，也是文明太后对鲜卑文化转型的一个尝试，在陵园设计中揉入佛教与中原文化等思维，借以强化王权、巩固统治。伊和淖尔M1[29]的年代大致在北魏平城时期，所在区域为军事重镇，包桂红《内蒙古锡林郭勒伊和淖尔M1文化因素试析》[30]认为，墓葬中反映有鲜卑、汉、嚈哒、大月氏等文化因素，显示了边疆地区鲜卑贵族在政治转变的年代中如何吸收异域文化，却又同时保有自身的文化特色的。

根据刘继刚《北魏孝文帝迁都环境因素考论》[31]统计，文献中记载平城地区474～493年发生旱灾、沙尘暴、冰雹、水灾等自然灾害共43次，占全国灾害发生总次数的37%，为灾害最频繁的区域。除了灾害外，还有北魏初年的“移民实京”政策，使得5世纪中叶时平城及周边的人口已多达一百万人，道武、明元年间大修宫殿，也消耗了不少自然资源。而洛阳地区的地理位置适中，耕地面积、宜耕成都远超平城，环境承载力可以养活更多人口，以上环境因素应为迁都考虑之一。上文以环境考古的角度描绘了平城与平城时代的陨落，而王倩《试析北朝镇墓组合的形成与发展》[32]透过镇墓组合呈现了平城文化影响力远超平城时代。该文将北朝出土的镇墓兽和镇墓武士组合归纳为平城和长安两种样式，平城样式的镇墓组合自山西大同的沙岭壁画墓开始，原本是图像，后逐渐被陶俑取代，在洛阳时代融入佛教文化因素，并在东魏北齐年间渐趋胡化。长安样式则始自西安的北魏墓葬，在洛阳时代转变为俯伏状的镇墓兽，并继续在西魏北周年间流行，直到入隋后才逐渐趋向于北齐时代的平城样式。镇墓组合的年代和分布显示了平城文化的扩张，关中地区在其影响下发展出了具自身特色的长安样式，后又被平城样式所取代。

4. 洛阳与洛阳时代

太和十八年，孝文帝迁都洛阳，北魏历史进入新阶段。以下的几篇文章将从居住于洛阳的胡人、女官制度、墓葬、墓志、陶俑、明器、佛寺、防御设施，以及当时的农业景况等方面，以不同的面向呈现一个多元且热闹的城市与时代。

以下两篇研究分别以墓葬和陶俑呈现了洛阳时代的物质文化。李大林《河北地区北朝墓葬研究》[33]将河北的北朝墓葬分为单室方形砖室墓、单室圆形砖室墓、多室砖室墓和甲字形土洞墓、梯形土洞墓，发现河北的北魏墓葬均为砖室墓，陶罐和镇墓兽的形制较为统一，基本保留北魏洛阳时代墓葬的典型特点。北魏的文化转变历程在洛阳北魏陶俑上清晰可见，冯健《柔风汉俗中的洛阳北魏女俑》[34]以杨机墓出土的女俑为例，其上衣紧身合体，下裙多褶宽松且自然下垂，兼容了胡服的灵活方便和汉装的儒雅宽博。此外，考古出土的物质文化也在一定程度上生动地呈现了洛阳时代的社会面貌。北魏定都洛阳期间和西域诸国有往来，多次胡人东来，张乃翥《北魏晚期洛阳地区的胡人部落》[35]列举了造像、石刻、随葬品等考古材料，指出当时存在胡人入住洛阳，或是和北魏上层通婚等现象，这些胡人的活动也为洛阳地区注入新的活力和文化。

以下的两篇研究采用墓志材料补充了我们对洛阳时代社会的认识。李迪《北魏乐安、汝阴、广阳、章武、中山五王家族史考补——以三对同名墓志为中心》[36]对分数五个家族的元庆安、元心安、元士深、元珍兴、元伯虎、元虎墓志进行考释，由于北魏前期为稳定朝局不许宗王留滞京师，直到孝文帝时才开始调整宗室结构，并有所重用，因此这五个家族的成员主要活跃于孝文、宣武、孝明年间。刘军《北魏门阀士族制度窥管——以新见封之秉墓志为中心》[37]梳理了志主的升迁过程，封之秉在 20 岁时释褐奉朝请，无论从年龄或乡品看来，都仅是一般高门水平。封之秉在后来的升迁中整体呈现循级上扬，唯在五、六品位时往复拉锯，如此现象表明当时洛阳的门第社会越是临近门第赋予的仕进峰值前进就越迟缓。此外，透过墓志也能窥见当时女性的社会地位。司晓洁《北朝女性墓志考古学研究》[38]对北朝的女性墓志进行分区，指出迁洛之后北魏的女性墓志在志主身份、志石形制上开始复杂多变，志文格式则趋于规范、完善。并结合墓葬材料探讨女性在北朝的地位，发现女性婚后在家庭中的受重视程度会体现在墓志的样式上，志文也反映出当时女性的社会价值评判。柏俊才《民族融合与北魏女性地位及文化修养》[39]以墓志作为研究材料，指出北魏女官在孝文年间被分为五等，但五等中还可再细分，如大监、小监、文秀大监、细谒小监等。有些女官始设于世祖朝，孝文改革后应该被废，但实际上却仍然存在着，可见北魏女官制在孝文改革后仍是新旧杂糅的。

洛阳时代的另一值得关注之处在其佛教文化，此时期的佛教不只是宗教，有时更是间接推动社会进展的动力。陈建军、王莉萍、余冰《北魏洛阳永宁寺塔基遗址新出土的彩绘泥塑造像》[40]观察永宁寺新出土的比丘、侍从、胡人等头像，其中中型菩萨头像已经不带有西亚人特征，具有中原形象和神韵，且有女性化的趋向，显示印度佛教的中国化。永宁寺的塑像多为手工雕塑，但仍有少部分头像是用模具制作的，且塔基堆积中出有头像模范，说明塑像就位于塔基周边。周胤《北魏武、明时期洛阳寺院布局与里坊规划》[41]指出，宣武、孝明时期的寺院形式是以佛塔为主体建筑，后发展为以“前佛塔后佛殿”格局为普遍型态，另也有“前塔后佛殿后讲堂”，或是“仅有佛殿”“仅有佛塔”等格局，以上几种的共通点在于如此之格局和中国传统住宅相通，更加契合当时里坊制度之下的空间安排。但寺院的塔、殿、堂三点一线布局会造成侵街、破坏坊墙、阻碍环坊道路等情况，然而寺院和里坊之间的冲突或许更加促进了城市变迁的进程，并且在隋唐的城市规划中也可以见到两者的协调，形成更完善的里坊制度。

北魏末年的国力衰弱也在物质文化上有所体现。北魏节闵帝元恭墓葬中出土的这件陶制明器原本被认为是陶册，范杨《洛阳衡山路北魏大墓出土陶帛明器考》[42]以为不然，陶册属书卷，然而从简牍、帛书或遣册、谥册、哀册的材质、使用年代和收纳方式看来，此器物应非书卷。若观察其形态，则此器物应是象征布帛的明器，而魏晋南北朝的确有随葬布帛的传统，象征财富，故应正名为陶帛。节闵帝使用象征性明器做为随葬品的现象显示了北魏国力的衰微。张南男《北魏洛阳地区的“维纳斯”式女性陶俑研究》[43]以北魏郭定兴墓出土的三件“维纳斯”式庖厨女性陶俑为材料，认为此类陶俑的出现是因为魏晋风度艺术思想的延续，也是对北魏社会晚期的无声反驳。杨硕《洛阳地区汉晋及北魏墓葬出土陶俑研究》[44]将洛阳地区汉晋、北魏的墓葬陶俑分为侍俑、乐舞百戏俑、文吏俑、仪仗出行俑、劳作俑以及其它，再对其进行分期、类型式划分，总结各时期的特征，其中北魏时出现有较多武士俑，反映了当时征战不断的社会环境。王鹏福、朱宏斌《从六镇之乱到北魏灭亡：〈齐民要术〉成书背景新探》[45]认为，由于北魏建国之后实施均田、三长、屯田、复租税等手段，农业稳定发展，迁洛之后，六镇乱起，鲜卑武人南下流往山东、河北地区，对农区造成毁坏，并引发鲜卑化潮流，直至贾思勰在此农业思想倒退的时代背景下撰写《齐民要术》，欲留存前代的农业经验与技术。

张瑞强《公元1到6世纪中原地区城址防御设施考古学研究》[46]将洛阳的军事防御放在长时段的历史脉络下考虑，认为东汉、魏晋、北魏洛阳城一脉相承，其中北魏洛阳城的防御组合以城墙、城门、马面、道路、军事堡垒为主，另配有外郭城、边防六镇，形成更大范围的军事防御体系。

5. 佛教石窟

佛教石窟不只表达了北魏王朝对佛教信仰之虔诚，更展现了其雄伟的国力，石窟壁画和造像的风格、特征及其演变也封存了北魏历史中的文化因素变迁。

彭栓红《云冈石窟造像的鲜卑特色与文化多样性》[47]指出，云冈石窟造像中常可见到鲜卑文化的影子，如琵琶、射猎、鲜卑帽、小袖袍、短衣、腰带、靴子等元素，并且鲜卑信仰也反映在云冈的选址、多用红色彩绘上。除了鲜卑外，云冈中也存在文化多元共存，如游牧民族的穹庐顶、汉族的斗拱和栏杆装饰、古希腊式柱身、胡族的尖顶帽、新疆的圆形皮囊，以及中国佛教特有的山花焦叶与化生童子。云冈造像更体现了佛教与世俗文化的交融，像是佛陀平躺仰卧的姿势就可能和北魏石棺床葬俗有关，有些造像也呈现垂足坐、交脚倚坐等，和南北朝转为使用椅凳等高坐具的变化是一致的。云冈的早期造像为昙曜五窟中的五佛，杨洋《从云冈石窟造像看北魏时期的文化交融》[48]认为，其在服装、容貌神态上体现了中亚和西域特征，石窟中的乐器、舞蹈雕刻也具有西凉、犍陀罗、新疆民族风格。中期的造像为1～13窟，加入了鲜卑与汉族文化，在洞窟形制上有所新增，佛像渐趋清秀，出现“褒衣博带”服饰，伎乐雕刻迅速增加，此时期的工匠也吸收印度佛教，塑造了飞天形象。晚期造像显现了南北民族之间的文化交融，并融入了汉民族的世俗生活。刘晓毅、项一峰《麦积山石窟北方少数民族因素之探析》[49]发现麦积山石窟的造像、壁画中出现腰带、束发等和鲜卑相近的服饰特征。供养人题记也出现阿姓，应是自鲜卑族中的阿贺氏、阿伏干氏改姓而来的，显示麦积山石窟存在鲜卑家族的供养窟。吴佳桐《敦煌壁画中飞天舞者形象演变特征研究》[50]指出，北魏时期的敦煌壁画在数量和规模上迅速增加，这时期的飞天主要出现在窟顶平棋、窟顶藻井、佛龛周围、佛龛内两侧、墙壁说法图、墙壁故事画中，并且出现中国化的趋势，图像上的变化则为五官越发清秀、身材修长、世俗化。

6. 鲜卑与其他民族文化的融合

文化融合向来是鲜卑与北魏研究的热点，而 2018 的研究者以墓志和墓葬壁画、随葬品、服饰为题材来表现物质背后的文化因素与文化融合，且集中讨论鲜卑与汉文化的融合过程。

鲜卑族群在其发展早期就已开始有意识地吸纳汉和其他民族之文化因素。高嘉、冬冬《北方古代鲜卑游牧民族墓葬壁画装饰艺术研究》[51]观察鲜卑的墓葬壁画，题材包括狩猎、山林植物、星象、神兽、佛教纹样等，展示了鲜卑的生活环境与宗教信仰，而鲜卑迁至中原后，壁画艺术也发生变化，开始融入汉、匈奴等文化。张晓燕《嘉峪关魏晋墓砖壁画中的少数民族形象》[52]指出，嘉峪关魏晋墓砖壁画显示当时的鲜卑人髡发、穿毛毳、居穹庐，且已掌握汉族先进的农耕生产技术。蒋娟《魏晋北朝时期的出土灯具》[53]透过对出土情况的整理，发现陶质灯具的分布最广，石质灯具集中在大同地区，且多在平城时期。有些拓跋鲜卑的墓葬中会随葬铜雁足灯、铜魁等器物，是为拓跋鲜卑汉化的结果。

起初太和改制的汉化政策只局限于几个面向，但其政策所带来的影响却逐步扩及北魏社会的方方面面。吴浩楷《北魏悬裳座佛像研究》[54]分析，悬裳座佛像起源于犍陀罗地区，透过北传、南传两条路线传播，先在南方地区被接受，后随着北魏汉化政策的实施，学习南朝的造像艺术，以云岗第 6 窟为首，云岗、龙门、麦积山等石窟开始采用悬裳座，可以说悬裳座的出现，是北魏统治者积极学习汉族文化的结果。宋鸽、俞媛媛《从拓跋鲜卑在北朝的服装变革谈文化融合的交互性》[55]认为，北魏灭北凉、统一北方后，南北朝的角逐体现在文化正统之争上，而正统之争也从考古出土上反映，如宁夏固原北魏墓、智家堡北魏墓中都出现有中原服饰与鲜卑风帽的搭配。从北魏建立开始，拓跋鲜卑的统治者就在有意识地开始汉化的进程，如曾试图以佛教和道教来控制意识形态，但都以失败告终。然而孝文帝登基后，由于北朝社会已经存在有均田制等基础，使得孝文帝可以实现对北方地区的真正控制，并进行汉化。王素《北魏尔朱氏源出粟特新证——隋修北魏尔朱彦伯墓志发覆兼说虞弘族属及鱼国今地》[56]以新出的北魏尔朱彦伯墓志证明了尔朱氏原姓“安”，确认尔朱氏的确为粟特后裔，如此史实更指出迁居中国的粟特族不一定以昭武九姓为姓氏。虞弘家族也是如此，虞氏也是粟特，初来中国时居住在渔阳的渔水，故以“渔（鱼）”为姓，后改姓为“虞”。从以上两例中可以见得，北魏孝文帝实行汉化，使得少数民族也纷纷改汉姓。随葬有镇墓俑的北朝墓葬多属于汉族或汉化鲜卑，王艺婧《北朝镇墓类俑分期分区研究》[57]指出，北朝的镇墓俑最早出现在雍州地区，恢复西晋时期镇墓兽、镇墓俑组合，并以此为基础继续发展为洛阳样式与长安样式，不断进行汉化，同时也保留自身的民族特色，并且这些样式一直延续到北魏灭亡之后。

7. 北魏之后的鲜卑

虽经太和改制的汉化努力，北魏灭亡之后的鲜卑族开始转而重新寻找、抬高自身文化，而这样的反潮也在考古实物上有所反映。

□憘墓志出土于太原东山，志主为东魏年间的六镇鲜卑后人，是高欢麾下的宿卫部队军官，后又在北齐时封爵、得到食干，担任禁军，其职称为大贤真备身正都督。刘勇《大贤真——碑志、文献互证的鲜卑语》[58]认为，“大贤真”一词实为鲜卑语之音译，对照文献中关于大贤真备身都督的记载，可以推论这个词应为名号而非职官，有此名号多为以六镇鲜卑为主的胡族高层子弟，且大贤真和备身都督不一定同时授予，应具有礼遇之意，可能有凝聚士气、增加荣誉感之作用，也显示了北魏分裂后鲜卑文化回潮的现象。刘琦《北齐湾漳墓壁画对鲜卑民族特征的体现研究》[59]认为，湾漳墓壁画之风格与特征承继自汉代以来的墓葬艺术，但是在鲜卑民族的环境之下加添了萨满信仰，如星相、神兽、动物、祭祀等图像，表现出民族勇武、奔放的精神。

8. 文化传播中的鲜卑

无论是北魏时期，或是北魏前后，鲜卑和其他民族之间都存在着许多激荡与融合，鲜卑也在很多的文化传播中担任关键的角色，促进文化的传递与交往。

3～5世纪时，嚈哒在阿尔泰山居住了200余年，留下许多考古遗存，林梅村、马丽亚·艾海提《嚈哒的兴起与铁马镫初传中亚》[60]观察其中的铁马镫，例如俄罗斯阿列依河畔古墓、阿尔泰山科克帕什古墓、新西伯利亚鄂毕河畔古墓、吉尔吉斯斯坦楚河流域游牧人墓地等，都出有短柄横穿形铁马镫，和北燕冯素弗墓的长柄横穿形铁马镫、山东青州出土的十六国鎏金铸铜马镫一脉相承，显示此类马镫在中亚的传播和嚈哒人在阿尔泰山的活动直接相关。李海磊、慕漫红《南北朝兽面图像谱系及其传播研究》[61]梳理了兽面母题的源流，兽面母题最早可以追溯至新石器时代的神兽纹饰，经由商周、汉代传承，在南北朝时期加入了佛教、祆教等文化因素。尤其在北魏孝文帝推行汉化时，汉代的兽面铺首与方相氏得到复苏，被借鉴到墓葬和佛教石窟中，同时吸收了印度Kirtimukha因素，形成新的组合形式，而祆教畏兽的图像则是借鉴中国传统神兽图像改造而来，更多的是受中国传统因素影响。

三、专　著

2018年和鲜卑、北魏相关的专书大概有以下几种内容，其中研究性的著作主要是针对早期鲜卑起源与生业形态的研究、涉及考古材料的北魏政治与政治地理研究，以及佛造像的演变研究等，其余则有造像记、碑刻、墓志、石刻、法律文献等材料发表，以及展览图录等。

吴松岩《鲜卑起源、发展的考古学研究》[62]以鲜卑早期的墓葬材料划分为四区，作为研究基础，梳理各区的葬俗、随葬品、年代、文化因素，藉以探讨鲜卑起源、迁徙与发展问题，其中较多谈及拓跋鲜卑，以及慕容鲜卑在辽西地区的发展[63]。管芙蓉、吕向阳《鲜卑族源流》[64]运用历史文献与史学方法，从鲜卑作为东胡余支、建立檀石槐联盟、南迁开始，阐述鲜卑民族的历史源流与演进，并详述拓跋、慕容、宇文各部族的兴盛、发展、消亡以及后续的流动，宏观且全面的揭示了鲜卑民族的历史全貌。刘学铫《游牧文明与中华史：鲜卑列国》[65]从鲜卑的发源谈起，叙述其迁徙，前燕、后燕、北燕、西燕、吐谷浑、西秦、南凉、代等列国崛起，以及北魏王朝的政治发展，期望以客观公正的角度书写胡族的历史，还原历史真貌。

黄文智《镌岩造像——中原北方东部北魏中期至东魏石刻佛造像》[66]具体分析了北魏中晚期至东魏期间，中原北方东部包括山西北部、河南中北部、河北中南部、山东北部四个区域，尤其聚焦平城和洛阳地区，归纳佛造像的变化与发展。

李凭《北朝论稿》[67]以宏观的角度检视北朝历史中的中华文化，再具体讨论北魏政治与社会中的几个关键事件，最后结合北魏的杨众度墓砖、盖天保墓砖等考古材料为基础，探讨平城郭城南缘的定位及其相关交通问题。毋有江《北魏政治地理研究》[68]，随着北魏政治实体的演变过程，以地理学的角度梳理拓跋鲜卑从部族政治向中原王朝政治体发展之过程，对政治中心跨地域的空间变动、区域发展的地理逻辑进行政治地理的思考和分析，协助读者厘清北朝疆域和政区变动、发展、演变的基本脉络与内在逻辑。

北魏营州刺使元景于太和二十三年在今日辽宁义县万佛堂建造石窟与造像，是为东北地区年代最早、规模最大的石窟，其题记即为薛晓源、刘波《魏元景造像碑》[69]，为研究辽宁的北魏历史提供了宝贵的资料。薛晓源、刘波《北魏密云太守霍扬碑》[70]为研究北魏密云太守霍扬之墓前神道碑，刻立于北魏景明五年正月，出土于山西临晋县霍村，碑文记载了霍氏家族的仕宦历程，现存山西省临猗县博物馆，此碑是神道碑与供养像结合较早的一例，在中国古代碑碣形制研究中颇具学术研究价值。齐运通、赵力光《北朝墓志百品》[71]收录了西安碑林博物馆与民间收藏的北朝墓志，非原拓原大，但实为精选。李明晓《两汉魏晋南北朝石刻法律文献整理与研究》[72]按照时代对简牍、碑刻、玺印等文献进行系统整理，并附上译文与校注。

南京博物院编《琅琊王：从东晋到北魏》[73]是2018年南京博物院“琅琊王——从东晋到北魏”展的图录，透过展出北魏司马金龙夫妇墓葬出土文物如墓志、漆画屏风、出行仪仗彩陶俑、雕纹石床榻等，辅以历史文献，展示了琅琊王司马金龙家族的历史和物质文化面貌。

四、会　　议

2018年8月22日，“融合之路——拓跋鲜卑迁徙与发展历程研讨会暨四至六世纪民族融合学术研讨会”于大同市博物馆举行，此会议由中国考古学会三国至隋唐考古专业委员会和大同市博物馆主办，藉以促进中古时期都城、墓葬等考古学研究、文物保护工作，深入探讨、共同推动北魏时期民族融合与文化交流课题。会议内容包括北魏平城、晋阳古城、汉魏洛阳城、邺城，以及西安、南京、太原、大同、安阳等地区的最新考古发现。

五、结　　语

2018年的期刊论文、学位论文、专书共72篇（部），从鲜卑的早起发展开始说起，追溯鲜卑各部族的动态，详述平城、洛阳及其时代风貌，并剖析佛教石窟、墓志、壁画等多元材料如何体现鲜卑的自身特色与变迁，以及与其他民族文化互相激荡、融合。从以上著作中我们可以归纳2018年鲜卑、北魏考古研究的几项特点。

一是给予拓跋鲜卑以外的鲜卑部族更多的关注，拓展了我们对鲜卑多元性的认识。

二是善用墓志材料，墓志在2018年的研究中具有重要地位，起到了补足、匡正文献的功能，尤其对族属的判定大有帮助，并且展示了个体在政治格局下的经历，呈现更丰满的历史。

三是注重鲜卑与其他民族之间的文化交流，以多元的题材来呈现，如石窟、墓志、铁马镫、壁画等，显示研究者除了关注鲜卑与北魏本身外，更多是关注他们如何与他者互动，以及互动所产生的影响。

注　　释

[1] 魏坚．内蒙古地区鲜卑墓葬的发现与研究［M］．北京：科学出版社，2004：林沄先生写的序言．

[2] 西北大学文化遗产学院，西安市文物保护考古研究院．西安市东郊东小寨村两座北魏墓葬发掘简报［J］．文博，2018（5）：13，14．

[3] 山西省考古研究所，山西省大同市考古研究所．山西大同湖东北魏墓群发掘简报［J］．中国国家博物馆馆刊，2018（2）：47～79．

[4] 山西省考古研究所，山西省大同市考古研究所．山西大同县湖东北魏墓（M11）发掘简报［J］．文物，2014（1）：28～36．

[5] 北京文物研究所．小营与西红门：北京大兴考古发掘报告［M］．上海：上海古籍出版社，2018．

[6] 杨敬凯. 鲜卑及其部落名称研究综述 [J]. 赤峰学院学报，2018（1）：43 ~ 46.
[7] 聂定. 从考古发现探寻拓跋鲜卑族源及名称由来 [J]. 赤峰学院学报，2018（2）：26 ~ 29.
[8] 蒙海亮. 青铜至铁器时代部分北方游牧民族的主要父系遗传类型 [J]. 北方民族大学学报，2018（1）：21 ~ 29.
[9] 颜炳鑫. 浅谈拓跋鲜卑南迁之“大泽” [J]. 中国民族博览，2018（4）：51，52.
[10] 颜炳鑫. 浅谈拓跋鲜卑迁徙中经济生产方式的发展状况 [J]. 边疆经济与文化，2018（7）：50 ~ 52.
[11] 苑小雪. 拓跋鲜卑的起源与迁徙——以大兴安岭嘎仙洞遗址为例 [J]. 青年时代,2018（19）：24，25.
[12] 王文光，张曙辉. 两汉时期乌桓鲜卑的历史人类学研究 [J]. 广西民族大学学报，2018（4）：42 ~ 50.
[13] 李鹏. 鲜卑“季春大会”之“作乐水”考辨 [J]. 北方文物，2018（3）：94 ~ 96.
[14] 张丽娜，李林. 辽西三燕墓葬美术中的多民族文化特征探析 [J]. 西南民族大学学报，2018（11）：48 ~ 51.
[15] 刘成赞. 三燕时期辽西地区农业发展述论 [J]. 安徽农业大学学报，2018（4）：110 ~ 114.
[16] 艾冲，孟洋洋. 鲜卑族乞伏部南迁时间与路线新考 [J]. 乾夏社会科学，2018（3）：161 ~ 165.
[17] 刘勇. 墓志所见唐代定居介休的乞伏鲜卑后裔 [J]. 乾陵文化研究，2018（0）：320 ~ 324.
[18] 段锐超. 北魏鲜卑将军宇文延史事述论——以《宇文延墓志》为据 [J]. 西北民族大学学报，2018（5）：67 ~ 75.
[19] 赵宗福. 鲜卑源氏家族文化史考述 [J]. 中原文化研究，2018（6）：93 ~ 101.
[20] 党斌. 新见《源伯仪墓志》及中古源氏世系补考 [J]. 敦煌学辑刊，2018（1）：156 ~ 165.
[21] 段锐超. 北魏《于神恩墓志》考释 [J]. 华夏考古，2018（5）：97 ~ 105.
[22] 安瑞军，李鹏为. 北齐和士开墓志相关问题研究 [J]. 故宫博物院院刊，2018（5）：132 ~ 136.
[23] 段志凌，吕永前. 唐《拓拔驮布墓志》——党项拓跋氏源于鲜卑新证 [J]. 中国国家博物馆馆刊，2018（1）：49 ~ 56.
[24] 关于平城时代的研究，论文合集《北魏平城考古研究——公元五世纪中国都城的演变》（科学出版社，2017 年），收录了围绕平城考古遗存相关的最新研究成果，如石窟寺、墓葬、陶俑、瓦当、玻璃器、下颌托、巴旦杏、书法等，以多元的内容指出平城作为一座古代都城，在古代文化交流历史中的重要性.
[25] 李鹏程. 山西省大同市水泊寺廉租房墓地人骨研究 [D]. 辽宁：辽宁大学历史学院，2018.
[26] 韦正. 大同沙岭七号北魏墓壁画几则题材浅析 [J]. 西部考古，2018（1）：70 ~ 79.
[27] 马一凡. 北魏时期的彩绘木棺研究 [D]. 南京：南京大学历史学院，2018.
[28] 杜一雪. 北魏方山永固陵研究 [D]. 北京：中央美术学院，2018.
[29] 伊和淖尔 M1 属于伊和淖尔墓群，2010 ~ 2014 年发掘，于 2014 年获得“全国十大考古发现”。伊和淖尔墓群集鲜卑文化因素和欧亚草原文化因素于一体，为研究北魏时期的草原丝绸之路、

边疆历史及民族关系提供了珍贵的实物材料。其发掘简报《内蒙古正镶白旗伊和淖尔 M1 发掘简报》于 2017 年发表，相关研究包括《试析伊和淖尔 M1 出土人物银碗》(《文物》2017 年)、《论伊和淖尔墓葬出土棺钉铺首衔环》(《文物鉴定与鉴赏》2017 年)、《内蒙古锡林郭勒盟伊和淖尔一号墓墓主人身份探析》(《内蒙古社会科学》2017 年)、《内蒙古北魏墓出土萨珊玻璃器及其相关问题》(《文博》2017 年) 等.

[30] 包桂红. 内蒙古锡林郭勒伊和淖尔 M1 文化因素试析 [J]. 文物，2018 (3): 84 ~ 90.

[31] 刘继刚. 北魏孝文帝迁都环境因素考论 [J]. 中州学刊，2018 (10): 115 ~ 119.

[32] 王倩. 试析北朝镇墓组合的形成与发展 [J]. 四川文物，2018 (5): 64 ~ 73.

[33] 李大林. 河北地区北朝墓葬研究 [D]. 河北：河北大学历史学院，2018.

[34] 冯健. 柔风汉俗中的洛阳北魏女俑 [J]. 中华文化画报，2018 (7): 77 ~ 81.

[35] 张乃翥. 北魏晚期洛阳地区的胡人部落 [J]. 石河子大学学报，2018 (5): 74 ~ 85.

[36] 李迪. 北魏乐安、汝阴、广阳、章武、中山五王家族史考补——以三对同名墓志为中心 [D]. 陕西：陕西师范大学历史文化学院，2018.

[37] 刘军. 北魏门阀士族制度窥管——以新见封之秉墓志为中心 [J]. 社会科学，2018 (9): 157 ~ 164.

[38] 司晓洁. 北朝女性墓志考古学研究 [D]. 河南：郑州大学历史学院，2018.

[39] 柏俊才. 民族融合与北魏女性地位及文化修养 [J]. 中北大学学报，2018 (1): 1 ~ 7.

[40] 陈建军，王莉萍，余冰. 北魏洛阳永宁寺塔基遗址新出土的彩绘泥塑造像 [J]. 文物天地，2018 (11): 39 ~ 63.

[41] 周胤. 北魏武、明时期洛阳寺院布局与里坊规划 [J]. 社会科学战线，2018 (10): 143 ~ 155.

[42] 范杨. 洛阳衡山路北魏大墓出土陶帛明器考 [J]. 中原文物，2018 (5): 113 ~ 124.

[43] 张南男. 北魏洛阳地区的“维纳斯”式女性陶俑研究 [D]. 山东：青岛科技大学艺术学院，2018.

[44] 杨硕. 洛阳地区汉晋及北魏墓葬出土陶俑研究 [D]. 河南：郑州大学历史学院，2018.

[45] 王鹏福，朱宏斌. 从六镇之乱到北魏灭亡：《齐民要术》成书背景新探 [J]. 农业考古，2018 (4): 203 ~ 209.

[46] 张瑞强. 公元 1 到 6 世纪中原地区城址防御设施考古学研究 [D]. 辽宁：辽宁大学历史学院，2018.

[47] 彭栓红. 云冈石窟造像的鲜卑特色与文化多样性 [J]. 中央民族大学学报，2018 (5): 92 ~ 102.

[48] 杨洋. 从云冈石窟造像看北魏时期的文化交融 [J]. 忻州师范学院学报，2018 (4): 56 ~ 60.

[49] 刘晓毅，项一峰. 麦积山石窟北方少数民族因素之探析 [J]. 2018 (1): 83 ~ 92.

[50] 吴佳桐. 敦煌壁画中飞天舞者形象演变特征研究 [D]. 吉林：吉林艺术学院，2018.

[51] 高嘉，冬冬. 北方古代鲜卑游牧民族墓葬壁画装饰艺术研究 [J]. 艺术与设计，2018 (7): 138，139.

[52] 张晓燕. 嘉峪关魏晋墓砖壁画中的少数民族形象 [J]. 卷宗，2018（8）：235，236.

[53] 蒋娟. 魏晋南北朝时期的出土灯具 [D]. 内蒙古：内蒙古大学历史与旅游文化学院，2018.

[54] 吴浩楷. 北魏悬裳座佛像研究 [D]. 南京：南京大学历史学院，2018.

[55] 宋鸽，俞媛媛. 从拓跋鲜卑在北朝的服装变革谈文化融合的交互性 [J]. 中华文化论坛，2018（4）：81～84.

[56] 王素. 北魏尔朱氏源出粟特新证——隋修北魏尔朱彦伯墓志发覆兼说虞弘族属及鱼国今地 [J]. 故宫博物院院刊，2018（5）：57～71，160.

[57] 王艺婧. 北朝镇墓类俑分期分区研究 [D]. 甘肃：兰州大学历史文化学院，2018.

[58] 刘勇. 大贤真——碑志、文献互证的鲜卑语 [J]. 文物世界，2018（5）：42～46.

[59] 刘琦. 北齐湾漳墓壁画对鲜卑民族特征的体现研究 [D]. 辽宁：渤海大学艺术学院，2018.

[60] 林梅村，马丽亚·艾海提. 嚈哒的兴起与铁马镫初传中亚 [J]. 历史研究，2018（2）：180～189.

[61] 李海磊，慕漫红. 南北朝兽面图像谱系及其传播研究 [J]. 中国美术研究，2018（3）：26～37.

[62] 吴松岩. 鲜卑起源、发展的考古学研究 [M]. 上海：上海古籍出版社，2018.

[63] 近几年另一本以鲜卑墓葬主体的专著为《光宅中原——拓跋至北魏的墓葬文化与社会演进》（上海古籍出版社，2017 年），此书将拓跋鲜卑与北魏的墓葬演变分为六阶段，认为拓跋部的第一次文化转型是因为继承檀石槐的鲜卑文化，第二次文化转型在北魏早期，整合了边疆文化，第三次转型在北魏中晚期向“晋制”复归，最后其文化余脉开启了“唐制”的新模式.

[64] 管芙蓉，吕向阳. 鲜卑族源流 [M]. 山西：山西人民出版社，2018.

[65] 刘学铫. 游牧文明与中华史：鲜卑列国 [M]. 陕西：陕西人民出版社，2018.

[66] 黄文智. 镌岩造像——中原北方东部北魏中期至东魏石刻佛造像 [M]. 北京：文物出版社，2018.

[67] 李凭. 北朝论稿 [M]. 北京：北京师范大学出版社，2018.

[68] 毋有江. 北魏政治地理研究 [M]. 北京：科学出版社，2018.

[69] 薛晓源，刘波. 魏元景造像碑 [M]. 北京：商务印书馆，2018.

[70] 薛晓源，刘波. 北魏密云太守霍扬碑 [M]. 北京：商务印书馆，2018.

[71] 齐运通，赵力光. 北朝墓志百品 [M]. 北京：中华书局，2018.

[72] 李明晓. 两汉魏晋南北朝石刻法律文献整理与研究 [M]. 北京：人民出版社，2018.

[73] 南京博物院编. 琅琊王：从东晋到北魏 [M]. 江苏：译林出版社，2018.

Research Progress in Xianbei and Northern Wei Archaeology in 2018

Dong Yun

Abstract: In order to report on the latest progress and research status of the archaeology of the Xianbei and Northern Wei Dynasty, this article systematically collected 72 academic papers and scholarly monographs related to Xianbei and Northern Wei Dynasty published in 2018. We found that the study of 2018 were giving Xianbei groups that do not belong to the Tuoba more attention, and epitaphs were put to good use as research materials, cultural exchange remaining an important issue.

Keywords: Xianbei; Northern Wei Dynasty; cultural exchange

论拓跋鲜卑迁徙的社会影响

马　颖

（内蒙古博物院，呼和浩特，010010）

内容摘要：拓跋鲜卑是鲜卑族中著名的一支。其发展壮大的历史即是其南迁西进的历史，同时也是不断进行自身蜕变的历史。迁徙过程中对当时政治格局的变化、经济的发展，以及民族间的融合等方面产生了巨大而积极的社会影响。

关键词：拓跋鲜卑；社会影响；中原王朝；周边民族部落

《后汉书》卷90《鲜卑传》载：鲜卑族，东胡之支也。无本民族文字，刻木为信，邑落传行。属阿尔泰语系蒙古语族，入主中原后逐渐汉化，用汉字，兼说汉话。西汉高祖元年，东胡被匈奴冒顿单于击破，部族离散，一支逃往乌桓山（今内蒙古赤峰市阿鲁科尔沁旗西北[1]），因以为号，称乌桓族；一支逃往鲜卑山（今大兴安岭北段[2]），亦以山为号，称鲜卑族。

西晋时期，鲜卑族分裂为东、西、北三个部分。东部鲜卑有段部、慕容部及宇文部等；北部鲜卑以著名的拓跋鲜卑为代表；西部鲜卑有乞伏部、秃发部等。关于“拓跋”二字，从目前发现的史料看，两晋之前尚未有该词的记载。《宋书·索虏传》载：“索头虏姓讬跋氏。”《南齐书·魏虏传》载：“魏虏……姓托跋氏。”在迄今所见史籍中，成书于5世纪末期的《宋书》，是有关“拓跋”姓氏的最早记载[3]。《北周李贤墓志铭》载：“公讳贤……本姓李，汉将陵之后也。十世祖俟地归……知魏圣帝齐圣广渊，奄有天下，乃率诸国定扶戴之议。凿石开路，南越阴山。竭手爪之功，成股肱之任。建国拓跋，因以为氏。”[4]《魏书·序记》载：“北俗谓土为托，谓后为跋，故以为氏。”《北史》《资治通鉴》等历史典籍亦都延续了此种说法；《魏书》还载，力微是诘汾迁徙途中与“天女”所生。由《北周李贤墓志铭》可知，北部鲜卑是在“魏圣帝”即圣武帝诘汾时“建国拓跋，因以为氏”的；而《魏书》的记载中“除去神话成分，实际上反映的是拓跋鲜卑自诘汾时起，开始与外族通婚，与外族有了血缘关系这一事实。由此可以推测，以拓跋为氏是诘汾时的事”[5]。“从拓跋鲜卑的起源和发展历史来看，此族由大兴安岭北段迁至呼伦贝尔大泽之时，我们只能称之为鲜卑，不能称之为拓跋。只有从大泽西迁之后，鲜卑部落已经与匈奴（或高车等）部落相混合，我们才可以称之为拓跋部或拓跋鲜卑。”[6]据以上的记述，我们可以认定，起源于鲜卑山并一路迁徙至匈奴故地的一支鲜卑，在迁徙过程中，与蒙古高原的其他民族，如匈奴、高车等族接触、融合，在圣武帝诘汾时形成了鲜卑族一个新的部落，自称“拓跋”，即中国历史上著名的拓跋鲜卑。因此，大泽之时及大泽之前鲜卑族只能称为“鲜卑”；自大泽西迁之后，方可称其为拓跋部或拓跋鲜卑。

关于拓跋鲜卑的迁徙，学界争议颇多。可分为起源于大兴安岭北段和非大兴安岭北段说。大兴安岭北段说又分为多种观点，主要以马长寿先生和宿白先生的观点为代表。马长寿先生认为，大兴安岭北段→呼伦湖→蒙古草原西部（肯特山以西、科布多以东）→五原郡；宿白先生认为，大兴安岭北段→呼伦湖→西辽河上游→内蒙古河套东部一带。非大兴安岭北段说以张博泉先生和郑君雷先生为代表。张博泉先生认为，北海（今贝加尔湖）之南、幽都山（今肯特山）之北→蒙古西部科布多地带→五原郡；郑君雷先生则认为，汉代高车分布的贝加尔湖地区→包括嘎仙洞在内的呼伦贝尔一带→河套阴山地区。而笔者更加倾向于宿白先生的观点，故将拓跋鲜卑的南迁西进分为三个历史时期，即鲜卑山时期→大泽时期→匈奴故地时期进行论述。

拓跋鲜卑一路南迁西进，其中所经历的艰险自不必说，但其带来的社会影响是深远、巨大的。他们不仅使自身生活环境、生产方式、社会结构、思想意识、风俗习惯等发生了根本性的改变；同时也在潜移默化地影响着中原王朝及其周边部族的经济发展、政治格局、民族关系等。纵观拓跋鲜卑迁徙所带来的社会影响，可总结为以下两个方面。

第一，对拓跋鲜卑自身的影响。拓跋鲜卑迁徙最大的受益方当然是民族自身。拓跋鲜卑的历史在迁徙过程中发生历史性的转变。生存地域随民族迁徙而变化。不断变化的生存环境要求有与之相吻合的生产模式，而新的生产模式对生产效率、社会生产力的提高有极大的促进作用，同时也导致了社会生产关系的转化，进而使鲜卑族的社会性质发生根本性的改变。可分为三个历史时期。

第一时期，鲜卑山时期。从嘎仙洞考古发掘资料来看，在洞内出土了大量的陶片、打制石器、骨器和牙角器等，没有铜、铁等金属器皿；只有大量兽骨，没有牲畜骨；其中还有大量制作精细的石镞、骨镞。这说明，此时鲜卑族的社会形态尚处于石器时代，还未进入金属时代，过着“狩猎为主，采集、捕鱼为辅”的原始部落生活，由于狩猎收入的不固定性，为了保证最基本的生存需要，采集和捕鱼便很自然地成为他们争取生存权利的一种辅助手段；在这种原始游猎经济的社会条件下，只能维持部落群体的生存需要，不可能存在剩余价值、财富积累。

第二时期，“大泽时期”。从嘎仙洞到呼伦贝尔大草原，鲜卑先祖留下了大量的足迹，如陈巴尔虎完工墓群[7]、满洲里市西的扎赉诺尔墓群[8]、额尔古纳拉布达林墓群[9]等。完工墓群葬俗是早期的森林丛葬，扎赉诺尔墓则出现了不同于完工墓的桦木棺和单人葬，甚至出现了男女合葬墓；出土物有数量较多的石器、骨器、铁器、铜器等随葬品，且兵器所占的比例明显增多；随葬有数量不等的牛、马、羊骨。扎赉诺尔墓群

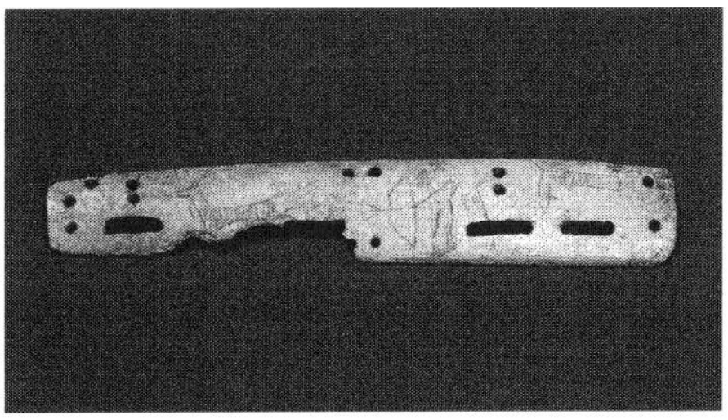

图一　狩猎纹骨板
（文中彩图皆来源于赵芳志：《草原文化——游牧民族的广阔舞台》，商务印书馆，1996年）

出土了一件狩猎纹骨板（图一），此骨板长15、宽2.5厘米，上有长形或圆形小穿孔，光面刻猎人射鹿图像；在扎赉诺尔墓群和拉布达林墓群都出土了谷物，根据外壳大小与形态分析认为，应是适合北方生长的穄子（一年生草本植物，即不黏的黍类，又名“糜子”去壳后的穄子称为穄米，是一种不太常见的粮食），但始终未见农业生产工具出现。由墓葬情况可以得出以下结论：从前后不一致的葬俗特点看，该阶段鲜卑族部落组织仍然存在，但已经开始走向解体，个体家庭出现。从出土器物看，鲜卑人已经从原始的石器时代进入金石并用，甚至是金属时代，并伴随手工业的出现；狩猎纹骨板的出土，及未发现大量的兽骨，则说明狩猎业仍然存在，但已经不再是其主要的生存手段；随葬畜骨，并结合呼伦贝尔水草丰美的地域特点，可以肯定，此时的鲜卑族畜牧业已经出现，并得到迅猛的发展，“畜牧迁徙”是这一时期鲜卑社会状况的真实写照；仅见谷物却不见相关生产工具，故无法肯定当时已经出现农业生产；随葬品数量不等及参照当时的经济状况，可发现随着生产力的发展，剩余产品的出现，生产关系发生变化，劳动成果逐渐被少数人占有，财富渐趋集中，私有制应运而生。

第三时期，“匈奴故地”时期。从呼伦贝尔大草原到“匈奴故地”，拓跋鲜卑留下了与扎赉诺尔、完工等墓群相似的遗址、墓葬。南杨家营子先后发现了拓跋鲜卑二十余座墓葬和遗址[10]。此时，古老的丛葬习俗仍然存在，但双人葬、单人葬占墓葬总数的大半以上。从杨家营子出发，鲜卑向西南行进，在内蒙古乌兰察布草原上先后发现了同一文化系列的察右后旗二兰虎沟[11]、赵家房子[12]、达茂旗墓群和林格尔盛乐故城、凉城县小坝子滩等数量较多的遗址、墓葬。这一阶段的墓葬中再也看不到存在于完工墓群的丛葬习俗。葬俗的变化说明“匈奴故地”时期拓跋鲜卑个体家庭已经走向成熟。在内蒙古巴林左旗南杨家营子墓葬中铜饰、珠饰等装饰性的随葬品大多出土于有女性骨骼的墓中，而铁镞、骨镞等兵器（也可说是工具）类的随葬品在女性的单人葬中却未有发现，五个发现镞的墓葬都有男性骨骼。这一现象表明，此时的拓跋鲜卑男、女分工明确。史料记载：“圣武帝（诘汾）尝率数万骑于山泽”、力微“控弦上马二十余万”、禄官“控弦骑士四十余万”、郁律“控弦上马将有百万”。“控弦上马”数字的不断攀升，说明拓跋鲜卑在进入匈奴故地之后，人口激增，畜牧业得到飞速发展，甚至可以说，此时的拓跋鲜卑畜牧业进入了繁荣时期，并成为经济的主导。“二兰虎沟和达尔罕茂明联合旗的墓群是拓跋西迁，进入内蒙古草原初期的遗迹……第三号墓头部所出的陶壶中存有较多的稗粒，或许反映农业因素正在增长。”[13]三道湾墓地中的农业生产工具铁铲[14]、商都县大库伦乡石豁子村中的铁犁镜和铁犁铧[15]以及兴和叭沟墓地中明显增加的陶器[16]。《资治通鉴》卷101《紧急二十三》载：“初，厉兵过代地，犯其穄地，代王什翼犍怒。”由此可见，进入匈奴故地之后的拓跋鲜卑农业经济已经初见端倪。匈奴故地温暖的气候、肥沃的土地和充足的水源，具备了农、牧并举的地理条件。该阶段的墓葬中出土大量的金器，从金器的工艺特点看，拓跋鲜卑的黄金工艺在匈奴传统工艺的基础上，又有了长足的进步。从工艺发展的过程看，鲜卑人已经掌握了单模灌注，辅以锤叠，制造平面浮雕式的饰牌，如乌兰察布盟察右后旗井滩村出土的三鹿纹金牌（图二）；掌握了复模镶包术，如乌兰察布盟和林格尔县出土的包金神兽纹带饰（图三），以及在此基础之上再加镶嵌术，如呼和浩特市土左旗讨不气村出土的嵌宝石猪带饰（图四）。另外，暴珠工艺、鱼子纹的焊接已达到巧夺天工的境地。拓跋鲜卑的手工业已经达到了相当高的水平。

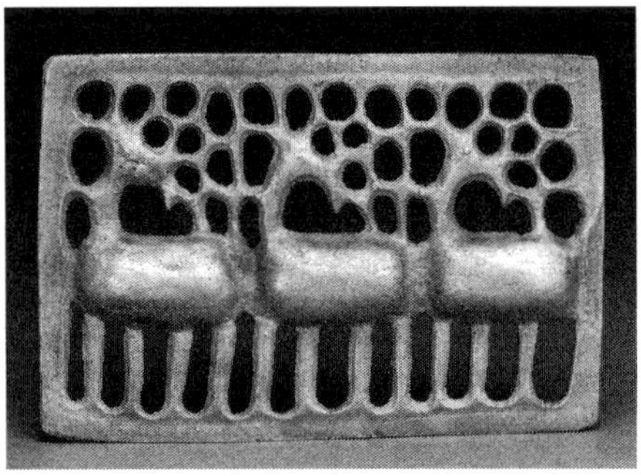

图二　三鹿纹金牌

图三　包金神兽纹带饰

图四　嵌宝石猪带饰

第二，促进了各民族的大融合。从大山深处走来的拓跋鲜卑，随着不断的迁徙，视野由原来落后、封闭的状态，逐渐变得开阔，与外界的交往成为他们内心的渴望，与其他民族的交流、融合成为他们发展壮大的必然要求。在众多因素的共同作用下，拓跋鲜卑与汉族，与匈奴、乌桓、丁零（高车）、柔然等周边民族、部落产生了千丝万缕的联系。可以说，拓跋鲜卑的南迁为这一时期中华大地各民族的大融合做出了巨大的贡献。

其一，与中原王朝的关系。中原完善的政治体制，相对较高的经济、文化水平，无不令这个不断求索、大胆创新的寻梦民族艳羡不已。

政治上，拓跋鲜卑与中原王朝可谓是“虚与委蛇”，因其实力的变化而变化。随着拓跋鲜卑势力的不断强大，领导者的野心亦在不断的膨胀。二者间的关系随拓跋鲜卑实力的变化而变得微妙、多变。体现在政治上分为两汉、魏晋两个时期。

西汉时期，鲜卑南隔乌桓与中原相望，“不与余国争衡，未有名通于汉”。及至东汉，随着拓跋鲜卑的不断南迁，相互往来增加，二者之间的关系也愈加的复杂，大体可分为三个阶段[17]：第一阶段是光武帝、明、章三世，此时双方略有战端，但基本上是和平相处。在建武二十五年，鲜卑族开始与汉朝通驿使，从官方角度建立了关系；第二阶段是和帝至顺帝时期，在该阶段鲜卑族随着北匈奴的败退，势力日渐强盛。从汉和帝开始双方关系时和时战，总体上以战争为主，如“和帝九年辽东鲜卑攻肥如县、辽西郡；十三年辽东鲜卑，寇右北平，因入渔阳；延平元年辽东鲜卑复寇渔阳”[18]等。鲜卑族虽然对东汉的战争频繁，但在此阶段不过只是侵扰东汉的边军而已。期间有几次归顺，如“永初元年，鲜卑大人燕荔阳，诣阙朝贺，赐王印绶、居宁城、通胡市”[19]；“永建二年辽东鲜卑，寇辽东玄菟，大败乞降；乃率种众三万人诣辽东乞降辽”[20]。此时鲜卑已经成为东汉的重大边患之一。第三阶段是汉桓帝至东汉后期，鲜卑族随着著名首领檀石槐部落大联盟的建立，势力骤增，成为汉北边严重威胁，檀石槐对东汉政府态度逐渐强硬。不但拒绝接受汉的封王、和亲，而且对汉的寇抄变本加厉。例如，灵帝时，“幽并凉三州缘边诸郡，无岁不被鲜卑抄寇，杀掠不可胜数。”[21]在熹平六年，汉朝派遣北地太守夏育护羌校尉田晏、匈奴中郎将臧旻可率领万余骑兵击讨鲜卑，结果是“丧其节传辎重，各将数十寄奔还，死者十七八”[22]。

拓跋鲜卑与魏晋政府“有战，亦有和”。虽说战争不断，主流却是友好往来。如神元四十二年（261年），始祖力微“与魏和亲”，遣子文帝沙漠汗到魏国，以“且观风土”之名，建立与曹魏的友好关系，力微此策影响深远，“魏晋禅代，和好仍密”。乌兰察布盟小坝子滩出土的“晋鲜卑归义侯”金印、“晋鲜卑率善中郎将”银印、“猗㐌金”四兽纹金饰牌等充分说明西晋时期，鲜卑首领已经接受了中原王朝的册封，建立与曹魏的友好关系。据史料记载，拓跋猗㐌帮助晋帝打败叛晋自立的刘渊，被晋惠帝授予大单于称号。310年，拓跋猗卢遣侄郁律率骑二万，助晋并州刺史刘琨打败白部鲜卑及铁弗匈奴。拓跋猗卢因功受西晋封为大单于、代公，并求晋割让句注、陉北之地，于是势力益炽。西晋愍帝为酬谢拓跋猗卢的帮助，封其为代王。拓跋部自315年拓跋猗卢被封为代王始，进入拓跋代时代。令人惊叹的是，在战乱频繁的两晋时期，这样一个部落民族不仅能得以保全，并有所发展、壮大。历史证明，处于夹缝之中的拓跋鲜卑依附于当时势力较为强大的中原王朝，不失为一种有效的自保策略。同时也可以看出，两晋时期中原王朝政治上的虚弱无力，对周边部落、民族采取各种安抚手段，以达到政治上的间歇性平衡，适时加以利用。

经济上，《后汉书》载：“永初元年，鲜卑大人燕荔阳，诣阙朝贺，赐王印绶、居宁城、通胡市。”据此，可以推测，此时的鲜卑与东汉政府已开通互市，有了经济往来。考古资料以充足的物证，有力地印证了史料的记载：扎赉诺尔墓群和拉布达林墓群都出土了王莽至东汉前期流行的规矩铜镜；在拉布达林墓葬群出土的流行于西汉中后期的昭明镜，以及王莽新政四次货币改革中第三次改革的产物——大泉五十；东汉晚期三道湾鲜卑墓葬出土东汉晚期常见的“四乳四禽”“长宜子孙”“位至三公”、连弧纹铜镜及“五铢”钱[23]。故可以肯定，东汉时期，拓跋鲜卑与中原已经开通互市贸易。与中原王朝的经济往来，极大地促进了拓跋鲜卑经济的快速发展。

文化上，拓跋鲜卑随着与中原地理位置的渐近，势力范围的不断扩大，逐渐意识到原有的统治策略、传统的文化与不断发展壮大的政治需求越来越无法合拍。鲜卑若要继续发展、壮大，必须吸收先进的文化理念、管理方法。拓跋鲜卑逐步任用汉人提倡儒学。但很多汉族士大夫由于长期以来受儒家“非我族类，其心必异”思想的影响，鄙视周边落后的少数民族，不愿与其合作。所以，鲜卑族最初任用汉人采取的都是强迫手段。例如，燕凤和许谦都受到什翼健的重用，一个为代王左长史，参决国事，一个为代王郎中令，兼掌文记。其中，燕凤就是被迫的。《魏书·燕凤传》载：“燕凤，好学，博综经史，明习阴阳谶纬。昭成素闻其名，使人以礼迎致之，凤不应聘，乃命诸君围代城，谓成人曰‘燕凤不来，吾将屠汝。’代人惧，送凤。昭成与语，大悦，代之以宾礼。”

拓跋鲜卑受汉文化影响同样体现在手工业制作上，扎赉诺尔墓群出土的鎏金飞马纹铜饰牌（图五）采用单模锤谍，主体马纹轮廓清楚，但不做细部加工，也不加地纹与边饰，略近于平面浮雕。这种平面浮雕与东汉画像石的艺术风格近似，明显受到汉文化的影响。汉以来流行的龙纹和朱雀纹，在鲜卑金饰品中亦有出现，如扎赉诺尔墓群出土的轮制双耳陶罐和角器上皆刻有龙形纹饰。

图五　鎏金飞马纹铜饰牌

其二，与周边民族、部落的交往融合。

鲜卑族的迁徙，脱离了森林中与世隔绝的封闭状态，与草原上的游牧民族匈奴、丁零（高车）、柔然、乌桓等民族的接触日益广泛。远缘交婚，改变了分散在原始密林中的血缘氏族近亲婚姻，与匈奴、高车（丁零）、柔然、乌桓等民族融合形成许多新的族别，如与匈奴余部在草原地带错居杂处，相互婚媾，在南部出现了胡父鲜卑母的铁弗匈奴；在阴山以北出现鲜卑与敕勒融合的乞伏鲜卑；北部鲜卑进入匈奴故地后，与匈奴余部融合，成为鲜卑父胡母的拓跋氏。

献帝（邻）实行“七分国人”，以自己的兄弟分领各部，分其氏为：纥骨氏、普氏、拓跋氏、达奚氏、伊娄氏、丘敦氏、侯氏，史称“七族”；后又分出乙旃、车焜两氏，分别属叔父之胤和疏属之下，与帝室合为十姓，构成拓跋鲜卑联盟的核心。《魏书·官氏志》称：“至献帝（邻）时七分国人，使诸兄弟各摄领之，乃分其氏……献帝以兄为纥骨氏……次兄为普氏……又名叔父之胤曰乙旃氏。”“七分国人”所谓的“十姓”，其实并不仅仅是十姓，只是以十姓为主、为首罢了。在部落联盟中除鲜卑本族姓氏之外，还有匈奴、高车、柔然等其他民族、部落的姓氏融合其中。有史可考的非拓跋鲜卑姓氏有：匈奴族姓氏至少有六姓，有贺赖氏、独孤氏、须卜氏、丘林氏、破六韩氏、宿六斤氏等；高车族姓氏有乞伏氏、解枇氏奇斤氏、贺拨氏、屋引氏、俟利伐氏等；柔然族姓氏阿伏干氏、叱吕氏、尔绵氏等。可见，“七分国人”不仅在政治上确立了鲜卑族的统治、主导地位，同时将匈奴、高车、柔然等被征服者纳入拓跋鲜卑“十姓”之中，进行有效的控制。另外亦说明，早在“大泽时期”，鲜卑就已经与驻牧在当地的匈奴、高车等族接触、融合。鲜卑族与周边各民族、部落的交往、融合，促进了经济、文化的发展，并伴随其风俗习惯、生活方式的改变。例如，受匈奴、高车等民族的影响使用铜器、铁器等金属工具的习惯，尤其在黄金制作工艺上，在继承匈奴传统工艺的同时，又有了进一步的发展。

注　释

[1] 黄雪寅．从嘎仙洞到龙门石窟——鲜卑民族的南迁与汉化［J］．历史，2001（8）：13．

[2] 米文平．鲜卑石室的发现与初步研究［J］．文物，1981（2）．

[3] 梁云．拓跋鲜卑的早期历史若干问题研究［D］．内蒙古大学博士学位论文，2013：31．

[4] 韩兆民．宁夏固原北周李贤夫妇墓发掘简报［J］．文物，1985（11）：19．

[5] 郭峰．关于秃发南凉早期历史的几个问题［J］．兰州学刊，1986（4）：83．

[6] 马长寿．乌桓与鲜卑［M］．上海：上海人民出版社，1962：245．

[7] 内蒙古文物工作队．内蒙古陈巴尔虎旗完工古墓清理简报［J］．考古，1965（6）．

[8] 陈凤山，白劲松．内蒙古扎赉诺尔鲜卑墓［J］．内蒙古文物考古，1994（2）．

[9] 王成，塔拉，张春．额尔古纳右旗拉布达林鲜卑墓群发掘简报［A］．内蒙古文物考古文集（第一辑）［C］．北京：中国大百科全书出版社，1994：393．

[10] 中国科学院考古研究所内蒙古工作队．内蒙古巴林左旗南杨家营子的遗址和墓葬［J］．考古，1964（1）．

[11] 宿白．东北、内蒙古地区的鲜卑遗迹——鲜卑遗迹辑录之一［J］．文物，1977（5）．

[12] 盖山林．内蒙古察右后旗赵家房村发现匈奴墓群［J］．考古，1977（2）．

[13] 同［11］．

[14] 乌兰察布博物馆．察右后旗三道湾墓地［J］．内蒙古文物考古文集（第一辑）［C］．北京：中国大百科全书出版社，1994：407～433．

[15] 陈棠栋．商都县出土窖藏铜器、铁器考［J］．内蒙古文物考古，1991（1）．

[16] 乌兰察布盟文物工作站．内蒙古兴和县叭沟村鲜卑时期墓葬［J］．考古，1993（3）．

[17] 翁独建．中国民族关系史纲要［M］．北京：中国社会科学出版社，1990：254．

[18] 范晔．乌桓鲜卑传．后汉书［M］．北京：中华书局，2005：2021．

［19］ 同［18］.
［20］ 同［18］.
［21］ 同［18］：2020.
［22］ 同［18］：2020.
［23］ 乌兰察布博物馆．察右后旗三道湾墓地［A］．内蒙古文物考古文集（第一辑）［C］．北京：中国大百科全书出版社，1994：407～433.

On the Social Influence of Tuoba-Xianbei Migration

Ma Ying

Abstract: The Tuoba-Xianbei is a famous branch of the Xianbei groups. Its developmental history is not only a story of southward and westward migrations, but one of constant self-transformation and adaptation. The process of migration has had a huge and positive impact on the changes in political organization, economic development and centralization at that time.

Keywords: Tuoba-Xianbei; social influence; central plains; peripheral groups

大同北魏墓葬胡俑的粟特人象征

张志忠

（大同市考古研究所，大同，037000）

内容摘要： 平城是北魏前期的首都，定都近百年，发展成为当时北方政治、文化中心和国际化大都市。多年来，考古发掘了许多重要墓葬，出土了数量众多的陶俑，尤其重要的是一批批伎乐、杂技胡俑的发现，人物特征鲜明，深目高鼻、高额窄颐，具有典型的西域人种特征。头戴圆形小帽，身着新颖华丽圆领窄袖长袍，与西域诸国出土的人物服饰更为接近。根据太原隋代虞弘墓和西安北周安伽墓葬具刻画的粟特人特征和服饰，参考西域文献资料，认为大同北魏墓葬出土的胡人俑，具有中亚地区粟特人的象征。胡人俑展现出一幅幅人物形象生动、服饰特征鲜明的中亚粟特人风情画卷，为我们认识了解粟特民族风俗、生活习惯提供了形象的实物资料，对于研究平城时期丝绸之路和东西方民族之间的商贸往来及经济文化交流，进而认识粟特等民族从迁徙、聚居到与汉民族融为一体的发展历程都具有十分重要的意义。

关键词： 大同；北魏墓葬；胡俑；粟特人

2000 年夏秋，大同雁北师院北魏墓群[1]的发掘是继司马金龙墓[2]、方山永固陵[3]之后又一次重要发现，出土了为数众多的陶俑，尤为重要的是一批伎乐杂技胡俑的发现，人物特征鲜明，衣着新颖华丽。2014 年云波路华宇商业中心 M10，出土了相同的 3 件胡人伎乐俑[4]，对于研究北魏平城时期丝绸之路和东西方贸易、经济、文化交流有着十分重要的意义。近年来，随着太原隋代虞弘墓[5]、西安北周安伽墓[6]的发现和科学发掘，展现出一幅幅人物形象生动，体貌特征鲜明的中亚粟特人风俗画卷，为认识和研究粟特民族风俗习惯及宗教信仰提供了形象生动的实物资料，通过比较研究对于了解和认识北魏平城时期墓葬出土的胡俑形象，起到了积极的帮助作用。本文通过以上胡俑材料的对比研究，似有所得，略陈管见。

一、相貌与服饰上的粟特人象征

北魏平城时期墓葬出土胡俑的数量很少，因此，对于其体形、面貌和服饰特征一直不甚清楚。以至有人把北魏墓葬中出土但是镇墓武士俑，凶猛霸悍的造型，深目高鼻的形象作为胡俑的象征。其实，这只是北方少数民族的形象，被人为夸张丑化的结果，不是我们要描述的中亚或西亚人的形象。真正的胡人俑 1965 年司马金龙墓曾有出土，众多的伎乐杂技胡俑出土于雁北师院北魏墓和云波路北魏墓地 M10。

雁北师院胡俑出土于幽州刺史、敦煌公宋绍祖墓[7]和规模较大的 M2 中，宋绍祖墓出土 4 件胡人俑，位于墓室回廊东部，出行仪仗两侧似呐喊或鼓吹为出行队伍助威。人物面部表情略有差异，体貌特征却极为一致，高额颐窄，浓眉深目，鼻梁高挺，头戴黑色圆形小帽，身着华美艳丽的圆领窄身紧袖对襟长袍彩绘，编织不同花纹图案，领、袖、前襟和下摆着不同颜色镶边，装饰不同花卉纹样，腰系黑带，足登黑靴，大部分袍面胯下开衩，人物形体特征相似，前部小肚凸出略现下坠，与此相对，后面臀部明显上翘（图一）。M2 发现胡人俑 7 件，均位于墓室前部，外围是八个跽坐式乐俑，手持不同乐器，姿态各异作表演状，中央为长袖甩动的舞俑，从体貌特征及着装看，额颐宽广，细美慈目，鼻梁适中，头戴黑色鲜卑帽，身着左衽交领长袍，均系汉人、鲜卑人或北方少数民族，即蒙古人种。其间站立动作不同的伎乐胡俑和令人叫绝的顶幢杂技胡俑表演，因其担当角色不同形体姿态和面部表情各异，但其体貌特征和服饰却是一致的，高额窄颐，浓眉深目，鼻梁高挺，头戴黑色圆形小帽，身着圆领窄袖长袍，点缀色调相近的团花图案，袍面胯下开衩，圆领、袖、下摆及开衩处镶边着不同颜色，腰束带，足登黑靴（图二）。与宋绍祖墓出土胡俑唯一的区别是，衣服没有采用对襟形式。云波路 M10 出土胡人俑 3 件（图三），立姿伎乐俑，头戴黑色风帽，深目高鼻，腰系革带，肚臂外凸，袍边底部侧摆开叉，足蹬高靴（图四）；缘橦胡俑，头部高高扬起，双臂弯曲叉腰，身着白色圆领窄袖长袍，红色边饰，袍身绘红色花卉图案，额正中有一圆形孔，应为顶橦之处（图五）；吹横笛胡俑，身着红色圆领窄袖长袍，袍上绘有白色花卉图案，双手臂向前举至左侧肩部高度，手部半握手心相对，应在吹奏横笛（图六）。仔细对照司马金龙墓出土的胡人俑，也不难看出与上面描述相同的体貌和装饰特征。

图一　宋绍祖墓胡俑

图二　雁北师院 M2 胡俑

图三　云波路 M10 胡俑

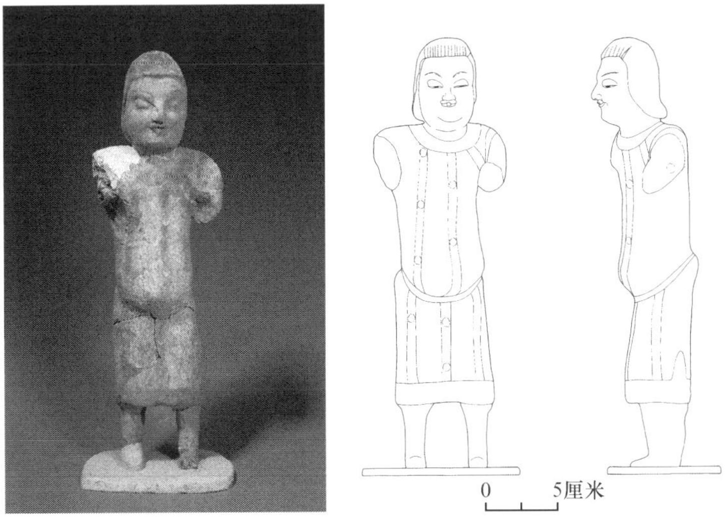

图四　云波路 M10：13 胡俑

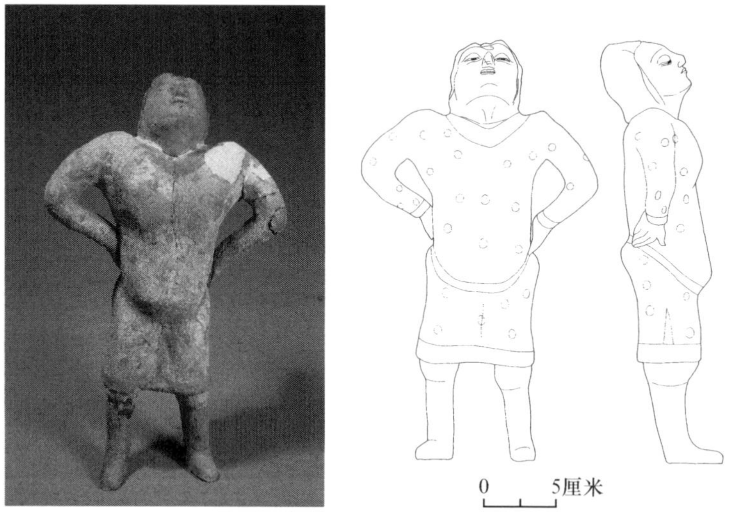

图五　云波路 M10：4 胡俑

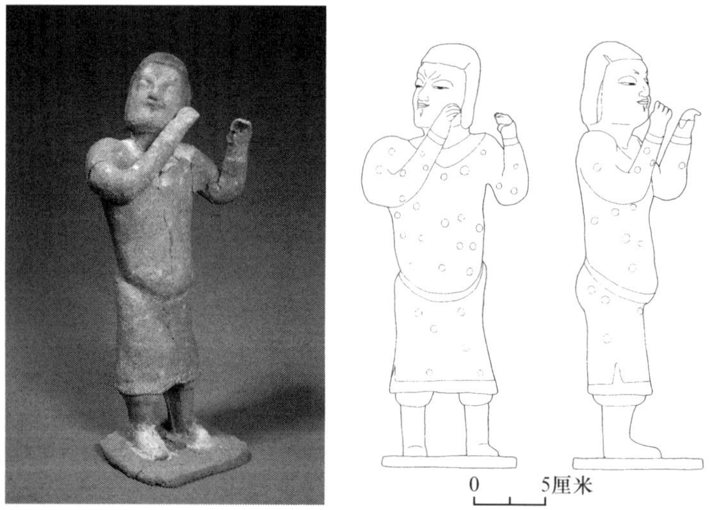

图六　云波路 M10：10 胡俑

值得注意的是，出土胡人俑都具有中亚、西亚民族人种特征，结构合理，设计逼真，装饰纹饰繁缛，色彩艳丽，制作工艺复杂，具有相当的难度。由此可推见，当时对此类套用有着精深的研究和高超专业化制作队伍，绝非无社会基础的个人能为。

综观这些胡人俑无论奏乐与杂技表演者，皆深目高鼻、高额窄颐，头戴圆形小帽，身着圆领窄袖长袍，具有典型的西域人种特征。西域居阳关、玉门关以西，包括波斯、鄯善、且末、于阗、车师、焉嗜、龟兹、疏勒、粟特诸国。据《汉书·西域传》："自宛以西至安息国，虽颇异声，然大同，自晓相知也，其人皆深目，多须髯。"《北史·西域传》载："自高昌以西诸国人等，深目高鼻。"可知胡人俑形象源自高昌以西诸国，即现在中亚、西亚一带。若以胡人俑所着圆领窄袖长袍等服饰，与今出土的西域诸国人物服饰资料作些对比，可以看出胡人俑与图像中的中亚人物更为接近。

下面来看一下西安北周安伽墓发掘简报对石榻围屏雕刻人物是怎样描述的。头戴虚帽，身着红色圆领紧身对襟长袍，领口、前襟、袖口及下摆饰红彩，腰束带，脚登黑靴，相同的描述达十余处之多。太原隋代虞弘墓简报也有相似的描述，如人物黑色短发，深目高鼻，身着一件红地白花的圆领窄袖长袍，下摆为白色和绿色宽边，腰系白色革带，足蹬一双黑色长筒靴。另外据墓志，墓主人安伽来自中亚粟特地区的安国，石榻围屏的图像内容展示了粟特袄教美术的宏大场面；隋代虞弘官职为萨保，掌管来华外国人事物，石椁的雕像也具有明显的粟特美术特征。而大同北魏墓葬出土胡人俑的面部特征，如圆形黑色小帽，罩住短发，深目高鼻，和虞弘墓石椁上刻画的人物极为相似，身着圆领窄袖对襟长袍，领口、袖口和下摆饰不同的色彩，则与安伽墓石榻围屏刻画的粟特人服饰相同。据《北史·西域传》康国条下记载："丈夫剪发，锦袍……，人皆深目高鼻多髯。"大同北魏墓葬出土的胡人俑，虽没有发现胡须，但所着服饰，图案新颖，色彩艳丽，应该是模仿织锦彩绘的结果。通过资料对比结合文献分析，我们初步认为大同北魏墓葬出土的胡人俑，具有中亚地区粟特人的象征。

二、粟特人进入平城的历史背景

粟特国在葱领以西，阿姆河和锡尔河之间，自张骞通西域，西汉设立西域都护府，丝绸之路日益畅通，中西经济往来和文化交流日益频繁。号称"世界商人"的中亚粟特商人通过丝绸之路，大批涌入玉门关兴贩贸易。据荣新江先生《隋及唐初并州的萨保府与粟特聚落》一文[8]，从魏晋时期开始，由于商业上的原因和粟特本民族受厌哒、突厥、大食登势力的侵袭，促使大批粟特人向东迁徙，他们有的进入漠北突厥汗国，有的入仕北魏、北齐、北周和隋唐各级机构，有的则一直以商业民族的形象活跃在中国中古社会中。粟特人随处而居，形成聚落，一部分人继续东行，形成新的聚落。在北朝早期，大多数聚落不受政府约束，有关的记载也就很少。由于大多数粟特人信奉传统的袄教，所以聚落中往往立有袄祠，萨保即成为粟特聚落中的政教大首领。北朝隋唐政府为了控制这些胡人聚落，设萨保府管理，把萨保纳入中国的官僚体制当中萨保被视为流外官员，专门由胡人首领担任，北朝到隋唐的中央政府对粟特聚落的控制是一个漫长的过程。

大约公元三、四世纪，粟特商人"多诣凉土贩货"，并在这里驻足停留，进而形成聚落，作为货物贸易的中转站。北魏太延五年（公元439年），太武帝拓跋焘出兵河西，克姑臧（凉州），俘获了大量的粟特人。同年十月，"车驾东还，徙凉州民三万余家于京师。"[9]这其中应包括为数不少的粟特人。此后由于鄯善"闭断魏道"致使"西域不通者数年"，直到文成帝太安三年（公元457年），"粟特王遣使请赎之，诏听焉。"[10]从这条记载可以看出，当时在北魏境内粟特人的数量很大，而且经过近二十年与汉、鲜卑民族之间的杂居相处，大多数已经适应了当地的生活和生产方式，粟特王虽用重金赎取，仍有相当多的粟特人留了下来，大同北魏墓葬出土大量的胡人俑可以清楚的说明这一点。

雁北师院北魏墓葬中，五座砖室墓集中分布，自北而南依次排列，墓葬结构，随葬器物相同，其中宋绍祖墓和M2出土的陶车、陶马、陶牛和陶俑等制作及造型都极为一致，应为家族墓地。据墓志，宋绍祖为敦煌郡人，官爵为幽州刺史、敦煌公。魏晋以来，宋氏一直是敦煌的大姓，拓跋焘平北凉，以宋繇为首的不少宋氏家族成员迁徙至平城，并切且多被委任以要职，加以重用，宋绍祖可能就是此时来平城的。敦煌郡属凉州，位于河西走廊西部，玉门关以东，是丝绸之路重要的贸易通道。东汉以来就成为“华戎所交一都会”[11]。十六国时期，西凉武昭王李皓迁都酒泉，从敦煌一次性迁出2.3万户，其中居住的粟特人不下百户[12]。南北朝时期更多的粟特人辗转或聚集于此，从事贸易的同时，与当地居民建立起了良好的关系，他们的传统文化潜移默化地影响着当地居民的生产和生活方式，随着迁往平城，把这种异域风情带到了北魏内地。据《魏书》记载，司马金龙原配妻子为陇西王、太尉源贺之女，带耳室的墓葬形制和随葬的大批甲器具装等骑兵陶俑，体现了十六国时期河西地区的丧葬习俗，墓中出土的胡俑和平城其他北魏墓葬所见的胡人俑，反映了他们与粟特人之间的联系，故推测大同北魏墓葬中出土的胡俑为中亚地区粟特人象征。

三、乐舞中的粟特人因素

南北朝时期中亚粟特人的聚居地分裂为九个国家，以康国、安国等最为著名，俗称“九姓商胡。”他们大多喜欢音乐擅长歌舞，并借助北方民族的力量大批涌入北朝诸地，西域及粟特音乐和歌舞随着的足迹进入内地。据《隋书·音乐志》记载：“自后魏平冯氏，通西域，因得其伎，后渐繁其声，以别（列）于太乐。”也就是说，太武帝拓跋焘时，粟特中的安国乐已传入北魏平城，并被列为太乐署中为宫廷音乐。此外，还记录了有关安国乐的一些内容，其中乐器有箜篌、琵琶、笛、肃、筚篥和鼓等。关于宫廷伎乐，当时的文献也有一些记载，仍不能知其详，而这时皇家主持开凿的云冈石窟，具有鲜明的国家政治色彩，在一些洞窟雕凿了众多的伎乐天形象。如第九窟，俗称音乐窟，为前后窟室，前窟雕凿的伎乐天，手持各种西域乐器，雕刻精美，装饰华丽，反映了北魏宫廷的乐舞具有浓重的西域民族音乐的色彩。

雁北师院M2北魏墓葬，伎乐胡人俑环绕于杂技胡俑周围，作伴奏状，胡俑均为站立演奏，手持的乐器，可能为木制，已朽失，但从手势大体可以看出所持的乐器有琵琶、笛、肃等。外围是头戴鲜卑帽，身着鲜卑袴的伎乐俑，人物形象为典型的北方民族（图七），手势与胡人乐俑相似或相同，说明其所持的乐器也大致一样，但其姿势都是跽坐式，反映了两者演奏方式的差别，前者形式自由活泼，与北周安伽墓石榻围屏、隋代虞弘墓石椁雕刻的乐舞人物形象十分相似，手持的乐器也相同，均为站立表演，形式活泼多样，不拘泥场地和空间，随时随地可以进行演出和娱乐。从诸多方面看，雁北师院

图七　雁北师院 M2 女乐俑

1. M2：1　2. M2：2　3. M2：4　4. M2：3　5. M2：7　6. M2：8　7. M2：5　8. M2：6

M2 的伎乐胡俑表演可以说与其一脉相承。因此，我们认为大同北魏墓葬出土的伎乐胡俑，在音乐方面有许多粟特乐或者是安国乐的因素。

此外，演奏西域或安国乐舞的场景，也经常出现在北朝时期墓葬的其他出土文物中，大同北魏司马金龙墓石雕柱础，四角刻有四个伎乐，演奏的都是西域乐器。河南安阳北齐范粹墓[13]出土的橘黄釉扁壶，造型为北方少数民族，从生产工艺看是当地的产品，塑造了一幅完美的西域乐舞图，不但乐器和舞蹈为西域的，人物的体貌特征和服饰，均为典型的西域地区人种特征。说明此时民间的乐舞表演已普遍流行西域或安国音乐的成分，反映了西域胡人大量进入并于内地聚居的事实，中亚粟特人只是他们中的一部分。此后固原南郊发现的隋代史射勿墓[14]，土葬而没有棺木，随葬品与汉族或北方少数民族墓葬不同，体现出许多粟特葬俗的特点，而唐初并州萨保府的设立和存在，进一步证明自北魏至唐粟特人由少到多，由边远地区到内地的迁徙和形成聚落的发展过程。

通过以上三个方面的比较和研究，我们对大同北魏平城时期墓葬中出土的胡人俑有了大概的了解，并初步推断其为中亚地区粟特人的象征。鉴于目前这方面考古材料仍存在诸多的欠缺，使本文论证显得单薄无力，以致无法作出令人信服的结论。权且作为抛砖之举，希望引起专家和学者的注意，对于研究东西方民族之间的商贸往来和经济文化交流，进而认识粟特民族从迁徙、聚居到与汉民族相互融和为一体的发展历程都具有十分重要的意义。

注　释

[1] 资料尚在整理中.

[2] 大同市博物馆，山西省文物工作委员会. 山西大同石家寨北魏司马金龙墓[J]. 文物，1972(3).

[3] 山西省大同市考古研究所. 山西大同云波路北魏墓(M10)发掘简报[J]. 文物，2017(11).

[4] 大同市博物馆，山西省文物工作委员会. 大同方山北魏永固陵[J]. 文物，1978(7).

[5] 山西省考古研究所，太原市考古研究所，太原市晋源区文物旅游局. 太原隋代虞弘墓清理简报[J]. 文物，2001(1).

[6] 陕西省考古研究所. 西安发现的北周安伽墓[J]. 文物，2001(1).

[7] 山西省考古研究所，大同市考古研究所. 山西大同市北魏宋绍祖墓发掘简报[J]. 文物，2001(7).

[8] 荣新江. 隋及唐初并州的萨保府与粟特聚落[J]. 文物，2001(4).

[9] 《魏书·世祖纪上》卷四上.

[10] 《魏书·西域传》卷一百二十.

[11] 《后汉书·郡国志五》卷三十三.

[12] 李明伟. 隋唐丝绸之路：中世纪的中国西北社会与文明[M]. 兰州：甘肃人民出版社，1994：145.

[13] 河南省博物馆. 河南安阳北齐范粹墓发掘简报[J]. 文物，1972(1).

[14] 罗丰. 固原南郊隋唐墓地[M]. 北京：文物出版社，1996.

Sogdian "Hu" Terracotta Figurines in Northern Wei Dynasty Tombs in Datong

Zhang Zhizhong

Abstract: Pingcheng, the capital of the early Northern Wei Dynasty, was established for nearly a hundred years and developed into the political, cultural center and international metropolis of the North at that time. Over the years, many important tombs have been excavated, and a large number of pottery figurines have been unearthed. Especially important is the discovery of a number of figurines of entertainers or acrobas with distinct physical characteristics such as deep eyes, a high nose and cheekbones, which resemble physical types of the Western Regions. The "hu" figurines are wearing round caps, round collars and narrow sleeve gowns, resembling the clothing of figurines unearthed in the Western Regions. According to the characteristics and costumes of the Sui Dynasty Yuhong Tomb in Taiyuan and the Anjia Tomb in Northern Zhou period Xi'an, and referring to the literature on the Western Regions, it is believed that the figurines unearthed from Northern Wei tombs in Datong depict Sogdians originating in Central Asia. The "hu" figurines display vivid images and distinctive Central Asian costumes, which provide us with visual documentation about customs, living habits, but also trade and economic and cultural exchanges along the Silk Road between groups East and West of Pingcheng. The development of Sogdian communities and other groups is a story of migration, cohabitation and integration.

Keywords: Datong; Northern Wei Dynasty tombs; Hu terracotta; Sogdians

辽宁朝阳师专院内两座辽墓出土的壁画刍议

王冬冬

（朝阳博物馆，朝阳，122000）

内容摘要：自二十世纪七八十年代开始，朝阳地区已发现和出土了大批辽代墓葬，如刘氏[1]、耿氏[2]和耶律氏[3]家族墓地及一些中、小型墓葬，数量达数百座。其中不乏亦有一定数量的壁画墓，如刘承嗣墓、耶律仁先墓，耿延毅墓、建平水泉辽墓及朝阳凌河小学院内辽墓等。但朝阳市所收藏的辽代壁画甚少。本文所述的辽墓壁画，虽然保存状况较差，有的甚至残缺不全，但毕竟是朝阳地区现存为数不多的实物标本。这些标本不仅充实了博物馆的藏品，丰富了展陈内容，同时，也为文博及各界研究者提供了些许难得的实物资料。

关键词：壁画墓；辽代；朝阳地区

2009年12月，朝阳师专新校址在建设施工过程中发现2座辽代墓葬，遂上报市文管部门。鉴于2座墓葬已经在施工中遭到了严重破坏，经报请文物行政主管部门批准，由朝阳博物馆考古队进行抢救性清理。2座墓均为砖筑券顶墓，所处位置正是施工运送土方及各种物资车辆必经的路面下，尤其是重载车辆的碾压，使2座墓面临即将垮塌的危险。墓室内裂痕累累，墓中壁画已严重脱落，存留者盖无完整。为保留这些残存壁画，考古队进行了抢救性揭取。由于当时正值北方寒冬季节，更给壁画的揭取工作带来一定的困难，使所揭取回的壁画残缺不全，有的甚至破碎不堪。但难得的是，还保存了一些壁画内容。现将壁画择其保存状况较好者按其内容的不同予以介绍。

一、壁画内容

根据所存不同内容的壁画，可划分为人物、花卉、动物、天文及车马五大类，各类别中又依其内容的差异进行分别叙述。

（一）人物类壁画

1. 贵妇、男吏图（2 幅）

图一 贵妇，男吏图

之（1）：绘于墓室西壁中部。共 4 人，中间两人为贵妇形象，贵妇两侧各站立一男吏。画幅纵 145、横 144 厘米（图一）。

左一人物：男吏。头戴方顶硬壳簪花幞头。长方形脸，小鬓髯，双目左视前方。身着绿色长袍，腰束灰色革带，脚穿赭石色圆口翘头毡鞋。双臂曲拱于胸前。衣褶纹线条自然流畅，人物神态严肃庄重。

左二人物：贵妇。头顶以浅蓝色巾袱包髻，以粉红色带扎系，掩耳幔状垂发。面部丰腴，眉清目秀，樱桃小口，朱唇。内穿绿色白花长裙，两白色蓝纹袍带前垂过膝。外着粉红色绿花对襟上襦，足穿赭色圆口翘头毡鞋。双手揣袖于胸前。人物神态安详，面容妩媚。

右二人物：贵妇。头顶以赭石色巾袱包髻，绿带扎系。掩耳幔状垂发，长脸丰腴，眉目清秀，小口朱唇。内穿粉色百褶长裙，两裙带垂于前身，外着蓝色宽袖长衣，脚穿赭色圆口翘头毡鞋。双手揣袖于胸前。人物神态自然、大方。

图二 贵妇图

右一人物：男吏。胸部以上脱落。身着绿色宽袖袍衣，腰系粉带系结于腹前，下身穿白色紧腿裤，脚穿赭色圆口翘头毡鞋。衣褶线条自然流畅。

之（2）：绘于墓室西壁北侧。贵妇。画幅纵 148、横 48 厘米（图二）。

壁画中人物头部三分之二脱落，仅见右侧掩耳垂发、下颌及小口朱唇。内穿朱边交领蓝衣，百褶朱裙，外套蓝色白花宽袖长衣。双手相揣置于上腹部，白色宽袖饰蓝草叶纹垂于前身。朱色百褶裙曳至裤脚处。足穿翘头圆口白色鞋。整体雍容华贵。

2. 男吏图

绘于墓室东壁南侧，共 4 人，均为男吏。画幅纵 136、横 138 厘米（图三）。

左一人物：契丹人。髡发。面圆丰，直鼻，小口，朱唇，双目斜视前方。内穿立领浅蓝衣，外着圆领绿色曳地长袍，左臂曲肘平置前胸，小臂搭白布巾。右手握红柄骨朵扛于右肩。

左二人物：头部已全部脱落。身姿、服饰与另两人大致相同。

右二人物：汉人。方形脸，棱角明显。眉目上挑，髭须，朱唇，头向左，斜视前方。内穿红、白两层交领衣，外着蓝色圆领曳地长袍，腰系赭色带。双手相揣置于上腹。

右一人物：汉人。头戴簪花幞头。方型脸，长目，直鼻，阔嘴朱唇。身着绿色曳地长袍，腰系赭色带。双手相揣于腹前。

3. 侍卫图

绘于墓室门外西壁。共2人。画幅纵79、横88厘米（图四）。

图三　男吏图

图四　侍卫图

左侧人物：契丹人。髡发。圆鼓脸，长眉上挑，双目圆瞪，钩鼻，大嘴，稀疏髭须。内穿灰色立领衣，外着圆领红袍，腰系灰布带。左手握拳于胸前，右手执骨朵长柄立于腰际。身材魁梧，表情威严。

右侧人物：汉人。头戴黑色软脚结式幞头，两脚带系于下颏。圆脸，立目，阔鼻，嘴微张。内着粉色立领衣，外着灰色圆领袍，腰系白带。双手左上右下执竹节长柄骨朵于身前。表情机警、灵动。

4. 庖厨图（2幅）

绘于墓门外天井南、西圹壁上。实为一组壁画内容，因所绘位置不同，故分别揭取。

之（1）：绘于天井西侧南圹壁。画幅纵157、横96厘米（图五）。

壁画上方为一男性厨工，以绿色帻巾裹扎发髻。圆脸丰硕，双目前视，高鼻梁，小口朱唇。内穿粉红色立领长衣，外着圆领绿色长袍，腰束带。袍衣两前摆挽扎于腰带，使衣摆呈“八”字形分于腿前，露出粉红长衣。双臂前曲，双手相握于胸前。壁画左下方为一对瓷瓶，并列摆放在一方台上；右下方为分置的两个三足鼎式器，器皿中烹煮肉食。

之（2）：绘于天井西墙壁。画幅纵167、横163厘米（图六）。

图五　庖厨图

图六　庖厨图

壁画右绘一蹲一站2名厨工。站立者位后，以浅蓝色帻巾裹扎发髻。圆脸，粉面丰颐，高鼻，小口微张，长髭须，头微前倾，双眸凝视下前方。内穿粉红立领衣，外着浅蓝圆领袍，腰束带。左手执钵曲肘置于胸前，右手拿一长柄勺，似刚刚舀动完煮肉锅中的汤汁。人物前方以黑线条绘一网状箩筐，应为盛装食材的编织物器。蹲立者以黑色帻巾裹扎发髻，头微低垂，双目注视着地面上放置的各类容器。内穿白色交领衣，外着浅绿圆领长袍，腰系红带。下肢呈左蹲右跪式，左肘置于跪膝上，小臂前伸，手平端一酱釉碗。右手因脱落漫漶不清。腿前地面上放置烹煮肉食的三足鼎式锅、平底酱釉大盆和几件白瓷碗。整体形态似正在盛舀熟食。

5. 人物十二生肖图

绘于墓室券顶起券处一周。择其中2幅。

之（1）：画幅纵40、横33厘米（图七）。

壁画均以朱色绘制边框，人物以黑色线条勾勒整体轮廓。生肖人物呈文官形象，头戴白冠，长方形脸，翘眉，长目无珠，张口，髭须，鬓髯。内穿交领曳地长衣，外着蓝色过膝广袖长袍，腹前垂粉红宽幅长襟，足穿粉红翘尖鞋。双手持笏板拱于胸前。生肖龙首置于冠顶。身后衬以蓝色勾勒的云气及红花蓝叶纹。

之（2）：画幅纵 33、横 31 厘米（图八）。

图七　人物十二生肖 · 龙

图八　人物十二生肖 · 牛

头戴黑冠。面阔，扬眉，长目无珠，小口闭合，髭须。内穿白色交领曳地长衣，外着深蓝边浅蓝色过膝广袖长袍，腹前垂宽幅粉红长襟，足穿方头翘鞋。双手持笏板拱于胸前。生肖牛首置于冠顶。身后衬云气与红花蓝叶纹。

（二）花卉类壁画

共 8 幅，绘于墓室北壁。均以赭石色绘制边框。择其 5 幅介绍。

1. 牡丹花图（2 幅）

之（1）：画幅纵 117、横 45 厘米（图九）。

画面下方以黑色线条勾勒一假山石，再以浅蓝及墨色敷绘。山石前后以绿地及四株花草点缀。山石后绘牡丹花，四朵盛开的大红牡丹花花冠硕大，花瓣层叠，枝叶繁茂翠绿。壁画构图丰满，花朵娇艳富贵，枝叶绿嫩鲜活。

之（2）：画幅纵 105、横 54 厘米（图一〇）。

画面以黑、蓝色勾勒假山石轮廓，再以浅蓝敷绘。山石立体感较强。牡丹花茎高挺翠绿，花叶以深、浅绿绘成三至四曲形状。枝繁叶茂，浓淡不一。七朵大红牡丹花竞相开放，争奇斗艳。

图九　牡丹花图

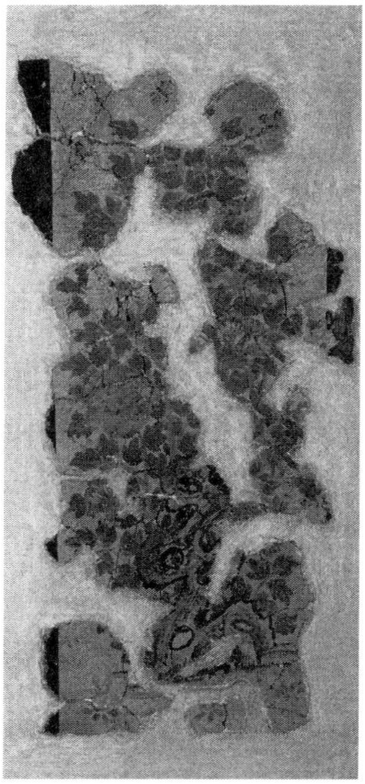

图一〇　牡丹花图

2. 芍药花图

画幅纵 115、横 48 厘米（图一一）。

画中所绘假山石以蓝色为主。芍药花枝干以赭石色勾勒，叶以绿色点缀，绿色花茎高而挺拔。四朵芍药花或为含苞，或为绽放。整个画面枝繁叶茂，花卉娇艳。

3. 蜂蝶花树图

画幅纵 110、横 41 厘米（图一二）。

花树前绘假山石。赭石色花干由"石洞"孔隙中透出。花树高而挺拔，花枝以赭石色勾勒。花叶绿色，枝繁叶茂，数朵黄花分布其间。花树顶端绘一展翅飞舞的绿身、黑翅花蝴蝶，正扑向花树。树冠左、右两端各绘一蜜蜂振翅欲落。整体画面丰富、写实，具有浓重的生态意境。

4. 花簇图

画幅纵 113、横 47 厘米（图一三）。

假山石以黑色勾勒轮廓，再以蓝、浅蓝敷绘，立体感较强。花卉整体呈花树状，花枝、干绘以绿色，叶则绘浅绿、浅蓝，浓淡相宜。大小不一的红色花朵密布于树，给人以枝叶扶疏，花团锦簇之感。

图一一　芍药花图

图一二　蜂蝶花树图

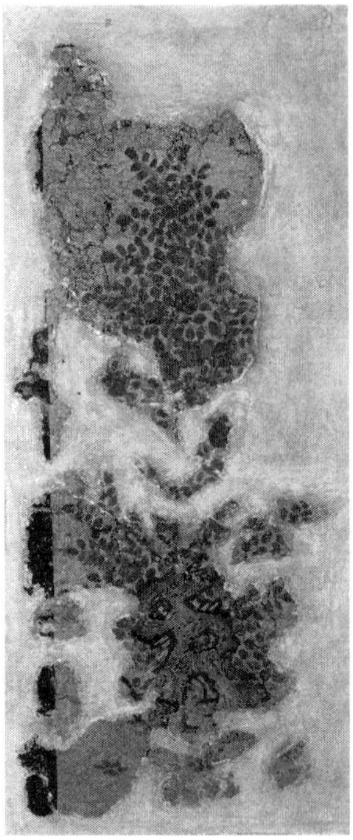

图一三　花簇图

（三）动物类壁画

绘于墓门仿木构建筑门楼上方、额墙后的山墙上。猫西鸽东相对。家燕飞翔其上。

1. 猫、鸽图

画幅纵 25、横 76 厘米（图一四）。

猫：体态肥硕。周身除嘴、眼及腹部为白色外，其余均绘黑色。头硕大，颈部系结白布带。猫双目圆睁，大嘴，红舌，胡须四立，怒视前方。呈随时捕捉猎物状。

鸽：站立状。以深灰色勾勒鸽身、翅膀、尾部及羽毛轮廓，喙、眼及身体大部分露灰白地。双目聚神，神态安定。

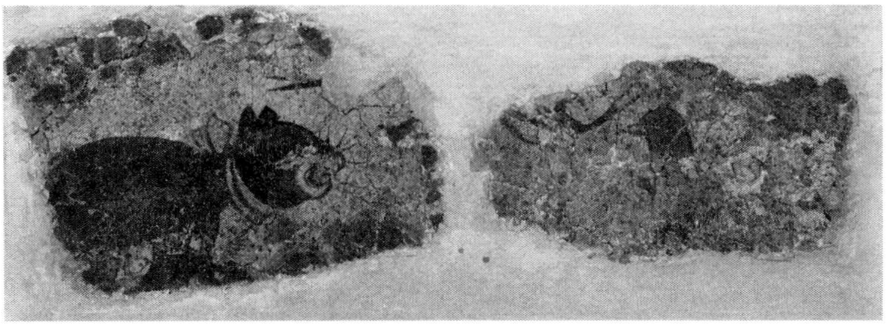

图一四　猫、鸽图

2. 家燕图

画幅纵 16、横 60 厘米（图一五）。

燕子除眼、腹部以白灰地衬白之外，周身绘黑色。画面中两家燕呈飞翔状，或展翅，或滑翔。形态轻盈自由。

图一五　家燕图

（四）天文类壁画

绘满墓室内券顶。大部分脱落。画面中绘日、月、星象。

1. 太阳鸟图

画幅纵 33、横 25 厘米（图一六）。以黑线条勾勒太阳圆形外廓，内饰淡红。太阳正中绘一展翅飞翔的金乌。金乌身、翅着金黄色，应是传说中的“三足金乌”。

2. 月兔桂树图

画幅纵 31、横 32 厘米（图一七）。

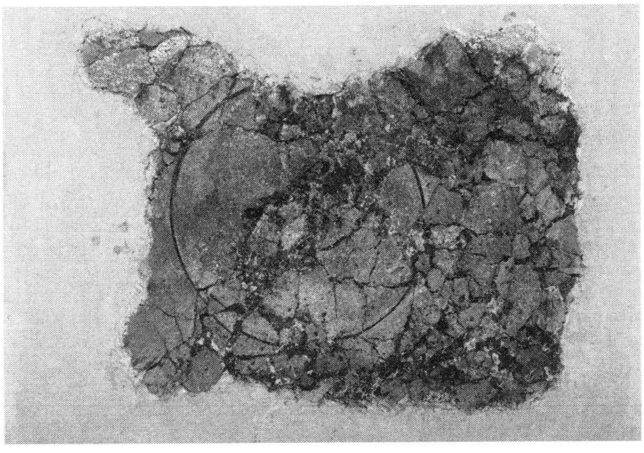

图一六　太阳鸟图

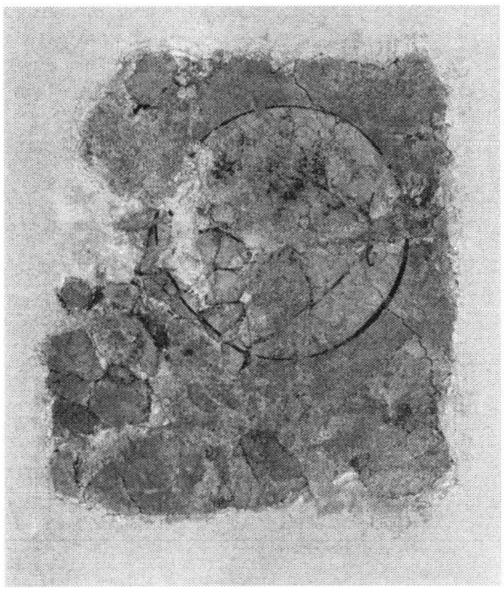

图一七　月兔桂树图

以黑色勾勒圆月外廓，内以白灰面为地。圆月下方绘一地平线，其上绘蹲立玉兔，兔首右倾平视。兔左侧绘一株桂树，树干向内倾曲，枝繁叶茂。画面整体宁静、皎洁。

3. 星象图

画幅纵 18、横 40 厘米（图一八）。

绘天蓝色作地，其上以淡红间白色绘满天星斗。整体画面为天蓝色穹顶中繁星似锦。

图一八　星象图

（五）车马类壁画

绘于墓道圹壁，严重脱落，仅揭取零星局部。

1. 车轮图

仅保留车轮部分。画幅纵 129、横 52 厘米（图一九）。

以黑线条勾勒车轮轮廓，用朱红绘车牙、辐，车軝，辖、軎间绘黑、白。画面中车轮右下方为另一架驼车的残缺骆驼头部。

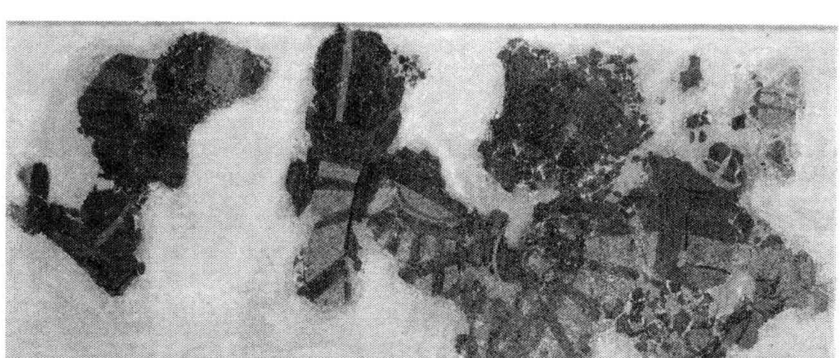

图一九　车轮图

2. 马图

仅保留马身局部。画幅纵 112、横 58 厘米（图二〇）。

马腿及肚带用黑色线条绘轮廓。马腿着朱红色，右腿直立，左腿弯曲抬起。蹄部绘浅黑色。踝内绘黑色蹄毛。白色肚带卡扣于马的腹部。从仅见的画面，可看出马腿画工精细，生动形象。

图二〇 马图

二、绘画形式与特征

这2座辽墓壁画的绘制，是先用红褐土掺适量草梗和泥，抹一层于墓室砖壁上，用作打底。待打底层干透后，再在其上抹一层薄白灰面，壁画绘于白灰面上。墓道及天井处壁画是将白灰层直接抹于墓道及天井的圹壁上，于其上绘画。壁画面较为平整、光滑。绘画首先是按墓葬结构整体布局构图，构图完成后，用碳条绘设壁画底稿，底稿确定后用墨线勾勒画面主体轮廓，然后平涂上彩，再按照不同壁画内容的需要，进行局部细绘和色彩渲染，尤其是花卉、云纹、天象图案采取叠色晕染，以体现画面的层次感。绘画用料主要有红、蓝、绿、黄和曜石黑等矿物质颜料。矿物质颜料本身具有色彩的固色性，使墓室壁画虽经历千百年仍能保持其艳丽色彩。白色则以白灰层面作地。如此绘画形式，充分保证了壁画画面良好的艺术和视觉效果。

这2座辽墓壁画，依据其建造形式、结构和不同的位置，绘制不同载体的壁画内容，反映出了壁画布局的合理性。壁画内容以人物画为主，动物及吉祥图案为辅，注重反映当时的生活习俗和美好的寓意。壁画虽损坏严重，但以残存的壁画可以看出出行图绘于墓道两侧圹壁；侍卫（门吏）、庖厨图绘于墓门两侧及天井墙壁上；甬道内两壁绘迎送图，顶部绘如意云朵和花草纹；墓室两侧至甬道处墙壁绘贵妇、男吏图；花卉组图绘于墓室北壁；人物十二生肖间花束图绘于券顶处起券处一周，其上券顶绘满天文星象；燕雀则绘于墓室外门楼上的“屋檐”处。整体构图即是墓主人生前部分生活的场景写照，又显示出满足死者对人间美好生活的留恋与向往。同时，也表明了墓主人生前应有着较高的身份和地位。壁画人物绘制力求仿真写实，人物比例近于真人。人物的容貌神情、胡须发式、形体姿态、衣着装束等绘制准确、精细，整体形象逼真，栩栩如生。贵妇图的雍容华贵，男吏图的端庄稳重，侍卫图的威武强悍，庖厨图的泰然处之，人物生肖图的神秘莫测都刻画得形神兼备、淋漓尽致。花卉绘画则多为写意，构图丰满，色泽鲜艳。线条简劲纯熟、运笔自如。施色平铺叠色、浓淡相宜。花卉枝繁叶茂，翠绿鲜嫩。红色牡丹花是辽墓壁画的一大特色，象征着墓主人一生富贵圆满。芍药花则蕴含着生者对故人难舍难分的惜别之情。同时也体现出了辽人对绚丽花卉的喜好和依恋。其他类壁画内容如动物、天文、车马、花束和祥云图绘制也都是形象逼真，意向深刻，既各具特色又相得益彰。丰富多彩的壁画内容和高超的绘画水准，充分地体现出了当时民间画师的聪明智慧和艺术水平。

三、结　语

辽代壁画墓在辽代墓葬中占有重要地位。各地出土的辽墓壁画内容，涉及了当时社会日常生活的各个方面。题材之广泛，场面之宏大，民族气息之浓重，艺术水平之高超，都是辽代壁画墓的一大特点。尤其是壁画内容中反映出的契丹民族与汉文化融合后所体现的文化特色更具深刻意义。民族的，才是世界的，辽墓壁画这种极具民族地方特色的文化本身所具有的历史、艺术价值是极其鲜明和珍贵的，中国历史上各民族之间的融合与发展所创造出来的艺术作品有着独特的魅力，辽代壁画是我们在对辽代历史文化遗产的探索和研究中极其宝贵的实物资料。

注　释

[1] 王成生. 辽宁朝阳市辽刘承嗣族墓［J］. 考古，1987（2）.
[2] 朝阳博物馆等. 辽宁朝阳市姑营子辽代耿氏家族3、4号墓发掘简报［J］. 考古，2011（8）.
[3] 李宏伟. 辽宁北票莲花山辽墓壁画的揭取［J］. 考古，1988（7）.

On the Murals Unearthed from Two Liao Tombs in Liaoning Chaoyang Teachers College

Wang Dongdong

Abstract: Since the 1970s and 1980s, a large number of Liao dynasty tombs have been discovered and unearthed in the Chaoyang area, such as the tombs of the Liu, Geng and Yelu families along with some medium and small tombs. Among these, a certain number are decorated with mural paintings, such as the Liu Chengsi tomb, the Yelu Renxian tomb, the Geng Yanyi tomb, the Jianping Shuiquan tomb and the Chaoyang Linghe primary school tomb. However, only a few Liao dynasty murals are preserved in Chaoyang. The Liao dynasty mural paintings described in this paper are poorly preserved and some are incomplete, but they are the only physical specimens available in the Chaoyang area. These specimens enrich the collections of the museum, provide content for exhibitions, but also provide rare research material.

Keywords: Tomb Murals; Liao Dynasty; Chaoyang District

辽朝名门

——建州赵氏家族

李道新　赵海杰

（朝阳市龙城区博物馆，朝阳，122006）

内容摘要：文物部门于20世纪70年代在辽代建州南白杨口（今朝阳县台子乡山嘴村白道子山下）发现了赵匡禹、赵为幹墓志，知此处是辽代赵思温家族的一支赵匡禹家族的墓地。本文结合文献和墓志资料对赵匡禹的家族世系及在辽金元三代的事迹进行描述，为了解和研究赵氏家族提供资料。

关键词：辽金；建州；赵匡禹；家族世系

1977年，朝阳县台子公社牟杖子大队山嘴村南的白道子山下出土了赵匡禹墓志[1]；1979年，位于赵匡禹墓东北侧10米处的山坡上出土了赵为幹墓志[2]。据墓志记载可知，这2座墓葬是辽"勋阀富盛"的韩、刘、马、赵之四大汉人世家的卢龙赵氏家族一支赵匡禹的祖茔地。

《赵匡禹墓志》记："以开泰八年（1019）岁次己未九月戊午朔十日薨于建州之私第……以十年（1021年）四月九日葬于州之南白杨口（今朝阳县台子乡山嘴村）从先茔。""祖讳思温，字子美，协谋静乱翊圣功臣，燕京留守，卢龙军节度……列考讳延宁，字大武……葬于州之南白杨口。"从赵匡禹"从先茔"，"列考讳延宁，……葬于州之南白杨口"可知，赵氏家族中至少赵匡禹之父赵延宁也葬于此。赵匡禹这一支辽时久居建州，死后即葬于建州附近，是建州的名门望族。

在赵匡禹墓地之北，隔大凌河（即《辽史》中的灵河）5千米的今朝阳市龙城区大平房镇黄花滩村，有辽代的城址一座。历史考古学界认为，此城址即是辽圣宗时迁建的建州永霸县的故址。建州辽代属中京道，《辽史·地理志》记载："建州，保静军，上，节度。唐武德中，置昌乐县。太祖完葺故垒，置州。……州在灵河之南，屡遭水害，圣宗迁于河北唐崇州故城。初名武宁军，隶永兴宫。统县二：永霸县；永康县，本唐昌黎县地。"辽初，辽太祖耶律阿保机为安置俘获的汉人建立稳固的根据地，派人重新修葺了唐代的昌黎县故垒，置建州。辽太祖时期的建州城址在今朝阳县木头城子镇，圣宗时期迁建的建州城址在今朝阳市龙城区大平房镇黄花滩村[3]。

卢龙赵氏出自赵思温。赵思温（？～939年），字文美，祖籍天水，后迁河北卢龙。最初隶属燕帅刘仁恭幕府。《辽史》记载，他“少果锐，膂力兼人”，“以骁勇闻”。在后唐庄宗李存勖对燕地兴师问罪时，赵思温统率偏师与之拒战。在战斗中，赵思温“流矢中目，裂裳渍血，战犹不已”，即流矢射中其眼睛，他撕下战袍拭去血渍，力战不已，为李存勖将领周德威所俘。李存勖感佩其豪壮，亲自解去他身上的绳索，将他收录到手下，并信任和重用他。后他与梁军战于莘县，以骁勇闻名，授予平州刺史，兼平、营、蓟三州都指挥使。“神册二年，太祖遣大将经略燕地，思温来降”[4]，为太祖所重。辽太祖派大将攻夺燕地，赵思温前去降附。在辽朝讨伐渤海时，赵思温为汉军都团练使，他奋力作战，攻破了扶余城，身上多处受伤，辽太祖亲自为他调药。

926年，辽太祖在东征途中驾崩，皇后述律平临朝称制，代行皇帝职权，处理军国大事，太子耶律倍理应继承皇位，可述律平极力主张耶律德光继位。她把耶律倍的支持者召集起来，挨个询问：“你们思念先帝吗？”大家说：“我等受先帝知恩，永世难报，岂能不思？”述律平说：“果真如此，你们就去陪伴先帝吧。”于是，他们不由分说都被砍了脑袋。就这样，述律平以“陪伴先帝”或“传话于先帝”为由，先后杀害了一百余位贵族、大臣。又一次，轮到赵思温头上，他不甘受死，于是把心一横，坚决不肯上路。述律平说：“你与先帝如此亲近，怎能不肯去呢？”赵思温坦然答道：“要说亲近，谁也没有皇后亲近，皇后若能先去，臣一定跟着去。”述律平被将了一军，忽然抽出腰刀，砍下了自己的右手，下令放进辽太祖的棺内，又为自己开脱说：“我并非不想追从先帝于地下，只因国家无主，诸子幼弱，无暇前往啊。”于是停止了杀戮，赵思温也幸免于难。这就是“太后断腕”的故事。

辽太宗继位后，赵思温因功被提升为检校太保、保静军节度使（保静军为建州的军号）。天显十一年（936年），后唐军进攻太原，石敬瑭派使者求救，皇帝命赵思温从岚、宪之间出兵救援。撤兵之后，赵思温改任南京留守、卢龙军节度使、管内观察处置等使、开府仪同三司兼侍中、赐协谋静乱翊圣功臣，不久改任临海军节度使。会同元年（938年），“遣中台省右相耶律述兰迭烈哥使晋，临海军节度使赵思温副之，册晋帝为英武明义皇帝”，回国，升任检校太师。会同二年（939年）逝世，皇帝派使者赠资助祭，赐为太师、魏国公（《赵匡禹墓志铭》写作“卫国公”）。

据《赵匡禹墓志》《辽史》卷76本传、元代王恽《卢龙赵氏家传》[5]（以下简称《家传》）等文献记载，赵思温有三位妻子，太原王氏受赠郑国夫人、清河张氏受封清河夫人、翟氏受封阳翟夫人。

关于赵思温之子，《辽史·列传第六》载：“赵思温……子延照、延靖，官至使相。”《辽史·太宗本纪下》记：“统和……二年……三月，赠故同平章事赵延煦兼侍中。”赵延照、赵延靖、赵延煦见于《辽史》记载。《家传》则详细记载了赵思温生平及其家族的谱系，赵思温“生子十二人，其后支分派别，官三事、使相、宣徽、节度、团练、观察、刺史，下逮州县职二百余人”。赵思温十二子依次为赵延照、赵延祚、赵延靖、赵延构、赵延威（宁）、赵延晞、赵延诲、赵延光、赵延玉、赵延煦、赵延绍、赵延旭。

根据《家传》《资治通鉴》卷281天福三年条、《辽史》卷4《太宗纪》、《赵匡禹墓志》、《旧五代史》卷85、《晋书·少帝纪五》等文献记载，赵延照为辽永清军节度使、侍卫亲军使事、同中书门下平章事，赵延祚为辽南京留守，赵延靖为大同军节度使，赵延构为辽供奉官、东西班都点检，赵延威（宁）为辽保静军节度使，赵延晞为辽飞龙院使，赵延诲为辽保静军马步都指挥使、保静军节度使，赵延光为辽顺义军节度使，赵延玉为辽彰国军节度使，赵延煦为辽点检同平章事，赵延绍为同州兵马使，赵延旭为辽内库点检。《家传》中赵思温子"延威"，《赵匡禹墓志铭》记为"延宁"，"延宁"在《家传》所载赵思温诸子中并无其人，对照二人官爵，延威与延宁实应为同一人。

据《韩瑜墓志》[6]、《韩椅墓志》[7]、《家传》、《辽史》卷74、《辽史·韩德枢传》等文献，赵思温有女九人。一女嫁录安州刺史付知保，一女嫁燕京统军使、天雄军节度使、检校太师兼政事令、郧王韩匡美，一女嫁东平军节度使、辽兴军节度使、南院宣徽使、平滦营三州处置使、判三司使韩德枢，一女嫁弘农杨某，一女嫁榆州刺史张彦英，一女嫁彭城刘某，一女嫁宣徽南院使、天平军节度使、检校太师、同政事门下平章事、判三司韩绩，一女嫁清河张氏，一女嫁开府太师、卫国公的第五子崔某。

赵延宁为赵思温第五子，这一支枝繁叶茂，一直延续到元代的壬辰丧乱，历经300余年。《赵匡禹墓志铭》记述："列考讳延宁，字大武，推忠佐命翊圣功臣，保静军节度使，特进检校太师，开国侯，食邑一千户，……蕴佐命之雄才，奋经邦之大略，两朝事主。……葬于州之南白杨口。"《家传》中记载，赵延宁（威）一支"推延威，特进府君第五房，一传而二，再传十二人，三传廿八人，四传四十五人，五传而六十四，六传八十四，七传九十二，八传当建春府君（赵植）。行群从数几满百，本支子侄廿有八。然遭壬辰之乱，存者仅三人而已"。赵延宁有子二人，为赵匡舜、赵匡禹。赵匡舜为辽右千牛卫大将军。

赵匡禹（951～1019年）为赵延宁之子，墓志记载他"冲和植性，淳粹凝姿，自佩仓年，深怀英慨"。初入仕时为西官使，处事得体，胸有机谋。当时东韩叛乱，不遵王命，赵匡禹随军征伐，不久被授予麓州刺史。因政绩显赫，不久又特加遂州观察"覃信惠，去烦苛，劝农桑，缮庐舍"勤勉做事。在辽开泰八年（1019年）九月十日于建州家中去世，享年69岁。开泰十年（1021年）葬于建州南的白杨口，即今朝阳县台子公社牟杖子大队山嘴村南的白道子山下。

赵匡禹有两位妻子，第一任妻子为清河郡的张氏，张氏为仁博州刺史司徒之女；第二任妻子为护卫相公萧氏之女。张氏于开泰九年（1020年）六月一日去世，与赵匡禹合葬。辽清宁六年（1060年），赵匡禹墓迁葬时，夫人萧氏与赵匡禹合葬。赵匡禹的墓志铭为其重孙赵濬在清宁六年迁葬时补撰。据了解，在赵匡禹墓地附近，新中国成立以来曾发现多处大型辽墓，墓地所在的白杨口亦即《家传》所记的"白羊峪"。

关于赵匡禹之子，《家传》提到赵匡禹有八子，七子名曰翰。《赵匡禹墓志》称其有子十人，其五子曰为幹。据《赵匡禹墓志》《赵为幹墓志》《家传》及《辽史》卷18《兴宗纪》记载，赵匡禹十子依次为赵为臣，西南面安抚副使；赵为春，永丰库副使；赵为果，守右领军卫大将军、天德军节度使；赵为佐，侍卫亲军、神武左厢都指挥使；赵为幹；赵为带，随驾仪鸾副使；赵为礼，不仕；赵辖麦，早卒；赵为霖，右班殿直、保遂州团练都统使；赵为航，宁州观察使、保静军节度使、金紫崇禄大夫，检校太尉。其中赵为果见于《辽史·兴宗纪》太平十一年（景福元年）“十月……以萧革、赵为果、耶律郁、马保业充来岁贺宋正旦使副”。他作为使臣到过北宋。有女三人，长女嫁给中京内园使王匡旻、次女嫁给厅头都指挥使刘从心，三女嫁给登州刺史卢士正。其中赵为幹在《家传》记为赵为翰，“幹”与“翰”当因字形相近而讹。

赵为幹（？～1039年）为赵匡禹之第五子，字全绩。据其墓志载，辽开泰元年（1012年），为右承制，特授银青崇禄大夫兼监察御史、武骑尉。不久任燕都仓，中京牢城指挥使，“兼命监押军旅，镇守封疆”。授燕京控鹤右厢都指挥使，“陈警跸以卫銮舆，拥貔貅而亲王辇”。不久又改授西南面安抚副使，“克运权谋，共裨优恤”。后加检校国子祭酒，云骑尉，“愈思勤瘁，用答温恭”。因政绩授使持节遂州诸军事，行遂州刺史。不久，又任命他监永济盐院，“任循一载，课余万缗”。重熙七年（1038年）任命他使持节沂州诸军事，行沂州刺史，加飞骑尉。重熙八年（1039年）去世。赵为幹两娶，其妻先后为王氏、刘氏。有三子，长子赵伸之，次子赵晋之，三子小名为太儿。《家传》记载赵为幹的三子分别为相之、进之、尚之。其中赵进之为永丰库使。

赵兴祥（？～1175年）为赵思温的第八代孙，据《金史·卷九十一·列传第二十九》载，赵兴祥的父亲为赵瑾，辽代的静江军节度使。当时，赵兴祥的父亲赵瑾任阁门祗侯，正赶上“辽季土贼据郡作乱”，赵兴祥携母亲及弟、妹到燕京省亲，不能行进，于是从柳城（今朝阳）“涉砂碛，夜视星斗而行”，到达辽军地界，不知辽主跑到哪里去了，又回到柳城。到金俘虏了辽主时，赵兴祥归附金国，从宗望伐宋，官至六宅使。天眷（1138年）初，官至同知宣徽院事。后因母亲去世丁忧辞官。金熙宗素闻赵兴祥的孝行，恢复赵兴祥的本官，教育太子，任右宣徽使。天德（1149年）初，改任左宣徽使。金海陵王曾想让赵兴祥的子弟为官，赵兴祥辞谢。海陵王赐给赵兴祥玉带，并说：“汝官虽未至一品，可佩此侍立。”此时赵兴祥为济南尹，海陵王又赐给他车马、金币、金银器皿，任命他为绛阳军节度使，召为太子少保，封广平郡王，改封钜鹿。正隆（1156年）初，被撤销王爵，改为太子少保，封申国公，为武定军节度使。海陵王伐宋朝时，赵兴祥的两个儿子从军。金世宗继位时，海陵王还在淮南。世宗十五年（1175年），世宗到安州春水，召赵兴祥赴万春节。赵兴祥感风眩，世宗赐给医药，不久去世。

赵氏家族在蒙金战争中遭到毁灭性打击。自此，家道沦落。金哀宗天兴元年（壬辰年，1232年）正月，蒙金二军主力于钧州三峰山展开激战，三峰山战役之后，金军主力精锐尽失，已无力与蒙古军队抗衡。天兴元年三月，蒙军围汴京，部分儒士及老百姓成为奴隶。“大夫、士、衣冠之子孙陷于奴虏者，不知几千百人。”史称“壬辰之乱”。自此，赵氏家道沦落，但到元代中期赵氏家族仍有出任高官或儒学大家的人。

据《家传》载，赵思温的第十二世孙赵铉，字仲器，“淡雅，喜读书，不乐仕进，邃易学，好古，多巧思，音律、占筮咸诣其精妙”。赵铉之子赵穆，字克敬，“性纯孝，早传家学，善篆隶，以敏慧延誉缙绅间，得从事翰林，出倅孟州，转邢台尹，起授承务中山府判官”。

赵氏家族自赵思温始就在建州经营，赵思温、赵延宁、赵为航祖孙几代曾担任建州保静军节度使。在辽代赵氏家族多官居要职，与辽统治者同荣辱、共命运，休戚相关，唇齿相依，共同维护“行宫朝廷，草原王国”的统治。在金元时期赵氏家族的后裔也多有建树。其家族氏系见附表。历史上所有显赫一时的大家族，终究会有衰落的一天，只不过时间有早有晚而已，赵氏家族自留给后人凭吊。

附表　赵思温家族氏系表

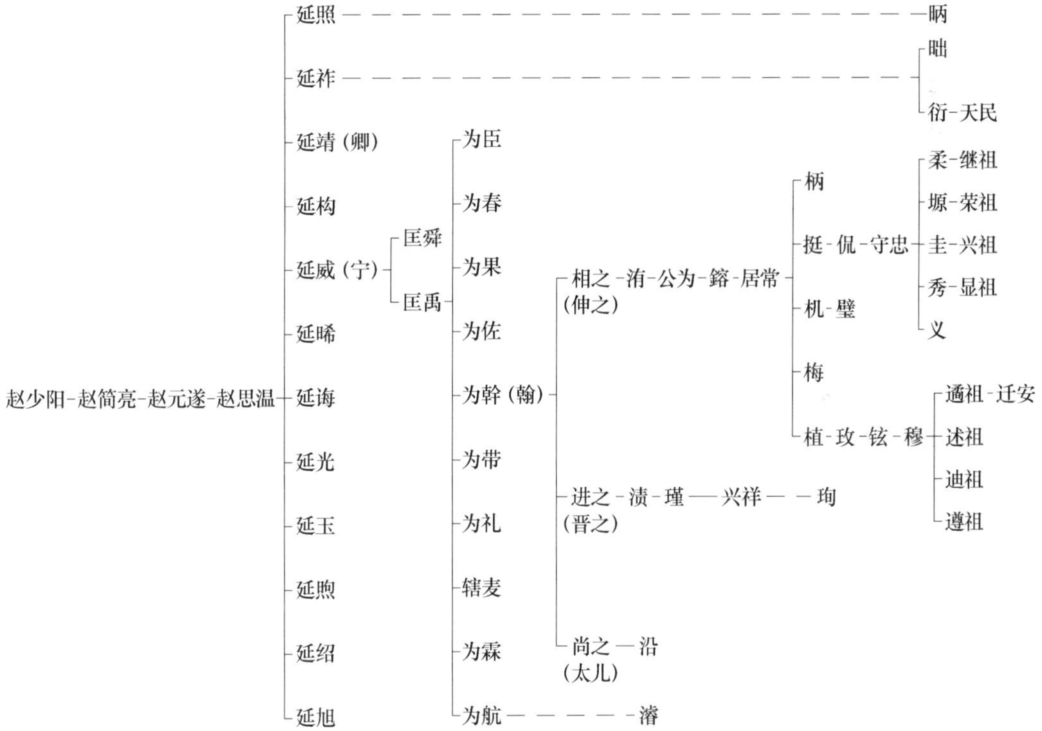

注：本表根据《赵衍父子与耶律家族——兼论元代的卢龙赵氏》[8]和《辽宁朝阳辽赵氏族墓》[9]整理

注　释

[1]　邓宝学，孙国平，李宇峰．辽宁朝阳辽赵氏族墓［J］．文物，1983（9）．

[2]　同［1］．

[3]　冯永谦．辽宁地区辽代建置考述（下）［J］．辽海文物学刊，1987（1）．

[4]　辽史·卷七十六·列传第六·赵思温传．

[5]　（元）王恽．秋涧先生大全文集卷48卢龙赵氏家传．

［6］ 王晶辰. 辽宁碑志［M］. 沈阳：辽宁人民出版社，2002.
［7］ 同［6］.
［8］ 刘晓. 赵衎父子与耶律家族——兼论元代的卢龙赵氏［A］. 欧亚学刊（第六辑）［C］. 北京：中华书局，2007.
［9］ 同［1］.

The Liao Dynasty Zhao Family in Jianzhou

Li Daoxin　Zhao Haijie

Abstract: The Liao dynasty epitaph of Zhao Kuangyu and Zhao Weigan in ancient Jianzhou, present day southern Baiyangkou (at the feet of the Baidaozi mountains, Taizi village, Chaoyang county), was discovered in the 1970s. This marks the location of the family cemetery of Zhao Kuangyu, belonging to a branch of Zhao Siwen's family in the Liao dynasty. This paper investigates the lineage of Zhao Kuangyu and their deeds in the Liao, Jin and Yuan dynasties by combining textual materials from both transmitted literature and epitaphs, so as to provide materials for understanding the Zhao family.

Keywords: Liao and Jin dynasty; Jianzhou; Zhao Kuangyu; family lineage

试析金代中都皇陵的布局特点*

丁利娜

（北京市文物研究所，北京，100009）

内容摘要：文章从皇陵选址、陵区布局和陵寝葬制三个方面总结归纳了中都金陵的主要特征。皇陵选址带有政治色彩，陵址特征上更体现出北方游猎民族帝王陵寝的特色。金陵陵区布局较为分散，皇后陵并无统一规划和安排，表现出一定的原始性，帝陵主陵区建筑中轴线两侧对称分布，突出皇权的重要地位。由于二次迁葬陵的特征，金陵最初的陵寝规模较小，随着金帝入主中都，陵寝葬制逐步得到发展和完善。然而与同时期营建的中都城不同，金陵在融合汉文化儒学思想的同时，也较多地保留了本民族乃至北方游猎民族文化的特色。

关键词：金代皇陵；皇陵选址；陵区布局；陵寝葬制

金代中都皇陵位于今北京市房山区周口店镇龙门口村，在金中都城西南约 45 千米处（图一），是北京地区年代最早的皇家陵寝。金代中都皇陵是女真帝王的第三处皇家陵寝，属于二次迁葬陵。根据史料记载和考古调查，女真帝王最初的皇陵位于今黑龙江上京城遗址西南约 300 米，只埋葬太祖一人，没有完整的陵寝规划和布局，陵上建有宁神殿，兼具宗庙功能，没有陵号。熙宗重新开辟的金代第二处皇家陵寝位于黑龙江阿城市山河镇胡凯山（俗称老母猪顶子山），在金上京东南约 50 千米的地方，陆续葬有太祖、太宗、追封的徽宗以及建国前十帝等，各陵分别命有陵号。第三处皇家陵寝即中都金陵，是伴随金帝完颜亮迁都而形成的。完颜亮是金朝第四位皇帝，弑杀先帝熙宗后登上皇位，为了掩饰自己的丑恶行为，也出于当时的政治需求和历史压力，完颜亮决意迁都中都（今北京）。同时，为了使金朝的皇族权贵了断北念之顾，不能以守护祖陵为由拒绝南迁，完颜亮迁都中都后第二年（金贞元三年，1155 年）便命人在中都营建山陵，历时 8 个月建成。从金帝完颜亮开始，后经世宗、章宗、卫绍王、宣宗等共计五世 60 年的营建，中都金陵形成了一处规模宏大、功能明确、配套齐全的皇家陵寝宝地，有帝陵、坤厚陵、诸王兆域等陵区。

* 基金资助：北京市社会科学项目“北京地区金代陵墓的考古学研究”（项目编号：14LSC018）。

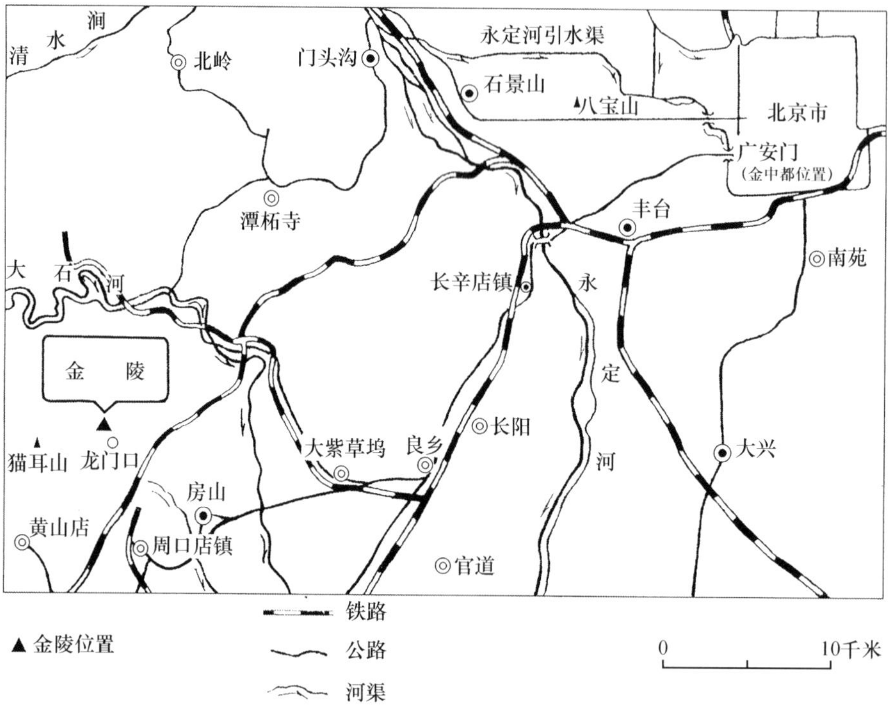

图一　金陵位置图

（采自《北京金代皇陵》，文物出版社，2006年）

2006年《北京金代皇陵》一书出版，该书根据一系列的考古调查、勘探和发掘工作成果，探明了主陵区内的遗迹分布，包括石桥、神道、台址、殿址、陵墙、排水沟以及明代关帝庙、清代大宝顶、小宝顶、棂星门等[1]。本文在分析和梳理皇陵初建规模和建筑布局的基础上，从皇陵选址、陵区布局和陵寝葬制三个方面总结归纳了金代中都皇陵的布局特点，使得中都金陵的面貌进一步清晰呈现。

一、皇陵选址

《金虏图经·山陵》记载："虏人都上京，本无山陵。祖宗以来，止卜葬于护国林之东，仪制极草创。迨亮徙燕，始有置陵寝意，遂令司天台卜地于燕山之四围。年余，方得良乡县西五十余里大洪山曰大洪谷曰龙喊峰，冈峦秀拔，林木森密。"[2]文中"大洪山"即指大房山，"龙喊峰"也即金陵主陵区九龙山的主峰（图二）。完颜亮迁都中都后，派司天台在燕山一带"择陵"，用了1年多的时间，最终选中了房山九龙山这块"万年吉壤"。

1. 近都城而葬

中都金陵位于中都城西南约45千米处，属于"近城而葬"，这与中国历代皇陵靠近

图二 金陵地势图
（采自《北京金代皇陵》，文物出版社，2006 年）

都城的习俗相一致。金帝完颜亮对陵址的选择限定在燕山一带的都城之侧，是与当时迁都中都的历史背景密切相关的。完颜亮迁都招致皇族遗老的不满和极力反对，为了了断这些权贵分子重新回到上京的念头，完颜亮在迁都后第二年便迅速实施了浩浩荡荡的迁陵行动。迁陵实则是迁都的一个重要手段，为了稳定对中都的政治统治，皇陵的选址自然不会远离中都城。虽然完颜亮迁都中都后，很多地方都在模仿中原建制，且修建中都城极力模仿北宋汴京城，但是皇陵的选址却没有像北宋那样极尽风水之说，为了寻找最佳的茔域环境，不畏路途遥远、丧葬队伍长途跋涉的困难，营建皇陵于都城东京之外122 千米[3]。可见，在动荡的历史背景下，政治是大于一切的，中都金陵陵址的勘定也是带有政治色彩的。

2. 以山为陵，四面环山、相对密闭的山谷之中

中都金陵以山为陵，与中国古代山陵制度相一致。选址于四面环山、相对密闭的山谷之中，更多是受到辽祖陵、怀陵的影响；金世宗时期划定陵域、建设围墙并设封喉，与辽代为了突出山陵的隐蔽性和堡垒作用而在山峰豁口处人工砌筑石墙的做法基本相同。这也与金初将太祖陵葬于上京城西侧护国林之东的选址理念相一致。金帝完颜亮十分崇拜中原文化，也深受汉文化的影响，有学者认为中都金陵“侧重林木和山势”的选择客观上符合了风水学说选址的部分原则[4]。但主观上，完颜亮对风水学说似乎还是持有否定态度的。史料记载，他在下诏迁都燕京之初，便有司图建议依据“阴阳五姓”之说来营建燕京宫室，但是完颜亮批示说：“国家吉凶，在德不在地。使桀、纣居之，虽卜善地何益。使尧、舜居之，何用卜为。”[5]可见，完颜亮对汉文化的堪舆术是有矛盾的心理的，既信，也不全信。所以并没有像北宋皇陵那样，为了迎合阴阳堪舆术上的“五音姓利”之说；将皇陵布置在背水、面山的开阔地带，并且一改历代拾级而上的特点，将上宫建在地势最低处[6]。

二、陵区布局

中都金陵从总体布局上来说可以分为帝陵、坤厚陵和诸王兆域三个功能明确的陵区。根据文献记载和考古调查，帝陵区实际上还可以分为三个区域。第一，帝陵主陵区，即九龙山陵区，已经探明至少葬有太祖、太宗、德宗、睿宗、世宗等五位帝王。第二，石门峪的十帝陵区。所谓十帝陵，据文献记载，即始祖光陵、德帝熙陵、安帝建陵、献祖辉陵、昭祖安陵、景祖定陵、世祖永陵、肃宗泰陵、穆宗献陵、康宗乔陵[7]。第三，峨眉谷的熙宗思陵，位于石门峪之南。金熙宗被完颜亮弑杀后，降为东昏王，初葬于皇后裴满氏墓中。完颜亮贞元年间改葬于诸王兆域内。金世宗大定初年追为思陵，后又改葬于峨眉谷，从诸王兆域中迁出，仍号思陵。

坤厚陵是金世宗为昭德皇后乌林答氏而建，原葬有世宗六位后妃及太祖宠妃萧氏。世宗薨逝后乌林答氏从坤厚陵迁兴陵，与世宗合葬，其他五位妃子可能也袝葬于兴陵[8]。

史料中没有详细记载房山金陵诸王兆域中的情况，诸王兆域中总共葬有多少宗室成员不得知。金代九位帝王中，有三位与诸王兆域有过一定的关联，分别为金熙宗完颜亶、海陵王完颜亮和卫绍王完颜永济。金熙宗是最早葬入诸王兆域的一批成员之一，贞元三年（1155年）葬入，金世宗大定二十八（1188年）年改葬思陵，葬于诸王兆域30余年。海陵王完颜亮在世宗大定二年（1162年）被葬于诸王兆域，大定二十年（1180年）被世宗从诸王兆域中迁出，葬于山陵西南20千米旷野之地，不封不树，可见完颜亮葬于诸王兆域18年之久。另外还有一位金代帝王卫绍王被叛兵胡沙虎弑杀后，降为东海郡侯，宣宗即位后将其葬于大房山，但是具体位置未明，推测应该是在诸王兆域之中。根据史料记载，其他葬入诸王兆域的宗室成员，至少有完颜亮皇太子光英、宿王矧思阿补、荣王完颜爽、梁王完颜宗弼、楚王完颜宗雄、完颜宗望等[9]。

1. 陵区相对分散，带有一定原始性

根据《北京金代皇陵》一书中考古调查和勘探结果，帝陵主陵区所在的九龙山西、北、南三面均有连绵起伏的山脉，围绕主陵区基本形成一个东北—西南走向的环形山脉群。中都金陵诸陵区便位于这个环形山脉带之间的山峪中。其中十帝陵区在主陵区的西侧偏南，其所在的石门峪位于龙门口村西南约2.5千米，与龙门口相隔一道山梁，东北—西南走向。进山谷500米左右，两侧山石高耸，人称小石门。再向内约500米，更有巨石突兀，如雄关般夹峙左右，名为大石门。大石门向北1千米即为十帝陵区。十帝陵区稍向南为诸王兆域所在的鹿门谷（或称蓼香甸），在今十字寺沟，即在车厂村西北，

北倚三盆山，东隔一岭与九龙山陵区相邻。诸王兆域稍东侧为熙宗完颜亶思陵所在的峨嵋谷，在房山城关西庄村西坡，往北是“十王坟”，南面是康乐寺沟。康乐寺沟西南为凤凰山，凤凰山最南端的断头峪推测是坤厚陵所在[10]。如此则大致可以推测中都金陵诸陵区之间的相对位置关系（图三），正北方位是九龙山帝陵主陵区，向南偏西依次有十帝陵区、峨嵋谷熙宗思陵、鹿门谷诸王兆域和凤凰岭长沟峪坤厚陵。这些陵区以山林为本，相对比较分散。具体情况尚待进一步的考古工作来证实。

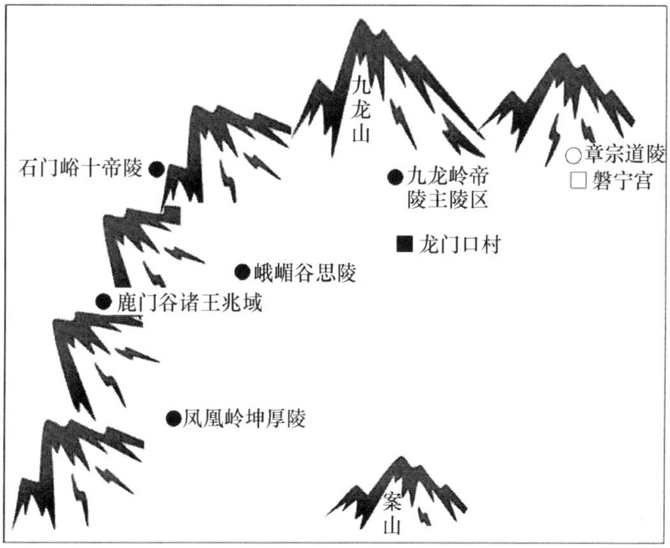

图三　金陵陵区布局示意图
（根据《北京金代皇陵》一书绘制）

金代除了睿宗贞懿皇后笃信佛教，薨逝后用浮屠法不合葬外，其他帝王和皇后实行的均为同茔同穴合葬，皇后祔葬于帝陵，唯独一座坤厚陵位于主陵区的最西南方位。这与北宋为皇后专门起陵，并规律分布于帝陵西北方向的严格陵区布局是完全不同的。坤厚陵在完颜亮创建初期并没有，而是金世宗为了表达对昭德皇后的感念之心而新修建的。史料记载，金世宗大定十九年（1179年），“改葬太祖崇妃萧氏及昭德皇后于坤厚陵，诸妃祔”[11]。同年葬入坤厚陵的还有世宗元妃张氏。大定二十八年（1188年），元妃李氏从“海王庄”迁葬入坤厚陵，以陪葬昭德皇后，同时葬入的还有贤妃石抹氏、德妃徒单氏、柔妃大氏[12]。大定二十九（1189年）年，世宗薨逝，昭德皇后祔葬世宗兴陵。有学者推测，其他也一起祔葬于兴陵[13]。可以说，坤厚陵并不是一处非常严格的后妃陵，而更像是后妃的“暂厝地”，具有临时性的特点，表现出一定的随意性和原始性。

2. 主陵区建筑中轴线两侧对称分布

由于中都金陵最初是一处二次迁葬陵，金代五世帝王60年陆续营建期间对部分陵墓进行过迁葬，明代对金陵进行了毁灭性的破坏，在金陵基础之上修建关帝庙，清代顺治、康熙、乾隆年间又对金陵进行了重新修葺，按照清代的帝王陵寝对金陵进行完善。中都金陵遗址的历史修建背景较为复杂，建筑基础的叠压打破关系较多，给复原中都金陵初建规模带来一定困难，笔者根据《北京金代皇陵》一书中的考古发掘成果，对其中遗迹之间的叠压打破关系进行分析，认为在金陵主陵区内神道北端、金太祖陵南侧发现的一系列房址（编号 2001FJL F1 ~ 2001FJL F8，以下省略 2001FJL）可能并非金陵陵区本身的建筑遗迹，应该从金陵初建规模中剔除[14]。其中 F3 报告考证为明代关帝庙遗址，其他几处房址，根据史料记载，笔者推测可能与完颜亮修建金陵之前的寺庙遗址有关。

如此，则中都金陵主陵区的整体布局大致为：坐北朝南，以神道为中轴线，最南端有一南北向石桥；过石桥，在神道南端有东西对称两个石望柱；神道向北的中部有石踏道遗迹，是主陵区的中心部位，用雕刻精美的汉白玉石铺设台阶及栏板，南端两侧各有一只石雕瑞兽；石踏道稍南的东、西两侧对称建有神道碑及碑亭；神道北端为祖陵陵寝所在，其下各自有地宫，地面上陵前立有石碑，陵寝周围有陵墙遗迹；整个主陵区的周边有排水沟，包括明沟、暗沟，用以保护主陵区不被山洪、雨水冲刷破坏。整体来看，金陵主陵区的建筑布局符合中国传统的建筑模式，以神道为中心轴，两侧对称布局（图四）。这与中都城以丰宜门—宣阳门—应天门以及向北延长线为中轴线，两侧宫殿东西对称分布的格局相同，与《吕氏春秋》所说中国古代统治者“陵墓若都邑”的记载相吻合。

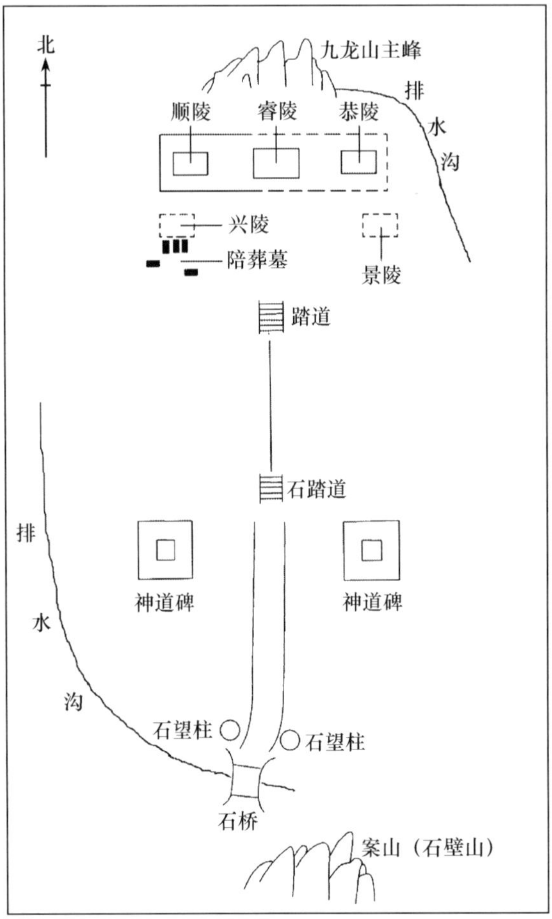

图四　主陵区平面布局示意图
（根据《北京金代皇陵》一书绘制）

3. 陵区周边配套设施齐全

虽然中都金陵最初是一处二次迁葬陵，且迁陵、下葬仓促，并没有非常周全的配套建筑，但是经过后世帝王的逐步建立、完善，俨然已经形成一处规模宏大的皇家陵区。山陵周边建有围墙，设有封喉划定陵域，陵区东西两侧有排水沟泄洪以保护山陵，建山神庙、封保陵公护佑皇陵，建磐宁宫用以谒陵、拜陵和荐享祭祀之用，专门设立奉先县以奉山陵。虽然中都金陵尚没有发现像北宋皇陵那样气势恢宏的石象生群，但是作为陵区主要的配套建筑已经具备，山陵居高临下，九龙盘旋其顶，已经远远超出之前金初两处皇陵的气势，完全可以与历代的帝陵相媲美。

三、陵寝葬制

根据《北京金代皇陵》一书中考古调查、勘探结果，金朝九位帝王和追封的四位皇帝中，至少有五位帝王的陵寝在房山金陵九龙山主陵区内，即太祖阿骨打睿陵（M6）、太宗吴乞买恭陵（M7）、完颜亮之父德宗顺陵（M8）、世宗兴陵（M9）以及世宗之父睿宗景陵。据已探明的帝王陵寝来看，主要有以下几个特点。

1. 陵寝规模相对较小

首先，太祖睿陵、太宗恭陵、德宗顺陵三陵并排而处，相距1.5米，在历代帝王陵中绝无仅有。这是完颜亮初创中都金陵时的布局情况，三陵属于迁葬陵，且睿陵和恭陵为二次迁葬陵，迁葬、建陵之时的工期紧张造就了中都金陵“一边建，一边迁，一边葬”的局面，注定了初葬的三座帝陵规模不会太大。

再者，金代帝王生前不营建寿陵，从丧至葬的时间仅几个月，这样的陵寝营建时间预设了金代帝王的陵寝规模不会太大。据史料统计，太祖初葬之时，自崩日至葬日共计8天；太宗从丧至葬用时47天；熙宗被弑当日即被葬于皇后裴满氏墓中[15]；完颜亮被弑后灵柩从汴京迁往中都，丧葬用时约2个月；世宗自丧至葬用时3个月23天；显宗自薨至葬历时6个月有余；章宗从丧至葬历时3个月25天；卫绍王被叛兵胡沙虎弑杀，草草下葬；宣宗丧葬历时2个月23天；哀宗为乱兵所杀，火后遗骨草葬。其中葬于大房山金陵陵域内的帝王，丧葬时间最长的是世宗子显宗，历时6个月有余。如此之短的丧葬时间，也就预示着营建陵寝的工期不会太长，规模自然不会太大。

2. 深受汉文化影响

首先，帝陵主陵区坐北朝南、帝陵居高临下、神道两侧对称分布的布局因袭了唐代以来的山陵制度。已经探明的五座帝陵严格遵循了古代昭穆制度的排序方式。金世宗改葬金熙宗之时，为了遵守“不以亲亲害尊尊”的太庙供奉原则，未将思陵改迁于九龙山帝陵区，而是为其在峨眉谷另辟陵区。这些都体现了随着迁都中都、入主中原，金代帝王对汉文化传统的逐步接纳和采用，与金初太祖陵坐西朝东，金熙宗时太祖陵居东、太宗陵位西的东西布局已经大不相同。金初的陵寝布局更多体现的是女真民族“尚东”的习俗，而中都金陵则更多体现的是汉文化“北位为尊”的因素。

其次，帝陵主陵区在神道两侧对称分布有神道碑，考古调查在太祖、太宗和世宗的陵前墓道或扰乱坑中均发现龟趺碑座的残件，推测在帝陵前可能立有龟趺座墓碑。神道碑、墓碑的使用本是汉人葬制的重要组成部分。金初，太祖初葬之时并无墓碑和神道碑，到了金熙宗改葬太祖、太宗于和陵之时，开始出现石人、石兽、石望柱、石龟蚨等[16]。金世宗时期开始设置大量的神道碑，如为金源郡王完颜希尹、完颜娄室、完颜忠、完颜斡鲁等敕建神道碑等[17]。据此推测，中都金陵神道两侧的神道碑可能也是金世宗时期设立的。金熙宗和金世宗是受汉文化影响比较大的两位帝王，陵前石碑和神道碑的设置与金帝对汉文化的接纳有着密切关系。

最后，帝陵主陵区陪葬墓中M5墓底的腰坑以及随葬的龙凤纹瓷罐是汉化的一个重要表现。腰坑是汉人葬俗的重要组成因素，新石器时代既已有之。M5作为皇陵陪葬墓，在皇陵管理机构的监管之下设置腰坑，正是说明当时用腰坑镇墓已经被皇室所接受，而腰坑内随葬的龙凤纹瓷罐和铁饰也起到镇墓的作用，表明女真贵族对汉人葬俗的吸收[18]。

此外，金陵主陵区内采集到大量的坐龙构建，其中石质坐龙9件、铜坐龙3件（图五），用于插在望柱上、置于石踏道前等。龙本是汉代帝王的重要象征，女真民族最原始崇拜是海东青，而帝陵中大量出现坐龙的形象，可能也体现了女真帝王对汉族龙文化的认同。

3. 保留女真民族特色

其一，石圹石椁墓的葬制。已经发掘的金太祖睿陵地宫，是在岩石中凿出一个大的石圹，其中放置帝、后四具石椁，石椁内有木棺。这种石圹石椁墓的葬制是金代上层社会的一种特有葬制，中都地区大量女真贵族的石椁墓证实了这一点。即使随着汉化的逐步加深，金代帝王及上层贵族仍然采用极具民族特色的葬制，正说明丧葬代表的是一个民族根深蒂固的文化习俗。

其二，睿陵地宫中出土的玉雕海东青饰件（图六）是一件非常重要的体现本民族特色的随葬品。海东青原本是古代北方游猎民族非常喜爱的一种猛禽，以其产于大海之东而得名，常被用来捕猎天鹅，尤其辽金时期为甚。契丹皇帝为了得到更多的海东青，对

图五　金陵铜坐龙（2001FJLP3：2）

图六　M6-1出土玉雕海东青饰片

女真民族进行欺压凌辱，虽然促使了女真人的反抗，海东青依然在辽金社会政治关系上起着举足轻重的作用[19]。也有学者推测女真（朱理真）意即从东方大海飞来的海青[20]。可见海东青在女真人心目中的特殊地位和深厚感情。

其三，在太祖、太宗陵前的F1地层中发现了小铜人像，这是金代萨满教典型的法物，在铜人像的头顶部有小环纽，应该是挂在身上某处，为行法事或者护身之用。有学者认为这是金代萨满教中的神偶崇拜，是根据萨满观念中所想象出的形象塑造出来的[21]。在中都附近的金代墓葬中，于延庆张山营一处辽末金初的吕夫人墓葬中，发现了一件与之形制、造型非常相近的小铜人像，同出的还有佛教典型的千手观音、释迦牟尼铜饰件以及菩提叶、菩提果等（图七）[22]。这座墓葬的形制、墓志等方面具有典型的汉族文化特征，而与佛教用物同出的这件萨满神偶，正说明了汉人对女真民族传统特色的吸纳，是金代多神论宗教信仰的一种反映。而中都金陵作为金代最重要的皇家陵寝，遗址中出土的这件萨满神偶，意义深远，正说明了金代帝王对女真民族传统特色的一种保留和传承。

萨满铜人（金陵）　萨满铜人（张山营）　千手观音（张山营）　菩提叶（张山营）

图七　萨满铜人与佛教饰品同出

综合以上皇陵选址、陵区布局和陵寝葬制三个方面的特征可见，金帝完颜亮修建的中都城极力效仿北宋汴京城，但同时期营建的中都房山金陵在诸多方面表现出与北宋皇陵的不同。这些差别体现了金代帝王入主中都后，在融合汉文化儒学思想的同时，也保留有本民族乃至北方游猎民族文化的特色。

四、余　论

金初太祖、太宗时期山陵处于草创阶段，并无陵寝制度可言。金熙宗时期随着对汉文化的接纳，开始逐步完善陵前建筑，考古发现了石人、石兽、石望柱、石龟趺等。完颜亮时期随着迁都中都，对中原文化的吸收更加深化，中都金陵的布局逐步模仿中原帝王陵寝的规制，是中都金陵的初创时期，已经有了先帝十帝陵区、帝陵区、诸王兆域等陵区的设置意识，主陵区采用了坐北朝南、中轴线布局的格局，且在太祖、太宗和德宗陵周边发现了部分陵墙遗迹。但是由于完颜亮迁陵是在迁都第二年就匆忙决定并完成的，工期的紧张造成了完颜亮时期迁葬的三座帝陵相距很近，陵寝规模很小。并且完颜亮在迁来第一批帝陵后又急于发动南侵战事，无暇顾及金陵的配套建设，所以陵区周边设施尚不完善。而到了金世宗时期，随着对中原文化的进一步了解和民族间的融合，对中都金陵的营建，除了对帝陵区成员进行调整外，也葬入了新的皇室成员。最重要的是，这一时期新建了后陵坤厚陵，并且设置“封喉”，划定金陵陵域保护范围；封山神保陵公，建山神庙并定时祭祀；专门设立奉先县以奉山陵。笔者推测，主陵区神道两侧的神道碑也是这一时期设立的。至此，则皇陵的规模和形制基本形成，是中都金陵的发展和定型时期。《大金集礼》卷十八《时享上》记载，大定二年（1162年），金陵陵域“周围计地一百五十六里零三百一十二步”。之后的章宗、卫绍王、宣宗时期陆续葬入新的陵主，但规模较小，据记载，卫绍王大安元年（1209年）金陵陵区“周围计地一百二十八里”，较世宗初年有所缩减。

以上可见，金代陵寝的规制和制度并不是在一开始就有的，而是伴随着迁都，在对中原文化的逐步接纳和与中原民族的逐步融合过程中，逐步发展和完善的。金代帝王没有生前营建寿陵的习俗，所以整个陵区的建设事先并没有统一的规划和布置，再加之中都金陵最初是一处二次迁葬陵，所以金代陵寝的规模较之中原帝王陵寝显得稍为局促。

即便如此，中都金陵经过金代帝王五世60年的经营，其恢弘气势完全可以与中原帝王陵相媲美。同时，金代帝王在吸纳汉文化因素、极力模仿中原建制的同时，仍保留有自身游猎民族的特色，而并未完全摒弃。

注　释

［1］　北京市文物研究所．北京金代皇陵［M］．北京：文物出版社，2006.

［2］　大金国志校证．附录二．金虏图经・山陵［M］．北京：中华书局，1986.

［3］　河南省文物考古研究所．北宋皇陵［M］．郑州：中州古籍出版社，1997.

［4］　黄可佳．大房山金陵的初建［J］．文史知识，2008（9）.

［5］　金史・卷五・海陵本纪［M］．北京：中华书局，1975.

［6］　河南省文物考古研究所．北宋皇陵［M］．郑州：中州古籍出版社，1997.

［7］　金史・卷一・世纪［M］．北京：中华书局，1975.

［8］　宋大川，夏连保，黄秀纯．金代陵寝宗庙制度史料［M］．北京：北京燕山出版社，2003：252.

［9］　金史・卷八十二・海陵诸子列传；卷六十九・太祖诸子列传；卷七十七・宗弼列传［M］．北京：中华书局，1975.

［10］　北京市文物研究所．北京金代皇陵［M］．北京：文物出版社，2006（158）.

［11］　古今图书集成・经济汇编・礼仪典．第六十四卷．丧葬部［M］.

［12］　金史・卷六十四・后妃列传下［M］．中华书局，1975.

[13] 同[8].

[14] 丁利娜. 金中都的考古学研究[D]. 中国人民大学2015年博士毕业论文.

[15] 同[8]: 135.

[16] 景爱. 金中都与金上京比较研究[J]. 中国历史地理论丛, 1991(2).

[17] 王久宇. 金源郡王神道碑与金朝大定年间的文化导向[J]. 辽宁工程技术大学学报, 2012(5).

[18] 吴敬. 从金陵考古发现看金代女真人的汉化问题[J]. 边疆考古研究, 2010(9).

[19] 夏连保. 海东青与辽宋金时期的社会政治[J]. 辽金史论集, 2007(10).

[20] 崔广彬. "肃慎"一名之我见[J]. 北方文物, 1987(3).

[21] 梁娜. 女真墓葬中的萨满文化因素考察[D]. 吉林大学2012年硕士毕业论文.

[22] 李华等. 延庆县时尚纺织品有限公司壁画墓[J]. 北京文博, 2005(3).

An Analysis of the Layout of the Imperial Mausoleum in the Middle Capital (Zhongdu) of the Jin Dynasty

Ding Lina

Abstract: This paper discusses the characteristics of the imperial mausoleum in the Middle Capital (Zhongdu) of the Jin Dynasty from three aspects. Site selection appears to be motivated by political reasons, while the tomb's layout evokes the graves of pastoralist elites in the North. The distribution of tombs in the funerary area is sparse, with imperial consorts having no fixed position. Still, the symmetric distribution of architectural structures on both sides of the main tomb shows the emperor's centrality in the graveyard's layout. Evidence for secondary burials suggest that the funerary area was originally much smaller, and expanded when the place was adopted as capital of the Jin dynasty. The site differs from contemporaneous structures as it adopts Confucian standards while still preserving its pastoralist identity.

Keywords: Jin dynasty imperial tomb; site selection; funerary area; funerary system

明长城宣府镇西路关堡考*

张依萌

（中国文化遗产研究院，北京，100029）

内容摘要：本文通过对明长城宣府镇西路所辖关隘城堡修建过程、数量、聚落结构及历史背景进行梳理和考证，认为明代的都司—卫—所军制等级与长城的防守等级是两套不同的管理体系。宣府镇西路城堡的建筑规模大小与军制等级高低之间存在相关性，而长城防守等级则由军事主官级别和军额决定。随着明代国防形势变化，以城堡规模来体现的军制等级逐渐被打破。宣府镇西路城堡兴建集中于“土木之变”前，是在明代前期统一规划之下完成的，而非对“土木之变”“隆庆和议”等历史事件作出的反应。

关键词：明长城；宣府镇；西路；军制；防守等级

一、文献使用说明

明长城分九镇，各镇下分诸路以为次级统御机构。宣府镇西路居其一。考察历代文献，多有记载明长城建制者。其中有专章记录明长城宣府镇西路者以明人的专修长城志书及明、清、民国三代各地方志为主，约十余部。关于记载宣府镇西路的明代书籍，主要集中出版于嘉靖、万历两朝。最早有正德年间刻本《宣府镇志》（以下简称正德《镇志》），亦于嘉靖二十年增修。因此，我们能看到的相关文献以嘉靖年间为最早。清、民国两代关于明长城的记载多取材甚至照搬于明人著作，一则无系统的实地考察以对明人观点加以证实或证伪，二则誊抄过程中难免错谬。因此本文所征引的文献，除以清人编纂的《明史》作为参考外，优先选取明代人的著述。主要有嘉靖《皇明九边考》《二镇三关通志》，正德刻嘉靖二十年增修《镇志》，嘉靖四十年《宣府镇志》（以下简称嘉靖《镇志》），隆庆三年《九边图说》，以及万历癸卯刊本《宣大山西三镇图说》六部。据清道光甲午年重修《万全县志》记载，明人曾著有《西路志》《上西路志》，清代已逸，因而不论。明代文献失载者，则以清人编纂的康熙《畿辅通志》《宣化府志》《万全县志》等为参考。

---

* 本研究受到国家社会科学基金重大项目“全国明长城资源调查资料整理与研究”（项目编号：18ZDA223）资助。

二、城 堡 考

1. 疆域

正德《镇志》载，宣府镇西路疆域“东据清水河（今张家口市内清水河），西据金阁山，南据长安岭，北据野狐岭，广一百三十里，袤一百一十里”；嘉靖《镇志》载，宣府镇西路疆域“东据清水河，西据枳儿岭，南据兴宁口，北据野狐岭，广一百三十里，输一百一十里。”今金阁山、长安岭均在京西赤城、怀来一带。通过对明代文献的考察，笔者并未从中发现宣府镇西路疆域变化的相关记载，因此怀疑正德《镇志》可能有误。明长城内边自长安岭向西延伸，或为边界。兴宁口，《畿辅通志》云“在蔚县东北一百二十里”；枳儿岭，据《图说》、隆庆三年《九边图说》，枳儿岭亦为城堡名，万历间属下西路。《畿辅通志》载，枳儿岭在“怀安县西三十里，与山西天镇县接界”。

考据现代行政区地图，明人所描述的宣府镇西路疆域范围大致为：东至清水河；西抵枳儿岭堡西部山脉，大致即太行山脉北端，晋冀两省界；南至恒山山脉东部—小五台山一线；北至野狐岭一线边墙（图一）。

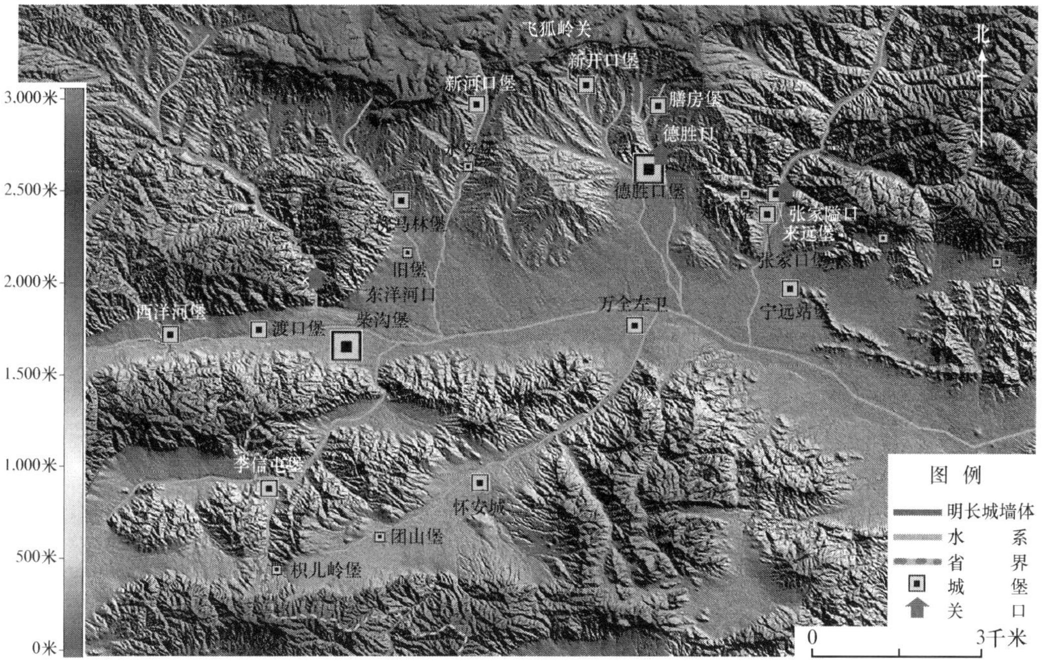

图一 宣府镇西路长城、水系、关堡分布图[1]

2. 建制

据嘉靖《两镇三关通志》（后文简称《通志》）、《皇明九边考》（后文简称《九边考》）

等文献记载，太祖年间已有宣府之称[2]。王崇献纂修、正德刻嘉靖二十年增修《宣府镇志》载："国朝洪武……二十五年（1392）称宣府，领五路。"有东、南、西、北、中路[3]。此"西路"即本文题目所说之"西路"。万历癸卯刊本《宣大山西三镇图说》（以下简称《图说》）云："嘉靖初以沿边多事，右卫去各堡隔远，应援不便"，乃分西路为上、下二路。

通考明代志书，宣府镇西路曾统辖过的关口、屯、庄、寨、堡数以百计。正德《镇志》记载，本路边墙设有德胜口关、野狐岭关、东洋河口、张家隘口关等4处关隘。边内城堡则有西洋河、渡口堡、怀安城、李信屯、柴沟堡、洗马林、新河口、新开口、万全左卫、万全右卫（德胜堡）、膳房堡、来远堡、张家口堡、宁远堡等10余座城堡设兵戍守，根据各城所处位置的战略重要性高低依次划分"极冲""次冲"……直至"腹里"[4]，并派驻不同级别的军事指挥员。军事上，路的最高指挥官称参将，为次于镇总兵、副总兵的高级将领，以下于"营堡要紧处设守备"[5]驻守，游击率机动兵力[6]，以下又设操守、把总、管队、贴队等中下级军官[7]。宣府镇西路见于记载的主要军级有参将、守备、操守、把总等。

一路军额在万人规模，各城堡驻军自数十至数千不等[8]（附表一）。对于设兵戍守的军堡，志书加以着重描述[9]。各堡之下又有数量不等的不设兵戍守的"属堡""属寨"。正德《镇志》共记录寨堡194座；嘉靖《宣府镇志》增加到234座。志书中一般仅列举名称，个别的也记录设置时间。

关于设兵戍守的重要城堡，并非定制，多有增筑、改辖。《九边考》云："洪武二十六年始置万全都司于镇城……西路所统万全左右卫、怀安、洗马林。"洪武之宣镇西路初辖驻军城堡4座。而同书后文又云："西路分守左参将所属万全右卫等一十二城堡。"

据《通志》载，成化十年（1474年），"置分守西路参将……驻柴沟堡，属以柴沟堡、万全左右卫、新河、新开口、怀安、洗马林、西洋河、张家口九城堡"。

据正德《镇志》载，西路所辖驻军城堡包括万全右卫、万全左卫、怀安城、柴沟堡、洗马林堡、西洋河堡、张家口堡、新开口堡、新河口堡、膳房堡、渡口堡等11座（图二）。

图二　正德《镇志》附宣镇图局部[10]

据嘉靖《镇志》载，西路辖万全左卫、右卫、怀安（保安右卫）、柴沟堡、荨麻林（洗马林）、西洋河、张家口、新开口、新河口、膳房堡、渡口堡、李信屯等12城堡。

《通志》云，嘉靖十三年（1534年），"城李信屯"。三志互证，可知正德间宣镇西路辖驻军城堡11座，嘉靖十三年增至12座，基本可信（图二、图三）。

据上所述，至迟在嘉靖年间，宣镇西路所

图三　嘉靖《九边考》附宣镇图局部[11]

辖驻军城堡已达 12 座。

据《图说》“上西路总图”所绘，至万历年间，宣镇上西路辖宁远堡、张家口堡、来远堡、膳房堡、万全右卫城、万全左卫城、新开口堡、新河口堡及永安堡等凡 9 个军堡；下西路辖洗马林堡、柴沟堡、怀安城、李信屯、渡口堡、西洋河堡、枳儿岭等 7 堡（图四、图五）。西路合计有军堡 16 座。

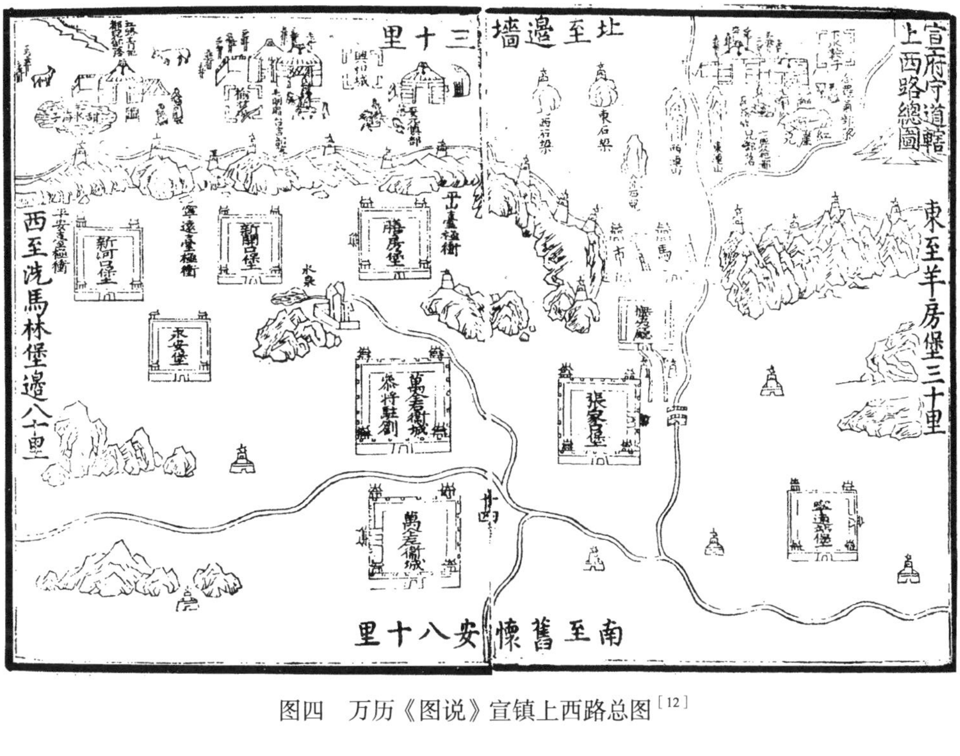

图四　万历《图说》宣镇上西路总图[12]

图五　万历《山西宣大三镇图说》宣镇下西路总图[13]

3. 关口

见于文献记载者共 4 座，今已全部不存。兹考证方位如下。

德胜口，乾隆《宣化府志》(以下简称乾隆《府志》) 云：德胜口“在（万全）县北三里翠屏山下”，清代万全县治即万全右卫城。根据明制，一里约合 480 米[14]，即德胜口在万全右卫城北约 1.44 千米。通过对地图的肉眼观察，以万全右卫城为中心，以志书记载的距离有 ±20% 的误差记，则方圆 1.1 ~ 1.8 千米范围内符合这一方位的山口仅有一处，即城北张石高速与 207 国道通过处。古今一理，当代道路的选址，亦应考虑施工最为便利、成本最低处，最佳方案即选择已经存在的孔道。且该地两侧高处有明代烽火台遗迹。推测原关口即在高速路沿线山口南侧。

东洋河口，在柴沟堡“西北十里”[15]。柴沟堡西北约 5 千米处正是东洋河山口，应为明代关隘无疑。

野狐岭关，“在县西北三十里”[16]。以同样的方法考察，可知县西北半径 14 ~ 18 千米范围内，符合描述的地点有三处。两处在长城线上，另一处则在长城内。笔者以为前二者为野狐岭关的可能性更大。而这两处中，一处亦在张石高速沿线，万全右卫城及德胜口正北，另一处在城西北约 16 千米处。前者又有德胜口在前阻挡，因此后者更加符合文献描述。

张家隘口，关“在（张家口）堡址五里通境外”[17]，亦仅一处可能地点，即今大境门长城附近的东、西太平山间的山口。大境门开于清代[18]，东侧西境门的开通亦不早于万历年间[19]，此前边墙封境无门。据嘉靖《镇志》记载，张家隘口曾设关口，但至迟在嘉靖年间就已经废弃。后几兴土木，因此所谓“张家隘口”的具体位置已无法确定。

各关口推测方位见图一。

4. 城堡

宣镇西路诸城堡之名在当代大部得到沿用，成为城、乡镇、村名，这为我们追考及复原明代宣镇西路布局提供了方便。根据明人的记载，结合当代历次调查及笔者的实地踏查，可知宣府镇上西路诸城堡均位于今张家口市的桥东区、桥西区、万全县、怀安县境内。

现将明清志书中详细描述的各主要城堡沿革进行梳理。限于篇幅，属堡仅择若干记录相对丰富，有代表性的进行介绍。

（1）主堡

西洋河，为元代旧城。《通志》云：“西洋河……正统间（1436 ~ 1449）城”；嘉靖《镇志》云：“正统五年（1440）都指挥文宏广因旧基修筑”；设守备一员[20]。

城址在今怀安县渡口堡乡西洋河村。保存较好。

怀安城（保安右卫),《九边考》载：“怀安卫……洪武二十五年（1392）设卫”；《通志》云：洪武二十六年（1393 年）置；《太祖实录》卷 236 云：洪武二十八年“筑万全、怀安等城”；永乐十三年“置保安右卫治顺圣东城……后徙怀安”；设守备一员；

嘉靖《镇志》属堡 63。

城址即今怀安县怀安镇。尚存城圈。

李信屯堡,《通志》云：嘉靖十三年（1534 年）“城李信屯”；

嘉靖《镇志》属堡 5。

城址在今怀安县王虎屯乡李信屯村。尚存城圈及东门瓮城。

洗马林堡、新开口堡,《通志》载：宣德十年（1435 年）“城洗马林、新开口”；各设守备一员。

嘉靖《镇志》属堡 7。

洗马林堡址在今万全县洗马林镇，尚存南、北、西三门；新开口堡址在今万全县膳房堡乡。保存较差。

新河口，乾隆《府志》引《宣镇图说》云：“创于宣德十年（1435)”。

嘉靖《镇志》属堡 4。

城址在今万全县北新屯乡新河口村。保存较差。

万全左卫,《通志》云：弘治元年（1488 年）“置万全左卫”。

嘉靖《镇志》属 56 堡，1 寨。

城址在今万全县左卫镇。尚存城圈。

德胜堡（万全右卫），今万全镇。《通志》云：洪武二十七年（1394年）春三月“城镇城（今宣化区）及德胜口”；永乐二年（1404年）“移万全右卫于德胜口”；十五年（1417年）“置永宁卫保安右卫”。

据嘉靖《镇志》统计，万全右卫属堡共计77座，如宣平堡等，旧地今仍有同名村。

城址在今万全县万全镇，保存较完好。

膳房堡，乾隆《府志》引《宣府镇志》云：“成化十五年（1479）都御史殷谦筑”；《通志》载：嘉靖二十三年（1544年）下有“北虏寇膳房”条，可见至迟到嘉靖二十三年，膳房堡已经存在。据清《读史方舆纪要》卷十八记载，膳房堡建于明成化十五年。

城址在今万全县膳房堡乡膳房堡村。遗迹仅北、西残墙各100余米，西墙存马面1座。

张家口堡，《通志》载：宣德四年（1429年）“城张家口”。

嘉靖《镇志》属堡11。

城址即今桥西区堡子里。仅存北墙及东墙北段，北墙尚存1门，2座马面。

来远堡（张家口上堡），《图说》绘上西路总图于张家口东北边墙内有“马市”，为明蒙互市之所，即来远堡。道光《万全县志》载：明万历四十一年“巡抚汪道亨筑砖包”。为宣镇西路有确切记载的建成最晚一堡。

城址在今桥西区大境门南侧，存东西二门。城墙现已修复。

宁远堡，堡内设有宁远站[21]，因此又称宁远站堡。正德《镇志》以之属镇城；《通志》载：嘉靖二十八年（1549年）“城宁远诸堡”。

城址在今桥东区张家口火车南站东南约2千米处的宁远堡村。尚存1南门。

柴沟堡，正德《镇志》云：“正统二年（1437）都指挥文宏广筑。”

嘉靖《镇志》属堡13。

城址在今怀安县治柴沟堡镇。遗迹无存。

渡口堡，正德《镇志》云：“弘治十一年（1498）添兵戍守”；《畿辅通志》卷四十一云：“明弘治九年（1496）筑”；乾隆《府志》为：“弘治十一年筑”。存疑。

在今怀安县渡口堡乡渡口堡村。尚存1南门。

（2）属堡

＊枳儿岭堡[22]，怀安城属堡[23]。嘉靖《镇志》所载宣镇西路西界。《图说》、隆庆三年《九边图说》宣府镇图中均标有枳儿岭堡（图六、图七），因此可知枳儿岭堡的设置不晚于嘉靖四十年。

城址在今怀安县王虎屯乡枳儿岭村。尚存部分城墙，城门不存。

＊团山堡，嘉靖《镇志》为怀安城属堡。

城址在今怀安县王虎屯乡团山村。仅存北墙、西墙。城门不存。

＊旧堡，嘉靖《镇志》为洗马林堡属堡。旧址今为旧堡村。

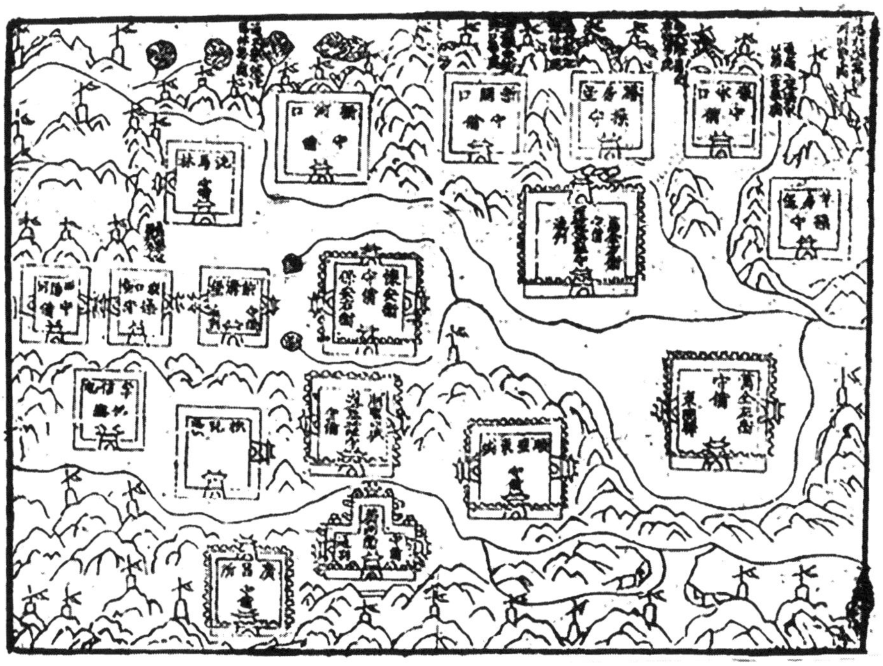

图六　嘉靖《镇志》宣镇西路城堡图[24]

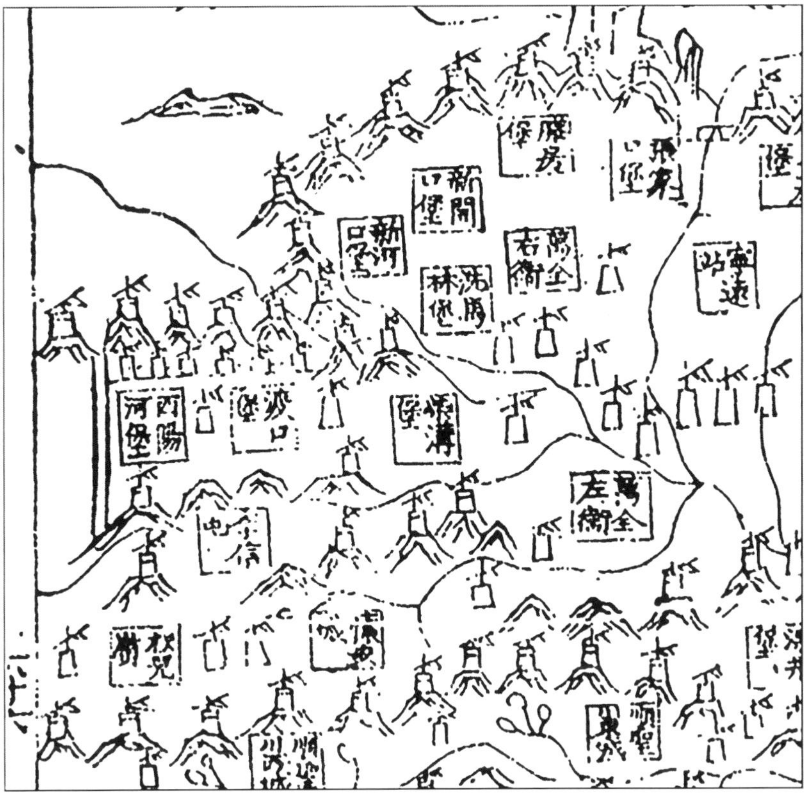

图七　隆庆三年《九边图说》宣府镇图局部[25]

道光《万全县志》有阳门古城，在“县西南七十里，今阳门堡地。唐以前置唐史妫州，妫川郡有阳门堡城即此”。《万全县志》所绘县域图中洗马林城南有阳门堡，呈东西长、南北窄的长方形（图八）。乾隆《怀安县志》有阳门废县，“在县北。金置，元废……贞祐二年升为县……贞祐初城焉”。

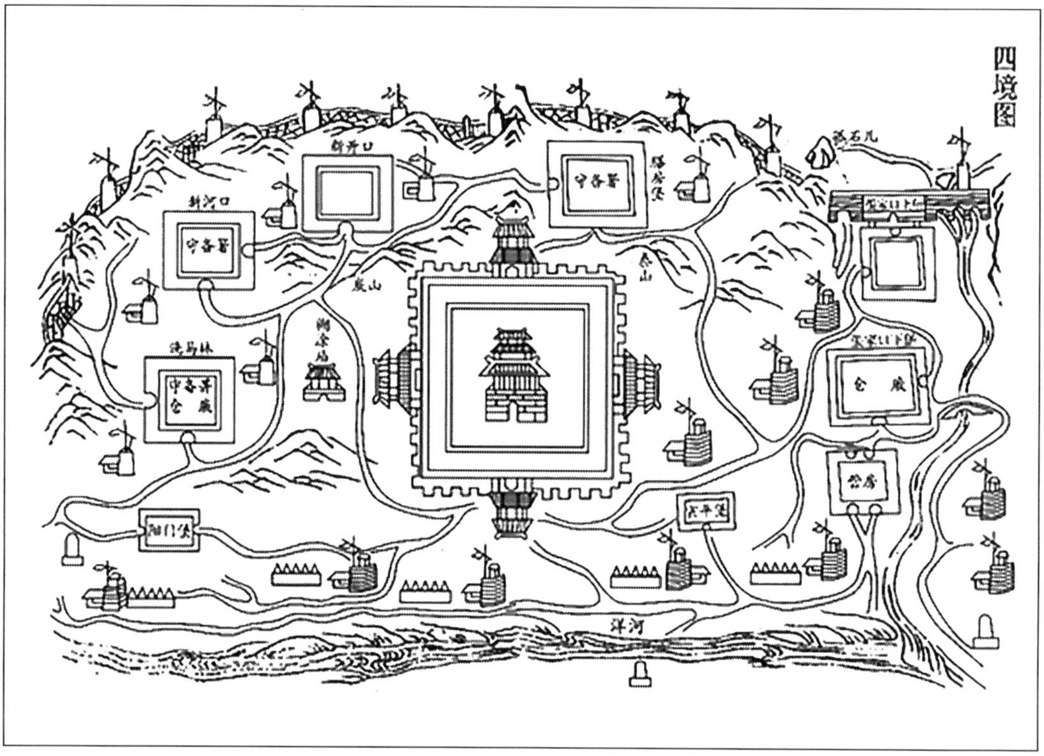

图八　道光《万全县志》四境图

根据笔者实地调查，今洗马林镇南约 4 千米，南距怀安城约 30 千米的西洋河支流西岸有旧堡村，村内土城遗迹亦呈东西长、南北窄的长方形。比照道光《万全县志》县域图及各志的位置描述，旧堡即阳门堡。

* 旧怀安堡，嘉靖《镇志》为万全左卫属堡。

城址在今怀安县头百户乡旧怀安村。尚存城圈。

* 宣平堡，万全右卫属堡，见于道光《万全县志》。该志认为其即金代大新镇，元代宣德县治。明初废县。《通志》载：洪武二十六年“万全左右卫置于宣德县”；嘉靖《镇志》载：洪武二十六年“置万全左右卫于宣平”；后右卫迁德胜堡，左卫迁左卫城。

城址在今万全县宣平堡乡。遗迹不清。

* 永丰堡，嘉靖《镇志》中新河口堡属堡下有永丰堡。但根据位置判断，调查所见永丰堡当非文献所指。

城址在今桥西区西北部，北距西太平山明长城约 800 米。城圈尚存，门不存。

* 永安堡，新河口属堡之一。见于《图说》："上西路总图"。

城址在今万全县新河口乡永安堡村。遗迹不清。

三、城堡军事聚落等级

宣府镇西路各城堡驻军数量不一，除德胜口堡军额超过3000人以外，大体均在500～2000人。

考察宣府镇西路各城堡驻守武将的级别，见于方志明确记载的，最高为参将，即路一级总指挥；以下按军事主官级别依次有守备、操守、把总。宣府镇西路主要城堡的军事主官大多为守备。西路各城堡本身的军事级别又有等差。依明长城九边防守等级，可分为路—堡—属堡三级。路城主要指上、下西路参将驻地德胜口堡、柴沟堡；主堡包括张家口堡、膳房堡、万全左卫、怀安城、新开口堡、渡口堡、洗马林堡、西洋河堡、李信屯堡、来远堡、宁远堡等12座，余为属堡；依明代军制——都司卫所制度，则有都司（万全都指挥使司驻德胜口堡）、卫（万全左卫、万全右卫驻德胜口堡、怀安卫和保安右卫驻怀安城）及其他堡城三级。

通过实地考察测量，我们得到了宣府镇西路各主堡的城墙尺寸，并与军数、驻将及防守等级进行对比如下（表一）。

表一 宣府镇西路主要城堡等级、尺寸对比统计表[26]

序号	明代名称	军制等级	长城防守等级	军事长官	军额/人[27]	墙高/米	墙厚/米	周长/米
1	张家口堡	其他城堡	主堡	守备	1078	8.41	10.1	1550
2	膳房堡	其他城堡	主堡	操守	649	—	3.5～4.5	—
3	德胜口堡	都司、卫	路城	参将、守备	3732	9.5	6.25～9.33	6500
4	万全左卫	卫	主堡	守备	1875	7.2	残厚1.85	3800
5	怀安城	卫	主堡	守备	1959	10.32	—	5700
6	新开口堡	其他城堡	主堡	守备	570	9.57～11.65	4.6	—
7	柴沟堡	其他城堡	路城	参将、守备	1805	6.31	4～5	1300
8	渡口堡	其他城堡	主堡	操守	659	—	10.1	—
9	洗马林堡	其他城堡	主堡	守备	1424	5.5～6	3.5～4.5	2170
10	李信屯堡	其他城堡	主堡	把总	743	6.5	3～8	1300
11	新河口堡	其他城堡	主堡	守备	822	6.31	1.85	1300
12	宁远堡	其他城堡	主堡	—	36	5.86	—	—
13	来远堡	其他城堡	主堡	—	—	6.78～7.28	2.91	1200

以宣府镇现存各级别城堡尺寸看，其建筑规模与城堡等级存在联系（图九）。

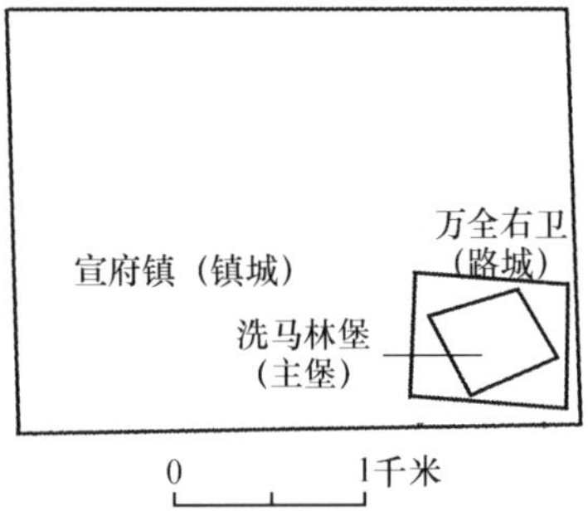

图九　镇城、路城、堡城尺寸对比示意图

从上表可见，明代的都司—卫—所军制等级与长城的防守等级之间并没有相关性。前者与城堡的面积呈相似的变化趋势，可见西路城堡的规制大体服从于明代军制。而后者则与驻守城堡的军事主官级别和军额存在关联，军事防守等级高者，军额更多，但与城堡的规模则并不相关。例如，同为参将驻跸的万全右卫和柴沟堡，城墙周长相差达到了五倍之多。都司—卫—所军事体制形成于明初，体现了一种相对理想化和固定化的特点。随着明代国防形势变化，军事防御部署势必根据实际情况做出调整，因此以城堡规模来体现的军制等级，也就逐渐被打破了（表一、附表一、附表二）。

四、明代边防战略与军事态势对宣镇西路城堡兴建过程的影响

洪武永乐之时，对待蒙古主要奉行主动出击的军事策略，两朝主要的北征行动达到十余次，蒙古各部无力南下，边防一时无虞。

然而洪武末年以降，原设于塞外的东胜、开平、大宁三卫相继内徙，以至于明北境防御纵深尽失，宣德之后则不再有大规模的北出军事行动，蒙古人开始频繁入寇，明人消极防御，以至“终明之世，边防甚重”[28]。

明史强调“正统以后，敌患日多”[29]，即以“土木之变”（1449 年）为京畿北部军事形势变化的转折点。刘景纯认为，蒙古诸部日渐侵扰，边备日益紧迫，始自宣德[30]，宣府镇军事压力则从小王子称雄时代（1483 ~ 1533 年）起延续至“隆庆和议”（1571 年）之前[31]。

笔者考《明实录》，在宣府镇方向，至隆庆和议之前，共记录蒙古入寇 124 条，始自宣德四年[32]；其中明确入寇宣府镇西路的 34 条，基本始自土木之变[33]。而 34 次入寇中，小王子即位之前仅见 4 条记录，小王子统治期间为 8 次，其余 22 次均发生在小王子统治结束之后。

而宣府镇西路城堡的修建，除怀安卫、万全右卫两座腹地卫城兴建于洪武年间外，边堡的兴建正是始于《明实录》出现蒙古入寇宣府记录的宣德四年。但实际上，直至土木之变前（正统十四年），蒙古对宣府镇进行的 14 次入侵均未对其构成威胁，宣府镇西路 14 座主堡中却已兴建 8 座。土木之变后至隆庆和议之前则仅建 5 座。

截至嘉靖十三年，也就是小王子的统治结束后第二年，除宁远堡、来远堡外，宣府镇西路主堡已全部筑成，此后蒙古各部的入寇陡然频繁起来，但这一地区却仅建主堡 2 座。

从各堡建成的时间间隔看，宣德四年至正统初年，每 2 ~ 6 年就会有筑城行为，此

后新筑城堡的时间间隔少则八九年，多则三四十年。土木之变后，直至成化十五年的30余年间，宣府镇西路甚至未增建一座城堡（表二）。

表二 宣德至隆庆年间宣府镇西路蒙古入寇次数与建堡数量一览表

时代		宣德四年至正统十四年（20年）	景泰元年至成化十九年（33年）	成化二十年至弘治元年（22年）	弘治二年至弘治九年（8年）	弘治十年至嘉靖十三年（38年）	嘉靖十四年至隆庆五年（37年）	合计
入寇次数	宣府镇西路	0	4	4	2	2	22	34
	宣府镇全境	14	17	6	18	25	44	124
建堡数量		6	1	1	1	1	1	11

可见，宣府镇西路城堡的大规模建设的主要阶段，是先于军事压力增加的，而非对土木之变或边防大形势变化的一种反应。

从各堡战略位置和军事级别看，宣德初至土木之变前所建7堡中，6座为极冲，均为守备驻跸；1座为次冲，但有参将驻跸，为路城。而土木之变后兴建的5座主堡，极冲仅2座，另有次冲2座，再次1座，其中仅1座有守备驻跸，另有操守驻跸2座，把总驻跸1座，另1座未见记载。

据前文所述，土木之变之前，这一地区较重要的城防已接近建设完成。"土木之变"后，蒙古人入寇日益频繁，但明长城营堡的兴建力度反而明显减弱，新建城堡的军事等级和战略重要性也有所下降。除万历四十一年兴建来远堡作为明蒙互市场所之外，嘉靖四十一年之后，城堡的修筑活动已基本停止，此时距隆庆和议发生还有10年。

综上所述，文献载土木之变、隆庆和议等重大历史节点对宣府镇西路城堡建设的影响有限。

另外，景泰至隆庆年间，是明朝大规模修筑边墙、墩台的时期[34]，嘉靖二十九年"庚戌之变"后，明廷更有"摆边"之议。同年，真保镇设总兵[35]，自宣府镇析出。长城守军一部北进据墙而守，另一部南下驻防，而宣府镇西路自嘉靖十三年起至隆庆和议前所建的最后几座城堡（宁远堡、李信屯堡、包括万全左卫属堡枳儿岭堡等）均在腹里，明显具有加强内地防御的意图，处于二者中间的宣府镇西路营堡本已有一定规模，且在此时战略地位相对下降。

由此推测，宣府镇西路城堡建设的停止与明朝防御重心的北推和南移有关。

五、结　语

（1）考明长城宣府镇西路城堡建制，以万全右卫城、柴沟堡二城为中心，疆域东至清水河，西至枳儿岭堡（近太行山），南、北分抵长城外边、内边。东西约63、南北约53千米。

（2）宣镇西路的长城军事聚落可以分为路—主堡—属堡（寨）三个等级，按照明代军制，又可分为都司—卫—其他城堡三级统辖。宣镇西路的长城管理体制在具体实施中又服从于明代的军制。

万全都司驻宣府镇城，以下各关堡于重要处分兵设卫，部分城堡又辖有“属堡”若干。宣镇西路属堡见于方志记载的名称共计 194 个。至嘉靖四十年，全路所辖寨堡总数已达 234 座。关隘共有 4 处。

设兵戍守的军堡数量自明初以降增加。由洪武年间的 4 座增至成化十年的 9 座，正德年间 11 座，嘉靖十三年 12 座，至嘉靖四十年时达到 16 座。

（3）宣府镇上西路设主要关隘 4 处，经考证方位如下。

德胜口在今张家口市万全区万全镇北，张石高速与 207 国道交汇处山口南侧。

东洋河口在柴沟堡西北 5 千米，东洋河流经的山谷谷口。

野狐岭关在今张家口市万全区西北约 16 千米处。

张家隘口在今张家口市桥西区大境门长城附近。

（4）从地图上看，各驻军城堡主要沿河兴筑，平面形制多为矩形，设城门 1 ~ 4 座，城墙有角台、马面。各堡间距及与长城的距离大体相当，一般在 5 ~ 10 千米。诸军堡地名在当代几乎全部得到沿用，遗迹尚存者，周长自数百米至数千米，保存状况不一，好者格局完整，差者几乎消失，而实测尺寸与文献记载多有出入。

（5）宣府镇西路城堡的建筑规模大小与军制防守等级高低之间存在相关性，而长城防守等级高低则与军事主官级别和军额高低的变化趋势一致。

（6）明代的都司—卫—所军制等级与长城的防守等级是两套不同的管理体系。前者与城堡的面积呈相似的变化趋势，而后者则与驻守城堡的军事主官级别和军额存在关联，军事防守等级高者，军额更多。随着明代国防形势变化，以城堡规模来体现的军制等级逐渐被打破。

（7）宣府镇西路城堡兴建集中于“土木之变”前，是在明代前期统一规划之下完成的，而非对土木之变、隆庆和议等历史事件做出的反应。

附表一　明代宣府镇西路主要城堡历史信息表

序号	明代名称	今地名	始建年代	军事长官	军额 / 人[36]	属堡 / 座	备注	战略位置
1	宁远堡	宁远堡	嘉靖二十八年（1549 年）	—	嘉靖新设 36	—		次冲
2	来远堡	来远堡	万历四十一年（1613 年）	—	—	—		—
3	张家口堡	堡子里	宣德四年（1429 年）	守备	1078	11		极冲
4	膳房堡	膳房堡	成化十五年（1479 年）	操守	649	—		极冲

续表

序号	明代名称	今地名	始建年代	军事长官	军额 / 人[36]	属堡 / 座	备注	战略位置
5	德胜口堡（万全右卫）	万全镇	洪武二十七年（1394 年）	参将、守备	3732	77	永乐二年设万全右卫	极冲
6	万全左卫	左卫镇	弘治元年（1488 年）	守备	1875	56 堡，1 寨		次冲
7	怀安城（怀安卫、保安右卫）	怀安城	洪武二十五年（1392 年）	守备	1959	63		腹里
8	新开口堡	新开口村	宣德十年（1435 年）	守备	570	—		极冲
9	新河口堡	新河口	宣德十年（1435 年）	守备	822	4		极冲
10	柴沟堡	怀安县	正统二年（1437 年）	参将、守备	1805	13		次冲
11	渡口堡	渡口堡乡	弘治九年（1496 年）	操守	659	—		极冲
12	洗马林堡	洗马林镇	宣德十年（1435 年）	守备	1424	4		极冲
13	西洋河堡	西洋河村	元代旧城，正统间（1436～1449 年）重修	守备	1002	—		极冲
14	李信屯堡	李信屯村	嘉靖十三年（1534 年）	把总	嘉靖新设 743	5		再次
15	枳儿岭堡	枳儿岭村	不晚于嘉靖四十年（1561 年）	—	—	—	属怀安卫	—
16	宣平堡	宣平堡	始建于金元	—	—	—	洪武二十六年置万全左右卫，永乐二年撤。属万全右卫	—
17	永丰堡	—	—	—	—	—	可能属右卫	—
18	旧怀安堡	—	—	—	—	—	属万全左卫	—
19	永安堡	—	—	—	—	—	属新河口	—
20	阳门堡（旧堡）	旧堡	—	—	—	—	属洗马林堡	—
21	团山堡	—	—	—	—	—	属怀安卫	—

附表二　明代宣府镇西路主要城堡遗迹信息表

序号	明代名称	尺寸						城门	
		周长		高		厚			
		文献	实测 / 米	文献	实测 / 米	文献	实测 / 米	文献	遗迹
1	宁远堡	二里七十八步	仅存 1 门	三丈五尺	5.86	—	—	1	1

续表

序号	明代名称	尺寸						城门	
		周长		高		厚			
		文献	实测 / 米	文献	实测 / 米	文献	实测 / 米	文献	遗迹
2	来远堡	一里一百五十六步	1200	三丈五尺	6.78 ~ 7.28	—	2.91	—	2（东、西）
3	张家口堡	四里有奇（宣德）/ 五里，后改三里（嘉靖）	1550	一丈五尺（宣德）/ 二丈（嘉靖）	8.41	—	—	东、南、北三门	1（北）
4	膳房堡	一里三十步（成化）/ 二里有奇（嘉靖）	北墙残长108、西墙残长149	一丈八尺（成化）/ 三丈（嘉靖）	—	—	—	—	无
5	德胜口堡（万全右卫）	六里三十步	6500	三丈五尺	9.5	—	—	2	2（南、北）
6	万全左卫	十里，崇祯八年改六里	3800	三丈五尺	7.2	—	10.1	4	无
7	怀安城（怀安卫、保安右卫）	九里十三步	5700	三丈五尺	10.32	—	3.5 ~ 4.5	4	1（南）
8	新开口堡	一里三百四十步	不清	二丈五尺	9.57 ~ 11.65	—	6.25 ~ 9.33	—	—
9	新河口堡	二里二百二十步	1300	二丈八尺（宣德）/ 三丈三尺（嘉靖）	6.31	—	1.85	1	—
10	柴沟堡	八里	—	二丈八尺	无	三丈二尺	—	3	—
11	渡口堡	二里五十七步	2170	三丈五尺	7	—	4.6	2	1（南）
12	洗马林堡	八里	2200	二丈八尺	5.5 ~ 6	—	4 ~ 5	2	3（北、西、南）
13	西洋河堡	一里八十二步（正统）/ 四里百十三步（乾隆）	2200	二丈六尺（正统）/ 三丈六尺（乾隆）	—	二丈三尺二寸	2.8 ~ 3.2	2（正统），4（乾隆）	4
14	李信屯堡	二里八十步	1300	三丈五尺	6.5	—	3 ~ 8	—	1（东）
15	枳儿岭堡	—	633	—	6.5	—	3.5	—	无
16	宣平堡	—	1300	—	9.24	—	2.2		1（西）
17	永丰堡	—	—	—	6.85	—	—	—	—
18	旧怀安堡	—	803	—	5	—	3.5	—	—

续表

序号	明代名称	尺寸						城门	
		周长		高		厚			
		文献	实测 / 米	文献	实测 / 米	文献	实测 / 米	文献	遗迹
19	永安堡	—	—	—	—	—	—	—	—
20	阳门堡（旧堡）	—	—	—	—	—	—	—	—
21	团山堡	—	336	—	3.5		2.3 ~ 3		

注　释

［1］ 地形底图数据来源：STRM Data［DB/OL］. http://srtm.csi.cgiar.org/SELECTION/inputCoord.asp. 2004 年.

［2］ a.（明）尹耕. 两镇三关通志・卷三［EB/OL］. 嘉靖刻本. 世界数字图书馆 https://www.wdl.org/zh/item/4670/. 2018 年.

b.（明）魏焕. 皇明九边考・卷四・宣府考. 明嘉靖四十五年魏时用刻本：194.

［3］（明）王崇献. 宣府镇志・卷一［M］. 北京：线装书局. 2003 年.

［4］（明）杨时宁. 宣大山西三镇图说［M］. 万历癸卯刊本影印. 台北：正中书局，1981.

［5］（明）魏焕. 皇明九边考・宣府镇・保障考［M］. 明嘉靖四十五年魏时用刻本：197.

［6］ 同［5］.

［7］（明）孙世芳. 宣府镇志・卷二十二・兵政考［M］. 嘉靖四十年刊本影印. 台北：成文出版社有限公司，1970：9.

［8］（明）王崇献. 宣府镇志・卷五・武备［M］. 北京：线装书局，2003：3 ~ 17.

［9］（明）孙世芳. 宣府镇志・卷十一・城堡考［M］. 嘉靖四十年刊本影印. 台北：成文出版社有限公司，1970：89.

［10］（明）王崇献. 宣府镇志・卷一［M］. 南京图书馆影印. 北京：线装书局，2003：52.

［11］（明）魏焕. 皇明九边考［M］. 明嘉靖四十五年魏时用刻本：4.

［12］（明）杨时宁. 宣大山西三镇图说［M］. 万历癸卯刊木影印. 台北：正中书局，1981：4-035-036.

［13］ 同［12］：4-053-054.

［14］ 丘克明等. 中国科学技术史・度量衡卷［M］. 北京：科学出版社，2001：441.

［15］（明）王崇献. 宣府镇志・卷三・关隘［M］. 北京：线装书局，2003. 3，4.

［16］ 同［15］.

［17］ 同［15］.

［18］（清）左承业纂，施彦士补纂. 万全县志・卷二［M］. 道光十四年增刻本.

［19］ 吴柏森. 明实录类纂・军事史料卷・神宗实录・卷七十九［M］. 武汉：武汉出版社，1993：

1017. "万历六年"宣镇修完五年分城堡三处土石墩台六十一座瓮城营城十座敌楼六座墩营房二百七十六间铁裹石境门五十二座……"可能为最早开口时间.
[20] 有明一代，长城沿线关堡驻将军级多有易换，各城防御等级也发生过变化. 这里以嘉靖年间的记录为准，参考嘉靖《宣府镇志》《山西宣大三镇图说》进行介绍.
[21] （明）王崇献. 宣府镇志·卷二·驿传［M］. 北京：线装书局，2003：2~51.
[22] 前打"*"者为属堡.
[23] 同［7］：95.
[24] （明）孙世芳. 宣府镇志［M］. 嘉靖四十年刊本影印. 台北：成文出版社有限公司，1970：9.
[25] （明）兵部编. 九边图说［M］. 隆庆三年刊本影印. 台北：正中书局，1981：5~131.
[26] 西洋河堡为元代旧城基础上建成，不适用于考察明代建筑，故排除；永安堡在笔者的调查中未发现遗存，故亦不述.
[27] （明）孙世芳. 宣府镇志·卷二十一·兵籍考［M］. 嘉靖四十年刊本影印. 台北：成文出版社有限公司，1970.
[28] （清）明史·卷九一·兵志三［M］. 北京：中华书局，2000：1493.
[29] 同［28］.
[30] 刘景纯. 明代九边史地研究［M］. 北京：中华书局，2014：31.
[31] 同［30］：38~41.
[32] 吴柏森. 明实录类纂·军事史料卷·宣宗实录·卷五十五［M］. 武汉：武汉出版社，1993：93.
[33] 吴柏森. 明实录类纂·军事史料卷·英宗实录·卷一八九［M］. 武汉：武汉出版社，1993：112.
[34] 李大伟. "华夷之辨"与"守中治边"——论明长城修建的内在驱动力与实际作用［J］. 西北大学学报（哲学社会科学版）. 2017（4）：158~163.
[35] （明）刘效祖. 四镇三关志·真保镇建置. 全国图书馆文献缩微复制中心影印明万历四年刻本，1991：史10~38.
[36] （明）孙世芳. 宣府镇志·卷二十一·兵籍考［M］. 嘉靖四十年刊本影印. 台北：成文出版社有限公司，1970：228~235.

A Textual Research on the Ming Dynasty Great Wall in Guanbao, West Road, Xuanfu Town

Zhang Yimeng

Abstract: Based on an analysis of the construction process, quantity, settlement structure and historical context of the fortresses on the Ming Dynasty Great Wall in the West Road of Xuanfu town, this paper argues that the Ming Dynasty military hierarchy of "Dusi-Wei-

Suo" the defensive hierarchy of the Great Wall are two different systems. Correlations existed between the sizes of fortresses and their grades in the Ming dynasty military system, while when it comes to the Great Wall, the defensive grades of fortresses are determined by the ranks of military officers and the numbers of garrisons. With the change of defense strategy under the Ming Dynasty, the military hierarchy based on the size of fortresses was gradually abandoned. The construction of fortresses on the West Road was completed according to the planning implemented since the early Ming Dynasty, rather than reacting to historical events such as the "*Tumu* Incident" and the "*Longqing* Negotiation".

Keywords: Ming Dynasty Great Wall; Xuanfu Town; West Road; military system; defensive grade

贝加尔地区旧石器时代晚期至新石器时代早期的过渡：石器工业技术

娜塔莉娅·捷德诺娃[1]　亨尼·佩泽卡[2]著

付承章[3]译

（1. 俄罗斯科学院西伯利亚分院蒙古、佛教与藏学研究所考古实验室，俄罗斯联邦布里亚特共和国乌兰乌德；2. 阿恩特大学史前史及史前人类学系历史研究所，德国格里夫斯瓦尔德；3. 中国人民大学北方民族考古研究所，北京，100872）

内容摘要： 西伯利亚贝加尔湖以东地区是欧亚大陆更新世晚期至全新世早期（校正年代为公元前12000年）开始使用陶器的诸多区域之一。狩猎—采集者群体对陶器的使用标志着旧石器时代晚期的结束和新石器时代早期的开始。陶器起源的文化环境表明，我们可以把陶器的发明看作多种新技术及文化特征的一部分，或认为它只是被纳入到已经存在的文化范围中。本文研究石器技术的发展，将之视为更新世—全新世过渡时期物质文化的一部分，侧重探讨初级打片技术。研究基于Krasnaya Gorka遗址材料以及旧石器时代晚期和新石器时代早期其他遗址已发表的材料。对更新世至全新世过渡期石器组合的技术、类型的比较研究揭示，石器技术存在延续性，与东北亚大多数地区的总体趋势一致。新石器时代早期较晚阶段产生了一次以涌别技法进一步合理化为特征的革新，最终导致了微棱柱状石核技术的形成。

关键词： 贝加尔地区；旧石器时代晚期；新石器时代早期；石器技术；早期陶器

一、引　　言

陶器在欧亚大陆北部的出现是石器时代考古最有争议的研究领域之一。最新的数据显示，制陶技术最早为旧石器时代（即末次盛冰期，校正年代约18000年前）中国南方的狩猎-采集者所运用[1]。在之后的一千年里，这项新技术在俄罗斯阿穆尔地区（Amur Region）、外贝加尔和日本、韩国及印度北部的觅食群体之间逐渐普及[2]。

陶器的发明是科学界划时代的标志。而根据俄罗斯的学术传统，陶器的引入是新石器时代到来的主要标志，与一般的经济和生活方式无关[3]，相反，中欧、西欧和西亚偏好采用一个不同的新石器时代定义，把新石器时代的开端与食物生产经济以及和诸如定居、复杂社会的发展相关联的文化、社会、意识形态变化联系在一起[4]。在本文中，我们采用了俄式术语，原因在于其普遍应用于这一领域的考古学讨论之中。

陶器发明在引入和传播上的动态变化一直是学界争论的焦点[5]。有些学者认为，这是东亚几个地区的独创[6]，其他人则主张这是新技术从中国和俄罗斯远东的早期中心向周边群体扩散，经过长途跋涉，最终导致了陶器在东欧和近东地区的出现[7]。

针对这样的争论，出现早期陶器的文化环境尤为重要。它将作为一种技术革新的陶器纳入到了这样一个背景之中，表明陶器的革新或是以新技术和文化特征融汇之后的一部分出现（甚至可能与人口迁徙有关），或是被纳入了一个已经存在的文化范畴，使文化环境的研究也出现了关于制陶技术本身是否会导致人口经济和社会行为变化的问题。

在我们的研究中，我们探讨了从旧石器时代晚期（无陶器）到新石器时代早期（早期陶器）西伯利亚贝加尔湖以东地区的过渡，这是欧亚大陆少数几个在更新世晚期就使用陶器的地区之一。由于石器是这一时期遗址中最重要的考古学证据，因此我们在这里集中探讨石器工业的发展。其主要的技术特点是初级打片，这也被普遍认为是旧石器时代的文化定义元素。

二、更新世—全新世过渡期的贝加尔地区

贝加尔地区涵盖了西伯利亚南部贝加尔湖流域附近的广袤地域。贝加尔湖以西的地区被称为 Sicbaikalia，以东为外贝加尔。外贝加尔又被 Yablonevyi 分成东西两部分。

长时间以来一直有人认为，在贝加尔的多数地区，陶器的出现都与大西洋事件的开端有关[8]。一个例外是在外贝加尔北部的乌斯季卡连加（Ust'-Karenga）发现了早期陶器使用的证据（校正年代约公元前 11000 年）[9]。在更新世—全新世过渡期前后，外贝加尔的诸多地区都进入了新石器时代早期，这一点直到最近才被人意识到[10]。在 Studenoe 1 号和 Ust'-Menza 1 号遗址的陶器上发现了食物外壳，新的数据显示，制陶技术传入的时间要更早一些，校正年代为公元前 12000 年上半叶（附表一）。在贝加尔湖西侧，最早的陶器出现时间要晚得多，起源于公元前 7000 年（校正年代）[11]。因此，本文对外贝加尔地区新石器时代早期及旧石器时代晚期遗址的位置都作了比较分析。在本文中，我们讨论了色楞格（Selenga）河流域、Chikoi 河流域、维季姆（Vitim）河流域以及维季姆高原的考古遗址，尤其关注了 Krasnaya Gorka 的物质遗存，它是这一时空范围内研究最为深入的部分。

三、年代地层学和古环境背景

本文在年代上探讨的是从更新世晚期到全新世早期的过渡，在气候期上包含了阿勒罗德间冰期、新仙女木期、前北方期和北方期，校正年代一直从公元前 12000 年到公元前 7000 年（图一）。

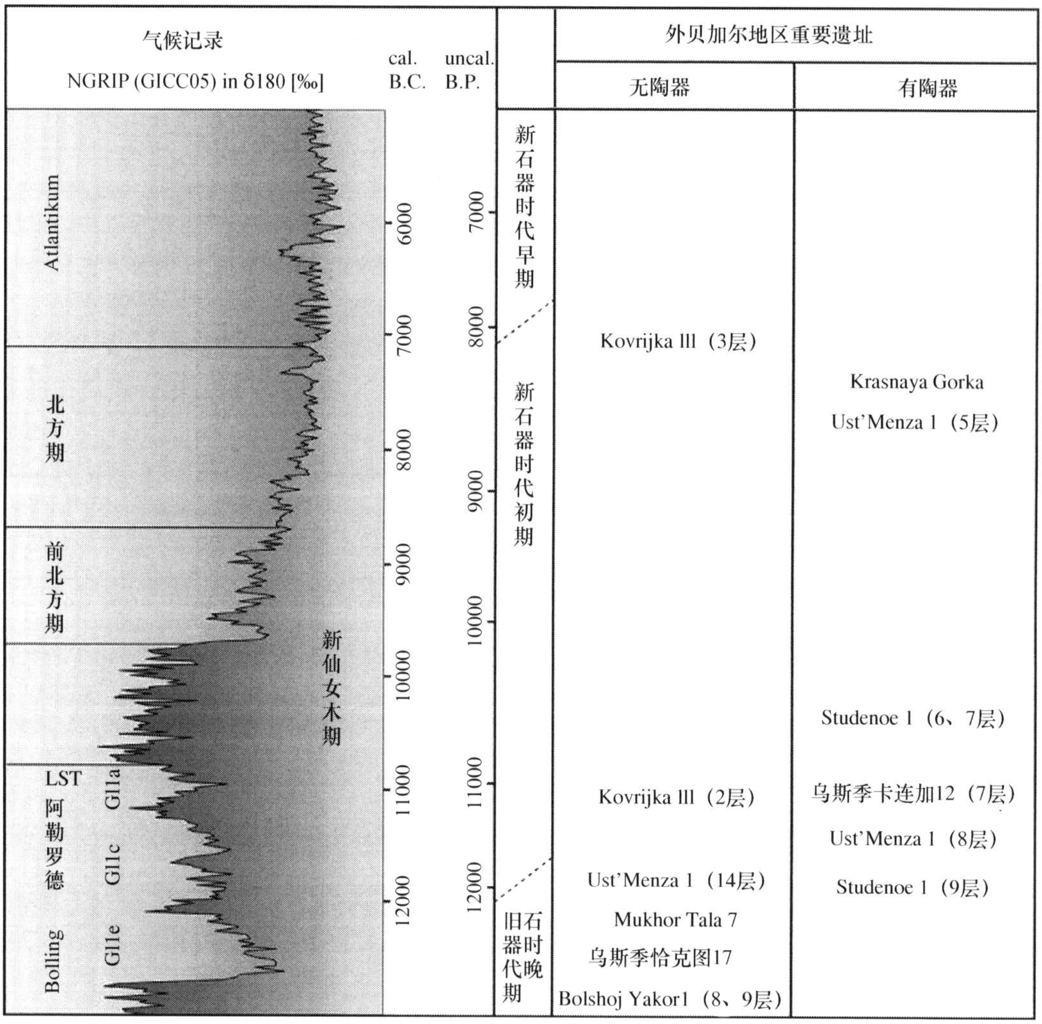

图一　晚冰期—全新世早期地层（基于格陵兰冰芯数据，具体见 NGRIP 项目，依 Rasmussen et al., 2006；Vinther et al., 2006）与旧石器时代晚期—新石器时代早期外贝加尔地区重要遗址

发生在更新世—全新世过渡期的全球气候大变化必然会对当时贝加尔地区的史前文化产生影响。我们在古生物学和孢粉学数据的基础上复原了外贝加尔这一时期的古环境信息。古生物学的研究主要是基于小型哺乳动物的研究，它们是这一地区环境变化尤为

重要的标志。而数据则来源于古生物群体[12]和更新世—全新世过渡期的考古遗址，诸如 Studenoe 2 号、ArshanKhunduy、乌斯季恰克图 3 号（Ust'-Kyakhta-3）和 7 号及 Bol'shoi Yakor'[13]。几个在贝加尔地区的花粉光谱也证明了更新世—全新世过渡期的气候变化[14]。

更新世晚期的气候是寒冷干燥的。在晚冰期，草原和森林的居住者扩散到了整个地区。地层学和孢粉学的数据显示，全新世之前，外贝加尔西部和西南部为满是旱生植被的干冷草原[15]。泥炭沼泽和湖泊沉积物、贝加尔湖和 Kotokel 湖湖底沉积物的孢粉学数据显示，更新世—全新世过渡期的校正年代大约在公元前 9700 ~ 前 9500 年。在全新世早期，气候变化形成了温暖潮湿的环境，这在花粉记录中通过暗针叶树扩散的形式予以反映[16]。与此同时，森林侵入了草原地带，针叶树和阔叶树（如蒙古栎、西伯利亚椴和榆树）得以扩张[17]。更新世晚期巨型动物的代表——猛犸象、长毛犀、野牛、盘角羚羊、瞪羚、盘羊都在贝加尔湖流域消失了，现代动物群开始形成[18]。全新世时，森林侵入草原地带，导致一些啮齿类物种彻底更替，并向南方迁徙。例如，鼹鼠现在的分布范围已向南扩展至外贝加尔东南部。草原旅鼠和布兰德田鼠的栖息地也从外贝加尔西部开始向南部和西部扩展[19]。相比之下，包含小型哺乳动物（如黑足旅鼠、花栗鼠、鼩鼱）的森林动物群在全新世早期开始得以广泛扩散。而海狸、森林田鼠和水鼠从更新世晚期到全新世一直保持着相对稳定的状态[20]。

四、方法与材料

对石器所作的技术和类型分析是比较旧石器时代晚期与新石器时代早期考古学遗存的主要手段。对重建初级打片技术而言，最行之有效的方法是拼合法。然而由于石器组合的大小与组成不同，这种方法往往并不适用。遇到这种情况，研究者必须从形态和类型上对人工制品的各个方面加以分析，包括粗加工半成品（石核半成品）、石核、不同技术的碎片和废片，以重建打片程序[21]。针对 Krasnaya Gorka 的具体情况，我们采用第二种方法来重建初级打片技术。

从无陶器的旧石器时代晚期一直到有陶器的新石器时代早期，文化延续性问题的解决有赖于对遗址中石器初级打片技术所作的比较分析。新石器时代早期的考古遗址在外贝加尔地区仍十分罕见，因此我们的研究主要着眼于 Krasnaya Gorka 的物质遗存，娜塔莉亚·捷德诺娃曾对它作过调查。其他所有旧石器时代晚期和新石器时代早期的物质遗存都是在已发表材料的基础上加以讨论。不幸的是，这些信息通常是简短且有局限性的，并且我们无法对不同种类人工制品的数量和比例进行评估，而与遗址相关的已发表材料又无法提供关于打片技术的有力证据，因此本文无力对物质遗存的总体特征加以探讨。

数字年代学的基础是对多数遗址所作的放射性碳测定（附表一、附表二），而很多年代数据如果涉及地层或者所处环境时就会出现问题，有一些是自相矛盾的，还有一些年代数据是直接从陶器的焦壳上进行采样。如果相关器皿是用来存放水生资源比如鱼肉的话，由于淡水储藏效应的原因，所测出的年代会存在过于久远的危险[22]。

五、旧石器时代晚期的石器技术

（一）维季姆河盆地

在贝加尔地区的极北部（维季姆河下游）有几个经过深入研究的旧石器时代晚期遗址：Bol'shoi Yakor' 1 号、Kovrizhka 1-4 号、Invalidnyi 3 号，以及 Avdeikha。关于它们有一系列的数字测年（附表二）。

两面器技术在 Bol'shoi Yakor' 1 号的多层位遗址中有所体现（3A-12 号文化层），与 Dyuktai 传统下的涌别（Yubetsu）风格接近[23]，这是一种在公元前 13800 ~ 前 9500 年（校正年代）遗址中出现的技术[24]。涌别技术是一种以日本北海道某遗址命名的细石叶技术。它相比之前更为复杂，因为原料得到了更为有效的利用。其典型特征是侧缘上的雪橇形削片，还有制作石片产生的废片。工具包含一组两面加工的刮削器、细石叶、叶片以及横截雕刻器。骨器同样在该遗址中得到了很好的保存，包括由保存完好的细石叶、尖状器、偏尖矛头和针组成的器物圈。

研究者视石器遗址 Kovrizhka 2 ~ 4 号和 Avdeikha 为这种工业类型的一个变体[25]。与两面加工的半成品一样，石片半成品也可以在更新世晚期和全新世早期的无陶器遗存中找到。我们还能看到三角形半成品以及楔形石核打制台面上的侧向加工技术、微棱柱状石核。只有少数的两面器、船形和雪橇形削片[26]。

我们已经从行动系统的角度诠释了不同传统在同一地区共存的情况。在这种条件下，Bol'shoi Yakor' 1 号被认为是短期狩猎遗存。而在寻找原料既缺少时间又没有适宜条件的情况下，两面器既可作为一种工具，又可作为潜在的粗加工半成品，能够制作细石叶[27]。

（二）色楞格河流域

在外贝加尔西部的中心地带，一个可以追溯到更新世—全新世过渡期（无陶器时代）的遗址出现在了 Uda 河流域（色楞格河的右侧支流）的 Mukhor Tala 1、2（1 层）、3（1 层）、5 和 7 号地区。其中的石器包括两面和单面加工半成品、楔形石核、脊状削片和雪橇形削片，属于涌别技术[28]。根据已发表的材料，石核打制台面上的侧向加工技术与一般的涌别技术有所不同[29]。这一整套工具有细石叶、刮削器、多种类型的钻器、刀、凹缺刮器及锛形工具。数字测年采自从 Mukhor-Tala 7 号沟壁发掘出的样本（附表二）。相对年代在公元前 15000 ~ 前 10000 年及公元前 7000 ~ 前 5000 年（校正年代）。

塔沙克（V. I. Tashak）定义了外贝加尔南部的两种旧石器时代晚期传统，即“色楞格”与“Chikoi”工业（图二）。“色楞格”工业本质上是一种细石叶技术，主要发现于该地区的南部。从外贝加尔西部以南的乌斯季恰克图村发现的物质遗存中也可证明这一点[30]。楔形石核基本的粗加工形态是一个扁平石核或者石片，这也是缺少两面器、脊状或雪橇形削片的“色楞格”技术的基础[31]。该工业的特征体现在石叶尖状器的尖部位于石叶近端，还有横截及居中雕刻器。细石叶并没有经过任何特殊的修整，其居中部分是使用最多的地方。骨器有经完整切割过的钩、针、尖状器、带双凹槽的刀柄残片及鱼叉残片。还有小的蛋壳珠。根据相对数字测年，该遗存的校正年代为公元前29000年至公元前12000～前11000年[32]（附表二）。这一传统的早期特征是将废弃的扁平石核

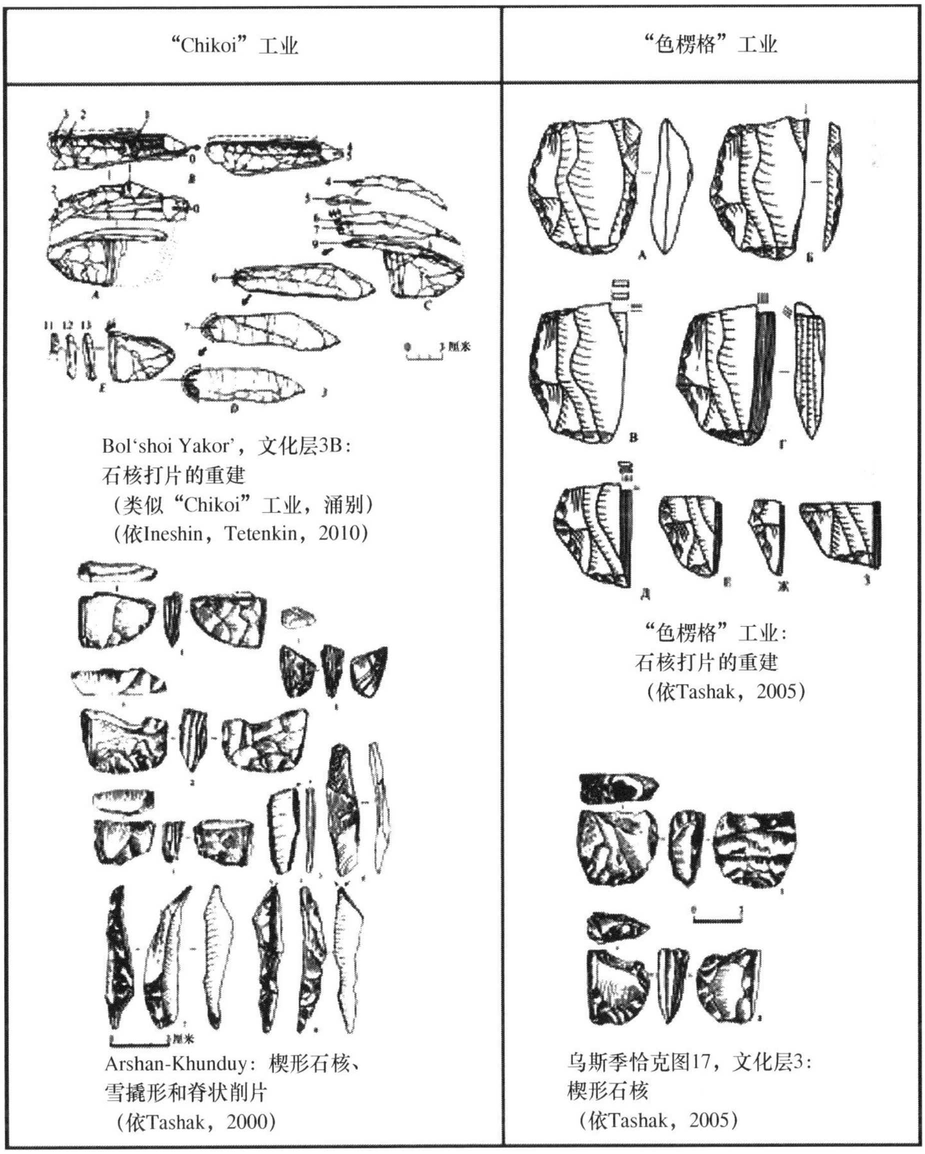

图二 “Chikoi”和“色楞格”石器工业特征

改造成楔形石核（乌斯季恰克图 16 号）。之后，削片和两面打片的砾石也被用于制作石核（乌斯季恰克图 17 号）。椭圆形砾石的一侧用两面打片形成器物的脊部，这一技术类似于预制有起脊打制台面的扁平石核[33]。

（三）Chikoi 河流域

“Chikoi”工业最早从 Arshan-Khunduy 的物质遗存中脱颖而出，并以 Chinkoi 河流域的具体位置命名。这一遗址中的所有人工制品均采自地表。由于两面器、楔形石核、船形削片和雪橇形削片的存在，该工业具有两面的特点。从大体上讲，它的特征包括大量的细石叶、横截雕刻器（通过加工打制台面所形成的雪橇形削片）。塔沙克认为，微棱柱状石核的缺失表明遗址的早期年代应不晚于公元前 20000 年（校正年代）。目前还没有对它进行数字测年。

Chikoi 河流域多层位遗址中体现出的旧石器时代晚期技术——Studenoe 2 号（第 4、5 层）和 Ust’-Menza 2 号（第 17 ~ 24 层）已被视为与“Chikoi”类似的工业[34]。与此同时，在 Studenoe 1 号（第 10 ~ 19 层）也发现了石器技术与“色楞格”工业的结合。这种结合体现在两面器、雪橇形削片、脊状削片以及打制台面侧向加工技术的出现[35]。调查者塔沙克和安托诺娃（Y. Y. Antonova）得出结论，“Studenoe”工业从早期（校正年代为公元前 20000 ~ 前 16000 年）类似涌别的风格发展而来，演变为后来（校正年代公元前 12000 ~ 前 9500 年）类似“色楞格”工业的新工业。但康斯坦提诺夫（M. V. Konstantinov）[36]并没有对石核打片技术作一个明确的定义，他只是提出旧石器时代晚期—新石器时代早期的遗存是以楔形石核作为典型特征。他还指出，打制技术从更新世晚期一直到全新世早期均未发生变化[37]。现如今，以有限的已发表材料去得出一个相应的独立性结论是不可能的。

六、新石器时代早期遗址中的石器技术

（一）维季姆河流域

人们对西伯利亚外贝加尔地区新石器时代早期物质遗存的认识，最早是以维季姆河流域的乌斯季卡连加遗址为基础的。最早的新石器时代文化层是乌斯季卡连加 12 号 7 层，放射性碳十四测年为公元前 11000 ~ 前 9500 年[38]（校正年代，表一）。相关的石器遗存被认为是年代久远的遗存，包括两面器、楔形石核、尖状刮削器。另一个证明乌斯季卡连加遗存年代久远的标志是横截雕刻器的出现。这种雕刻器与日本的“荒谷”型雕刻器类似[39]。同出的陶器有外表饰梳篦纹的尖底器皿，内侧有反复使用草刷之后形成的水平沟槽。器皿的颜色多为亮棕色。

基于乌斯季卡连加遗址的数据，维特洛夫（Vetrov）重建了石核的打片序列。他定

义了石核的几种不同类型及变体。大多数属于楔形石核，也就是两面打制加工小型砾石后形成的半成品。这种打片方式依旧在涌别技术传统的基础上保留了两面加工的技术特征。原因在于相比侧面、正面、间接加工技术而言，纵向的雪橇形削片加工技术别具一格。据考证，粗加工半成品的形制在本质上不同于两面器。微棱柱状石核被认为是同一处理次序中最后一步的产品。扁平石核及类似的反面叶片也曾被提到过[40]。

（二）色楞格河流域

外贝加尔南部色楞格河流域的乌斯季卡连加3号遗址出土了时代很早的陶器（附表一）。遗憾的是，关于发掘结果的已发表材料目前仍处于初级阶段。在1号文化层出土了一些薄胎小陶器上的残片和一枚略外翻的口沿残片，同出的还有楔形石核、叶片、刮削器、蛋壳珠和一些骨器[41]。陶器残片呈暗棕色，素面无纹，外部略有磨光，内部有压痕。黏土中掺杂了沙子和碎蛋壳[42]。关于石核打片技术及半成品的相关细节尚未公布，我们单凭简述无法得出任何确切的结论。而勒瓦娄哇（Levallois）石核打片法形成了楔形石核制作的一个阶段[43]。公元前12000年（校正年代）的放射性碳十四测年与陶器遗存的关系尚不明确[44]。

尤为有趣的是，尽管人们对色楞格河下游的新石器时代早期物质遗存尚有争议，但位于色楞格河上的Kibalino聚落（2层）相距乌兰乌德（Ulan-Ude）不远[45]。Abaikino遗址在稍远一些的东北部[46]。这些遗存的特征包括楔形石核和素面陶器。Kibalino的问题在于缺少数字测年，而且发表的材料十分有限。而关于Abaikino的信息仅局限于个别发现。即便如此，这两个遗址在未来仍然拥有巨大的研究前景，尤其是对于旧石器至新石器过渡期的研究而言。

（三）Chikoi河流域

在外贝加尔西南Chikoi河流域的两个多层位遗址，Studenoe 1号的8、9号文化层和Ust'-Menza 1号的5～8号文化层中发现了陶器[47]。陶器中既有厚胎也有薄胎标本，颜色主要呈暗棕色，质地疏松；所掺杂的物质包括沙子和植物纤维。多数残片的外部都饰有细绳纹，还有一些锥形附着物。器皿的形制大体为敞口（无翻转）、直沿或曲沿。在某种情况下，边沿会有圆形抹刀留下的痕迹[48]。石器包括了楔形石核、横截及角雕刻器、石叶、圆形及尖状刮削器、砍斫器。骨制工具有双沟槽骨刀的柄部及尖端残片。Stude-noe 1号9层的最早年代（GIN-5494，距今17700±400年，公元前20452～前18534年）在总体的年代序列中十分突出，但发掘领队认为其年代过早[49]（附表一）。对8、9层陶器上焦壳所作的几个新的放射性碳十四测年能够将该遗址中早期陶器的校正年代定到公元前12000年，这表明其年代略早于北部的乌斯季卡连加。Ust'-Menza 1号5～8层早期陶器的年代同样富有争议，对8层陶器上焦壳所作的放射性碳十四测年可以将早期的校正年代框架定到公元前 11608 ~ 前 11356 年（MTC-16738，距今 11600 ± 60 年）。而康斯坦提诺夫已经将 5、6 层与新石器时代中、晚期联系在了一起。相应地，对 5 层所作的放射性碳十四测年显示其校正年代在公元前 8000 年上半叶（SOAN-3080，距今 8715 ± 60 年，公元前 7951 ~ 前 7597 年）。从已公布的发掘信息上看，对 5 ~ 8 层所作的放射性碳十四测年并没有脱离人工制品的范围。在叶片和类似叶片的石片上可以看到横截和侧向的雕刻痕迹，在叶片和一枚砍斫器上还能看到尖状的刮痕[50]。

在 Studenoe 1 号 8、9 层和 Ust'-Menza 1 号 5 ~ 8 层出土的石器中，关于重建石核打片次序的问题还没有专门的研究。带有打制台面侧向加工技术的楔形石核及微棱柱状石核、缺少人工痕迹的两面器，构成了这些层位中石器工业的特点。而在已发表文章中所提到的粗加工半成品表明，两面器传统存在于粗加工半成品的预加工过程中。雪橇形削片则没有被提到。对削片和石片（包括预先形成的石核）的选择更为常见。

（四）Krasnaya Gorka：一个在 Yeravnoe 湖系统中的关键遗址

关于这一点，从 Krasnaya Gorka 获取的信息尤为有趣。该遗址地处 Yeravnoe 湖系统附近区域的东北部，位于水位线以上 6 米的位置、V 形山坡的边缘、Bol'shoe Yeravnoe 湖岸的北部。遗址发掘揭露的地层情况如下（表一）。

表一　Krasnaya Gorka 遗址地层情况

岩性层	厚度 / 米
1. 草炭土文化层	0.05
2. 黑栗色沙壤土。地层厚而致密，上部有时呈粉末状。其与下层的不同之处在于有大量的小石片，并以一个石片层作为分界。颜色几乎为黑色，比下层的颜色深得多	0.15 ~ 0.25
3. 栗色沙壤土，石片数量较少	0.15 ~ 0.25
4. 亮棕色沙壤土，质地较上层疏松，包含物均为大石片	0.15 ~ 0.40
5. 黄色砂砾层，变为北、南墙的岩石地基	＞0.15

新石器时代早期的物质遗存位于亮棕色沙壤土的底层（4 号岩性层 =2 号文化层）。总共包含了 710 件人工制品。有少量的骨类遗存，主要是小碎片（11 件标本）。该文化层的石器均属于年代久远的旧石器时代。原料主要为旧石器时代常见的燧石。除了燧石之外，还有用多种颜色的石头做成的人工制品——不同种类的碧玉、透明及有色的玉髓，但数量极少。

石器有楔形石核（图三，1、3、4）、微棱柱状石核（图三，2）及一枚棱柱状石核（图三，6）、粗加工半成品（图三，5、7 ~ 9）、预制打制台面形成的削片（6 件标本，图三，10 ~ 12）、雕刻器削片（3 件标本，图三，13、14）、石叶横截雕刻器和似石叶石片（11 件标本，图三，15 ~ 21）、细石叶嵌入物（48 件标本，图三，22 ~ 26）、两面器（5 件标本，图三，27、28）、用石片和削片制成的刮削器（35 件标本，图三，29、30）、

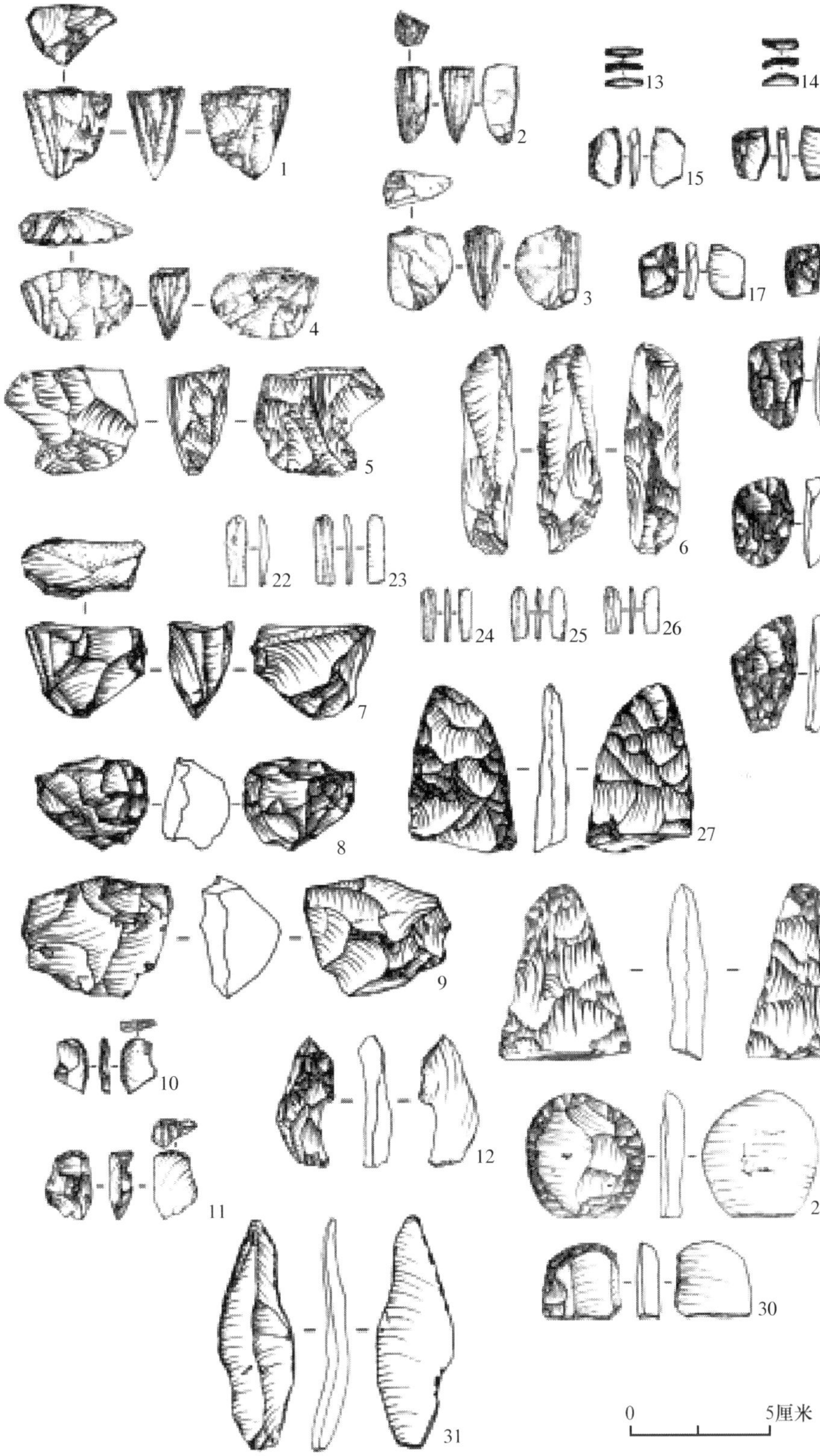

图三　Krasnaya Gorka 所出石器

石叶石刀或似石叶石片（17 件标本，图三，31）、小石叶制作的尖状器（1 件标本）、刻刀（2 件标本）及其他石器。使用细石叶嵌入物而不加二次修整（多数时候）的情况可能出现得很早。在 54 件细石叶嵌入物中，只有 8 件（15%）的边缘上出现了有意修整之后的痕迹。另外 46 件（85%）均有微痕。

由同一地点出土的陶器可知，该遗存处于新石器时代（图四）。棕色的外表、与沙子及植物纤维的混合都显示出其年代上的久远。伴出的还有 60 块小残片（无装饰）。其中一块残片来自一件薄胎器皿（带斜线刻痕）上的口沿（图四，2）。另一块残片上有绳纹的痕迹（图四，5）。人们对一枚陶器残片（附表一；图四，7）上烧焦的食物残余进行了放射性碳十四测年，结果显示其校正年代为公元前 7541 ~ 前 7188 年（KIA-42073，距今 8345 ± 66 年），属于外贝加尔地区新石器时代早期。

石核打片制品使我们得以在粗加工半成品及石核形态特征的基础上重建其技术步骤。同出的还有 19 枚石核和 12 件粗加工半成品，其中 5 件采自地表。由于形态上的相似性，这 5 件也应归入同一范畴。

图四　Krasnaya Gorka 所出陶器

这 19 件石核的情况如下。

1）楔形石核——14 件标本。

原料：灰色燧石（9 件标本）、灰黄色燧石（类似碧玉，1 件标本）、棕色碧玉（1 件标本）、绿色碧玉（1 件标本）、粉红色燧石（1 件标本）、酒红色碧玉（1 件标本）。

2）微棱柱状石核——4 件标本。所有石核的背面均有蜂巢或其残余。原料：黄褐色碧玉（2 件标本）、玉髓（2 件标本）。

3）棱柱状石核——1 件亮灰色燧石标本。

在对楔形石核及微棱柱状石核作了长度排序之后，我们发现微棱柱状石核中的 2 件红棕色碧玉和 2 件玉髓标本是尺寸最小的（0.9 ~ 1.5 厘米）。这表明柔韧性更好的碧玉和玉髓几乎可以被彻底利用。

在多数情况下，石核的高度大于长度。特殊情况并不多见，只有 3 件标本，石核的高度在 2.5 ~ 3.5 厘米。至于厚度，微棱柱状石核的厚度最小，而楔形石核的厚度最大。很显然，原生毛坯的大小及厚度决定了石核最初的大小及厚度。棱柱状石核以其特殊的参数（高度 7 厘米）而独树一帜。但它与楔形石核在顶部特征上有一些相似之处，其顶部有从边缘延伸至侧面的小削片。

在使用过程中，所有石核上的打制台面通过前侧加工技术得以保留。

有 12 件楔形石核的粗加工半成品。

1）楔形石核的粗加工半成品——4 件标本。

2）两面粗加工半成品——3 件标本。

3）一面平、另一面完全侧向的楔形粗加工半成品——2 件标本。

4）一面稍平且保留了原样残余的楔形粗加工半成品——2 件标本。

5）无定形的粗加工半成品——1 件标本。

制作这些粗加工半成品的原料包括灰色燧石（7 件标本），亮棕色（1 件标本）、黄褐色（2 件标本）、棕色（1 件标本）和暗红色（1 件标本）碧玉。

几乎所有粗加工半成品的长度均略大于高度，对于两面器标本而言尤为典型。在半成品的粗加工阶段，标准高度在 3 厘米之内，而标准厚度则小于 2 厘米。在两种情况下，原生毛坯的厚度最小，而粗加工半成品的高度大于长度。在粗加工半成品中已经确定了未来石核的比例。

出自 Krasnaya Gorka（2 号文化层）的石核打片产品（石核及其粗加工半成品，技术削片）可以用三种基本方式重建石核及其粗加工半成品的打片过程（图五）。

变体 1：用两面初加工技术将原生毛坯打造成楔形。在缺少顶部雪橇形削片及龙骨状削片（图三，10 ~ 12）的情况下，如果有楔形粗加工半成品，就会有两面（粗糙）（图三，3）加工技术（尽管在我们的收集品中也有完全用两面技术加工而成的工具）。对打制台面所作的修整体现在后部及侧边。

变体 2：石器毛坯通常很小，通过对凸出的平台作剥离长片及侧向加工的预处理之

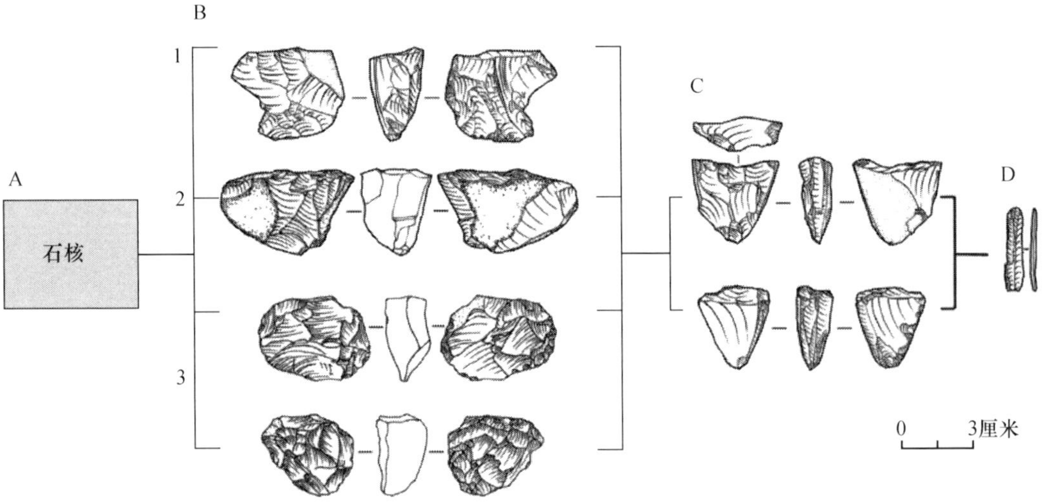

图五　Krasnaya Gorka 石核打片变体组合

后，就会变为楔形。接着从后部去除叶片，再从前侧对平台作进一步的加工修整。

变体 3：通过对一侧的预加工，毛坯上形成了一个凸面，而另一侧仍是平的：①带原生外皮的表面；②通过加工形成的平面。

之后就可以从粗加工半成品的后部剥离细石叶。而通过前侧的削片还可以对凸出的平台进行修整。

七、讨　论

对外贝加尔地区更新世——全新世过渡期的诸多考古遗址所作的比较研究显示，新石器时代早期（有陶器）遗址中的石器与旧石器时代的无陶器遗存有着极高的相似度。包括楔形石核、两面叶片以及横截雕刻器。对嵌入物的初步使用（由细石叶制成，无二次加工）被认为是新石器早期年代久远的另一个标志。例如，在 Krasnaya Gorka，不加修整的细石叶比例占到了 79.2%。与该工业在技术和类型特征上最为接近的是旧石器时代晚期的 Avdeikha 和 Kovrizhka 3 号（1、2 层）遗址。在这些遗址中，石核的预加工程序包括对突出的平台进行侧向加工以及将削片作为粗加工半成品加以利用[51]。对多种石核打片技术所尝试的重建表明，Krasnaya Gorka 的诸多物质遗存突出了一种旨在将涌别技术“合理化”的石核打片技术。Krasnaya Gorka 的石核打片技术有三种变体，其共有的特征是选择与楔形石核形状类似的粗加工半成品。对一枚石核所作的预加工不仅是石核形成过程中特有的标志，而且也是新石器时代早期及发展阶段、甚至贝加尔地区青铜时代早期所特有的标志[52]。我们现在所讨论的原始技术在新石器时代初期并不存在于那些年代更早的遗存之中。Krasnaya Gorka 的技术相比 Kovrizhka 3 号（1、2 层）及乌斯季卡连加遗址而言更具创新性。雪橇形削片、打制台面前侧加工技术（Krasnaya

Gorka）的缺失与“色楞格”技术类似。而它在这种情况下可能并不取决于“色楞格”技术的影响，而与保持石核的高度从而能够更加充分地对其加以利用有关，即充分打片。这种对涌别技术的合理化运用最终产生了微棱柱状石核技术。从大体上讲，这样的重新定位可能是通过一种过渡得以明确，即高质量的有色新原料（诸如碧玉、玉髓）和相对较小的尺寸。Krasnaya Gorka 遗址原住民对新原料的选择可以通过 Tuldun 河沿岸的丰富堆积得以证明。而这种合理的石核利用方式，其产生及发展并不意味着过去的技术已经彻底消失，在维季姆河下游的 Kovrizhka 4 号（4、5 层）和 Invalidnoye 3 号（1 层）遗址发现了涌别技术与之共存的情况，校正年代在公元前 5000 年[53]。

八、结　　论

在贝加尔地区，从无陶旧石器时代晚期到有陶新石器时代早期的石器发展确实存在着技术上的延续。新石器时代早期石器工业的源头最有可能出自旧石器时代晚期的涌别技术，即 Dyuktai 两面传统的后期。从旧石器时代晚期到出现早期陶器的新石器时代，这种延续性也可以在东北亚邻近地区（诸如俄罗斯远东、韩国）的石器遗存中找到[54]。涌别技术和 Khoroku 技术构成了石器工业的技术基础[55]，它们均属于 Dyuktai 传统[56]。从这一点出发，贝加尔西伯利亚的物质遗存与东北亚大陆更新世 ~ 全新世过渡期的狩猎 - 采集社会发展趋势是总体一致的。

在公元前 11000 年（校正年代）左右的乌斯季卡连加遗址，早期陶器遗存中的石器技术仍以两面为基础，因此属于 Dyuktai 传统的一部分。在 Avdeikha 和 Kovrizhka 3 号（2 层）遗存（无陶器）中，粗加工半成品或为石片或为两面均带缺口的卵石，而不是经过预加工之后形成的两面器。凸出的平台上不但有雪橇形削片，还有侧向加工后的痕迹。有一种类似的流线型石核打片技术很可能同样为 Studenoe 1 号（8、9 层）遗址中新石器时代早期文化层的人们所使用，尽管我们并没有从中发现雪橇形削片和打制台面上的加工痕迹，而且粗加工半成品均为两面带缺口的毛坯。在 Krasnaya Gorka 遗址（新石器时代早期）2 号文化层的物质遗存中，这种技术得到了进一步发展。出现了楔形石核，以及经前侧加工之后得以保留的打制台面。涌别技术走向了合理化，这种创新最终促成了微棱柱状石核技术的发展。

近期所作的数字测年显示，在贝加尔地区南部，时代很早的陶器出现在公元前 12000 年（校正年代）乌斯季恰克图 3 号的另一个“色楞格”工业遗存中，其基础是扁平石核打片技术而非涌别传统。而这种初步的推断尚有待进一步论证。我们有可能从新石器时代早期划分出两条文化发展的脉络，就如同旧石器时代晚期一样。除了初级打片技术的延续性问题以外，对新石器时代早期遗存的研究同样有趣，尤其是涉及细石叶技术自旧石器时代至新石器时代的发展问题时。这里我们需要做更多的工作以对这种重要技术有一个更清晰的认知。这种技术的深远影响遍及北半球自阿拉斯加至欧亚大陆的广阔地区，最终在新仙女木期和早北方期到达了欧俄及波罗的海地区[57]。

我们已经对 Krasnaya Gorka 的物质遗存做了相对深入的研究，它是贝加尔地区石器工业同时也是早期陶器发展过程中的一个变体或步骤。将来对 Krasnaya Gorka 的持续性调查及对这一时期其他争议性遗址的田野工作会有助于我们进一步明确新石器时代早期的诸多阶段。根据放射性碳十四测年的一个数据、对石器的类型分析以及全球地层学数据，Krasnaya Gorka 与北方期新石器时代早期末段有所关联。而外贝加尔地区其他多数新石器时代早期的著名遗址（乌斯季卡连加 12 号 7 层、Studenoe 1 号，8、9 层，Ust'-Menza8 层以及乌斯季恰克图 2 层）年代更早，可上溯至冰河时代末期（间冰期），即更新世晚期的第一个温暖期。未来研究的一个主要任务是对一系列重要的考古、古环境遗存作放射性碳十四测年，这样我们就能够对旧石器时代晚期至新石器时代早期（陶器时代）的文化进程及环境背景有一个更为清晰、可靠的认知。

一个有待解决问题在于，外贝加尔地区所采用的制陶技术是否与冰河时代晚期的气候变化有关。而且能否进一步说明这是人类适应环境变化的结果。从已有的放射性碳十四测年数据上看，陶器的出现并未与新仙女木期环境的彻底恶化同步，而是早了数百年[58]。为了进一步探讨这样的问题，我们有必要将考古学研究同古生物学、孢粉学以及地貌学研究紧密结合。在日本的类似研究已经证明，在更新世 ~ 全新世过渡期，狩猎 - 采集者群体的适应策略与陶器遗存的出现有关[59]。类似的情况在远东地区的同一时期聚落中也有出现。那里最早的陶器遗存要上溯至公元前 12000 ~ 前 11000 年（校正年代）（Khummi，Goncharka-1，Osipovka 及其他）[60]。另外，最早的陶器在更新世晚期的遗存（有着类似涌别技术的石器传统）中也有出现。包含有早期陶器的地层中的孢粉光谱显示，温暖潮湿的气候导致了阔叶林的扩散。我们必须对外贝加尔地区新石器时代早期遗址中出土的不同类型陶器（素面陶器、梳篦纹陶器、网 / 绳纹陶器等）进行形制和技术上的分析，以确定其年代范围及其同周边的关系（也有可能与周边的早期制陶传统无关）。

这种集石器、陶器及其他人工制品的考古学研究、古环境调查、合理的数字测年于一体的综合性研究，希望可以使我们在将来对冰河时代末期（旧石器 ~ 新石器过渡期）内亚地区的文化进程以及所涉及的人群有一个更加清晰的认知。

致　谢

我们十分感谢我们的同事哈尔茨博士（Dr. S. Hartz，石勒苏益格，德国）对 Krasnaya Gorka 陶器所做的碳十四测年。我们还要感谢耶尔达汉高基金会（Gerda Henkel Foundation）为我们的调查所提供的资金支持（grant AZ 18/ZA/13）。两篇匿名回顾中提到的重要观点也有助于本文质量的提升。

附表一　对新石器时代早期遗址所作的放射性探测年

遗址	位置	材质	实验编号	碳十四年代（距今）/ 年	校正年代（公元前）/ 年	参考文献
维季姆河流域						
乌斯季卡连加 12 号	7 层	木炭	AA-60210	12180 ± 60	12296 ~ 11886	Kuzmin and Vetrov, 2007
乌斯季卡连加 12 号	7 层	木炭	AA-60202	12170 ± 70	12302 ~ 11845	Kuzmin and Vetrov, 2007
乌斯季卡连加 12 号	7 层	木炭	GIN-8066	11240 ± 180	11473 ~ 10798	Kuzmin et al., 2000
乌斯季卡连加 12 号	7 层	陶器中的有机物	AA-38101	11070 ± 70	11130 ~ 10819	Kuzmin and Keally, 2001
乌斯季卡连加 12 号	7 层	陶器中的有机物	AA-60667	10870 ± 70	10982 ~ 10726	Kuzmin and Vetrov, 2007
乌斯季卡连加 12 号	7 层	木炭	GIN-8067	10750 ± 60	10794 ~ 10633	Kuzmin et al., 2000
乌斯季卡连加 12 号	7 层	陶器中的有机物	AA-21378	10600 ± 110	10777 ~ 10206	Kuzmin and Vetrov, 2007
乌斯季卡连加 12 号	7 层	陶器中的有机物	AA-38101	11065 ± 70	11126 ~ 10816	Vetrov, 2008
色楞格河流域						
乌斯季恰克图 3 号	1 层（？）	骨	SOAN-1552	11505 ± 100	11597 ~ 11188	Kuzmin and Orlova, 2000
Chikoi 河流域						
Studenoe 1	6 层	木炭	GIN-4577	10780 ± 150	11097 ~ 10451	Konstantinov, 1994
Studenoe 1	7 层	腐殖酸盐	GIN-5492	9690 ± 250	10017 ~ 8353	Konstantinov, 1994
Studenoe 1	7b 层	腐殖酸盐	GIN-5493	10450 ± 300	10905 ~ 9319	Konstantinov, 1994
Studenoe 1	8 层	陶器上的烧焦残余	MTC-16734	11570 ± 60	11594 ~ 11330	Razgil'deyeva et al., 2013
Studenoe 1	8 层	陶器上的烧焦残余	MTC-16735	11600 ± 60	11608 ~ 11356	Razgil'deyeva et al., 2013
Studenoe 1	8 层	陶器上的烧焦残余	MTC-16736	11730 ± 60	11773 ~ 11497	Razgil'deyeva et al., 2013
Studenoe 1	9 层	木炭	GIN-5494	17700 ± 400	20452 ~ 18534	Konstantinov, 1994
Studenoe 1	9g 层	陶器上的烧焦残余	MTC-16737	11600 ± 60	11608 ~ 11356	Razgil'deyeva et al., 2013
Studenoe 1	9g 层	陶器上的烧焦残余	TKa-15554	11960 ± 80	12075 ~ 11628	Razgil'deyeva et al., 2013
Ust'-Menza 1	5 层	植物遗存	SOAN-3080	8715 ± 60	7951 ~ 7597	Kuzmin and Orlova, 2000
Ust-Menza 1	8 层	陶器上的烧焦残余	MTC-16738	11600 ± 60	11608 ~ 11356	Razgil'deyeva et al., 2013
Yeravnoe 湖系统						
Krasnaya Gorka	2 层，沟 1	陶器上的烧焦残余	KIA 42073	8345 ± 66	7541 ~ 7188	Hartz et al., 2012

注：年代已用 OxCal v4.2.3（Bronk Ramsey, 2009）和 IntCal13 大气曲线（Reimer et al., 2013）加以校正

附表二　对旧石器时代晚期遗址所作的放射性探测年

遗址	位置	材质	实验编号	碳十四年代（距今）/年	校正年代（公元前）/年	参考文献
维季姆河流域						
Kovrijka Ⅰ	1层	木炭	GIN-9003	2800 ± 140	1409 ~ 593	Ineshin and Teten'kin, 2010
Kovrijka Ⅰ	1层	木炭	SOAN-4245	6095 ± 135	5338 ~ 4707	Ineshin and Teten'kin, 2010
Kovrijka Ⅱ	3层	木炭	SOAN-5277	8180 ± 130	7523 ~ 6805	Ineshin and Teten'kin, 2010
Kovrijka Ⅱ	5层	木炭	SOAN-4543	11190 ± 390	12046 ~ 10206	Ineshin and Teten'kin, 2010
Kovrijka Ⅲ	2层，地面	木炭	SOAN-7027	8135 ± 120	7477 ~ 6712	Ineshin and Teten'kin, 2010
Kovrijka Ⅲ	2层，上部	木炭	SOAN-7964	10400 ± 200	10764 ~ 9462	Teten'kin, 2010
Kovrijka Ⅲ	2层，下部	木炭	SOAN-7029	10940 ± 150	11158 ~ 10674	Ineshin and Teten'kin, 2010
Kovrijka Ⅲ	2层，下部	木炭	SOAN-7966	11050 ± 210	11380 ~ 10650	Teten'kin, 2010
Kovrijka Ⅳ	5层	木炭	SOAN-7294	7940 ± 205	7451 ~ 6439	Ineshin and Teten'kin, 2010
Avdeikha	?	?	GIN-1022	12900 ± 300	14301 ~ 12294	Mochanov 2007; Teten'kin, 2010
Avdeikha	?	?	IM-236	15200 ± 300	17167 ~ 15827	Mochanov 2007; Teten'kin, 2010
Bol'shoi Yakor' 1	3A层	木炭	IMSOAN-920	10100 ± 100	10099 ~ 9338	Ineshin and Teten'kin, 2010
			GIN-9003	11750 ± 190	12101 ~ 11265	
Bol'shoi Yakor' 1	3V层	木炭	GIN-6459	12080 ± 220	12916 ~ 11515	Ineshin and Teten'kin, 2010
			GIN-6460	12000 ± 250	12901 ~ 11378	
Bol'shoi Yakor' 1	4层	木炭	GIN-6461	11740 ± 140	11988 ~ 11334	Ineshin and Teten'kin, 2010
Bol'shoi Yakor' 1	4A层	木炭	LE-4173A	10070 ± 540	11051 ~ 8314	Ineshin and Teten'kin, 2010
			IMSOAN-920	10320 ± 150	10671 ~ 9463	
Bol'shoi Yakor' 1	4B层	木炭	GIN-6462	11770 ± 120	11899 ~ 11377	Ineshin and Teten'kin, 2010
			GIN-6464a	11970 ± 170	12372 ~ 11482	
Bol'shoi Yakor' 1	5层，地面1	木炭	GIN-7713	12530 ± 90	13191 ~ 12326	Ineshin and Teten'kin, 2010
	»	»	SOAN-7565	11285 ± 140	11471 ~ 10881	
	5层，地面2		GIN-7712	15900 ± 270	17937 ~ 16706	
	»		GIN-7711	17840 ± 290	20389 ~ 18922	
			GIN-8473	12700 ± 90	13473 ~ 12756	
			GIN-8472	12050 ± 120	12256 ~ 11630	

续表

遗址	位置	材质	实验编号	碳十四年代（距今）/年	校正年代（公元前）/年	参考文献
Bol’shoi Yakor’ 1	6层	骨	GIN-6425	12380 ± 200	13230 ~ 11887	Ineshin and Teten’kin, 2010
Bol’shoi Yakor’ 1	6层，地面4	木炭	GIN-7416	11620 ± 450	13053 ~ 10751	Ineshin and Teten’kin, 2010
Bol’shoi Yakor’ 1	»	»	LE-4172	10400 ± 650	11649 ~ 8346	Ineshin and Teten’kin, 2010
Bol’shoi Yakor’ 1	6层，地面1	»	IMSOAN-1026	14260 ± 650	16998 ~ 13666	Ineshin and Teten’kin, 2010
Bol’shoi Yakor’ 1	»	»	GIN-7716	11100 ± 400	11985 ~ 10059	Ineshin and Teten’kin, 2010
Bol’shoi Yakor’ 1	6层，地面3	»	LE-4172A	12400 ± 150	13168 ~ 12082	Ineshin and Teten’kin, 2010
Bol’shoi Yakor’ 1	6层，地面3	»	GIN-7714	11800 ± 180	12125 ~ 11336	Ineshin and Teten’kin, 2010
Bol’shoi Yakor’ 1	7层	木炭	GIN-6466	12330 ± 250	13330 ~ 11776	Ineshin and Teten’kin, 2010
Bol’shoi Yakor’ 1	7层	骨	GIN-6467	12380 ± 250	13368 ~ 11801	Ineshin and Teten’kin, 2010
Bol’shoi Yakor’ 1	8层	骨	GIN-6468	12630 ± 230	13745 ~ 12156	Ineshin and Teten’kin, 2010
Bol’shoi Yakor’ 1	9层，地面1	木炭	GIN-8470	12700 ± 140	13657 ~ 12449	Ineshin and Teten’kin, 2010
色楞格河流域						
乌斯季恰克图17号	3层	骨	SOAN-3091	11680 ± 155	11884 ~ 11221	Tashak, 2005
乌斯季恰克图17号	5层	骨	SOAN-3092	11500 ± 100	11548 ~ 11182	Tashak, 2005
乌斯季恰克图17号	5层	骨	GIN-N84-93a	12100 ± 80	12203 ~ 11803	Tashak, 2005; Buvit and Terry, 2011
乌斯季恰克图17号	5层	骨	GIN-N84-93b	12230 ± 100	12721 ~ 11861	Tashak, 2005; Buvit and Terry, 2011
乌斯季恰克图17号	6层	骨	SOAN-3093	11375 ± 110	11492 ~ 11109	Tashak, 2005
乌斯季恰克图16号	2层	骨	SOAN-4121	27380 ± 85	29461 ~ 29116	Tashak, 2005
Oshurkovo	3层	木炭	GIN-5788	9700 ± 700	11081 ~ 7567	Konstantinov, 1994
Oshurkovo	3层	»	GIN-5787	11230 ± 80	11330 ~ 10957	Konstantinov, 1994
Oshurkovo	3层	»	GIN-6121	11630 ± 140	11806 ~ 11244	Konstantinov, 1994
Mukhor-Tala 7	岩性层3	木炭	SOAN-3468	11630 ± 300	12290 ~ 10854	Lbova et al., 2000
Mukhor-Tala 7	岩性层3	木炭	SOAN-3467	11240 ± 360	12022 ~ 10473	Lbova et al., 2000
Chikoi 河流域						
Studenoe 1	10层	木炭	SOAN-1650	12550 ± 280	13769 ~ 11909	Konstantinov, 1994
Studenoe 1	11a,b层	木炭	SOAN-1651	12510 ± 80	13158 ~ 12326	Konstantinov, 1994

续表

遗址	位置	材质	实验编号	碳十四年代（距今）/ 年	校正年代（公元前）/ 年	参考文献
Studenoe 1	12a,b 层	木炭	SOAN-1652	12510 ± 175	13340 ~ 12135	Konstantinov, 1994
Studenoe 1	13/1 层	木炭	SOAN-1653	10755 ± 140	11065 ~ 10441	Konstantinov, 1994
Studenoe 1	14 层	木炭	SOAN-1655	11395 ± 100	11483 ~ 11127	Konstantinov, 1994
		»	SOAN-1654	10975 ± 135	11146 ~ 10736	
			GIN-2925	12300 ± 700	14721 ~ 10946	
Studenoe 1	15 层	木炭	GIN-2931	14900 ± 2000	23049 ~ 11476	Konstantinov, 1994
		»	GIN-2931a	11340 ± 180	11595 ~ 10860	
			GIN-2930	11660 ± 400	12868 ~ 10781	
			LE-2062	12290 ± 130	12975 ~ 11891	
Studenoe 1	16 层	木炭	GIN-2932	11340 ± 200	11613 ~ 10837	Konstantinov, 1994
		»	SOAN-1656	11630 ± 50	11623 ~ 11400	
Studenoe 1	17 层	木炭	GIN-2933	6030 ± 400	5726 ~ 4055	Konstantinov, 1994
		»	GIN-2934	12140 ± 150	12753 ~ 11660	
			GIN-2934a	12130 ± 150	12717 ~ 11651	
Studenoe 1	18/1 层	木炭	GIN-2935	12110 ± 150	12666 ~ 11629	Konstantinov, 1994
		»	LE-2061	13430 ± 150	381 ~ 73	
			GIN-6129	2100 ± 100	14455 ~ 11916	
Studenoe 1	18/2 层	木炭	GIN-2947	12800 ± 400	14455 ~ 11916	Konstantinov, 1994
Studenoe 1	19/1 层	木炭	GIN-6133	18550 ± 35	20586 ~ 20379	Konstantinov, 1994
		»	GIN-6139	12330 ± 60	12753 ~ 12131	
Studenoe 1	19/4 层	木炭	GIN-2938	11030 ± 380	11807 ~ 10032	Konstantinov, 1994
		»	IEMEJ-199	11314 ± 160	11512 ~ 10873	
Studenoe 2	4/5 层	骨	AA-26739	18830 ± 300	21546 ~ 20122	Goebel et al., 2000
Studenoe 2	4/5 层，地面 1	木炭	AA-26653	17885 ± 120	20042 ~ 19346	Goebel et al., 2000
Studenoe 2	4/5 层，地面 2	木炭	AA-26655	17225 ± 115	19163 ~ 18526	Goebel et al., 2000
Studenoe 2	4/5 层，地面 1	木炭	AA-26657	17165 ± 115	19089 ~ 18454	Goebel et al., 2000
Ust'-Menza 1	11 层	木炭	GIN-5459	10380 ± 250	10769 ~ 9398	Konstantinov, 1994
		»				
Ust'-Menza 1	13 层	木炭	GIN-5503	11350 ± 250	11760 ~ 10784	Konstantinov, 1994
		»				
Ust'-Menza 1	14 层	木炭	GIN-7161	11820 ± 120	12019 ~ 11479	Konstantinov, 1994
		»				

续表

遗址	位置	材质	实验编号	碳十四年代（距今）/ 年	校正年代（公元前）/ 年	参考文献
Ust'-Menza 2	11 层	?	GIN-6116	14830 ± 390	16962 ~ 15138	Konstantinov, 1994
Ust'-Menza 2	17 层	?	GIN-5478	15400 ± 400	17686 ~ 15847	Konstantinov, 1994
			GIN-6117	16900 ± 500	19831 ~ 17306	
Ust'-Menza 2	20 层	?	GIN-5465	16980 ± 150	18925 ~ 18135	Konstantinov, 1994
Ust'-Menza 2	21 层	?	GIN-5464	17190 ± 120	19134 ~ 18474	Konstantinov, 1994
			GIN-5464	17600 ± 250	19975 ~ 18676	

注：年代已用 OxCal v4.2.3（Bronk Ramsey, 2009）和 IntCal13 大气曲线（Reimer et al., 2013）加以校正

注 释

[1] Wu X H, Goldberg Paul, et al. Early pottery at 20000 years ago in Xianrendong Cave [J]. *China. Science*, 2012 (336): 1696 ~ 1700.

[2] a. Vetrov V M. The pottery of ust'-karengskaya culture on Vitim [A]. *The Ancient Transbaikalia and His Cultural Connections* [C]. Novosibirsk: Nauka, 1985: 123 ~ 130.

b. Bellwood P. *Man's Conquest of the Pacific: the Prehistory of Southeast Asia and Oceania* [M]. Moskow: Nauka, 1986: 523.

c. Lapshina Z S. Late Pleistocene-Holocene antiquities on Amur river [A]. *Bai-kalian Siberia in Antiquity, 2* [C]. Irkutsk, 2000: 181 ~ 188.

d. Kuzmin Y V, Orlova L A. The Neolithization of Siberia and the Russian Far East: radiocarbon evidence [J]. *Antiquity*, 2000 (74): 356 ~ 364.

e. Jall E J T, Boorr J S Derevyanko A P, et al. The radiouglerod chronology of the Paleolithic e Neolithic transition in Priamur'e (Russian Far East) [A]. *International Symposium, the Modern Problems of Eurasian Paleolithic Studies* [C]. Novosibirsk, 2001: 140 ~ 142.

f. Kuzmin Y V. Chronology of the earliest pottery in East Asia: progress and pitfalls [J]. *Antiquity*, 2006 (80): 362 ~ 371.

g. Boaretto E, Bar-Yosef O, Chu V, et al. Radiocarbon dating of charcoal and bone collagen associated with early pottery at Yuchanyan Cave, Hunan Province, China [J]. *Proceedings, National Academy of Science USA*, 2009 (106): 9595 ~ 9600.

h. Elston R G, Dong G, Zhang D. Late Pleistocene intensification technologies in Northern China [J]. *Quaternary International*, 2011 (242): 401 ~ 415.

i. Sato H, Izuho M, Morisaki K, Human cultures and environmental changes in the Pleistocene e Holocene transition in the Japanese Archipelago [J]. *Quater-nary International*, 2011 (237): 93 ~ 102.

j. Derevyanko A P, *Microblade industries of the Northern Asia and China* [A]. *Korean Archaeology in 21th Century* [C]. 2012: 681 ~ 784.

[3] Oshibkina S V. To the question of the Neolithic revolution and the Neo-lithization of the forest zone of Eurasia [A]. *II Northern Archaeological Congress. Papers. September 24 ~ 30. Charoid, Khanty-Mansiisk* [C]. Ekaterinburg, 2006: 262 ~ 279.

[4] Scharl S. Die Neolithisierung Europas. *Ausgew € ahlte Modelle und Hypoth-esen. Verlag Marie Leidorf GmbH* [M]. Rahden, 2004.

[5] 如 Hartz S, Piezonka H. North Eurasian hunter-gatherer ceramics as an archaeological source: reply to Kuzmin [J]. *Radiocarbon*, 2013 (55): 205.

[6] Kuzmin Y V. The patterns of Neolithization in the North Eurasian forest zone: a comment on Hartz et al [J]. *Radiocarbon*, 2013 (55): 201 ~ 203.

[7] Gibbs K, Jordan P. Bridging the boreal forest Siberian archaeology and emergence of pottery among prehistoric hunter-gatherers of northern Eurasia [J]. *Sibirica*, 2013 (12): 1 ~ 38.

[8] a. Ivashina L G. *Neolithic and Eneolithic of the Forest-steppe Zone of Buryatia* [M]. Novosibirsk: Nauka, 1979: 155.

b. Konstantinov M V. *The Stone Age of the Eastern Region of Baikal Asia. Ulan-Ude-Chita* [M], 1994.

[9] a. 同 [2]a.

b. Kuzmin Y V, Vetrov V M. The earliest Neolithic complex in Siberia: the Ust' Karenga 12 site and its significance for the Neolithization process in Eurasia [J]. *Documenta Praehistorica XXXIV*, 2007: 9 ~ 20.

[10] McKenzie H G Review of early hunter-gatherer pottery in Eastern Siberia [A]. *Ceramics Before Farming: the Dispersal of Pottery Among Prehistoric Eurasian Hunter-Gatherers* [C]. Walnut Creek: Left Coast Press, 2009: 167 ~ 208.

[11] a. Goryunova O I, Novikov A G, Weber A V. The early Neolithic ceramic in Pribaikalie (on the materials of multilayered site Sagan-Zaba II) [A]. *The III (XIX)Transactions of Russian Archaeological Congress, vol. I* [C]. St. -Petersburg-Moscow-Great Novgorod, 2011: 125 ~ 127.

b. Nomokonova T, Losey R J, Goryunova O I, et al. A freshwater old carbon offset in Lake Baikal, Siberia and problems with the radiocarbon dating of archaeological sediments: evidence from the Sagan-Zaba II site [J]. *Quaternary International*, 2013 (290 ~ 291): 110 ~ 125.

[12] Erbajeva M A, Khenzykhenova F I, Alexeeva N V. Late Pleistocene and Ho-locene environmental peculiarity of the Baikal region, based on mammal as-sociations and deposits [J]. *Quaternary International*, 2011 (237): 39 ~ 44.

[13] Khenzykhenova F I. Paleoenvironments of Paleolithic humans in the Baikal region [J]. *Quaternary International*, 2008 (179): 53 ~ 57.

[14] a. Buvit I, Terry K. The twilight of Paleolithic Siberia: humans and their en-vironments east of Lake Baikal at the late-glacial/Holocene transition [J]. *Quater-nary International*, 2011 (242): 379 ~ 400.

b. Bezrukova E V, Letunova P P, Kulagina N V, et al. History of Lake Baikal environment in Late

Pleistocene and Holocene (on the pollen records examples from wetland ecosystems) [A]. *Eurasia in the Cenozoic. Stratigraphy, Paleoecology, Cultures* [C]. Irkutsk, 2012: 36 ~ 48.

[15] Bazarov D B, Konstantinov M V, Imetkhenov A B, et al. *Geology and Culture of the Ancient Settlements of Western Transbaikalia* [M]. Novosibirsk: Nauka, 1982: 163.

[16] 同 [14]b.

[17] Bazarova L D. *The Paleogeographic Reconstructions of the Ancient Environ-ment of South-western Transbaikalia (on the Materials of Archaeological Sites) (Ph. D. thesis)* [M]. Irkutsk, 1985.

[18] Kalmykov N P. *Mammals and Paleogeography of the Lake Baikal Basin (PlioceneeHolocene)* [M]. Ulan-Ude, 2001: 112.

[19] a. Erbajeva M A. *History of Lagomorph and Rodent Faunas in Anthropogene of Selenga Midland* [M]. Moscow: Nauka, 1970: 132.

b. 同 [12].

[20] 同 [13].

[21] Nekhoroshev P Y. *The Technological Method of the Study of the Middle Paleolithic Primary Flaking Strategies* [M]. St. Petersburg: Publishing House "Evropeiskiy dom", 1999.

[22] Hartz S, Kostyleva E, Piezonka H, et al. Hunter-gatherer pottery and charred residue dating: new results on early ce-ramics in the north Eurasian forest zone [A]. *Proceedings of the 6th Radiocarbon and Archaeology Symposium, Held in Paphos, Cyprus, 10 ~ 15 April 2011. ——Tucson (Arizona, USA). Radiocarbon, vol. 54* [C], 2012: 1033 ~ 1048.

[23] a. Vasil'evsky R S, Lavrov Ye L, Chan, et al. *The Stone Age Cultures of Northern Japan* [M]. Novosibirsk: Nauka, 1982: 207.

b. Mochanov, Yu A. *Dyuktai Bifacial Tradition of North Asia Paleolithic (Its Definition and Research History)* [M]. Yakutsk, 2007.

[24] Ineshin Ye M, Teten' kin A V. *Human and Environment in the North of Bai-kalian Siberia in Late Pleistocene. Archaeological site Bol' shoi Yakor'* I [M]. Novosi-birsk, 2010.

[25] a. 同 [24].

b. Teten' kin A V The results of group of archaeological sites Kovrizhka on Lower Vitim (1995-2009) [A]. *Reports of the Laboratory of Ancient Technolo-gies* [C]. Irkutsk, 2010: 64 ~ 134.

[26] 同 [25]b.

[27] 同 [24].

[28] Lbova L V, Bazarov B A, Buyerachni E V. Technique-typological and morphological characteristics of Mukhor-Tala industrial complexes [A]. *The Stone Age of Southern Siberia and Mongolia: Theoretical Problems and New Discoveries* [C]. Ulan-Ude, 2000: 99 ~ 111.

[29] 同 [28]: 100 ~ 102, fig. 2-1. 2 3-1, 2.

[30] Tashak V I. *The Paleolithic and Mesolithic Sites of Ust'-Kyakhta* [M]. Ulan-Ude, 2005.

[31] Tashak V I. The wedge-shaped cores of Western Transbaikalia in Late Paleolithic and Mesolithic [A]. *The Stone Age of Southern Siberia and Mongolia: Theoretical Problems and New Discoveries* [C]. Ulan-Ude, 2000: 59 ~ 73.

[32] 同 [30].

[33] 同 [30].

[34] Antonova Y Y. "Selenga" industry at the final stage of the Paleolithic of Western Transbaikalia (to the question of cross-cultural integrations [A]. *Ancient Cultures of Mongolia and Baikalian Siberia* [C]. Ulaanbaatar, 2012: 1 ~ 6.

[35] 同 [31].

[36] 他在 Studenoe 1—2、Ust'-Menza 1—2、Altan 和其他遗址的基础上定义了"Studenoe"文化 .

[37] a. 同 [8] b.

b. Goebel T, Waters M R, Buvit I, et al. Studenoe-1 and the origins of the microblade technologies in Transbaikal, Siberia [J]. *Antiquity*, 2000 (74): 567 ~ 575.

[38] a. Aksyonov M P, Vetrov V M, Ineshin Ye M, et al. History and some results of the archaeological investigations in Vitim river basin (Vitimian plateau and Baikal-Patomsk table-land) [A]. *Baikalskaya Sibir' v drevnosti(Baikalian Siberia in Antiquity), 2* [C]. Irkutsk, 2000: 4 ~ 35.

b. 同 [9] b.

c. Vetrov V M. The incipient data of ceramic producing in East Asia [A]. *Anthropogen. Paleoanthropology, Geoarchaeology, Ethnology of Asia* [C]. Irkutsk, 2008: 28 ~ 34.

[39] 同 23a.

[40] Vetrov V M. The burins and cores of ust' -karengskaya archaeological culture [A]. *Baikalian Siberia in Antiquity* [C]. Irkutsk, 1995: 30 ~ 44.

[41] Aseev I V. *The South-eastern Siberia in the Stone and Metal Epoch. Siberian Branch* [M]. Russian Academy of Sciences, Novosibirsk, 2003: 37, 38, Figs. 9, 11.

[42] 同 [41]: 208.

[43] 同 [41].

[44] a. 同 [2]d.

b. Gibbs K, Jordan P. Bridging the boreal forest Siberian archaeology and emergence of pottery among prehistoric hunter-gatherers of northern Eurasia [J]. *Sibirica*, 2013 (12): 1 ~ 38.

[45] Ivashina L G. About the Early Neolith of western Transbaikalia [A]. *Cultures and Sites of the Stone and Early Metal Epochs of Transbaikalia* [C]. Novo-sibirsk: Nauka, 1993: 81 ~ 88.

[46] Lbova L V, Rezanov I N, Kalmykov N P, et al. *Environment and human in Neopleistocene* (*Western Transbaikalia and South-eastern Pribaikal'e*) [M]. Ulan-Ude, 2003.

[47] 同 [8] b.

[48] 同 [8] b.

[49] 同 [8] b.
[50] 同 [8] b: figs. 67, 68.
[51] 同 [25] b: 107, 108, figs. 23, 24.
[52] Tsydenova N V, Ivashina L G. The archaeological material of the Neolith and Early Bronze age near Mukhanskiye lakes [A]. *The World of Central Asia. Archaeology. Ethnology, vol.* I [C], Ulan-Ude. 2002: 74 ~ 80.
[53] 同 [24].
[44] a. Derevyanko A P, Volkov P V, Hongjeon L. *Selemginskaya Late Paleolithic Culture* [M]. Russian Academy of Sciences, Novosibirsk Siberian Branch, 1998: 336.
b. 同 [14].
c. 同 [2] j.
[55] 同 [23] a.
[56] a. 同 [54] a.
b. 同 [2] c.
c. 同 [2] j.
d. Shevkomud I Ya, Yanshina O V. *The Initial Neolithic in Priamur' e: Goncharka-1 settlement* [M]. Russian Academy of Sciences, St. -Petersburg, 2012: 270.
[57] Hartz S, Terberger T, Zhilin M. New AMS-dates for the Upper Volga Mesolithic and the origin of microblade technology in Europe [J]. *Quart € ar*, 2010 (57): 155 ~ 169.
[58] 同 [14] .
[59] 同 [2] i.
[60] a. 同 [2] c.
b. 同 [56] d.

The Transition from the Late Paleolithic to the Initial Neolithic in the Baikal Region: Technological Aspects of the Stone Industries

Natalia Tsydenova Henny Piezonka

Abstract: The area east of Lake Baikal in Siberia is one of a small number of regions in Eurasia where pottery was already used in the Late Pleistocene and Early Holocene from the 12th millennium cal BC onwards. Here, the adoption of pottery by hunteregatherer communities marks the end of the Late Paleolithic and the beginning of the Initial Neolithic. The cultural environment in which pottery emerged can indicate whether the ceramic innovation arrived as part of a wider complex of new technologies and cultural characteristics, or whether it was incorporated into an already-existing cultural sphere. The paper investigates the development of lithic technology as one part of material culture at the PleistoceneeHolocene transition, concentrating on the primary reduction techniques. The study is based on data and material from the Krasnaya Gorka site, as well as published data from other sites of the Late Paleolithic and the Initial Neolithic. The comparative technological and typological analysis of the assemblages of the Pleistocenee-Holocene transition reveals a continuity of lithic techniques, which is in accordance with the general tendency in most of North-East Asia. During the later stages of the Initial Neolithic, an innovation took place which is characterized by a further rationalization of the Yubetsu reduction technique, eventually leading to the microprismatic technique.

Keywords: Baikal region; Late Paleolithic; Initial Neolithic; Lithic technologies; Early pottery

俄罗斯外贝加尔地区软玉制品的化学与光谱分析：矿料来源与传播路线

娜塔莉娅·特西德诺娃[1]　米哈伊尔 V. 莫洛佐夫[2]
玛莉娅·拉姆皮洛娃[3]　叶甫格尼 A. 瓦西里耶夫[2]
奥嘉 P. 马特维瓦[2]　普罗科皮 B. 科诺瓦洛夫[1]著　常　璐[4]译
（1. 俄罗斯科学院西伯利亚分院蒙古语、佛教和藏语研究所考古实验室，乌兰乌德；
2. 俄罗斯国家矿产资源大学，圣彼得堡；3. 俄罗斯科学院西伯利亚分院地质研究所岩石学实验室，乌兰乌德；4. 中国人民大学北方民族考古研究所，北京，100872）

内容摘要： 本文讨论了有关贝加尔湖地区（俄罗斯）古代居民使用的软玉原料来源的第一批综合性研究成果。本文采用无损化学和物理光谱法（X 射线荧光光谱、拉曼光谱和光致发光光谱）测定了软玉集合体的化学和矿物组成及发光性质，对几件新石器时代文物可能的软玉料产地和矿床（卡拉－努斯克山、吉金斯基区和维季姆河附近地区、奥斯宾斯科耶矿床）进行了推断。经推断，古代的软玉传输路线非常漫长（可长达数百公里）。

关键词： 外贝加尔；软玉玉器；软玉原料矿床；X 射线荧光光谱；拉曼光谱；光致发光光谱

一、前　　言

本文主要对外贝加尔地区软玉制品和地质样品的化学、物理特征进行对比研究，目的是鉴别贝加尔湖地区古代居民所使用的软玉制品的原料来源。分析古代遗物的矿物材料来源，有益于对不同地区之间物资传输和文化交流的路线进行推断。西伯利亚地区和亚洲东南部新石器时代软玉制品的来源即是一个重要的案例。

在过去几年，俄罗斯（Vetrov 等，2000 年；Ineshin 和 Teten’kin，2011 年；Yurgenson 和 Moroz，2012 年）和其他国外考古学者（Dibble，1985 年；Kostov，2007 年；Popov 和 Tabarev，2009 年；Kostov 等，2012 年）都强调了研究史前原材料传输问题日益增长的重要性。自然科学新方法在考古学中的应用趋势使得研究有了更可靠的依据。在日本、韩国和俄罗斯远东地区，为确定石器时代人类之间的跨区域联系，对人工制品中使用的天然石材进行物源分析的方法得到了广泛的发展。在旧石器和新石器时代，黑曜石的供应路线甚至可以从矿产地绵延至几十或几百千米之外（Popov 和 Tabarev，2009 年；Naoe，2009 年；Kim，2009 年；Popov，Jia 等，2010 年；Kumai，2013 年）。

据估计，从新石器时代早期到中期，东南亚最长的软玉传输路线长 3000 千米左右（Hung 等，2007 年）。在与中国相邻的国家中，软玉也是制造工具、珠宝和护身符的首选材料（黄翠梅，1992；吕军，1998；刘莉，2003；内蒙古自治区文物考古研究所，2004）。奥克拉德尼科夫（A. P. Okladnikov，1955 年）认为，由于贝加尔湖地区新石器时代的玉斧和玉锛与中国北方地区同时期的器型具有相似性，由此可以假设从外贝加尔地区经由蒙古到中国，存在着一条运输路线。

外贝加尔地区的软玉矿床属于西伯利亚软玉产区（Dobretsov 和 Tatarinov，1983 年；Suturin 和 Zamaletdinov，1984 年；Sekerin 和 Sekerina，2000 年；Yurgenson，2001 年）。早在新石器时代，该地区的居民就开始利用软玉来磨制斧、锛、刀以及各种饰品（Okladnikov，1950 年）。

贝加尔湖地区的软玉有两种颜色类型：浅绿色和深绿色。浅色的玉石来源于维季姆河高地，深绿色软玉来源于东萨彦地区。目前已发表的绝大多数考古研究中，只是基于颜色将软玉制品归于不同的产地地区。戈尔尤诺娃等（Goryunova，2005 年）已确定普里奥尔霍恩地区塞罗沃墓群出土的软玉制品为东萨彦型，而格拉兹科沃墓群中发现的浅色软玉制品属于维季姆型。值得注意的是，维季姆型软玉被用于制造珠宝，而萨彦型软玉主要被用于制造工具。尽管基托伊、别拉亚和奥诺特河流域的浅色软玉卵石也有可能被使用，但这种类型的软玉极其罕见，也并非源自该地区的矿床。因此，对于维季姆型软玉到普里奥尔霍恩地区的运输线路的假设仍然成立（Goryunova 等，2005 年、2007 年）。雅库提亚新石器时代和青铜时代早期墓葬中的有色软玉制品也被认为是维季姆型（Alexeev 等，2006 年）。如果此假设成立，古代的玉石传输路线的长度便可达到 1000 多千米。多个新石器时代遗址中的软玉制品都源自维季姆型软玉，如乌斯特－卡林加Ⅻ期以及 Ust-Karenga Ⅻ和斯塔雷维季姆墓地 -2 等（Vetrov 等，2000 年；Alexeev 等，2006 年）。

软玉是一种具有变质成因的矿料，几乎完全由透闪石、阳起石矿物组中的钙、镁、铁、硅酸盐矿组成，其化学式为 $Ca_2(Mg, Fe)_5[Si_8O_{22}](OH)_2$（Hawthorne 等，2012 年）。“软玉”这个名字本身不能加于某种确定的化学或矿物成分之上，因为它可以由富铁（阳起石）或富镁（透闪石）不同系列的矿物组成。软玉具有块状结构和纤维交织的微观结构。根据所含的铁和一些其他矿物（如蛇纹岩、绿泥石、方解石、菱镁矿和滑石）的混合物的不同，它的颜色在葱绿到绿灰、白、粉、黄、烟草棕、蓝到黑色之间变化（Bukanov，2006 年）。软玉有两种主要的成因：第一种是由蛇纹岩的交代置换形成，第二种是由白云岩的交代置换形成（Harlow 和 Sorensen，2005 年）。“软玉”这个名称的使用也很复杂，因为软玉矿物集合体的外部形式不容易与同为绿色且具有块状结构的硬玉岩这种由硬玉［Na（Al，Fe）Si_2O_6］构成的岩石相区分，这两种矿物都通常被称为“玉”。历史上被称为“软玉”的也包括一些其他具有块状结构的矿物集合体，它们可通过简单的矿物学方法，如硬度测试（蛇纹岩等）与软玉和硬玉相区分。

用于分析软玉制品的化学特征的无损分析方法的种类有限，除了“传统的”X射线荧光光谱（XRF），一些具有创新性的技术，如质子激发X射线发射分析PIXE（张朱武等，2011年；Kostov等，2012年）也得到了应用。硅、钙、镁和铁族元素（铁、钴、铬、镍、钒）最能说明问题（Suturin和Zamaletdinov，1984年；Kostov，2007年、2012年）。一些其他元素可以用于软玉分类（如锌），但它们的含量较低（百万分之几十，见Kostov等，2012年），因此不能用相对粗糙的手持无损XRF光谱仪进行检测。萨图林、扎马尔蒂诺夫和柯斯托夫对不同矿床的软玉（包括外贝加尔地区的软玉制品）进行了比较化学研究，结果表明，硅、钙、铁、镁和铝元素也可用于软玉分类（Suturin和Zamaltidinov，1984年；Kostov，2007年）。

这项工作的主要目的是研究布里亚特科学中心博物馆收藏的旧石器时代软玉制品以评估其来源。具体实验目标如下。

1）验证现有的材料说明，排除非软玉样品。

2）推断外贝加尔地区的软玉独特的化学和物理特征，以期用于对古代遗物进行无损物源分析。

3）对馆藏的软玉和地质样品中的软玉对比研究。

二、实验材料与方法

（一）材　　料

用于分析的“软玉”样品来自俄罗斯科学院西伯利亚分院BSC博物馆。

1）20份地质调查样品。

2）24份考古发掘样品。所有的这些样品在博物馆的藏品目录上都被列为软玉。地质样品分别代表了外贝加尔的5个软玉产地（表一）。考古遗物清单见表二。

表一　软玉地质样品特征

地点　编号 / 矿床	样品编号	颜色	纹理	伴生矿
蛇纹岩交代置换软玉				
1. 东萨彦软玉区 卡拉－努尔斯基矿区：				
1.1 未知地点（5个样品）	739	灰绿色渐变为浅绿色	均匀	磁石
	746	深绿色	细带状	未识别，黑色

续表

地点　编号 / 矿床	样品编号	颜色	纹理	伴生矿
1.1 未知地点（5 个样品）	1010	深绿色	均匀	—
	1016	深绿色	均匀	未识别，白色
	1849	翠绿色	块状，均匀	纤维蛇纹石
1.2 乌兰－霍丁斯科耶矿床（2 个样品）	744	绿色急剧过渡到灰色	斑点状	乌钢石
	748	深绿色	块状，均匀	磁石
1.3 奥斯宾斯科耶矿床（1 个样品）	2682	绿色平滑过渡到浅绿色和灰色	横向	—
2. 吉金斯基地区	2642	烟草绿	均匀	—
未知地点（2 个样品）	2694	鲜绿色	细带状	纤维蛇纹石
3. 帕拉姆斯基矿区	906	灰绿色渐变为浅绿色	细带状	乌钢石
帕拉姆斯基矿床（3 个样品）	907	深绿色	均匀	铬铁矿、绿泥石
	911	深绿色	均匀	绿泥石
白云岩交代置换软玉				
4. 维季姆软玉区				
4.1 卡夫克廷斯科耶矿床（1 个样品）	10001	浅绿色	块状，均匀	—
4.2 未知地点（6 个样品）	2407	暗黄色渐变为白色	斑点状	白云石
	2652	浅灰蓝色	均匀	—
	2658	暗黄色渐变为白色	细带状	—
	2697a	白色	块状，均匀	—
	100002	灰绿色	均匀	—
	100003	白色	均匀	—

表二　软玉考古出土样品特征

图四对应序号	编号	器型	遗址	发现年代	尺寸 / 毫米	颜色	纹理	伴生矿
a	173	刀	屯卡	1970	29 × 17 × 2.5	暗灰绿色	小斑点状	未观察到
b	174	刀	努尔图克	1990	45 × 21 × 3	暗灰绿色，渐变为灰色	不均匀	黑色的
c	175	刀	车山	1981	56 × 28 × 3	暗灰绿色	均匀	未观察到
d	189	刀	尼什尼亚吉林达－I（西瓦肯）	1982	66 × 22 × 6	浅灰色	均匀	未观察到
e	191	刀	尼什尼亚吉林达－I（西瓦肯）	1982	55 × 20 × 7	浅灰色	均匀	未观察到
f	235	斧（锛），亚梯形	基巴利诺（乌兰奥登）	不详	160 × 5 × 23	暗灰绿色	均匀	黑色的

续表

图四对应序号	编号	器型	遗址	发现年代	尺寸 / 毫米	颜色	纹理	伴生矿
g	236	斧，亚梯形	不详	不详	65 × 150 × 14	暗绿色	均匀	黑色的
h	237	斧，亚梯形	奎屯	不详	140 × 60 × 23	暗灰绿色	斑点状	黑色的
i	238	斧，亚梯形	沙曼斯基海角	1986	120 × 61 × 18	暗绿色	均匀	黑色的
j	239	斧，矩形，纵截面不对称，扁平	锡里克塔	1981	131 × 57 × 7.5	珍珠绿灰色	均匀	未观察到
k	240	斧	沙曼斯基海角	1986	131 × 49 × 29	灰蓝色，急剧变为棕色	斑点状	浅色的
l	241	斧	翁库里	1967	58 × 56 × 9	白色逐渐变为蜜黄色	均匀	黑色的
m	242	刀	锡里克塔	1981	84 × 47 × 5	浅绿色	均匀	未观察到
n	243	斧（锛），次矩形	因吉诺	不详	177 × 80 × 13	暗绿色	均匀	未观察到
o	244	斧（锛），次矩形	因吉诺	不详	239 × 96 × 14	暗绿色	不均匀	黑色的
p	258	环形	翁库里	1967	21 × 16.5 × 3.5	浅绿色	均匀	白色包含物
q	259	中心带双孔磨盘	沙曼斯基海角	1986	30 × 28 × 3	绿白色	均匀	未观察到
r	260	磨环	沙曼斯基海角	1986	50 × 37 × 2.5	浅绿色	均匀	未观察到
s	261	珠	翁库里	1967	28 × 8.5 × 7	白色	均匀	未观察到
t	262	长珠	翁库里	1967	71 × 19 × 18	灰蓝色渐变为蜜黄色	小斑点	未观察到
u	24spb	斧（锛），亚梯形	不详	不详	94 × 46 × 12	暗灰绿色	均匀	黑色的
—	20	六角柱状杆，两边钻孔深	伊利姆谷墓地	1967	58 × 13 × 13	浅绿色变为浅黄色	不均匀	黑色的
—	21	扁平弧形叶片，带 5 个孔	沙拉高勒	1973	128 × 22.5 × 4.5	深黄色，急剧变为褐色	小斑点 不均匀	未观察到 黑色的
—	22	扁平弧形叶片，带 5 个孔	沙拉高勒	1973	228 × 40 × 6	暗灰绿色		

1. 地质调查样品

我们研究了 20 个软玉样品，其中一些样品的产地明晰，另外一些的产地只能推测出大致的矿床区域（图一）。所研究的样品代表了软玉的两种成因类型：分别由蛇纹岩和白云岩交代置换形成的软玉。蛇纹岩交代置换形成的软玉（13 个样品）通常呈深绿色，因为铁和伴生的铬含量较高（Suturin 和 Zamaletdinov，1984 年；张朱武等，2011 年），有时也会渐变为浅绿色或灰色。白云岩交代置换形成的软玉（7 个样品）为浅色

（白色或黄色渐变为浅灰色、绿色或蓝色）。表一列出了相应的矿床和位置，软玉的“外观”（颜色和质地）以及肉眼可见的副矿物杂质。萨图林和扎马尔蒂诺夫提供了岩体和矿床的详细地质背景（Suturin 和 Zamaletdinov，1984 年）。

软玉产区和矿床分类如下。

1）东萨彦岭区，①卡拉－努尔斯基矿区：未知地点；②卡拉－努尔斯基矿区：乌兰－霍丁斯科耶矿床；③奥斯宾斯科耶矿床。

2）日达矿区，无标号：未知地点。

3）帕拉姆斯基矿区，无标号：帕拉姆斯基矿床。

4）维季姆河区，①卡夫克廷斯科耶矿床；②未知地点。

2. 考古发掘样品

在 24 件考古发掘样品中，有 21 件标明了出土地点。其余大多是偶然发现的，包括地表采集调查，日期难以确定。3 件与匈奴时期——中世纪早期有关，其余的很可能是新石器至红铜时代的，大多数样品都曾出现在已出版的研究论著当中。

尼什尼亚吉林达－Ⅰ（西瓦肯）：在尼什尼亚吉林达Ⅰ区发现的人工制品可以追溯到公元前 6000 年末期（Vetrov 等，1993 年），由特里夫诺夫于 1982 年交由博物馆。

1）窄长刀（NO. 189kv），刀刃锐利，抛光。刀颈未抛光，略窄（Vetrov 等，1993 年）。

2）窄长刀（NO. 191kv），刀刃锐利，抛光。刀颈未抛光，略微变窄。

锡里克塔：由地质学家在距尤斯特·德齐林达村东北 25 千米处发现的新石器时代晚期墓葬中的发现，墓葬已被毁坏；1981 年由伊瓦希纳收集（Ivashina，1985 年）。显然，由于与布库桑墓地 M6 号和 M13 相似（Ivashina，1979 年；Mamonova 和 Sulerzhitsky，1989 年），锡里克塔类型也应可追溯到公元前 4000 年。

3）玉斧（锛）（NO. 239kv；图一，1），抛光，近似规则四边形，长截面稍不对称，侧面扁平。刃笔直，一面抛光。

4）玉刀（NO. 242kv），器身全抛光，钝侧难以识别。刀刃一侧有轻微的平面抛光痕迹。

翁库里：1967 年由卡姆齐纳发现，出自布里亚特巴古津地区杜塞尔兰村附近的格拉兹科夫时期（红铜时期，公元前 3000 ~ 前 2000 年）墓葬（Khamzina，1974 年）。

5）小玉环（登录号 258kv；图一，2），有呈椭长方形的双锥孔洞，圆角。从孔洞的边缘到外边缘有一个浅槽（可能用于悬挂）。孔径为 105 毫米。

6）玉珠（NO. 261kv，图一，3），抛光，圆柱形。有一个很长的双锥形穿孔。孔的外直径为 7、内直径为 1.2 毫米，外缘很薄。没有钻孔痕迹，内表面全抛光。

7）大珠子（NO. 262kv；图一，4），抛光，圆柱形，有一个很长的双锥形穿孔。孔外径为 10、内径为 3 毫米。没有钻孔迹象，内表面全抛光。尚不知有来自其他地点的相似器物。

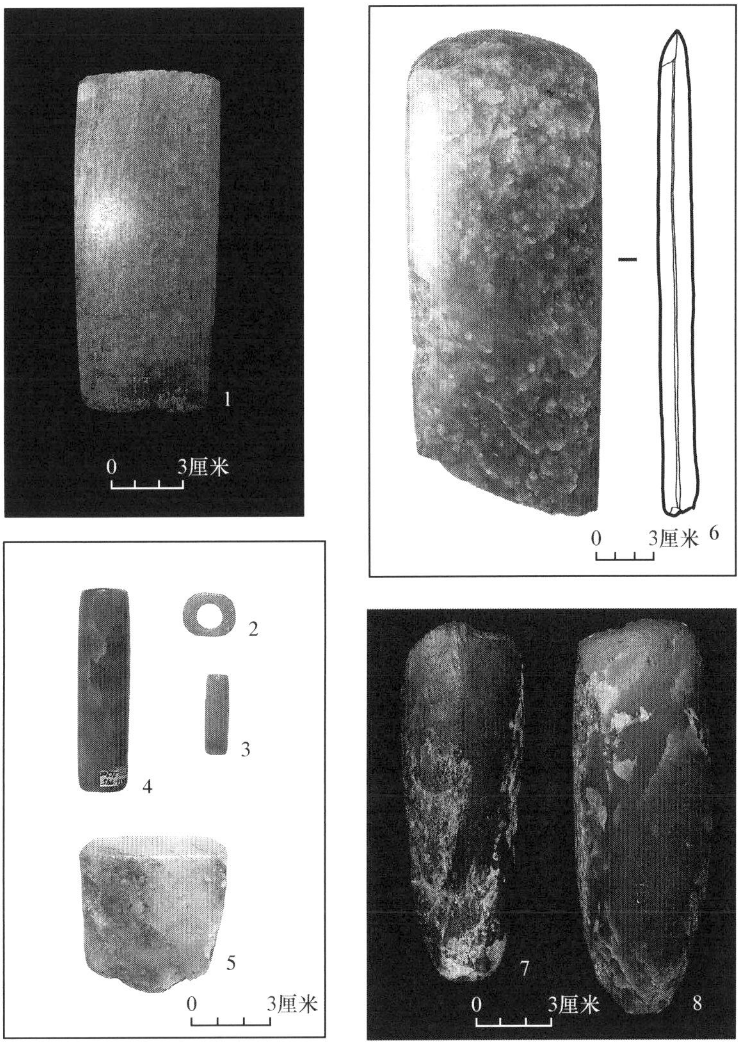

图一　软玉制品

1. 锡里克塔（锛） 2～5. 翁库里（小环、小珠、大珠子、短柄斧）

6. 因基诺（锛） 7. 奎屯（斧） 8. 基巴利诺（斧）

8）小斧（NO. 241kv；图一，5），抛光，器身短，呈梯形。刃口笔直，单面抛光。

因吉诺：由因吉诺村的一位居民偶然发现并交由卡姆齐纳，时代难以确定，推测是新石器时代至红铜时代。值得注意的是，这两件器物的形状和生产工艺非常相似，呈现出标准化生产的迹象。

9）细长形锛（NO. 243kv），抛光，矩形，远端有呈对角线形的断裂。刃略圆，轮廓不对称，一边凸出。两个宽面都有气泡状的裂缝，可能是加热所致。

10）锛（NO. 244kv；图一，6），抛光，远端有呈对角线形的裂痕。呈规则矩形，刃口稍圆，一侧凸起，不对称。左侧有较大的刻痕。两侧宽面上都有气泡状的裂缝。

基巴利诺（乌兰奥登）：由地质学家在基巴利诺村附近遭到破坏的墓葬中发现，并由伊瓦希纳收集（Ivashina，1982 年）。很可能是新石器时代早期的（公元前 6000 年）遗物。

11）细长形斧（NO. 235kv；图一，8），抛光，末端稍呈锥形。刃两侧对称。器身有一些剥落，致使一边呈斜面。

沙曼斯基海角：由蒂瓦内科于 1986 年发现，出自位于斯吕杜扬卡聚居地附近的沙曼角墓地格拉兹沃 M1（红铜时代，公元前 3000 ~ 前 2000 年）。相关资料未发表。

12）细长梯形斧（NO. 238kv），圆角，仅刃部抛光。刃口呈弧形，薄而锋利，有细小的切口。刀刃较窄处的一侧抛光。

13）细长形斧（NO. 240kv；图二，1），矩形，横截面校宽，器身全抛光。刃几近笔直，两边光滑，一侧略微倾斜。

14）盘（NO. 259kv；图二，2），抛光，不规则椭圆形。中心有一个双锥形钻孔，

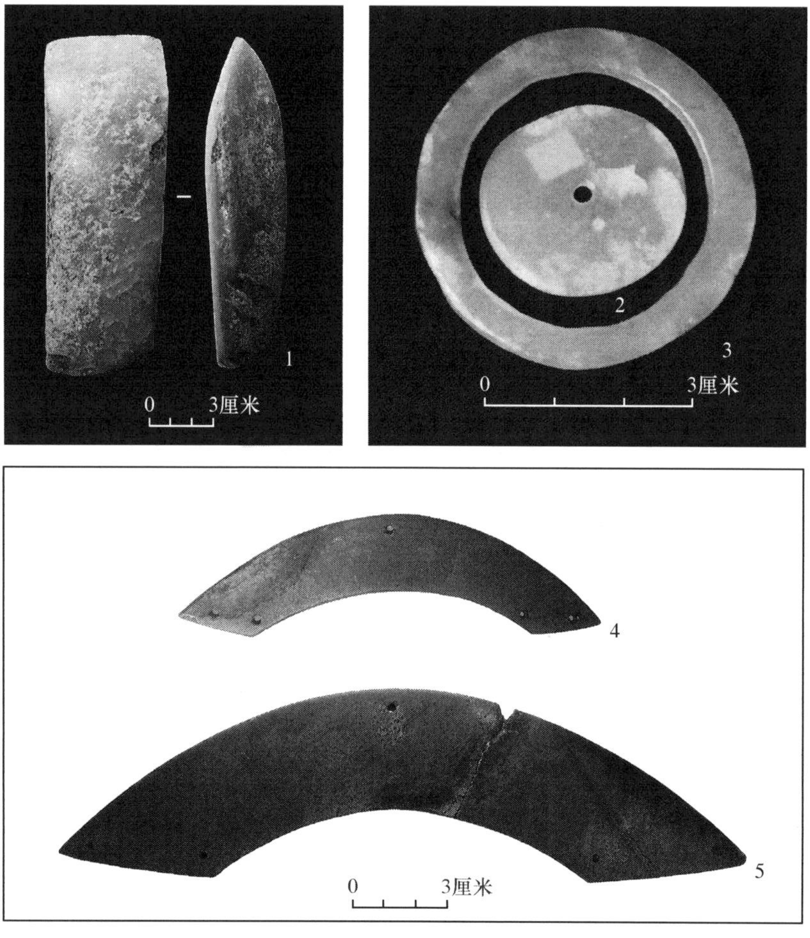

图二　软玉制品

1. 沙曼斯基海角（斧）　2、3. 沙曼斯基海角（盘、环）　4、5. 沙拉高勒（叶片）

孔直径为26毫米。

15）玉环（NO. 260kv；图二，3），器身全抛光，边缘稍不平整。在孔的内表面有相反方向的双面刻划痕迹。这枚玉环和上面提到的玉盘一起构成一个附在头饰上的前额装饰物。内径为37毫米。

伊利姆谷墓地：发现于普通墓M50。可追溯到公元前1世纪下半叶至1世纪前半叶。科诺瓦洛夫于1967年发掘（Konovalov，1976年）。

16）八角形圆柱杆（NO. 20zhv），颜色从浅绿色渐变为浅黄色。两端有盲孔（钻孔清晰，未抛光），深度为15毫米，底部呈椭圆形。在器物的每一面上，都有长而轻的几乎平行的划痕，在中心有一些不均匀的截面划痕。该器物的功能尚不明确。外径为9毫米。

沙拉高勒：在沙拉高勒村附近被毁坏的匈奴墓葬发现的遗物中有两个扁平的、细长的弧形刀（Konovalov，1980年）。在诺因乌拉墓葬中（Rudenko，1962年）也发现了一些类似的器物，该遗址位于蒙古北部，时代可追溯到公元前1世纪。它们可能是玉质裹尸布或者面具的一部分，用来遮盖家族的男性墓主——这个传统很可能是匈奴人从位于他们南边的汉族人那里借鉴来的（Sutyagina和Ivanov，2012年）。在这种情况下，他们很显然只是想遮蔽部分尸体。可以假设，由于死者的社会地位较低，人们有意使用价值较低的原材料（如蛇纹岩）。

17）扁平弧形叶片（NO. 21zhv；图二，4），角上有4个孔，中心明显部分有1个孔，器身全抛光。

18）扁平弧形叶片（NO. 22zhv；图二，5），带5个孔，器身全抛光。

临时发现如下。

屯卡：1970年。没有日期。

19）小号平窄刀（NO.173kv）。椭圆形切削刃。在切削刃口和侧面单面抛光（锐磨）痕迹。其中一面刀刃略微凸起。这件器物完全抛光。末端不平，有剥落。

努尔图克：发现于1990年，但没有具体日期。

20）小扁平窄刀（NO.174kv），抛光。刀刃是弯曲的。远端有一处剥落。

车山：1981年由伊梅霍夫在车山村附近发现。日期不详。

21）扁平刀（NO.175kv），在一小块扁平碎片的基础上制成，两侧抛光。刃位于轻微弯曲的一侧以及钝直的一侧上。

奎屯：由E卡姆齐纳在巴加汗村对面奎屯地区的流沙中发现。日期不详，据推测时代为新石器时代。

22）细长矩形斧（NO. 237kv；图一，7）。几乎全抛光。弧形刃一侧有较大的断裂。出土位置不详，日期不详，据推测时代为新石器时代至红铜时代。

23）细长梯形锛（NO. 236kv）。作业区域抛光，远端未抛光，形状近似规则梯形。弧形刃不对称抛光。一侧有凸起的轮廓。在刃口两侧有与刃口垂直的刻痕（使用痕迹）。

其中一个侧面上的刻痕十分明显。出土位置不详，日期不详，据推测时代为新石器时代至红铜时代。

24）细长三角形斧（NO. 24SPB）。切割刃几乎是直的，在较宽的一侧。一面是原始的鹅卵石外壳。

（二）方　　法

考虑到供我们研究的博物馆样品所具有的价值，我们采用了一些非破坏性的研究方法来避免对文物造成损伤：即X射线荧光光谱法、拉曼光谱法和光致发光光谱法（PLS）。拉曼光谱研究用于确定矿物成分，并区分“真”软玉样品和其他矿物集合体（硬玉、蛇纹岩）。X射线荧光光谱法用于估测不同地质类型的外贝加尔软玉和考古样品中所具有的标志性化学物质。光致发光光谱法用于发现一些其他的特征，可以用以区分不同类型的软玉。

我们采用手持X射线荧光光谱、拉曼光谱和光致发光光谱对软玉的化学成分和矿物成分进行了研究。以上方法都是非破坏性的，使用前不用对样品进行化学或机械处理。所有分析均在俄罗斯联邦圣彼得堡国家矿产资源大学地质勘探学院的实验室进行。拉曼光谱用于评估博物馆收藏中被列为“软玉”的藏品的矿物组成。拉曼光谱可以用作矿物指纹图谱，因此材料鉴定中可能出现的错误都能被轻易纠正。属于“玉”族的矿物种类（翡翠或透闪石－阳起石系列）都呈现出相似的拉曼光谱，因此，通过化学分析（如X射线荧光光谱法）可以更有效地区分它们。

拉曼光谱由配有徕卡 DM LM 显微镜的雷尼绍 InVia Reflex 型光谱仪拍摄，激发采用近红外固态二极管激光器（激发光源波长785纳米），光谱范围100 ~ 4000cm^{-1}，光谱分辨率1cm^{-1}，扫描时间10秒，扫描10次后平均。

元素分析由 Innov-X Delta 50 型手持 ED-XRF 光谱仪提供（4W X射线管功率，金阴极，SSD检测器，光谱分辨率小于165 eV）。分析是在三种模式下进行的：“采矿加”模式和“采矿加最小值”模式，用于岩石形成元素（铝、硅、磷、硫、氯、钾、钙、铁、镍、铜、锌、砷、钇、锆、钡、铅，质量百分比形式），以及“土壤”模式（用于微量元素，包括钛、矾、硌、锰、铁、镍、锌、锶、锡，浓度形式）。由于无法使用手持XRF分析仪的可靠校准程序，结果只能作为元素浓度的估计值。因此，必须将这些值视为“任意单位”，并且尽管两个“采矿加”模式下得出的主要元素浓度测量值不相洽，我们仍然将它们一起用在分析中。使用这一分析方法区分不同类型矿物材料的决定性论据是其结果具有的再现性。因此，结合不同的测量模式，可以提高结果的可靠性。三种测量模式以下将称为MP、MPM和S。

我们在 Horiba Fluorog-3 荧光光谱仪上进行了光致发光激发和发射光谱分析。用300、350和400纳米的单色激发测量光谱。

三、实验结果

拉曼光谱研究表明，样品 20、21 和 22 的光谱与阳起石－透闪石矿物不一致。经鉴定，样品 21 和 22 为蛇纹岩（图三，1a），样品 20 可初步归为叶蜡石（图三，1b）。因此，所研究的所有与匈奴文化相关的文物（两个来自沙拉高勒的弧形刀刃和来自伊利姆谷墓地墓葬遗址的圆柱形杆），并非由软玉制成，而是由其他矿物材料制成。我们将样品 21 和 22 的拉曼光谱与蛇纹岩和软玉参照物（a）进行了比较，将样品 20 的拉曼光谱与叶蜡石和软玉参照物（b）进行了比较。其他考古和地质样品的光谱与软玉相符，但没有显示出可用于区分不同产地软玉的独特特征。表三列出了 XRF 分析后得出的样品的元素组成数据。虽然手持 XRF 分析仪可以测量许多元素，但只有超过所有样品的检出限的少数元素可用于种源分析。钙、铝、硅（均为 MP 和 MPM 模式下）、铁（所有模式下）、锰、铬、钛、矾、锌、锶（S 模式下）显示出较多的价态。为了比较地质和考古发掘样品的化学特征，我们只选择了显示出多种价态的元素和所有样品中都检测到的元素。由于构成软玉的主要元素（钙和硅）的成分变化相对较小，我们使用钙 / 硅比来强调软玉之间的化学差异。与成岩元素相比，微量元素（铁、钒、锰、钛、铬、锌等）的分布不统一。因此，对软玉的地质化学类型进行分类时，可优先依据元素含量，最有用的是二维散点图，对比钙 / 硅比与铁含量（MP 和 MPM 模式下，图三，2a、2b、3f、3b），以及铁含量与锰含量（S 模式下，图三）。然而，对于一些样品，测量方法不同得出的结果也不同，从而导致相对应的点显示出显著的分散（图三中的考古发掘样品 C、F、I、K、R）。因此，应将 XRF 结果视为半定量的。

藏品中的大部分软玉与外贝加尔软玉矿床的样品具有相似的化学特征。乌兰霍丁斯科耶矿床和吉金斯基区地区的新石器时代玉器和软玉之间没有发现一致性，考古样品可能与其他地方有关。由于手持光谱仪获得的 XRF 数据不可靠性很高，因此我们对比了不同模式得到的结果，只有在所有结果一致的情况下，才能相对可靠地确定器物材料矿物来源。

共有 8 件玉器的原料是产自维季姆地区矿床的软玉：来自西瓦肯的刀（189、191）、来自沙曼斯基海角的斧（240）和玉环（260）、来自瓮库里地区的斧（241）、圆柱形珠子（26162）和玉环（258）。244 号因吉诺玉锛的玉料可能来自奥斯宾斯科耶矿床。抛光的玉盘（259）来源无法确定。其他玉器物的材料可能来自卡拉－努尔斯基矿床，但对比得出的一致性并不十分准确。帕拉姆斯基矿床作为另一个来源，可与车山 175 号玉刀、奎屯 237 号玉斧和因吉诺 243 号玉锛的软玉料进行比较。考古发掘样品的颜色通常与通过 XRF 得出的不同矿床（或一组矿床）的典型颜色相对应（表四）。

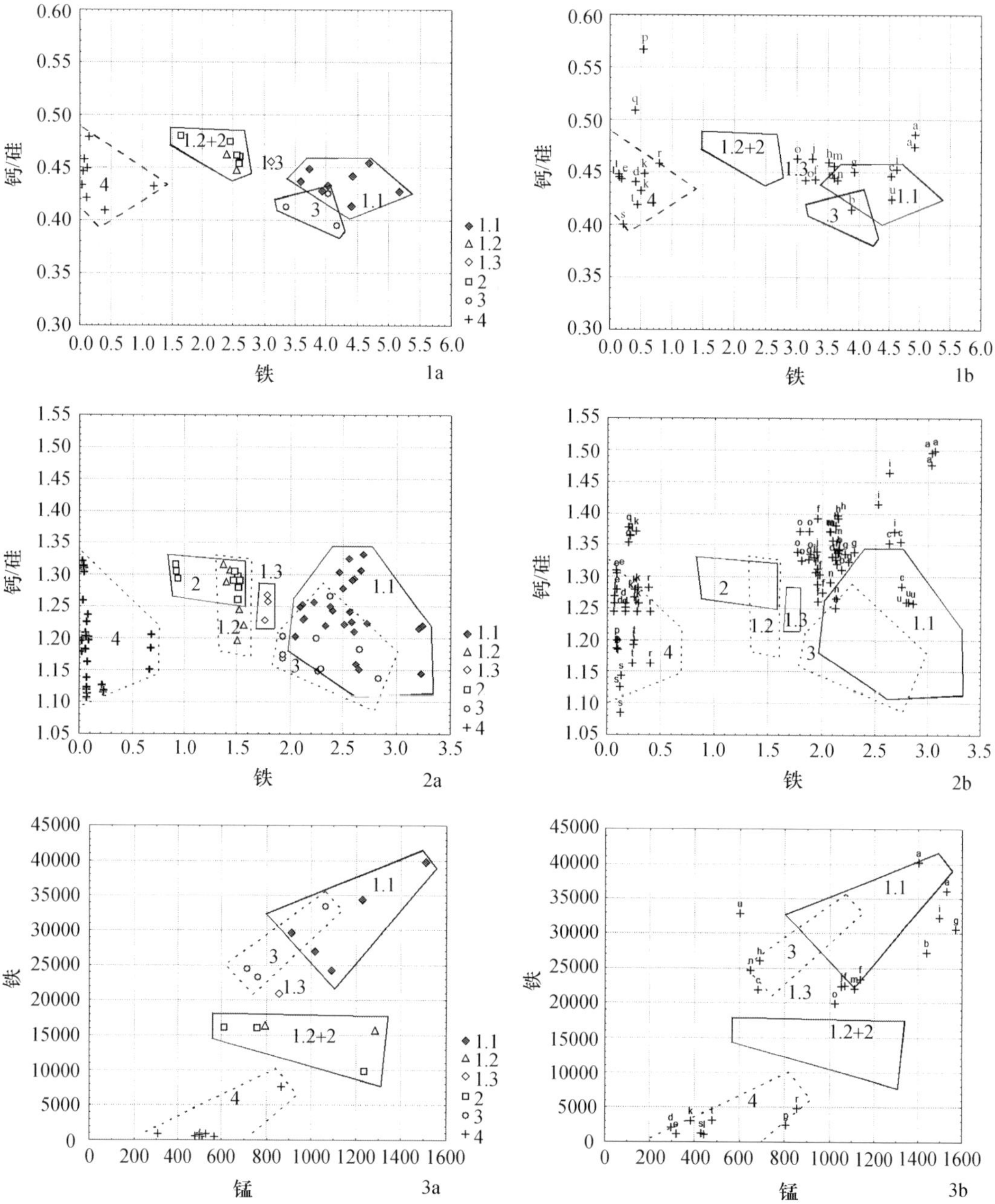

图三　特兰斯贝卡利亚软玉的可能元素来源

1. 钙 / 硅比值与铁含量（MP 模式，质量百分比，任意单位） 2. 钙 / 硅比值与铁含量（MPM 模式，质量百分比，任意单位） 3. 铁、锰含量（S 模式，浓度）

注：（a）地质样品，字段数和图例中的数与表 1 相对应；（b）考古样品，字母与表 2 相对应，图中给出了不同地质类型的软玉

表三　地质软玉样品和考古出土软玉样品主要和微量元素含量表（XRF 分析数据）

样品	矿床 / 遗址	Si^a	Si^b	K^a	Ca^a	Ca^b	Fe^a	Fe^b	Fe^c	Ni^a	Ni^c	Ba^a	Ti^c	V^c	Cr^c	Mn^c	Sr^c	Sn^c	Zn^c
地质样品																			
739	卡拉－努尔斯基	23.27	11.6	—	9.61	14.4	4.41	2.5628	29550	0.1673	1069	0.4566	3858	693	967	913	4.1	17	—
746	卡拉－努尔斯基	25.21	12.55	0.0737	10.78	15.6	3.9433	2.4044	26897	0.1435	1078	0.4955	4134	878	3135	1018	12.5	19	116
1010	卡拉－努尔斯基	23.03	11.48	0.0368	10.45	14.96	4.69	2.4657	34379	0.1167	797	0.4443	4176	879	1582	1228	5.4	30	154
1016	卡拉－努尔斯基	26.28	13.2	0.0791	11.22	16.03	5.18	3.2081	39761	0.0903	817	0.4309	4625	1364	—	1509	3.9	22	153
1849	卡拉－努尔斯基	25.28	13.06	0.0371	11.04	16.36	3.597	2.1159	24225	0.1606	1133	0.3775	5010	1004	1289	1092	4.6	25	130
744	乌兰－霍丁斯科耶	24.48	13.08	0.1012	10.95	16.29	2.5654	1.5228	16415	0.1443	1058	0.464	4012	1115	1163	794	10.9	26	52
748	乌兰－霍丁斯科耶	22.76	11.53	—	10.51	14.85	2.4057	1.4074	15678	0.15	1006	0.4484	4272	613	1453	1285	7.6	—	96
2682	奥斯宾斯科耶	23.82	12.17	0.0529	10.84	15.3	3.1057	1.7887	20854	0.1369	803	0.4129	4439	—	1051	855	5.6	—	110
2642	尼什尼亚吉林达	22.21	11.19	—	10.66	14.6	1.645	0.9165	9795	—	—	0.5425	2803	551	—	1237	8	—	106
2694	尼什尼亚吉林达	22.37	11.61	—	10.62	14.99	2.4587	1.5298	16102	0.1864	1212	0.4283	6498	1115	1326	614	6.4	16	32
906	帕拉姆斯基	23.76	12.63	0.0506	9.39	14.5	4.17	2.2603	23292	0.0837	518	0.4125	5340	1398	871	760	12.6	27	39
907	帕拉姆斯基	21.06	11	—	8.69	13.23	3.3538	1.9248	24506	0.129	993	0.4119	3331	922	3243	714	3.5	17	44
911	帕拉姆斯基	23.21	11.57	—	9.87	13.69	4.03	2.6489	33435	0.0735	558	0.366	5521	682	1391	1064	4.9	19	58
2407	维季姆	23.59	12.2	0.0573	10.52	14.62	0.0518	0.0319	428	—	—	0.5598	5030	994	812	515	7.6	21	41
2652	维季姆	25.33	12.85	0.0622	10.94	14.78	1.1929	0.6561	7634	—	—	0.4609	3870	—	572	865	27.3	18	47
2658	维季姆	25.11	11.83	0.1042	11.48	15.5	0.0768	0.0463	508	—	—	0.4884	3954	—	962	482	11.1	17	53
2697a	维季姆	25.23	12.56	0.1026	10.62	14.29	0.1142	0.071	915	—	—	0.5668	4214	877	499	505	8.6	13	82
10001	卡沃克塔（维季姆）	23.18	12.3	0.147	11.11	14.78	0.1543	0.0882	837	—	—	0.4388	2031	—	554	531	6.5	—	35
10002	维季姆	25.26	11.62	0.0668	10.34	13.97	0.4001	0.0643	2251	—	—	0.4672	2727	—	—	—	18.5	—	44
10003	维季姆	22.75	12.86	0.0658	10.21	14.33	0.1233	0.2229	729	—	—	0.5381	4414	888	672	503	7.4	15	43
考古出土样品																			
189	尼什尼亚吉林达	22.48	10.86	0.2431	9.9	13.59	0.4255	0.174	2062	—	—	0.4674	3137	—	657	296	10.7	—	187

续表

样品	矿床 / 遗址	Si^a	Si^b	K^a	Ca^a	Ca^b	Fe^a	Fe^b	Fe^c	Ni^a	Ni^c	Ba^a	Ti^c	V^c	Cr^c	Mn^c	Sr^c	Sn^c	Zn^c
191	尼什尼亚吉林达	24.29	10.77	0.1502	10.76	14.05	0.2003	0.0912	1121	—	—	0.4678	3234	495	488	319	7.1	—	—
239	锡里克塔	22.44	11.66	0.1142	10.38	15.02	3.2545	1.9578	22307	0.1011	846	0.4251	4944	—	638	1054	4.7	17	118
242	锡里克塔	23.55	11.1	0.073	10.74	15.21	3.6042	2.0783	21980	0.0533	396	0.4556	3231	575	1041	1111	8.6	23	109
241	翁库里	23.1	11.02	0.1084	10.35	13.86	0.1474	0.071	730	—	83	0.565	4106	560	804	—	19.1	19	—
258	翁库里	23.43	12.58	0.1438	13.27	14.93	0.5459	0.0937	2389	—	—	0.3901	—	—	—	809	16	—	—
261	翁库里	23.99	11.73	0.1982	9.6	13.41	0.2229	0.1371	1233	—	—	0.5227	3061	569	551	430	11.2	14	34
262	翁库里	19.17	10.45	0.1208	8.03	12.46	0.4454	0.2517	3087	—	—	0.4659	3400	970	696	479	8.7	15	27
243	因吉诺	23.96	10.83	0.0588	10.65	14.52	3.598	2.1538	24602	0.2041	1499	0.3713	4043	704	1324	649	—	25	—
244	因吉诺	23.05	11.04	0.0594	10.66	15.14	3.0117	1.8818	19848	0.0918	679	0.473	5296	760	952	1024	4.5	18	113
235	基巴利诺	23.84	11.42	0.0714	10.55	14.99	3.3005	1.9583	22430	0.1143	1125	0.4408	4322	615	1280	1069	5.7	17	—
238	沙曼斯基海角	24.55	9.98	0.105	11.1	14.61	4.63	2.6367	32224	0.0941	651	0.4814	4858	1013	1226	1496	—	24	48
240	沙曼斯基海角	23.71	10.35	0.1273	10.24	13.24	0.5052	0.2603	3023	—	—	0.5086	3720	—	—	384	8.3	15	134
259	沙曼斯基海角	28.15	13.2	0.1607	14.31	18.01	0.4117	0.2202	2878	—	—	—	—	—	—	—	9.3	—	88
260	沙曼斯基海角	27.46	12.49	0.1953	12.57	16.01	0.8012	0.3869	4751	—	—	—	—	—	—	858	9.9	—	217
173	屯卡	27.66	12.47	0.1189	13.11	18.65	4.92	3.0379	36030	0.1073	876	—	—	—	—	1531	8.1	—	92
174	努尔图克	27.41	11.45	0.2308	11.36	15.37	3.8826	2.1614	27187	0.167	1310	0.2252	—	—	—	1439	10.1	—	70
175	车山	25.05	11.95	0.208	11.17	16.18	4.54	2.7447	21837	0.0806	423	0.3651	7268	—	—	682	5.1	—	—
237	奎屯	20.59	10.49	0.1171	9.45	14.6	3.5167	2.149	26007	0.1681	799	0.3635	4909	880	1385	689	7.6	23	36
236	不详	24.19	11.52	0.0839	10.89	15.38	3.9246	2.2174	30553	0.1432	1118	0.4409	4590	1099	1772	1572	6.3	25	152
24spb	不详	23.39	11.65	0.0785	9.92	14.65	4.55	2.8651	32787	0.1089	786	0.3864	3740	712	848	600	5	25	—
20	伊利姆谷墓地	17.57	6.91	1.7679	3.77	7.06	0.2584	0.1568	1472	—	—	1.0829	4211	—	686	—	1381	19	—
21	沙拉高勒	19.78	9.27	0.2103	0.1944	0.3766	0.4825	0.2544	9645	—	—	0.2093	—	—	—	—	—	—	142
22	沙拉高勒	14.55	7.18	0.18	6.39	8.36	1.3087	0.7848	8003	—	—	0.4464	—	—	—	435	41	—	183

表四　软玉制品与特兰斯贝卡利亚矿床的可能归属关系

样品	方法			结果
	Ca/Si 与 Fe 含量 MP 模式	Ca/Si 与 Fe 含量 MPM 模式	Fe、Mn 含量 S 模式	
a（173）	No	No	1.1	1.1?
b（174）	1.1 或 3	No	No	1.1? 或 3?
c（175）	1.1	1.1?	3	1.1 或 3
d（189）	4	4	4?	4
e（191）	4	4	4?	4
f（235）	1.1?	No	1.1	1.1?
g（236）	1.1	No	No	1.1?
h（237）	1.1?	No	3	1.1? 或 3?
i（238）	1.1	No	No	1.1?
j（239）	1.1? 或 VI?	No	1.1	1.1?
k（240）	4	4?	4?	4
l（241）	4	4	4	4
m（242）	1.1?	No	1.1	1.1?
n（243）	1.1	1.1?	31	1 或 3
o（244）	1.3	No	No	1.3?
p（258）	No	4	4	4?
q（259）	No	No	—	No
r（260）	4	4?	4	4
s（261）	4	4	4	4
t（262）	4	4	4	4
u（24）	1.1	1.1	No	1.1?

在同一矿床的样品中，软玉的发光强度有数十甚至数百种之多。因此，只有在强度标准化后才能比较 PL 光谱。在某些情况下，光谱结构揭示了来自不同矿床的软玉的个别特征。在来自卡拉－努尔斯基（未知位置）和乌兰霍丁斯科伊矿床以及维季姆矿床群的样品的紫外和蓝色光谱区域中检测到稀土的冷光。来自维季姆矿床群中的软玉在 577 纳米处显示宽发射带，这可能是锰引起的。带半宽和光谱位置与硅酸盐中的 Mn^{+2} 一致（Gorobets 和 Rogojine，2002 年）。尽管 XRF 检测到的锰含量较低，但即使存在百万分之一的 Mn^{+2} 仍会引起显著的发光。然而，由于软玉矿物集合体结构的不均匀性，如果不通过发光显微镜进行进一步研究，就无法对该条光谱带进行准确的归因。

一些考古文物显示出和来自所研究的矿床中的软玉类似的发光特性。第 174 号文物（刀）和第 906 号帕拉姆斯基矿床样品的 PL 光谱很接近（440 纳米处宽发射辅以约 500 纳米处的光谱肩峰，激发光源波长 350 纳米，图四，1）。这表明第 174 号样品

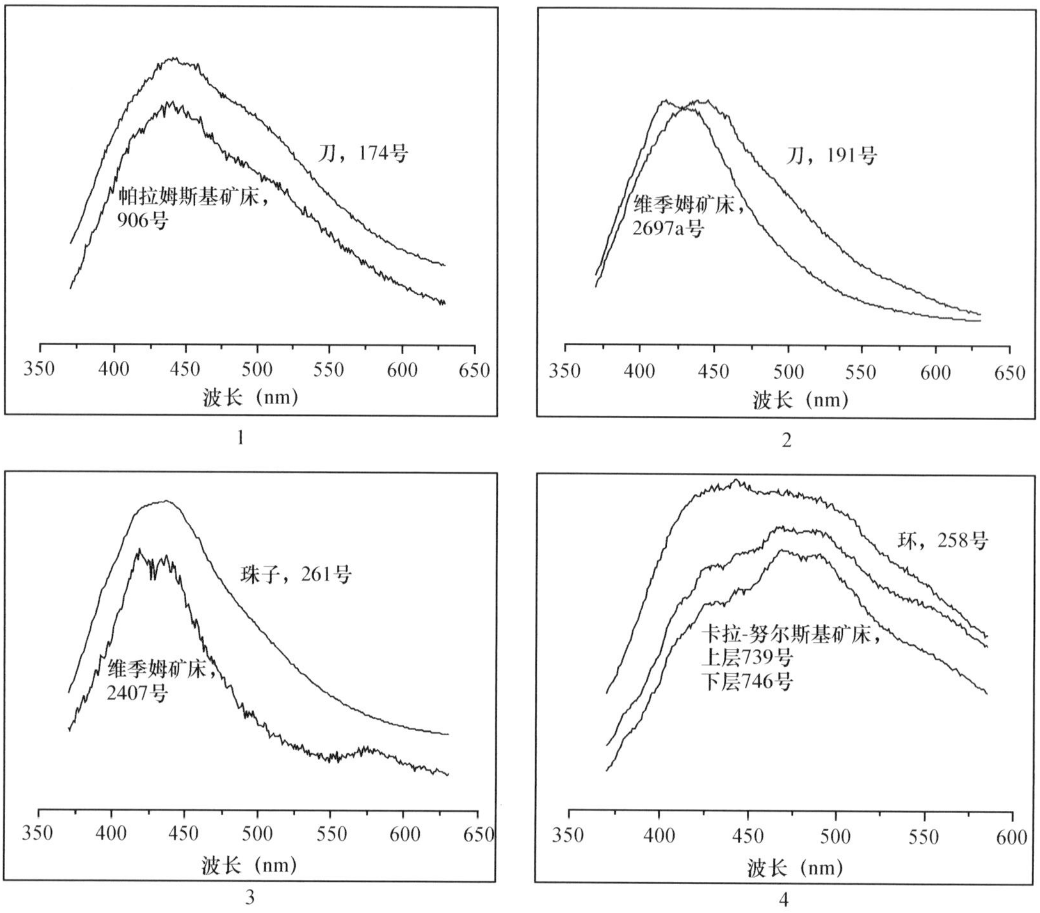

图四　软玉地质样品与考古样品的光致发光光谱比较

1～3. 激发光源波长 350 纳米　4. 激发光源波长 300 纳米

可能的化学性质和卡拉－努尔斯基或帕拉姆斯基矿区的矿物一致（表一）。

在第 191 号（矛）和第 2697a 号样品（图四，2）的 PL 光谱中检测到约 430 纳米（激发 350 纳米）的宽光谱带。第 261 号样品（珠子）与 2407 号地质样品相似（两个样品的光谱都在约 420 和 440 纳米处显示出两个紧密重叠的带，在 350 纳米处激发，图四，3）。这些地质样品代表与第 191 号和第 261 号文物的化学属性相一致的维季姆矿床群。

在 258 号工艺品（环）的光致发光光谱中，430 纳米、470～490 纳米和 550 纳米（肩峰）处显示一系列宽重叠带（激发光源波长 300 纳米，图四，4）。在 739 号和 746 号卡拉－努尔斯基矿床样品的光谱中观察到了相同的特征。在这一情况下，我们无法找到 PL 和 XRF 数据之间的相关性（根据化学性质归为帕拉姆斯基矿床）。

光致发光光谱还揭示了来自奎屯（237 号样品）的玉斧的一侧有机物的沉积，肉眼看起来像是一层薄薄的黑色涂层。

四、结　　语

本文的研究结果对非破坏性方法在软玉矿物来源研究中的适用性做了一些总结。首先，半定量 XRF 分析可用于对外贝加尔地区不同矿床和含软玉区的软玉进行分类。数据表明，不同来源类型的软玉在元素浓度坐标系中显示出分明的边界。研究证实了考古样品的地貌属性和化学属性是相符的。为了提高可靠性，必须将使用的元素种类扩大到微量元素；测量 XRF 光谱时，可能需要较长的扫描时间。

在研究的初始阶段，有必要使用光谱法，因为在分析不同来源软玉的独特特征之前，必须进行矿物鉴定；一些样品可能会被错误地归为软玉。在化学测量前先对样品的拉曼光谱进行研究可将“真”软玉与其他矿物如蛇纹岩（蜥蜴石等）、叶蜡石和翡翠区分开来。由于光致发光的强度有很强的可变性，光致发光可以作为一种补充技术，帮助证明化学结果，它在检测复杂的光谱结构时尤其有用。

我们的研究结果提出了一些贝加尔地区史前居民可能使用的软玉传输路线。已经确定的运输路线都很长。例如，浅色的维季姆软玉被运输到 700 千米（直线）以外的贝加尔湖（沙曼斯基海角）南岸。从卡拉－努尔斯基山到色楞格河流域的软玉运输路线也很长（350 千米）。车山软玉刀（或其原料）可能的传输距离超过 700 千米。

对玉器的研究及其与地质材料的对比表明，新石器时代和红铜时代的居民对维季姆地区和卡拉－努尔斯基山（东萨彦）的软玉很熟悉。值得注意的是，格拉兹科沃人同时使用这两种材料。

研究结果中包含了一些假设，为未来的研究工作提供了方向和较新的视野。在可能的进一步研究中，必须创建一个详细的数据库，包括该地区不同矿床的所有分析结果，为玉器提供更多相关研究。进一步的研究也将考虑我们的数据与邻近地区（东外贝加尔、阿穆尔河流域、蒙古和中国）的软玉材料之间的相关性。

致　　谢

非常感谢考古学家 V. M. Vetrov、L. G. Ivashina、E. A. Khamzina、A. V. Tivanenko 和 N. V. Imenohoev，让我们得以接触这些实验样品；感谢 BSC 博物馆主任 S. B. Buraeva 博士和博物馆馆长 S. A. Baturin、A. E. Murzintseva 和 Yu. E. Antonova；感谢 A. V. Kozlov 教授为我们提供了一台手持 ED-XRF 光谱仪；感谢 A. V. Tatarinov 博士为我们答疑。同时也感谢本文的评审老师，你们的意见对我们有很大帮助。再次感谢以上所有人！

参考文献

[1] Alexeev A N, Vetrov V M, Dyakonov V M, Sekerin A P, Teten' kin, A.V. *Vitim's nephrite in*

archaeology of Eastern Siberia [M]. Reports of the Laboratory of Ancient Technologies. Irkutsk: IrSTU, 2006: 74 ~ 79 (in Russian).

[2] *Baiyinchanghan: An Excavation Report on the Neolithic Site* [M]. Beijing: Science Press, 2004 (in Chinese).

[3] Bukanov V V. *Russian Gemstones Encyclopedia* [M]. Saint-Petersburg, 2006: 472.

[4] Dibble, H. L. Raw material variation in Levallois flake manufacture [J]. *Current Anthropology*, 1985 (26): 391 ~ 393.

[5] Dobretsov N L, Tatarinov A V. *Jadeite and Nephrite in Ophiolites (on the Example of West Sayan)*[M]. Novosibirsk: Nauka, 1983: 125 (in Russian).

[6] Gorobets B S, Rogojine A A. *Luminescent Spectra of Minerals: Reference Book* [M]. Moscow: All-Russia Institute of Mineral Resources (VIMS), 2002 (in Russian).

[7] Goryunova O I, Sekerin A P, Novikov A G. *Nephrite from graves of the Sarminsky Mys burial ground (Baikal lake)* [M]. Sociogenesis in Northern Asia. Irkutsk: IrSTU, 2005: 70 ~ 74 (in Russian).

[8] Goryunova O I, Novikov A G, Sekerin, A P. *Nephrite artifacts from archaeological sites of CisOlkhon area* [M]. Reports of the Laboratory of Ancient Technologies. Irkutsk: IrSTU, 2007: 138 ~ 145 (in Russian).

[9] Harlow, G E, Sorensen S S. *Jade (nephrite and jadeitite)and serpentinite: metasomatic connections* [J]. *International Geology Review*, 2005 (47): 113 ~ 146.

[10] Hawthorne F C, Oberti R, Harlow G E, Maresch W V, Martin R F, Schumacher J C, Welch M D. Nomenclature of the amphibole supergroup [J]. *American Mineralogist*, 2012 (97): 2031 ~ 2048.

[11] Huang Ts-M. The Role of Jade in the Late Neolithic Culture of Ancient China: the Case of Liangzhu [D]. University of Pittsburgh, PhD thesis, 1992.

[12] Hung H Ch, Iizuka Y, Bellwood P, Nguen K D, Bellina B, Silapanth P, Dizon E, Santiago R, Datan I, Manton J H. Ancient jades map 3000 years of prehistoric exchange in Southeast Asia [J]. *Proceedings, National Academy of Sciences* 2007 (104): 19745 ~ 19750.

[13] Ineshin Ye M, Teten'kin A V. *Problem of finding of archaeological relations in the Vitim river basin (Vitim' s plateau, Baikalo-patom's upland)* [M]. Materials of the 2nd International Conference "Ancient Cultures of Mongolia and Baikal Siberia". Irkutsk: IrSTU, 2011: 96 ~ 104 (in Russian).

[14] Ivashina L G. *Neolithic and Eneolithic of the Forest-steppe Zone of Buryatia* [M]. Novosibirsk: Nauka, 1979: 155 (in Russian).

[15] Ivashina L G. *Newfindsof theNeolithic age inWesternTransbaikalia* [M]. Problems of Archaeology and Ethnography of Siberia.Irkutsk: ISU, 1982: 75, 76 (in Russian).

[16] Ivashina L G. *Complex of the Neolithic tools from taiga zone of north-eastern Buryatia* [M]. Ancient Transbaikalia and His Cultural Connections. Novosibirsk: Nauka, 1985: 147 ~ 154 (in Russian).

[17] Jia P W, Doelman T, Chen Ch Zhao H, Lin S, Torrence R, Glascock M D. *Moving sources: a preliminary study of volcanic glass artifact distribution in northeast China using PXRF* [J].

Archaeological Science, 2010 (37): 1670 ~ 1677.

[18] Khamzina Ye A. *Early burials in Onkuli (the Bargujin river valey)* [M]. Ulan-ud: Ethnographic Collection, 1974 (6): 234 ~ 243 (in Russian).

[19] Kim J Ch. *Study of geological samples for the provenancing of obsidian from the Paektusan source (North Korea/China)* [M]. Hanoi: IPPA 2009 Program and Abstracts, 2009: 82.

[20] Konovalov P B. *Xiongnu in Transbaikalia (Funerary Monuments)* [M]. Novosibirsk, 1976 (in Russian).

[21] Konovalov P B. On the collection of Xiongnu bronzes [J]. *Soviet Archaeology*, 1980 (4): 263 ~ 266 (in Russian).

[22] Kostov R I. *Chemical composition of nephrite Neolithic artifacts fromBulgaria in comparison to analyses from world deposits* [M]. Annals, University of Mining and Geology, 50, Part I, Geology and Geophysics, 2007: 55 ~ 60 (in Bulgarian).

[23] Kostov R I, Protochristov Ch, Stoyanov Ch, Csedreki L, Simon A, Szikszai Z, Uzonyi I, Gaydarska B, Chapman J. Micro-PIXE geochemical fingerprinting of nephrite neolithic artifacts from Southwest Bulgaria [J]. *Geoarchaeology: An International Journal*, 2012 (27): 1 ~ 13.

[24] Kumai H. Geological requirements for the Paleolithic site on the volcanic area [A]. *Proceedings of 2nd ASQUA Meeting "Advances in the Quaternary of Interior Asia"* [C]. Ulan-Ude, 2013: 38.

[25] Liu Li. The products of minds as well as of hands: production of prestige goods in the Neolithic and Early state periods of China [J]. *Asian Perspectives*, 2003 (42): 1 ~ 40.

[26] Lv Jun. *A study of jade objects of Hongshan culture* [M]. Jilin: Collection of Green Fruits. Collected Works for the Tenth Anniversary of the Archaeology Department of Jilin University, 1998: 44 ~ 83 (in Chinese).

[27] Mamonova N N, Sulerzhitsky L D. C14 dating experience for burials of Pribaikalye of Holocene [J]. *Soviet archaeology*, 1989 (1): 19 ~ 32 (in Russian).

[28] Naoe Y. *Procurement and distribution of obsidian in the Shirataki region (Hokkaido island, Japan)* [M]. Hanoi: IPPA 2009. Program and Abstracts, 2009: 83.

[29] Okladnikov A P. *Neolithic and Bronze age of Pribaikal'e* [M]. Materials and Investigations on Archaeology of USSR 18, Parts I and II. Academy of Sciences, USSR, 1950: 412 (in Russian).

[30] Okladnikov A P. *Neolithic and Bronze age of Pribaikal'e* [M]. Materials and Investigations on Archaeology of USSR 41, Part III. Academy of Sciences, USSR, 1955 (in Russian).

[31] Popov A N, Tabarev A V. *Obsidian in cross-cultural contacts in the northern Pacific during the Final Pleistocene e Early Holocene* [M]. Hanoi: IPPA 2009. Program and Abstracts, 2009: 83.

[32] Rudenko, S I. *Culture of Xiongnu and Kurgans of Noyon Uul* [M]. M.-L, 1962 (in Russian).

[33] Sekerin A P, Sekerina N V. *Nephrites and their distribution in Southern Siberia* [J]. Baikal Siberia in antiquity, Irkutsk, 2000 (2): 146 ~ 160 (in Russian).

[34] Suturin A N, Zamaletdinov R S. *Nephrites* [M]. Nauka Publ, Novosibirsk, 1984: 151 (in Russian).

[35] Sutyagina N A, Ivanov G L. *Nephrite artifacts in the collection from the Ballod's mound (According to materials from the Irkutsk regional museum)* [M]. Materials of the 3rd International Conference "Ancient Cultures of Mongolia and Baikal Siberia", Ulaanbaatar: NUM, 2012 (2): 441 ~ 447 (in Russian).

[36] Vetrov V M, Zadonin O V, Ineshin Ye M. *The multilayered site Nizhnyaya Dzhilinda (Sivakon)e I in Bambuika basin* [M]. Cultures and Sites of the Stone Age and Early Metal of Transbaikalia. Novosibirsk: Nauka, 1993: 98 ~ 113 (in Russian).

[37] Vetrov V M, Ineshin Ye M, Revenko A G, Sekerin A P. *Artifacts from the exotic kinds of raw materials on archaeological sites of the Vitim river valley* [M]. Baikal Siberia in Antiquity, Irkutsk, 2000 (2): 98 ~ 116 (in Russian).

[38] Yurgenson G A. *Jewelry and Precious Stones of Transbaikalia* [M]. Novosibirsk: Nauka, 2001: 390 (in Russian).

[39] Yurgenson G A, Moroz P V. *Comparative analyses of the chemical compositions of artifacts from the settlements Ust-Menza-2 and Studenoe-2 (Western Transbaikalia)* [M]. Materials of the 3rd International Conference "Ancient Cultures of Mongolia and Baikal Siberia", Ulaanbaatar: NUM, 2012 (1): 656 ~ 663 (in Russian).

[40] Zhang Z W, Gan F X, Cheng H S. *PIXE analysis of nephrite minerals from different deposits* [J]. Nuclear Instrumentals and Methods Physics Research B, 2011 (269): 460 ~ 465.

Chemical and Spectroscopic Study of Nephrite Artifacts from Transbaikalia, Russia: Geological Sources and Possible Transportation Routes

Natalia Tsydenova Mikhail V. Morozov Maria V. Rampilova Yevgeny A. Vasil'ev Olga P. Matveeva Prokopii B. Konovalov

Abstract: The first results of the complex studies of sources of the nephrite raw material that was used by ancient residents of the Baikal region (Russia) are discussed. Non-destructive chemical and physical spectroscopic methods (X-ray fluorescence spectrometry, Raman and photoluminescence spectroscopy) were used to determine the chemical and mineral composition and luminescence properties of nephrite aggregates. Possible regions and deposits of nephrite provenance for several Neolithic artifacts are estimated (Khara-Nurskiy massif,

Dzhidinsky district and Vitim River localities, Ospinskoye deposit). It was estimated that the ancient transportation routes of nephrite could be exceptionally long (up to several hundreds of kilometers).

Keywords: Transbaikalia; Nephrite artifacts; Nephrite raw material deposits; X-ray fluorescence spectrometry; Raman spectroscopy; Photoluminescence spectroscopy

蒙古国青铜时代考古学遗存的年代与人群的融合

З. 巴图赛罕[1] 著　特尔巴依尔[2] 译

（1. 蒙古国国立大学，乌兰巴托；2. 中国人民大学北方民族考古研究所，北京，100872）

内容摘要：近年来的考古发现证明了公元前3000年发生在中亚地区的人群迁移活动。第一批来自西方欧洲的重要人群迁移浪潮是阿凡纳谢沃文化。在公元前2000年之后，赫列克苏尔人创造了蒙古西部和中部的主要考古景观。在公元前2000年末出现了相反的人群流动，石板墓文化人群从蒙古南部向中部发展，并与赫列克苏尔文化融合。直到公元前1世纪末，随着匈奴的崛起，蒙古人种占据了蒙古草原。公元前3000年起，蒙古西部以欧洲人群为主，而中部和东部则处于蒙古人群统治之下。民族性和种族异质性是蒙古几千年来的基本特征，也是中亚游牧文化形成的基础。

关键词：蒙古国；青铜器时代；欧洲和蒙古人种；赫列克苏尔；石板墓

在蒙古国近30年来的研究工作中，确定了两种不同的青铜时期考古学文化，并且对他们的年代、渊源、族属等问题发表了不少文章，在推进上述问题的研究上起到了重要的作用。但凭借几篇论文还很难解答上述问题，以及分布在蒙古地区的所有赫列克苏尔类墓葬遗存的建造者是否为印度－伊朗（индоиранчууд）类人群，他们的分布区域、年代、蒙古地区青铜时代居民的经济文化、相互之间影响等诸多问题。另一方面，对方形石板墓文化，从哪儿来、何时产生，他们的年代及其在赫列克苏尔－鹿石文化的产生中扮演过什么角色，与北部、南部地区青铜时代考古学文化的关系等问题的研究还是很薄弱，仍等待着我们去解决。

从目前所掌握的某些研究资料看，公元前3000纪晚期印欧人种的某个类型已迁徙到了蒙古国西部地区，我们的考古学研究已经印证了这一点。20世纪70年代初在巴彦洪格尔省沙塔尔乔鲁（Шатар чулуу）、阿勒腾桑德勒（Алтан сандал）等地发掘了几座阿凡纳谢沃类型墓，墓主人的颅骨形态特征显示为欧罗巴类型，而且还发现了阿凡纳谢沃类型纹饰的陶片[1]。并且这些墓葬在葬俗的某些特征、葬式和方向等方面存在着一定的差异，这种差异反映他们不属于同一个族群，同时，从陶器的类型上也能看出这些差异。巴彦洪格尔省巴彦里格苏木地区祖赫的新石器时代遗址（公元前3000年晚期）出土两个相似的陶器，其中一个陶器表面饰有方形压印纹。这种纹饰的陶器也在哈萨克斯坦北部的别斯塔玛克（Бестамакийн）新石器时代遗址中也出土过，而周边地区未发现此类纹饰的陶器[2]。东欧地区的马里乌波尔文化中期（дунд мариупольскийн соёл）和斯塔郭夫斯基文化中期（среднестоговскийн）遗存中有这种纹饰的陶器，这与欧罗巴人从东欧迁徙时间和路线相吻合。

后杭盖省乔鲁特高勒（Чулуут гол）岩画与这属于同一个时期。该岩画的内容、雕刻手法等方面与分布在图瓦、南西伯利亚地区奥库涅夫文化时期的岩画相似[3]。也就是说，新石器时代蒙古国中西部地区生活着的人群与创造阿帆纳谢沃、奥库涅夫文化的人群从族属和文化方面相似。但没有足够的研究材料证明他们是如何与当地原住民之间进行经济文化方面交流和人群之间的融合。但从邻国俄罗斯阿尔泰[4]、叶尼塞[5]和南西伯利亚地区发现的新石器时代人骨标本进行体质人类学研究的结果显示，他们是欧罗巴与蒙古人种的混血类型[6]。无法否认分布在蒙古国西部地区的人群从体质人类学形态上与上述一直，而且这种情况到青铜时代也未改变。

公元前2000纪上半年末期欧亚草原上的人群开始活跃起来，考古学文化遗存的布局开始发生了改变，一种文化替代另一种文化，新文化产生之类的活动开始了。这种人群之间的关系和融合活动定型的结果使考古学文化的共性得以稳定下来。研究中可以证明赫列克苏尔是他们中的一员。赫列克苏尔一词是蒙古语的“克尔克孜”（киргис）与“胡尔”（хүүр，蒙语中意为“墓葬”）二词结合，意为柯尔克孜人的墓葬，但该遗存与柯尔克孜人没有任何关系。虽然赫列克苏尔遗存地表结构基本可分为圆形和方形两个类型，但有时带有很多附加建筑。它们大小不一，小的直径5～10米，大的100多米不等。还有赫列克苏尔和鹿石组成的大型祭祀遗址、无石围赫列克苏尔类墓葬及岩画等。从赫列克苏尔和鹿石的分布、演变角度看，最早兴起于蒙古西部、阿尔泰地区后扩散至图瓦、蒙古中、东部及外贝加尔地区[7]，不仅如此还往西至哈萨克东部、柯尔克孜等地区[8]。从我个人掌握的资料看，赫列克苏尔东部可到肯特、苏赫巴托尔省西北苏木地区、南界到前杭爱省博格达苏木、阿尔次博格达山东麓等，而且东界可能继续向东的趋势。听有些学者说东方省也有赫列克苏尔。遗存分布特点看虽然他们分布的比较密集，但最集中的区域为蒙古的西部、中部偏西地区。

虽然赫列克苏尔文化的浪潮影响了原住民的经济文化，但确切年代方面方学者们持有不同的意见。第一突厥、回鹘时期[9]；第二斯基泰时期[10]，这些学者里面格拉齐（Грач）认为赫列克苏尔属于青铜晚期的孟根泰格范围内，而库巴列夫认为那些祭祀遗址（赫列克苏尔遗存）是建造于青铜至斯基泰时期。还有沃尔克夫认为属于斯基泰时期，只有少数几个学者认为是属于哈拉苏克时期（公元前16～前8世纪），通过最近几年的研究，越来越多的学者支持这一观念[11]。还有纳王先生1960年在嘎楚尔特阿木发掘了几座赫列克苏尔后认为属于公元前1年，但没有指出明确的证据[12]。蒙古－法国联合考古队在艾格河流域（Эгийн гол）地区也发掘了赫列克苏尔的某些类型。其中发掘了一处赫列克苏尔遗存范围的两座直径约7～8米的石堆墓，墓葬中发现均有安葬的人骨。浩勒托斯特努根（Холтост нугын）（艾格河流域）7号墓出土头向西北，曲肢葬的肢骨、股骨、牙齿等骨骼保持原样，还随葬有马头骨。另一座墓中出土头向西，仰身直肢安葬的人骨。两座墓均以大型山石板围成方形或圆形石棺[13]。从7号墓的人骨中提取碳十四标本进行年代测定，结果为公元前14世纪，这年代基本在上述年代范围内［法国学者Ж. П. 吉斯卡尔（Жискар）提前提供了这一鉴定结果，详细研究结果即将要发表］。虽然上述浩勒托斯特努根两座墓在葬俗方面基本与赫列克苏尔一致，但墓葬建筑方面有那么一点区别，这可能是地域差别所致。年代在赫列克苏尔的年代范围内，除此之外它们共处在同一座赫列克苏尔遗存中。

根据对蒙古西部、图瓦地区发掘的青铜时代遗存（赫列克苏尔）中出土人骨进行体质人类学研究的结果看，他们是与蒙古人种混血的欧罗巴人种，并且青铜时代至斯基泰时期蒙古人种没有在中亚上述地区生活过[14]。西蒙古地区以及周边地区进行的这种古人群之间交流、融合等活动的研究工作做得比较细致，而中部和东部地区或者说赫列克苏尔分布的地区比较薄弱，因缺乏研究资料，为研究该地区的人群之间的交流或融合等问题带来了一定的难度。但是分布至蒙古东部地区赫列苏尔遗存的建造者不是单一欧罗巴人种的说法是有根据的而且从文化的演变可以解释这一点。生活在同一个经济文化带人群的迁徙最终造成考古学文化的演变。这一点可以在文化的融合（соёлын синтезээр）中显示，迁来者要么吞并本土文化，要么与当地文化融合[15]。在体质人类学的研究中我们可以一目了然地看到，这一文化融合进行的最为激烈的区域是蒙古西部、图瓦等地区，而中部和东部地区在文化演变的浪潮之中虽然改变了丧葬习俗但就人种而言未发生变化。最近几年在外贝加尔地区索斯诺夫斯基（Сосновский）、策比克塔罗夫（Цыбиктаров）等学者发掘的赫列克苏尔遗存中出土的人骨从体貌特征上具有蒙古人种特征[16]，如果在蒙古中部和东部地区进行相关研究的话可以弄清上述论证。正如那样，蒙古地区早已形成能够接收新文化的预兆，公元前2000纪上半年末期蒙古东北部地区已出现适应畜牧业经济的羊、马等家畜，不仅如此，从丧葬习俗的某些元素如随葬马、牛等动物头骨和四肢的习俗上可以看出，他们对信仰方面已经形成了统一的认识，这一认识对文化的共性与稳固起到作用是毋庸置疑的[17]。

根据目前的研究很难判定这一（蒙古地区的）文化延续了多长时间，但印度－伊朗类人群开始游牧的问题可以结合社会进步、历史活动来看。公元前2000纪中期印度－伊朗类人群开始有了双轮轻便车，这是他们向游牧经济转变的一个因素，此外，由于当地自然气候条件等原因，有些定居人群开始驯养家畜，随着家畜数量的增多，需要更大的草场以及随季节的变化逐水草而居，就这样他们开始了游牧经济。其中有一波人群的游牧方向为阿尔泰和蒙古西部地区。这种历史活动与考古学文化（赫列克苏尔与鹿石）之间有一定的关联。但最晚的年代在某些区域比较明显，怀疑这一年代与方形石板墓早期年代有关。方形石板墓分布于蒙古中部和东部地区的青铜时代主要考古学文化，西界可到扎布汗省。而且内蒙古、外贝加尔等地也有分布。不仅如此，也有消息称西藏地区也有分布，但西藏地区方形石板墓文化的资料至今未发表，值得记述的是学者们一直以来间接的方式引用。方形石板墓的研究始于 19 世纪末期，至今为止仍在做田野考古发掘与研究工作。据不完全统计，外贝加尔和蒙古地区至少发掘了 800 ~ 1000 座墓葬。但这些墓葬绝大多数已被盗，基本找不到能够判断其年代的遗物。对于方形石板墓文化的年代问题学者们持有的观点可分为两类：大多是学者认为他们的年代与斯基泰 - 塔加尔时期相当，同时有些墓葬的年代应该与青铜时代鼎盛期有关[18]。纳王、诺乌格尔罗多瓦等学者则认为一部分墓葬属于青铜时期初期，同时也接纳他们是早期铁器时代遗存的观点[19]。而沃尔克夫对这一遗存的年代持有自己的看法，他认为他们的年代早不过公元前 1000 年[20]。

在方形石板墓的年代问题上策毕克塔拉夫（Цыбиктаров）提出的年代比较明确，即喀拉苏克 - 早期斯基泰时代或公元前 13 ~ 前 6（YI）世纪相互参考，这一看法详细研究的因素明确，并且出土了能够重新讨论年代的新遗物。艾格河流域进行的考古研究中出土两件铜盔（дуулга），他们认为这两件铜盔的年代为公元前 10 ~ 前 9 世纪[21]，这一年代基本接近学者们所持的年代或接近西周初期[22]，这件遗物与辽宁建平县老南山南船子石砬山、内蒙古南山根、美丽河等地出土的铜盔非常相似。尤其是建平县老南山南船子石砬山出土的铜盔与艾格河出土的铜盔不仅外形上相似而且连重量和尺寸都一样。如：建平县老南山南船子石砬山出土的铜盔高 22 厘米，重 1.725 千克[23]，艾格河艾木根特浩术（эмгэнт хошуу）出土的铜盔高 22 厘米，重 1 千克，浩勒托斯特努 1 号墓（Холтост нугын）中出土的铜盔高 21.5 厘米，重 1.85 千克[24]。这类遗物早期和晚期的变体在山西、河北和上述地区都有发现。由此可见，应该有铸造铜器的中心，之后通过某种途径辗转到了邻近地区，或许与当时人群的迁徙和游牧等活动有关。我们所讨论的铜盔在夏家店上层文化的各个遗存中都有出土。除此之外，夏家店下层文化发现有铸造铜器作坊，有些铜器可能比商朝还要早[25]。同时公元前 2000 年末期长城以南河北至辽宁之间可能存在铸造青铜器的中心[26]，并且根据学者们所认为的上述区域为山戎（Уулын Жун）的领地（初步研究成果）。

山戎和周朝之间大多时候是敌对关系、经常相互侵扰、掠夺。尤其是西周初期（公元前 11 ~ 前 10 世纪）受到东北地区部落们的入侵[27]，影响了当时的中亚和东北亚史。上述战役中公元前 10 世纪的战役最为激烈，据汉文文献记载，他们在此次战役中从北方少数民族那里俘获了四只白狼、四只白鹿，震慑了他们威风和锐气[28]。专门为这次战役的获胜而铸造的“师同鼎”（公元前 10 ~ 前 9 世纪），鼎上铭文了记载着他们从戎那里还俘获了三十件铜盔[29]。从记载的这两类信息来看，山戎大败，损失惨重，尤其最崇拜的两种动物被人俘获，对他们的打击最为严重。或许这是他们更换领地迁徙别处的原因之一。这种迁徙活动在游牧民族历史上不止一次地上演过，并且这种活动对当时来讲是导致当地人群的融合、文化变迁的重要因素之一。由此，他们中间的一部分人群迁徙到了蒙古高原并为蒙古地区的方形石板墓文化的产生做出了不少的贡献。

研究方形石板墓文化的学者们当中也有与上述观点相似的想法。方形石板墓文化在某些方面与南西伯利亚喀拉苏克文化具有共性，并且认为是在一个或几个文化基础上形成的[30]。拉日切夫（Ларичев）详细分析中国东北地区古代文化后认为这区域的文化在墓葬建筑形制方面与方形石板墓文化具有相似性，而且方形石板墓文化来源于东北文化，跟他们的迁徙活动有关[31]。吉谢列夫（Киселев）也发表了相似的看法[32]。同时还记述了，外贝加尔地区的德瓦日次沃夫（дворцов）、夏家店文化与方形石板墓文化都有勺形坠饰（халбага маягийн зүүлт）、铜泡钉（олон товруут хүрэл товруу）、鸟形饰（шувууны дүрс）、三足鼎（гурван хөлт хүлс）、展臂人像（гараа алдлан зогсох хүмүүсийн дүрс）等相似性的遗物[33]。学者们研究得出的艾格河遗物资料上的观点还待有进一步确认和研究之处。之所以有这种看法，不仅在年代和历史活动不互相矛盾，而且方形石板墓文化的有些关键性问题可探索北方人群的来龙去脉的线索。学者们很早就观察到方形石板墓与赫列克苏尔文化共处在一个墓地，成为一套完整的古代文化遗存的现象，并着手进行了相关的研究。从赫列克苏尔、方形石板墓的共存情况看，虽然看不出任何规律，但一些方形石板墓有意识的建造在了赫列克苏尔的任意边，也有没有任何计划的围绕着赫列克苏尔建造的情况。我们讨论的这些情况主要分布在蒙古中部和外贝加尔地区。虽然分布如此广泛地区，占据区域明显的考古学遗存不能简单地以傲然共处来看待，理由不够充分。可以认为它们是正处于考古学遗存、丧葬习俗演变阶段或正处于接受方形石板墓文化的过渡阶段。同样，方形石板墓的墓室建筑材料中也使用了鹿石的情况，这是因为鹿石是早期遗存[34]或者说随意利用鹿石的原因，从人种的构成角度可以解释为他们之间没有任何关系。他们认为鹿石是属于喀拉苏克文化的后裔欧罗巴人种，而方形石板墓文化人群认为自己是蒙古人种等来解释[35]。

正如上述所说，分布在西蒙古地区的赫列克苏尔中出土印度 - 伊朗形态的颅骨，而没有说分布到蒙古东部地区的赫列克苏尔全部是印度 - 伊朗人群。从方形石板墓文化中重新利用鹿石的现象看，他们当中的大部分遗存可能为操阿尔泰语的人群的遗存。鹿石不仅在方形石板墓中被当作建筑材料来使用，还有把鹿石当做人来安葬的习俗（纳王口述，发掘中戈壁省的一座方形石板墓时发现鹿石当做人来安葬的情况），因此，鹿可以看做是祖先的崇拜（赫列克苏尔文化）、族群关系和族群意识的表现，同时，阿尔泰语系的蒙古、突厥等人群中也有鹿的崇拜，与之相关的还有很多习俗等都是从远古传承，所以单方面说初次制作鹿石的这一习惯是印度 - 伊朗类人群的行为是不够的。

根据出土的某些遗物和制作那些遗物的方式上可以看出，公元前10世纪稍晚期从南方兴起的游牧文化人群迁徙到了蒙古并积极参与了方形石板墓文化的形成。具体年代与多年研究外贝加尔东部地区方形石板墓文化的沃尔克夫和格力新总结提出的年代相符。他们初步认为分布在外贝加尔地区的方形石板墓是属于公元前1000纪初期的遗存，同时认为分布在外贝加尔地区的方形石板墓文化基本都与这一时期有关[36]。根据研究情况看，方形石板墓那么短时间内迅速扩展到了蒙古北部广大地区，最新的研究结果表明他们的年代下线基本为公元前3世纪[37]。这与中亚地区游牧族群的新活动的兴起和匈奴迁徙到蒙古地区建立统一国家有关系，而且文献记载他们统一了北部屈射（цюйшэ）、鬲昆（гянгунь）、荤粥（хуньюе）、丁零、薪犁（синьли）部族。而分布在外贝加尔某些区域的方形石板墓的情况一直存在到公元前100年[38]，他们离当时的历史变革远有关。匈奴帝国的兴起直接影响了对西蒙古持续了1000～1500年以欧罗巴人种为主的人种结构。例如：公元前300年的昌德曼文化的人群[39]在人种形态特征上是属于欧罗巴人种[40]。印度－伊朗类型人群迁入蒙古地区是以几个阶段来进行的，而这一问题需要更多研究，在此不再详细讨论。公元前3000年末期蒙古国西部生活着欧罗巴人种为特征的人群而中部和东部地区生活着蒙古人种为特征的人群。他们积极的相互交流和融合，为中亚的游牧文化的定性完成了重要的任务。

注 释

［1］ Волков В. В. Курганы афанасьевского типа в Монголии. АС. т. IX, УБ., 1980, с. 13-16［J］.

［2］ Логвин В. Н. О времени и путях сложения энеолита в степяКазахстана. Караганда, 1987, с., рис. 2, 1-22［J］.

［3］ Новгородова Э. А. Ранный этап этногенеза народов Монголии (конец III-I тысячелетие по н. э.). // Этнические проблемы истории Центральной Азии в древности. М., 1981. с. 208［C］.

［4］ Дремов В. А. Антропологические материалы из могильников Усть-Иша и Иткуль. (К вопросу о происхождении неолитичекого населения верхного приобья). // Палеоантропология Сибири. Новосибирск, 1980［J］.

［5］ Алексеев В. Н. Новые палеоантропологические находки энеолитического времени под Красноярском. СЭ. -1983［J］.

［6］ Герасимова М. М. Неолитические погребения у Долгого озеры (Канск) В. А. -1964. -Вып. 18［C］.

［7］ Худяков Ю. С. Херекуры и оленные камни. // Археология этнография и антропология Монголии. Новосибирск, 1987, с. 155［J］.

［8］ Адрианов А. В. К археологии Западного Алтая. ИАК. -Пг., 1916. Вып. 62. с. 49［C］.

［9］ Боровка Г. И. Археологическое обследование среднего течения р. Толы. Северная Монголия. -Л., 1927. Вып. 2, с. 68-69-75［C］. // Окладников А. П. Археологические исследования в Бурят-Монголии. // История и культура Бурятии. Улан-Удэ, 1976. с. 327［C］. // Хамзина Е. А. Археологические памятники Западного Зайбайкалья. Улан-Удэ, 1970, с. 82［M］.

[10] Грач А. Д. Новые данные о древней истории Тувы. Учен. Зап. ТНИИЯЛИ. Кызыл, 1971. Вып. 15. с. 96 [C]. // Манной-Оол. М. Х. Тува в скифское время М., 1970. с. 17-18 [M]. // Кызласов Л. Р. Древняя Тува. М., 1979. с. 47 [M]. // Кубарев В. Д. Древние изваяния Алтая. Оленние камни. Новосибирск, 1979. С. 37-38 [C].

[11] Худяков Ю. С. Херекуры и оленные камни. // Археология этнография и антропология Монголии. Новосибирск, 1987 [J]. // Коновалов П. Б. Хунну в Забайкалье (погребальные памятники) Улан-Удэ, 1976 [M]. // Данилов. С. В. Коновалов П. Б. Новые материалы о курганах керексурах Зайбайкалья и Монголии. // Памятники эпохи палеометал в Забайкалье. Улан-Удэ, 1988 [C]. // Новгородова Э. А. Ранный этап этногенеза народов Монголии (конец III-I тысячелетие по н. э.). // Этнические проблемы истории Центральной Азии в древности. М., 1981 [C]. //Новгородова Э. А. Древняя Монголия. М., 1989 [M].

[12] Наваан Д. Дорнод Монголын хүрлийн үе. УБ., 1975, с111-112 [M].

[13] Батсайхан З., Эрдэнэбаатар Д., Эрдэнэбат У. Монгол, Францын хамтарсан экспедицийн тайлан. УБ., 1994. ТХГБФ [C]. // Батсайхан З., Эрдэнэбаатар Д., Эрдэнэбат У., Амартүвшин Ч. Монгол, Францын хамтарсан экспедицийн тайлан. УБ., 1995. ТХГБФ [C].

[14] Алексеев В. Н., Гохман И. И., Түмэн Д. Краткий очерк палеантропологии Центральной Азии (каменный век эпоха раннего железа). Археология Этнография и антропология Монголии, Новосибирск, 1987, с. 231-232 [J].

[15] Кузьмина Е. Е. Происхождение индоиранцев в свете говейших археологических данных. // Этнические проблемы истории Ценьральной Азии в древности. М., 1981, с. 103, [C].

[16] Коновалов П. Б. Плиточные могилы и курганы-керексуры Монголии и Бурятии (проблемы синтеза протокультур). // Международный конгресс монголоведов (Улан-Батор, август 1992г) Доклады российской делегации, с. 115 [C].

[17] Батсайхан З. 1988-1989 онд Хэнтий, Өвөрхангай, Баянхонгор аймагт ажилласан ажлын тайлан. ТХГБФ [C].

[18] Сосновский Г. П. Древнейшие следы скотоводства в Прибайкалье. Известия ГАИМК, 1933. Вып. 100 [C]. //Диков Н. Н. Бронзовый век Забайкалья. Улан-Удэ, 1958 [M]. // Окладников А. П. Триподы за Байкалом. СА. 1959, ¹ 3 [J]. // Киселев С. В. Неолит и бронзовый век Китая. СА. 1960. ¹ 4 [J]. // Гришин Ю. С. Бронзовый и ранний железный века Восточного Забайкалья. М., 1975 [M].

[19] Наваан Д. Дорнод Монголын хүрлийн үе. УБ., 1975. т. 119 [M]. // Новгородова Э. А. Древняя Монголия. М., 1989. с. 254 [M].

[20] Волков В. В. Бронзовый и ранный железнный век Северной Монголии. УБ., 1967., с. 43 [M].

[21] Эрдэнэбаатар Д. Эгийн голд явуулсан археологийн судалгаа (хүрэл зэвсгийн үе). АС, т. XIY. УБ., 1994, т. 65 [J].

[22] Комиссаров С. А. Комплекс вооружения древнного Китая эпоха поздней бронзы. ИКВА. Новосибирск 1988, с. 79 [C]. // Варенов А. В. Бронзовые шлемы на границе чжоуского Китая и их “Кубанские” аналоги. ИКВА. Новосибирск, 1994 [C]. // Горелик М. В. Сакский доспех. Центральная Азия (новые памятники письменности и искусства). М., 1987, с. 124 [M].

[23] Варенов А. В. Бронзовые шлемы на границе чжоуского Китая и их “Кубанские” аналоги. ИКВА. Новосибирск, 1994, с. 90-91 [C].

[24] Эрдэнэбаатар Д. Эгийн голд явуулсан археологийн судалгаа (хүрэл зэвсгийн үе). АС, т. XIY. УБ., 1994. т. 61 [J]. //Эрдэнэбаатар Д. Хүрлийн үеийн шинэ олдворууд. АС. т. XY, УБ., 1995, т. 40 [J].

[25] Комиссаров С. А. Комплекс вооружения древнного Китая эпоха поздней бронзы. ИКВА. Новосибирск 1988, с. 86 [C].

[26] Jenny F. So & Emma C. Bunker. Traders and raiders on China’s Northern Frontier. Seattle & London, 1995, 37-38 [M].

[27] Jenny F. So & Emma C. Bunker. Traders and raiders on China’s Northern Frontier. Seattle & London, 1995, 46 [M].

[28] Бичурин Н. Я. Собрание сведений о народах обитавших в Средней Азий в древние времени. Т. 1. М. -Л., 1950, с. 41 [M].

[29] Ли Сюэцинь. Предварительное изучение “Ши Тун дин” Вэньу. 1983, с. 58 [J].

[30] Волков В. В. Бронзовый и ранный железнный век Северной Монголии. УБ., 1967, с. 43-44[M].

[31] Ларичев В. Е. О происхождениkии культуры политочных могил Забайкалья. Археологический сборник. Улан-Удэ, 1959 [C].

[32] Киселев С. В. Монголия в древностии. Изв. АН. СССР. Сер. Истории и филос. 1947.

[33] Кириллов И. И. Восточные Забайкалье в древности и средневековые. Учеб. пособие. Иркутск. 1978, с. 50-52 [M]. //Комиссаров С. А. Комплекс вооружения древнного Китая эпоха поздней бронзы. ИКВА. Новосибирск 1988, с. 87 [M].

[34] Коновалов П. Б. Плиточные могилы и курганы-керексуры Монголии и Бурятии (проблемы синтеза протокультур). // Международный конгресс монголоведов (Улан-Батор, август 1992г) Доклады российской делегации. с. 116 [C].

[35] Новгородова Э. А. Древняя Монголия. М., 1989. с. 241 [M].

[36] Гришин Ю. С. Бронзовый и ранний железный века Восточного Забайкалья. М., 1975, с. 63-64 [M].

[37] Монгол, Солонгос улсын хамтарсан эрдэм шижнилгээ. Сөүл. 1993, т. 48 [R].

[38] Коновалов П. Б. Хунну в Забайкалье (погребальные памятники) Улан-Удэ, 1976, с. 180 [M].

[39] Цэвээндорж Д. Чандманьская культура. // Археология и этнография Монголии. Новосибирск, 1978 [J].

[40] Мамонова. Н. Н. Антропологический тип древнего населения Западной Монголии по данным палеоантропологии. Сборник МАЭ. Вып. XXXYI. Л., 1980 [C].

Chronology and Ethnic Dynamics of the Bronze Age of Mongolia

Z. Batsaikhan

Abstract: It is archaeologically documented significant ethno-demographic movement occurred from the 3rd millennium BCE in Central Asia. The important demographic waves of first europeoid population from the west was the Afanasievo culture. It was followed in the 2nd millennium by the khirgisuur population forming the major archaeological landscape of West and Central Mongolia. At the end of 2nd millennium population movement in the opposite direction was occurred and Slab grave population from the South Mongolia advanced up to Central Mongolia and integrated with the khirgisuur culture. It is only in the end of 1st millennium BCE with the rise of Xiongnu, the mongoloid populations dominating Mongol Steppes.

From the 3rd millennium BCE the Western part of Mongolia was dominated by europeoid populations, but Central and Eastern parts were under the mongoloid populations. Ethic and racial heterogeneity were the basic feature of Mongolia during those millennia and essential to the formation of nomadic cultures of Central Asian type.

Keywords: Mongolia; Bronze Age; europeoid and mongoloid populations; khirgisuur; slab grave

米努辛斯克盆地古金属时代的年代学研究*

A. B. 波梁科夫[1]　И. П. 拉扎列托夫[2]著　孙　危[3]译

（1、2. 俄罗斯科学院物质文化研究所中央亚细亚与高加索考古分所，圣彼得堡；
3. 郑州大学历史学院，郑州，450001）

内容摘要： 本文是研究米努辛斯克盆地（即俄罗斯联邦的哈卡斯共和国和克拉斯诺亚尔边疆区的南部）青铜时代年代学的论文。该地区的年代框架，是由C. A. 杰普楼霍夫和M. П. 格里亚兹诺夫所建立的。本文对一些考古学文化时期的相对年代和绝对年代的概念进行了介绍，进而得出了两者之间的相互关系，此外还对奥库涅夫文化和青铜时代文化阶段的划分予以了特别的关注。在本文中还列举了对一些相关的考古遗迹进行放射性碳元素测年的结果。

关键词： 中央亚细亚；南西伯利亚；米努辛斯克盆地；青铜时代；阿凡纳羡沃文化；奥库涅夫文化；费多洛夫文化；青铜时代晚期；年代学；放射性碳元素测年

米努辛斯克盆地对于俄罗斯考古学而言，可谓具有完全特别且标志性的地位。20世纪初，在该地区所获考古发掘材料的基础上，C. A. 杰普楼霍夫对该地区自铜石并用时代至蒙古时代的考古遗迹进行了分期（杰普楼霍夫，1927）。正是这项卓越的成果奠定了现代科学知识的基础。自杰普楼霍夫的分期成果问世后，米努辛斯克盆地考古学文化发展的序列马上就成为整个西伯利亚地区考古学文化分期的支点。杰氏将米努辛斯克盆地青铜时代的考古学文化划分为三个前后相继的文化：阿凡纳羡沃文化、安德罗诺沃文化和卡拉苏克文化（表一）。在随后学术界对该地区考古学文化进行研究的漫长历程中，又出现了一批具有关键作用的总结性成果。在这些成果中，尤其值得一提的是C. B. 吉谢列夫的专著，在该书中他极大地扩展了杰普楼霍夫所划分的考古学文化概念（吉谢列夫，1951）。

---

*　本文为俄罗斯国家科学院基础科学研究课题的成果，课题编号：0184-2018-0009，课题名称：古金属时代欧亚大陆北部文化与东方文明之间的互动（公元前4～前1千年）。原文载于《20世纪之交彼得堡考古学家的论著中的人类往昔——俄罗斯考古科学院创建100周年纪念论文集》，圣彼得堡，彼得堡东方学出版社，2019年。

表一　叶尼塞河中游地区铜石并用时代和青铜时代文化相对年代表

杰普楼霍夫在20世纪20年代提出的观点	格里亚兹诺夫在20世纪70年代提出的观点	2000年以后的最新分期成果
米努辛斯克冢墓文化的第一阶段	塔加尔文化的巴伊诺沃期、波德戈尔诺沃期	塔加尔文化的波德戈尔诺沃期
卡拉苏克文化	卡拉苏克文化的经典（卡拉苏克）期和石峡期	青铜时代晚期，共分为四个阶段，其中第一和第四阶段可细分为早晚两期，第三阶段可分为早中晚三期
安德罗诺沃文化	安德罗诺沃文化的费多洛夫阶段和奥库涅夫文化	安德罗诺沃文化（费多洛夫文化）和奥库涅夫文化（乌伊巴特期、切尔诺夫期和拉兹里夫期？）
阿凡纳羡沃文化	阿凡纳羡沃文化	阿凡纳羡沃文化
新石器时代	新石器时代	新石器时代

自20世纪50年代末开始，苏联科学院考古研究所列宁格勒分所（今俄罗斯科学院物质文化史研究所）在米努辛斯克盆地的考古学研究中发挥着特殊的作用。由于克拉斯诺亚尔水电站的建设，即水电站建成后，要淹没很大的一片区域，因而大批珍贵的考古遗迹就要葬身水下，为此，俄罗斯科学院物质文化史研究所专门组建了以M. П. 格里亚兹诺夫为首的克拉斯诺亚尔考古调查队。这支队伍在很短的时间里进行了大量的考古发掘工作，并获得了关于米努辛斯克盆地各个时期的考古材料（格里亚兹诺夫等，2010，附录二，表一）。这项最重要的分期成果为Э. Б. 瓦杰茨卡娅的鸿篇巨著奠定了基础，瓦氏的这部著作详细地介绍了米努辛斯克盆地历史上的所有重要时期（瓦杰茨卡娅，1986）。

及至20世纪90年代，对米努辛斯克盆地的考古遗迹的研究迈入了一个新阶段。彼时有很多重要的考古发现，它们改变了我们对该地区青铜时代文化发展的固有观念，进而能对该地区青铜时代的考古学文化发展序列展开更为深入的研究。而在放射性碳元素测年结果的基础上，形成了关于米努辛斯克盆地青铜时代绝对年代的最新认识。但遗憾的是，这些最新的研究成果绝大部分刊载于单独的出版物上，并未能形成一个总的年代序列图，而这样的一个序列图，对于我们弄清叶尼塞河中游地区青铜时代发展的全貌无疑是极为重要的。

就米努辛斯克盆地发现的考古遗迹而言，能拿出其绝对年代表可谓困难重重。因为在确定该地区青铜时代众多遗迹的年代时，长期以来没有任何的客观证据，所以学界在这方面的研究只能是依据与那些距离非常遥远的地区发现的同类遗存进行类比来确定，这样绝对年代表就无法制作得很精准。而利用自然科学方法，如放射性碳元素测年法，由于测年结果误差较大而导致考古学家们争议不断。但这种方法在校正方面有了非常大的改进，并出现了加速分光仪（AMS），这样就能把绝对年代的误差控制在一个很小的范围内。近10年获得的测年结果能使我们对叶尼塞河中游地区发现的那些时代非常古老的遗迹的绝对年代范围把握得更为准确（斯瓦亚科等，2009；波梁科夫、斯维亚特科，2009；波梁科夫，2010、2017）（表二）。

用放射性碳元素测年法所得的年代并非是该词的本意，该方法的基础是建立在几种假设上的，这些假设甚至都无法获得与那些现实的历史事件相符的精确年代。这些年代仅在其自身的坐标系统中发挥作用。当然，用这种方法所获得的测年结果会逐渐与现实的历史年代接近，而对误差的校正，是此方法在发展方向上的很重要的一步。不过在可预见到的未来，这两种年代绝不可能会混为一谈。放射性碳元素测年法的基本任务是创建用该方法得出的年代的唯一空间，且此空间能使我们弄清各考古学文化、遗迹甚至是单独的建筑物、文化层的相对年代序列。我们通过此方法获得的绝对年代就其本质而言，当属派生性质的。同时这也仅仅是资料的一个来源，即学者们在确定历史年代时用其作为参考。不过对于米努辛斯克盆地的阿凡纳羡沃文化、奥库涅夫文化和安德罗诺沃文化（费多洛夫文化）而言，此年代数据乃是这些文化的唯一时代信息。据此，暂时我们可将放射性碳元素测年的结果作为绝对年代。

表二　米努辛斯克盆地青铜时代墓葬的放射性碳元素测年结果

青铜时代晚期（共有 77 个测年数据）	
安德罗诺沃（费多洛夫）文化（共有 24 个测年数据）	
奥库涅夫文化（共有 60 个测年数据）	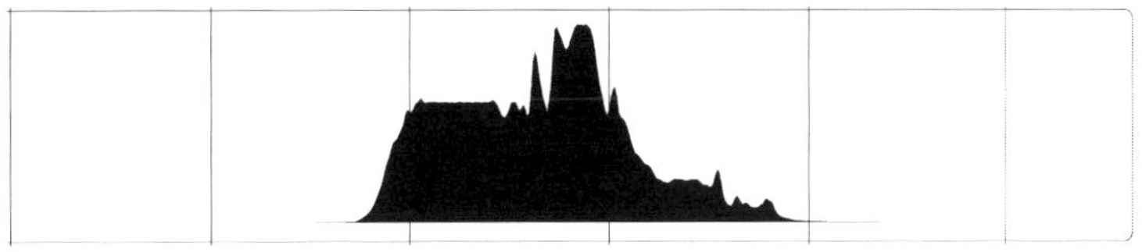
阿凡纳羡沃文化（共有 40 个测年数据）	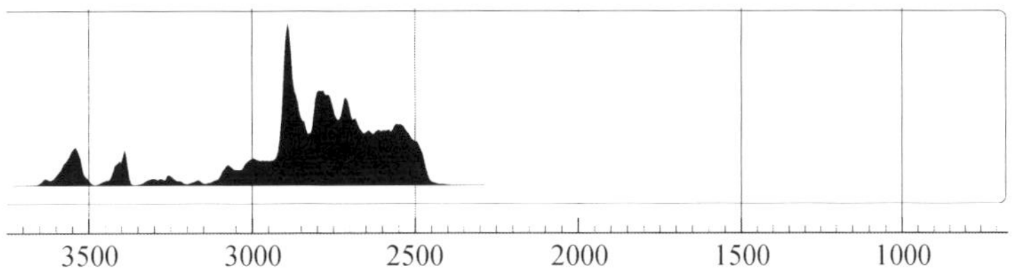

根据绝大多数学者的观点，阿凡纳羡沃文化是在萨彦岭 - 阿尔泰地区形成的，该文化是欧罗巴居民迁徙的结果（斯杰潘诺娃、波梁科夫，2010）。而最新的人类学和古遗传学资料也印证了考古学家们提出的假设：阿凡纳羡沃文化的创造者来自于遥远的西

方，并和小窝纹文化具有非常密切的联系（霍和洛夫等，2016；拉斯姆森等，2015；霍拉德等，2018）。也正是与阿凡纳羡沃文化之间的联系，在叶尼塞河中游地区出现了冶金业、畜牧业和修建冢墓的传统。但遗憾的是，时至今日，在米努辛斯克盆地并未发现新石器时代的墓葬遗迹，而已发现的数量不多的遗存还不足以反映出更早时期生活在该地区的人们的全貌（瓦杰茨卡娅，1986，第 11 ~ 14 页）。因此，关于阿凡纳羡沃文化创造者与当地原住居民之间的相互关系问题仍属一个未解之谜。仅仅能注意到的是，从现有的人类学和遗传学材料来看，在阿凡纳羡沃文化的居民中未发现任何当地原住居民融入其中的特征。

在很长的一段时间里，阿凡纳羡沃文化的放射性碳元素测年结果与使用传统考古学方法所得的结果相左。在综合了阿凡纳羡沃文化的放射性碳元素测年数据的基础上，可以确定该文化在戈尔诺 - 阿尔泰地区的存在时间为公元前 3800 ~ 前 2500 年，在叶尼塞河中游地区的存在时间为公元前 3300 ~ 前 2500 年（波梁科夫、斯维亚特克，2009；波梁科夫，2010）。不过目前已非常明确的是，阿凡纳羡沃文化所存在的 1400 ~ 1500 年并非与考古材料完全相符（斯杰潘诺娃，2009；瓦杰茨卡娅等，2014）。这段漫长的时期不可避免的应分为几个阶段，以反映其所有文化因素的发展变化。而首当其冲的则是葬仪和随葬品的类型，不过在对阿凡纳羡沃文化的 90 年研究历程中，并未对其发展史进行过描述或介绍。

对阿尔泰地区采集的阿凡纳羡沃文化遗物标本所做的最新放射性碳元素测年结果表明，先前用液体闪烁法（LSC）对树木标本所做的测年数据要更早一些，即要早 250 ~ 800 年（波梁科夫等，2017；波利亚科夫等，2018）。这样我们就能推测，对叶尼塞河中游地区的马林诺夫墓地所做的测年结果比实际上的年代要更早一些（测年结果是公元前 3700 ~ 前 3400 年），当然也包括了用液体闪烁法对树木标本所做的测年结果，这样就不能正确地体现出阿凡纳羡沃文化遗迹的真实年代。如果再考虑到用加速光谱测定法（AMS）对人骨所做的测年结果有例外情况的话，就会得出阿凡纳羡沃文化的延续时间其实要更短一些，即公元前 2900 ~ 前 2500 年。就叶尼塞河中游地区而言，目前尚未发现对人骨所做的测年结果偏早的证据（斯瓦亚科等，2017）。这样看来，阿凡纳羡沃文化的年代范围有非常明显的变短趋势，这样也就消除了原先的放射性碳元素测年结果与用传统的考古学方法所获取的材料得出的年代之间非常尖锐的矛盾。该文化延续的时间其实不超过 500 年，这就既与墓葬材料，也与考古学家们的研究成果都相符。

近年来在对叶尼塞河中游地区阿凡纳羡沃文化的相对年代范围研究中，出现了一个突破。И. П. 拉扎列托夫就弄清这一时期该地区墓葬的发展提出了一个新的方法（拉扎列托夫，2017），按照他的观点，要对陶器的形状和纹饰发展进行更加细致的研究。叶尼塞河中游地区发现的早期阿凡纳羡沃文化陶器与阿尔泰地区发现的阿凡纳羡沃文化陶器之间具有极大的相似性，而叶尼塞河中游地区发现的晚期阿凡纳羡沃文化陶器则受到了奥库涅夫文化的影响（图一）。此假设目前尚未有非常确凿的证据，因而要求我们继续寻求证据，但就目前所得的、不太系统的证据而言，可以证实拉扎列托夫的观点是正确的，至少是值得注意的。例如，最新的放射性碳元素测年结果已证实此假设的正确性，即阿尔泰地区发现的阿凡纳羡沃文化早期遗迹的年代还要更早一些（波利亚科夫等，2018）。如果此假设以后被证实准确无误的话，那么不仅对于叶尼塞河中游地区早期青铜时代的相关研究是一个突破，对于整个中央亚细亚地区同时期的相关研究也是如此。

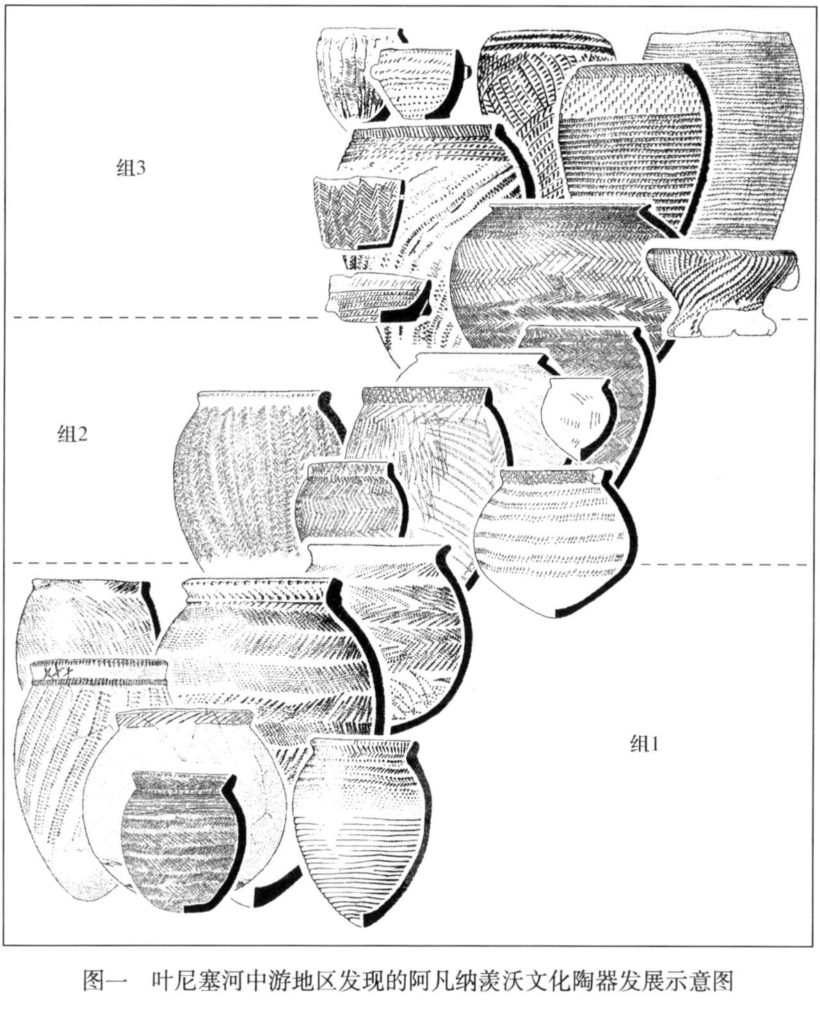

图一　叶尼塞河中游地区发现的阿凡纳羡沃文化陶器发展示意图

20世纪60年代中期，Г. А. 马克西梅科夫经过研究后认为，奥库涅夫文化是米努辛斯克盆地替代阿凡纳羡沃文化的考古学文化（马克西梅科夫，1965、1975）。而奥库涅夫文化同样也是在规模宏大的迁徙活动中发展起来的，这些移民来自于西方。这种变化更替可以从墓葬和随葬品中体现出的所有特点看出来，此外人类学方面的特点也能诠释这种变化（达姆高等，2018）。因为经过研究后可以发现，晚期小窝纹文化的遗迹和地下墓穴，无论是在随葬品（带有隔断的香炉），还是墓葬结构均具有相似性。而放射性碳元素测年的结果则能使我们将奥库涅夫文化遗迹的绝对年代确定为公元前 2600（或 2500）年至公元前 1800 年之间（斯瓦亚科等，2009；波梁科夫、斯维亚特克，2009；波梁科夫，2017）。将阿凡纳羡沃文化和奥库涅夫文化的年代范围进行对比后可以表明，这两种文化相互重合的年代在一个世纪左右，而这不能作为二者延续时间较长的证据。

近 10 年间，对奥库涅夫文化的分期研究已取得了很大的成果。在乌伊巴特河流域所获得的墓葬发掘材料的基础上，И. П. 拉扎列托夫在奥库涅夫文化中划分出了一个乌伊巴特阶段，此阶段的墓葬类型和随葬品均有非常鲜明的时代特征（拉扎列托夫，1997）。而相对年代最晚的切尔诺夫阶段的知名度最高，原因是对切尔诺夫 8 号遗迹进行过非常细致的研究（马克西梅科夫，1980）。将奥库涅夫文化分为乌伊巴特和切尔诺夫这两个前后相袭的阶段目前已得到了所有关注此问题的考古学家的支持（图二、图三）。

稍晚一些，Д. Г. 萨维诺夫首先根据艺术风格的发展，用拉兹里夫阶段（晚期阶段）来对奥库涅夫文化的分期进行了补充（萨维诺夫，2005）。而放射性碳元素测年法对这几个阶段的测年数据分别是：乌伊巴特阶段（公元前 2600 ~ 前 2300 年）、切尔诺夫阶段（公元前 2200 ~ 前 2000 年）、拉兹里夫阶段（公元前 1900 年初期至公元前 1800 年）（波梁科夫，2017）（表三）。

表三　用放射性碳元素测年法对叶尼塞河中游地区发现的奥库涅夫文化各阶段遗物所做的测年结果对比表

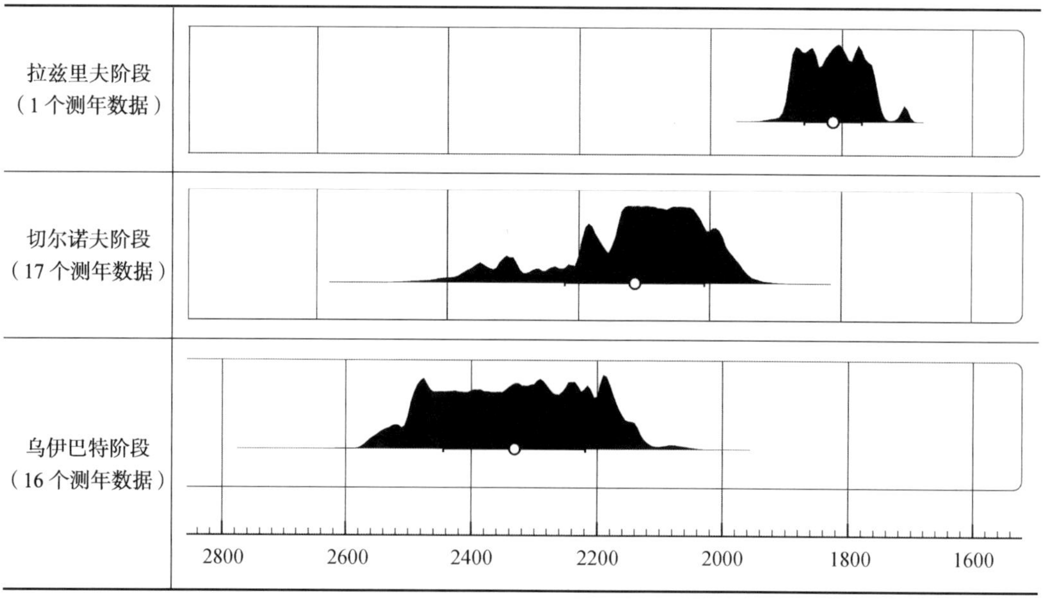

对奥库涅夫文化遗迹相对年代的研究工作仍在继续进行中。在笔者新近发表的一篇文章中，提到了在哈卡斯共和国的波格拉德地区的红石墓地的 M1 中出土的材料，我们根据这些材料提出了列比亚日阶段，此阶段介于乌伊巴特和切尔诺夫这两个阶段之间

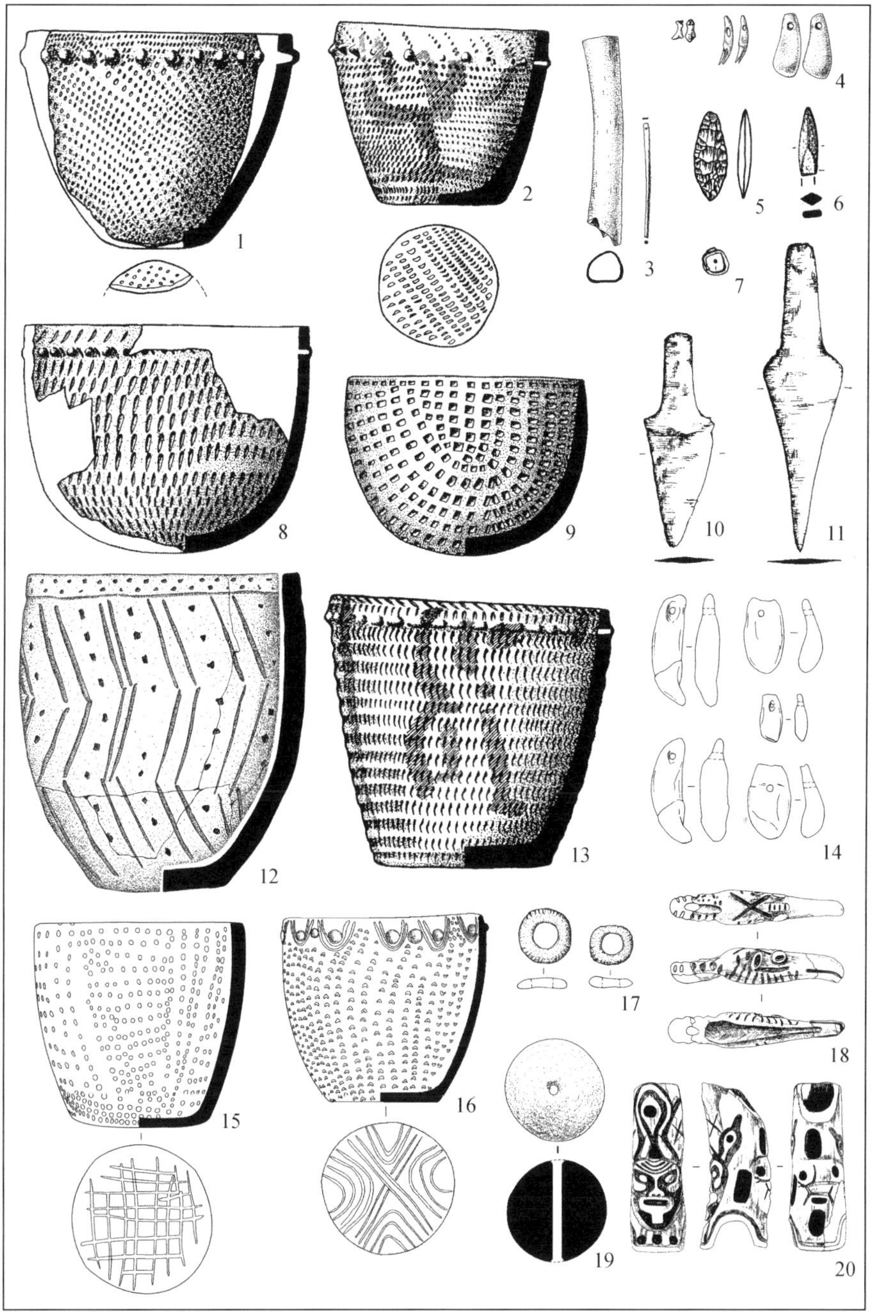

图二　叶尼塞河中游地区发现的奥库涅夫文化乌伊巴特阶段墓葬中出土的遗物
［根据拉扎列托夫（1997）、波梁科夫、叶辛（2015）的相关研究成果］
乌伊巴特5号墓地：1、7出自于M1的3号墓穴中；2出自于M1的6号墓穴中；3出自于M1的7号墓穴中；
5、6、8出自于M1的5号墓穴中
乌伊巴特3号墓地：9出自于M1的7号墓穴中；4、10、11出自于M1的1号墓穴中；13出自于M1的4号墓穴中
伊特科里2号墓地：12、14、17出自于M12的3号墓穴中；15、18～20出自于M14的4号墓穴中；
16出自于M14的8号墓穴中

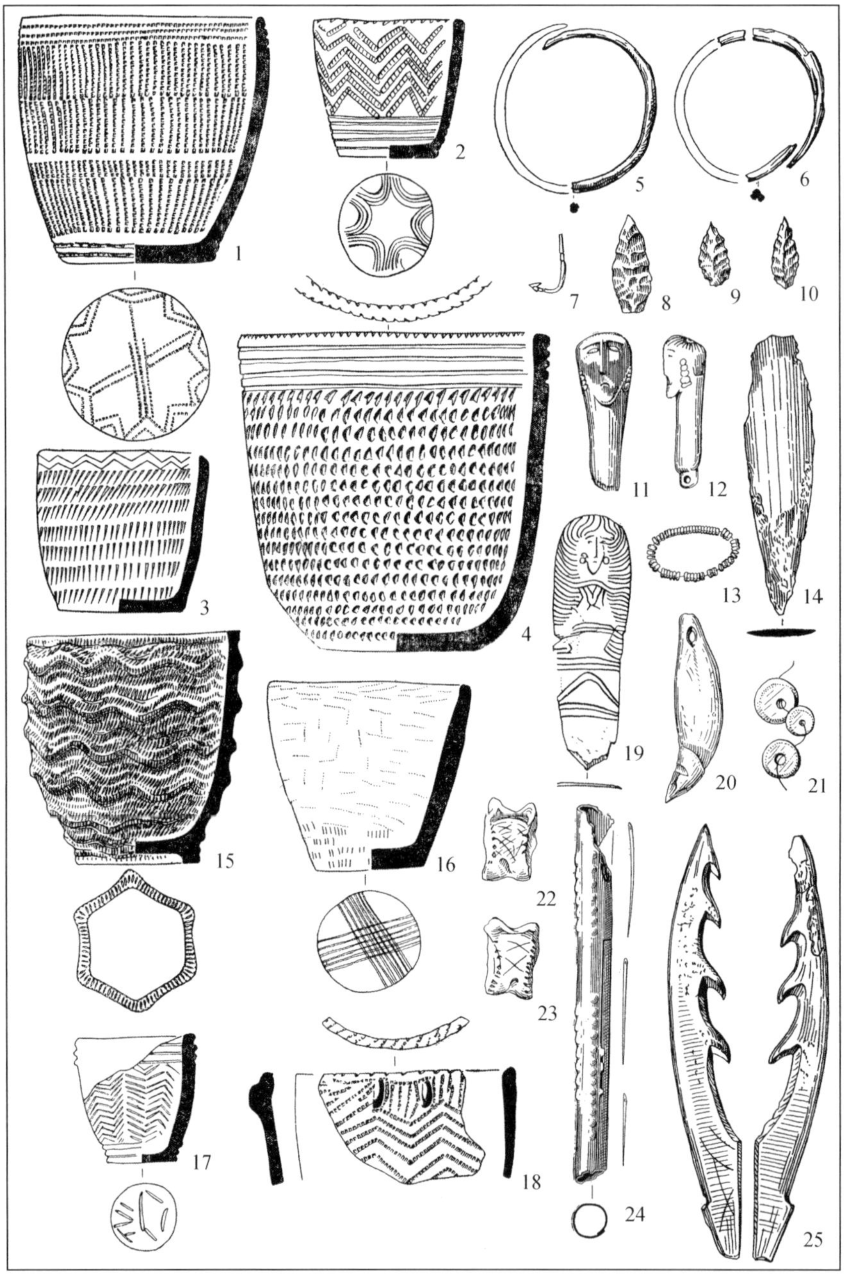

图三　叶尼塞河中游地区发现的奥库涅夫文化切尔诺夫阶段墓葬中出土的遗物
［根据马克西梅科夫（1980）的相关研究成果］

切尔诺夫 8 号墓地：1 出自于 M2 的 2 号墓穴中；2 出自于 M3 的 15 号墓穴中；3 出自于 M8 的 11 号墓穴中；4 出自于 M14 的 3 号墓穴中；5 出自于 M12 的 1 号墓穴中；6 出自于 M10 的 2 号墓穴中；7 出自于 M3 的 4 号墓穴中；8 出自于 M1 的 4 号墓穴中；9、10 出自于 M4 的 7 号墓穴中；11 出自于 M10 的 5 号墓穴中；12、19 出自于 M9 的 7 号墓穴中；13 出自于 M4 的 2 号墓穴中；14 出自于 M11 的 6 号墓穴中；15、18 出自于 M6；16 出自于 M9 的 4 号墓穴中；17 出自于 M8；20 出自于 M4 的 1 号墓穴中；21 出自于 M8 的 13 号墓穴中；22、23 出自于 M11 的 8 号墓穴中；24 出自于 M1 的 6 号墓穴中；25 出自于 M4 的 5 号墓穴中

（拉扎列托夫、波梁科夫，2018）。列比亚日阶段具有大量的过渡性和混合性特征，对这一时期遗物所做的放射性碳元素测年结果是公元前 2300 ~ 前 2200 年初期。

新的费多洛夫文化居民自西北方向沿着森林草原走廊来到了米努辛斯克盆地（马克西梅科夫，1978）。他们与葬仪、其他物质文化的出现具有联系（图四）。费多洛夫文化居民留下的遗迹在叶尼塞河与阿巴坎河的交汇处以南并不为人所熟知。可能在米努辛斯克盆地南部奥库涅夫文化的传统保持了相当长的时间，而这两种文化进行接触的痕迹直到晚期青铜时代之初（卡拉苏克时代）才能确定下来（瓦杰茨卡娅，1986，第 41、42 页；拉扎列托夫，2001，第 104 页；萨维诺夫，2002，第 24 页）。奥库涅夫文化与费多洛夫文化互动的特点目前研究得还很少，学者们注意到这两种文化的陶器器形和装饰纹样均有相似之处，不过二者之间具有联系的直接证据暂时还无法确定（瓦杰茨卡娅，1986，第 46 页）。而对于在米努辛斯克盆地发现的安德罗诺沃文化（费多洛夫文化）遗迹的放射性碳元素测年结果，很长一段时间都是极为矛盾的。但最新的、在柏林和贝尔法斯特两地的实验室所获得的数据表明，存在着一定的年代间隔，即公元前 1700 ~ 前 1500 年（波梁科夫、斯维亚特科，2009）。

晚期青铜时代的米努辛斯克盆地经历了最为复杂的历史文化进程，这一时期传统上认为，由卡拉苏克文化实现了整合统一。而最新的、建立在对大量墓葬材料进行研究的基础上，已能使我们将晚期青铜时代分为四个时期，即八个小的阶段（拉扎列托夫、波梁科夫，2008）。而目前所获得的成果并未提供相应的证据来证实晚期青铜时代的米努辛斯克盆地处在一个统一的文化控制之下。这一时期产生了各种各样的文化和迁徙动因，因而不少考古遗迹的面貌常常会发生很大的变化。

就米努辛斯克盆地而言，在其晚期青铜时代遗迹形成的过程中，可分为两大部分。其中北部地区（纳扎罗沃盆地、丘雷姆 - 叶尼塞盆地和希达 - 叶尔宾盆地）的居民留下的是费多洛夫文化的遗迹；而南部地区，即现代的阿巴坎市辖境可能在这一时期保留下来的是奥库涅夫文化先民创造的文化遗迹。目前在米努辛斯克盆地发现的时代最早的晚期青铜时代文化遗迹仅见于这里的中央部分（丘雷姆 - 叶尼塞盆地和希达 - 叶尔宾盆地）。

绝大多数学者认为，卡拉苏克文化是在当地的安德罗诺沃文化（费多洛夫文化）的基础上形成的（齐耶普等，1966；科马洛娃，1975，第 92 ~ 94 页；马克西梅科夫，1978，第 110 ~ 121 页）。不过晚期青铜时代的最早阶段文化（1a 层）显示，卡拉苏克文化与当地的费多洛夫文化之间缺乏直接的继承因素（波梁科夫，2009）。而那些类似的细节均具有阶段性的特点，因而我们可在安德罗诺沃底文化的大背景下来进行研究，在同等程度下表现为两种类型居民。在葬仪方面那些最鲜明的特点有陶器、青铜器、死者的头向和葬式。此外还出现了全新且很罕见的一种传统，即在墓葬中放置一块肉，作为随葬的食物。并且所有这些特点都集于一身，形成了一套非常完整的、复杂的葬仪，这和当地的费多洛夫文化葬仪具有非常显著的差异性。

叶尼塞河中游地区晚期青铜时代复杂化的结果是出现了完整的新事物谱，新事物与

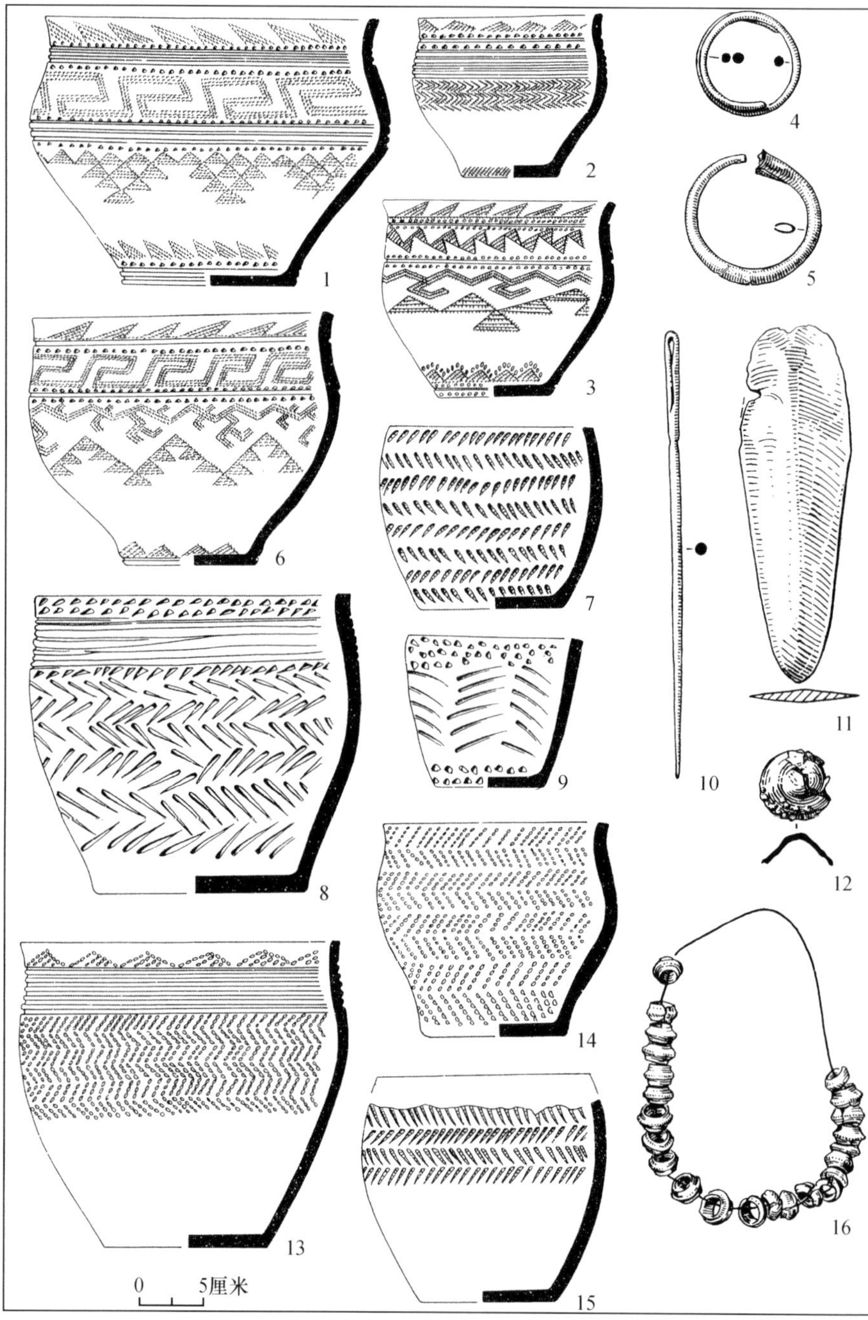

图四 叶尼塞河中游地区费多洛夫（安德罗诺沃）文化墓葬中出土的遗物

［根据马克西梅科夫（1978）的相关研究成果］

干湖1号墓地：1出自于M1；2出自于M440的2号墓穴中；3、7出自于M442的2号墓穴中；4、5出自于M617；6出自于M442的4号墓穴中；8出自于M26；9出自于M442的5号墓穴中；13出自于M440的1号墓穴中；14出自于M442的3号墓穴中；15出自于M662的2号墓穴中

干湖1a号墓地：12出自于И号冢墓

码头1号墓地：10、16出自于7号围墙中的4号墓穴；11出自于5号围墙中

安德罗诺沃文化的斋戒世界具有联系，但又不是当地费多洛夫文化的直接源头（图五）。大概这些新事物是由来自于西方即现代哈萨克斯坦境内的新居民带来的。在移民的首个阶段，这些新居民仅仅占据了米努辛斯克盆地的中央部分，且有部分人还被当地的居民所同化。而绝大部分新居民则被当地的费多洛夫文化居民向北驱赶，来到了纳扎罗沃盆地。这之后形成了一种混合的现象，即在同一座墓葬中，既有卡拉苏克文化葬仪的特征，也有费多洛夫文化葬仪的特点。这种混合现象出现在纳扎罗沃盆地和丘雷姆－叶尼塞盆地之间的交界地带上（波梁科夫，2008）。

下一层（16层）的特点是体现了该文化内部发展的过程：葬仪的统一化和标准化、陶器和青铜器均有固定的形制。此外罕见的因素和形制也逐渐减少，如停止使用平底器。而在陶器上，装饰纹样的数量也越来越少。就16层的考古发现而言，还有一个非常重要的特征是开始向南即米努辛斯克盆地积极地进行扩张。此现象是在对阿巴坎城以南的一系列完整的墓地进行研究后得出的结论，这些墓地的时代属16期较晚的阶段（特尔特－阿巴墓地、萨毕尼卡2号墓地、奥库涅夫－乌鲁斯墓地）。这些墓地中时代最早的墓葬与同时期位置更为偏北的那些墓葬并没有什么区别，因此前者大概是当时向南进行迁徙的移民所留下的遗迹。

正是这场向南的迁徙活动导致了随后，即晚期青铜时代第二阶段文化的形成（图六）。这一阶段的特点是，出现了大量的全新文化因素，且这些因素在偏南的区域表现得很强势，但在偏北的区域却几乎看不到。很可能向南扩张的结果是产生了很多新的联系，这些联系具体表现为随葬品的形制发生了改变（陶器、妇女所穿的丧服、青铜刀），以及墓葬结构和葬仪。还值得注意的一个变化是青铜铸造传统。正是随着第二阶段的到来，对锡青铜的使用逐渐让位于砷铜（哈弗林，2010）。

就此阶段而言，墓葬中出土的一些遗物可谓具有特殊的意义。首先是青铜刀，这种刀与中国北方地区发现的殷商时期的青铜刀基本相同（瓦廖诺夫，1981、1988、2005、2017；钟苏克白，2000）。作为例证，还可以举出一种整体铸造而成的刀，其上带有三个纽。这种类型的刀（共有4件）仅见于米努辛斯克盆地晚期青铜时代第二阶段的墓葬中。它们其实可被看成是一组，出现在中国的时间大约是公元前12世纪（瓦廖诺夫，2017）。这是个极为重要的现象，首先可以证实的是，当时米努辛斯克盆地与南方地区产生的联系；其次，可将放射性碳元素测年的结果与文献材料进行对照。

在晚期青铜时代的第二阶段，能看到更为明显的区域化特征。其中在米努辛斯克盆地南部，可以看到这里充斥着新事物，即不仅是墓葬中有新的随葬品，而且墓中死者的头向也从原先主要是东北向变成了西南向（格里亚兹诺夫等，2010，第51页，表11）。此时前面所说的偏北地区的特征基本没有，该地区还处于在第一阶段的基础上自我发展的过程中。这样的区域化特征清晰地表明，新事物是从南向北进行推进的。也正是在这一时期，还出现了一种可称之为不典型的墓葬，这种墓葬很可能与外来居民有关，而那些新事物应是外来居民带来的（格里亚兹诺夫等，2010，第83～94页）。

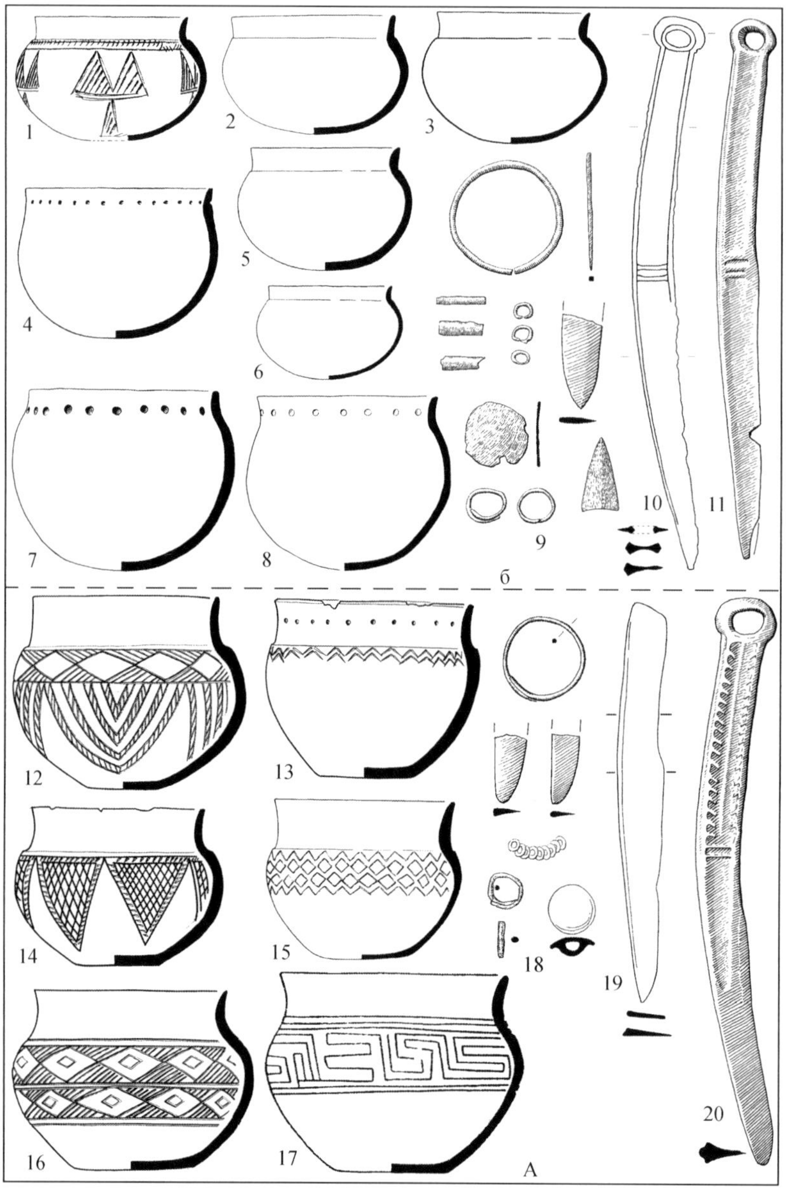

图五　晚期青铜时代墓葬中出土的随葬品［根据拉扎列托夫、波梁科夫（2008）的相关研究成果］

小卡标尼3号墓地：1出自于M86的4号墓穴中；3出自于M2的4号墓穴中；4出自于M43的3号墓穴中；5出自于M94的1号墓穴中；6出自于M114的3号墓穴中；15出自于M111的4号墓穴中；17出自于M31的1号墓穴中

瓦尔恰1号墓地：2出自于M20的1号墓穴中

干湖2号墓地：7出自于M337的3号墓穴中；11出自于M252的4号墓穴中；12出自于M163的3号墓穴中；13出自于M141的12号墓穴中；14出自于M81的3号墓穴中；16出自于M248a中；20出自于M349的1号墓穴中

卡拉苏克1号墓地：8出自于M35的2号墓穴中

奥库涅夫乌鲁斯1号墓地：10出自于12号墓穴中

奥拉克墓地：19出自于4号墓穴中

注：原文即无18图注

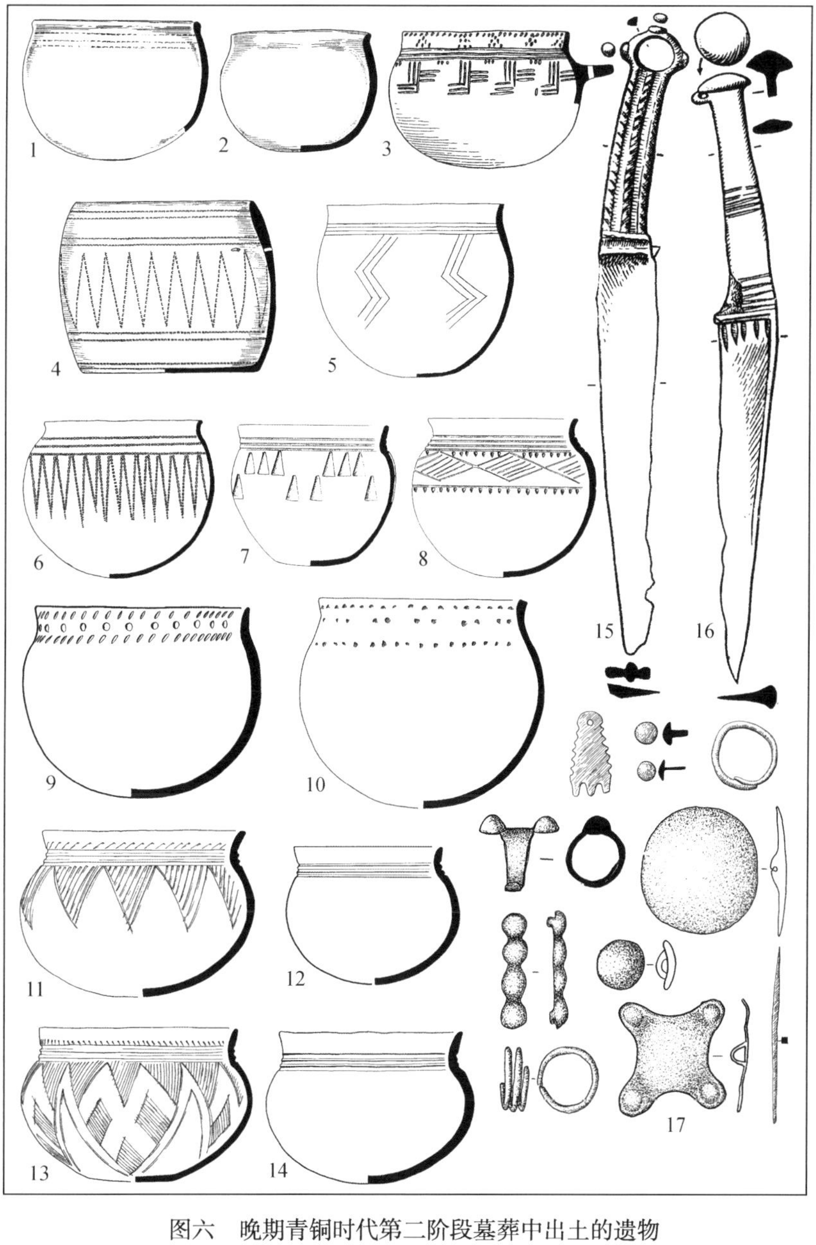

图六　晚期青铜时代第二阶段墓葬中出土的遗物

[根据拉扎列托夫、波梁科夫（2008）的相关研究成果]

阿尔巴尼1号墓地：1出自于18号墓穴中；2出自于28号墓穴中；4出自于35号墓穴中

别里特雷墓地：3出自于M7中

特尔特－阿巴墓地：5出自于M39；6出自于M19

别斯特拉亚2号墓地：7出自于7号墓穴中；8出自于5号墓穴中

干湖2号墓地：9出自于M493的2号墓穴中；12出自于M325的2号墓穴中；14出自于M427的2号墓穴中

拉兹利夫6号墓地：10出自于33号围墙的5号墓穴中

卡拉苏克1号墓地：11出自于M54的1号墓穴中；13出自于M28的1号墓穴中

别亚墓地：15出自于3号墓穴中

阿巴坎1号墓地：16出自于M21中

注：原文即无17图注

米努辛斯克盆地晚期青铜时代的第三阶段与之前的发展脉络迥异（图七）。也正是根据这一阶段的遗迹，M. П. 格里亚兹诺夫划分出了一个很特别的“石峡阶段”。看来这一阶段外来居民的渗透进一步加强，他们还和当地居民进行积极的通婚，这些可以从器物的形制和装饰纹样发生的重大变化、死者葬式和头向的改变，以及出现了新的青铜器类型中得到反映。而在葬仪中最保守的成分，即墓葬结构甚至也发生了变化。并且米努辛斯克盆地也一直保持着分为南北两区的状况。如果说这些过程在米努辛斯克盆地南部地区发生得很迅疾的话，那么在米努辛斯克盆地的北部地区，大量保守特征则保持了相当长的时间，而葬仪中最易变化的成分则是陶器和其他随葬品，它们一直处于发展中（拉扎列托夫，2006；拉扎列托夫、波梁科夫，2008）。也是在这一阶段，遗迹的分布范围得到了急剧的扩大，这些遗迹不仅分布于纳扎洛夫盆地，还在分布于阿钦斯克－马林斯基森林草原地带的伊尔梅尼文化遗迹中留下了自己的特征（奇列诺娃、波波洛夫，1991；波波洛夫等，1997，第 11 页）。

在对这一时期已知的墓地进行研究的过程中，И.П. 拉扎列托夫确定了白湖墓地的墓葬发展脉络，这样就能将三个独立的文化层（3а、3б、3в）划分为三期（拉扎列托夫，2006）。其中时代最早的和之前的遗迹有着密切的联系，而且在某种程度上前者还继承了后者发展的脉络。3б 层最稳定，其展现出了所有特征的混合和一种固化。最后是 3в 层，这一时期，无论是随葬品，还是墓葬形制，都出现了新的类型，这些新的类型还继续发展，直至晚期青铜时代的第四个阶段。

对于第三阶段而言，其特点是保持了与中国北方地区的联系。在这一时期的墓葬中发现了带有蘑菇状装饰的环首刀和其他用途不明的遗物，它们经常被称为“车扣”。它们与中国周代遗迹中出土的遗物很类似。这样看来，在米努辛斯克盆地历史上的两个前后相袭的阶段里，该地区一直与中国北方地区保持着联系，这恐怕不能被视为偶然的现象。

米努辛斯克盆地晚期青铜时代的第四个阶段也是这一时期的最后一个发展阶段（图八）。该阶段的典型遗迹是巴伊诺夫乌鲁斯类型遗迹，这类遗迹持续的时间很长，根据 M.П. 格里亚兹诺夫的观点，其属于斯基泰文化，且还是塔加尔文化的早期巴伊诺夫阶段。不过对米努辛斯克盆地发现的遗迹所做的年代学方面的研究已能使我们确认，巴伊诺夫乌鲁斯类型遗迹是当地晚期青铜时代文化传统的延续，而将其列入斯基泰文化圈的观点是错误的（拉扎列托夫，2007）。从该阶段的绝大多数墓葬类型和随葬品来看，可以将其细分为两个前后相袭的年代层位，即 4а 和 4б 期（拉扎列托夫，2006）。

按照 И. П. 拉扎列托夫的看法，目前所发现的这些考古遗迹存在的时代并非是完全连续的（拉扎列托夫，2007，第 102 页）。它们之中并无那些关键性的特征，即能反映米努辛斯克盆地历史上的斯基泰时代初期的特点。大概塔加尔文化的形成是和新的移民浪潮有关，这股浪潮的考古证据是墓葬中发现了数量庞大的武器、完全不同的丧服和野兽风格的形象等。所有这一切出现得很突然，可以说在一处考古遗迹中能看到迥异的因素混合在一起。在米努辛斯克盆地发生的这场变化我们目前了解得还不是很清楚，只能

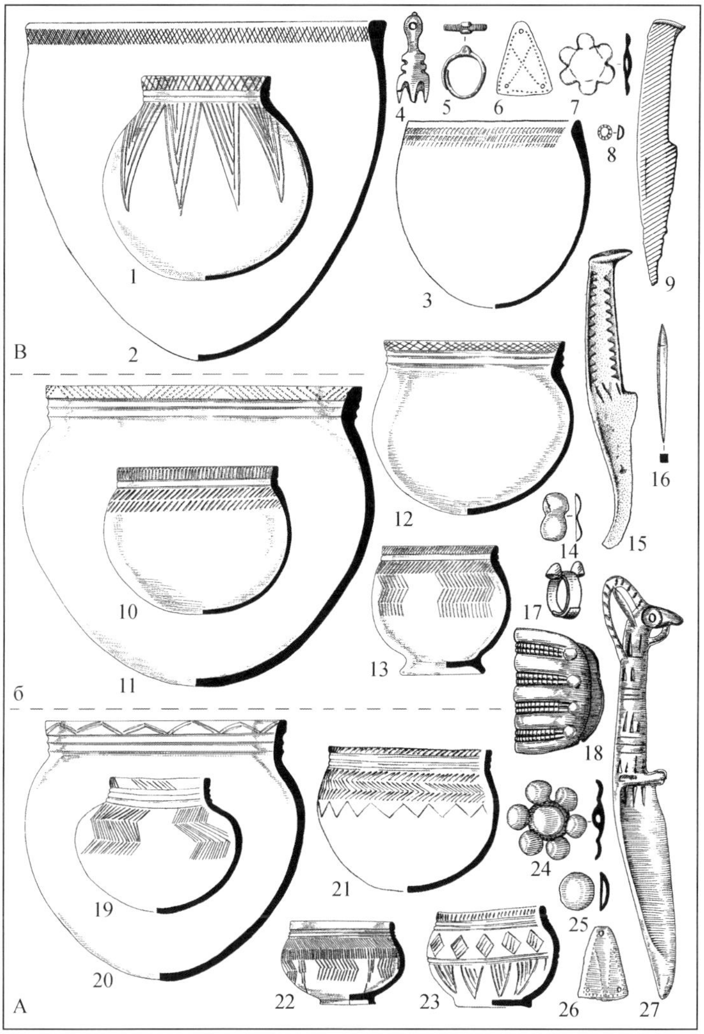

图七　晚期青铜时代第三阶段墓葬中出土的遗物

［根据拉扎列托夫、波梁科夫（2008）的相关研究成果］

白湖 1 号墓地：1、4 出自于 M59 的 3 号墓穴中；10 出自于 M60；11 出自于 M57；12 出自于 M36；13 出自于 M59 的 4 号墓穴中；14 出自于 M34 的 1 号墓穴中；16 出自于 M2 的 2 号墓穴中；20、24 出自于 M69 的 1 号墓穴中；22 出自于 M20 的 2 号墓穴中；25 出自于 M64；26 出自于 M75 的 1 号墓穴中

阿尔巴尼 3 号墓地：2 出自于 M1 的 1 号墓穴中

卡雷墓地：3、5、9 出自于 M3 的 1 号墓穴中

鲁嘎弗 3 号墓地：6 出自于 M7 的 1 号墓穴中；7 出自于 M3

狼沟墓地：8 出自于 3 号墓穴中；15、17 出自于 5 号墓穴中

费多洛夫乌鲁斯墓地：18 出自于 17 号墓穴中

卡拉苏克 4 号墓地：19 出自于 M2；21 出自于 M10

卡拉苏克 8 号墓地：23 出自于 M3 的 2 号墓穴中

波德库尼山墓地：27 出自于 1 号墓穴中

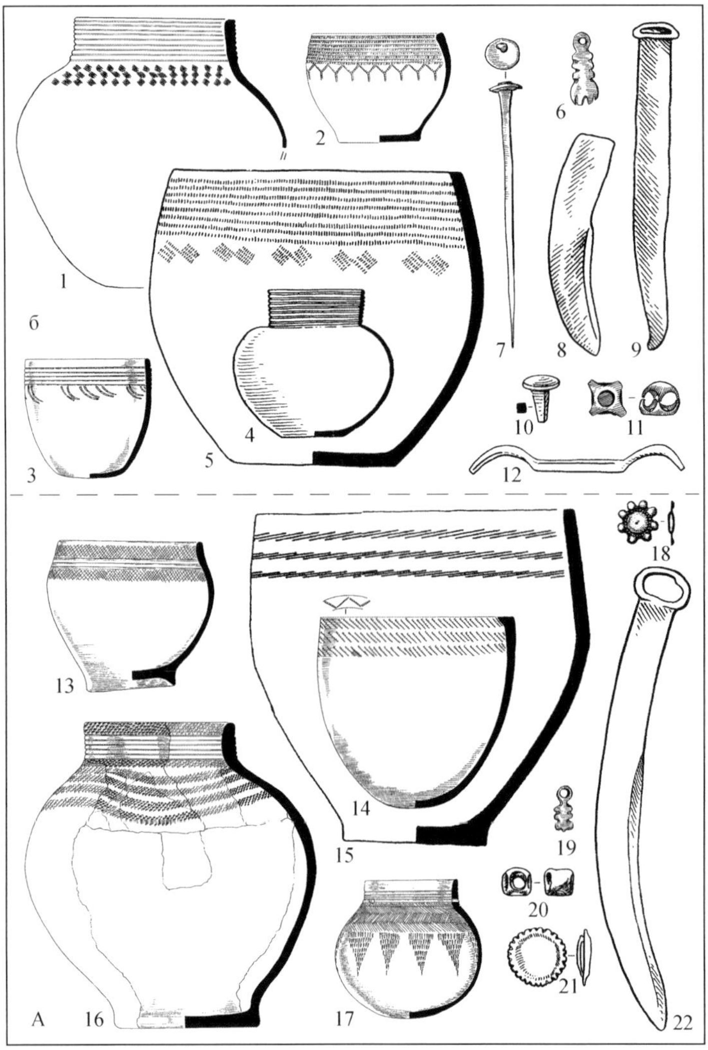

图八　晚期青铜时代第四阶段墓葬中出土的遗物
［根据拉扎列托夫、波梁科夫（2008）的相关研究成果］
别尔加诺夫 5 号墓地：1、6、11 出自于 M9；7 出自于 M2 的 2 号墓穴中
鲁加沃 3 号墓地：2 出自于 M1
白湖 1 号墓地：3 出自于 M5 的 1 号墓穴中；13 出自于 M63 的 3 号墓穴中；14 出自于 M53；
16 出自于 M40 的 2 号墓穴中；17、19 出自于 M62 的 2 号墓穴中
巴伊诺夫乌鲁斯墓地：4 出自于 M1；8 出自于 M4
萨莫赫瓦勒墓地：5 出自于 M9 的 2 号墓穴中
伊雷伊山墓地：9 出自于 M1
米努辛斯克 7 号墓地：10、12 出自于 M4 的 1 号墓穴中
叶弗列姆金诺墓地：15 出自于 M8；20、21 出自于 M7
乌斯奇—楚里墓地：18 出自于 M6 的 3 号墓穴中
阿斯金兹 6 号墓地：22 出自于 M3

初步推测为出现了新的居民，且他们和当地居民共同生活于某个时期。此外，当地晚期青铜时代的文化传统也被继承下来。

对于米努辛斯克盆地晚期青铜时代的遗迹而言，放射性碳元素的测年结果基本上集中在公元前 14 ~ 前 9 世纪（波梁科夫、斯维亚特科，2009，第 32 ~ 35 页；斯瓦亚科等，2009）。不过遗憾的是，各种时代的文化层在确定年代时表现得极为不均衡。目前仅有少量的年代数据是根据晚期青铜时代第一至第四个阶段的样品来测定的。除此之外，各个文化层的时间长度也较短（少于 100 年），这样在能赖以信任的时间间隔的文化层旁边，任何放射性碳元素测年结果都将立刻压过几个相邻文化层的年代结果。此状况使我们无法在现阶段用放射性碳元素测年法检验相对年代的准确性，如对于奥库涅夫文化就是如此。

在现有的时间阶段基础上，我们可以推测晚期青铜时代的第一个阶段大约是在公元前 14 ~ 前 13 世纪，第二个阶段在公元前 12 ~ 前 11 世纪。第二个阶段在中国北方相当于殷商时期（公元前 13 ~ 前 11 世纪），此阶段也与以墓葬中出土的刀为依据所做的断代相符。至于第三和第四阶段，目前所发现的这两个阶段的墓葬数量较少，可分别将其定为公元前 11 ~ 前 10 世纪、公元前 10 ~ 前 9 世纪。在确定第三阶段的具体年代时，还要考虑到在中国北方地区发现的周代曲刃刀，这种刀的时代范围是公元前 11 ~ 前 9 世纪。这样的话，对于晚期青铜时代而言，其放射性碳元素的测年结果就能被那些在文献材料提及年代的遗迹所证实。

对于晚期青铜时代的年代而言，将现有的对塔加尔文化遗存的放射性碳元素测年结果进行比对后发现了一个线索。最早的斯基泰时代遗迹大约是在公元前 9 世纪左右（阿列克谢耶夫等，2005，第 222、223 页；波梁科夫、斯维亚特科，2009，第 32 ~ 35 页；斯瓦亚科等，2009）。这就能间接地证实，某个时期有两种居民共同生活，一种是当地青铜时代传统的继承者，另一种则是斯基泰文化的载体，但这个问题还需要进行更加细致的研究。

在对米努辛斯克盆地青铜时代遗迹的测年状况进行述评的基础上，还应注意到，在最近的 10 年间，无论是在这一时期的绝对年代，还是相对年代的理解上，都发生了许多重要的变化。不过这些新的认识还不足以形成一幅总图，即能反映各个文化或各类遗迹发展和互动的情况。Э. Б. 瓦杰茨卡娅的鸿篇巨制问世后（瓦杰茨卡娅，1986），她还对在克拉斯诺亚尔地区所做的大量调查和发掘成果进行了总结，进而积累了很多原则性的变化，这些变化要求我们用一种统一的视角来从整体上看待前面所说的总图。时至今日，要求我们进行全新的、内容更多且更专业的研究，如此才能全面的来认识这个如万花筒般的时代。

参考文献

[1] Алексеев А.Ю., Боковенко Н.А., Васильев С.С., Дергачев В.А., Зайцева Г.И., Ковалюх Н.Н.,

Кук Г., ван дер Плихт Й., Посснерт Г., Семенцов А.А., Скотт Е.М., Чугунов К.В. Евразия в скифскую эпоху. Радиоуглеродная и археологическая хронология. Санкт-Петербург: Изд-во «Теза», 2005. 290 с.

[2] Бобров В.В., Кузьминых С.В., Тенейшвили Т.О. Древняя металлургия Среднего Енисея (лугавская культура). Кемерово: «Авторское издательство Кузбассвузиздат», 1997. 99 с.

[3] Вадецкая Э.Б. Археологические памятники в степях среднего Енисея. Л.: «Наука», 1986. 180 с.

[4] Вадецкая Э.Б., Поляков А.В., Степанова Н.Ф. Свод памятников афанасьевской культуры. Барнаул: Азбука, 2014. 380 с.

[5] Варёнов А.В. О датировании сибирских древностей по хронологической шкале Восточной Азии // Сибирь в прошлом, настоящем и будущем. Вып.III. Новосибирск, 1981. С. 54 ~ 55.

[6] Варёнов А.В. Восточно-азиатская линия синхронизации сибирских бронз: проблемы и перспективы // Взаимодействие и взаимовлияние цивилизаций и культур на Востоке. Всесоюзная конференция востоковедов. Т.1. М., 1988. С. 12 ~ 14.

[7] Варёнов А.В. К датировке северокитайских памятников шилоуского типа с “карасукскими” ножами // Теория и практика археологических исследований. Вып.1. Барнаул, 2005. С. 79 ~ 90.

[8] Варёнов А.В. Бронзовые ножи с трехкнопочным кольцевым навершием в древнем Китае // Труды V (XXI) Всероссийского археологического съезда в Барнауле-Белокурихе. Барнаул: Изд-во Алт. Ун-та, 2017. Т.I. С. 202 ~ 207.

[9] Грязнов М.П., Комарова М.Н., Лазаретов И.П., Поляков А.В., Пшеницына М.Н. Могильник Кюргеннер эпохи поздней бронзы Среднего Енисея. СПб: Петербургское Востоковедение, 2010. 200 с. (Труды ИИМК РАН. Т. XXXI).

[10] Зиеп Динь Хоа Местная основа карасукской культуры (в связи с новыми работами Красноярской экспедиции АН СССР).- автореф. дис.... канд. истор. наук. Л., 1966. 18 с.

[11] Киселёв С.В. Древняя история Южной Сибири. М.-Л.: Изд-во АН СССР, 1951. 653 с.

[12] Комарова М.Н. Карасукский могильник близ улуса Орак // Первобытная археологии Сибири. Л.: «Наука», 1975. С. 85 ~ 94.

[13] Лазаретов И.П. Окуневские могильники в долине реки Уйбат // Окуневский сборник. Культура. Искусство. Антропология. СПб.: Петро-РИФ, 1997. С. 19 ~ 64.

[14] Лазаретов И.П. Локализация и проблемы взаимодействия культур Южной Сибири // Евразия сквозь века. СПб: Филологический факультет СПбГУ, 2001. С. 103 ~ 107.

[15] Лазаретов И.П. Заключительный этап эпохи бронзы на Среднем Енисее. Автореф. дис. . . . канд. истор. наук. СПб., 2006. 34 с.

[16] Лазаретов И.П. Памятники баиновского типа и тагарская культура // Археологические вести. Вып. 14. 2007. С. 93 ~ 105.

[17] Лазаретов И.П. К относительной хронологии афанасьевской культуры Среднего Енисея или

хорошо забытое старое // Древности Сибири и Центральной Азии. №8 (20). Горно-Алтайск: ГАГУ, 2017. С. 8 ~ 34.

[18] Лазаретов И.П., Поляков А.В. Хронология и периодизация комплексов эпохи поздней бронзы Южной Сибири // Этнокультурные процессы в Верхнем Приобье и сопредельных регионах в конце эпохи бронзы. Барнаул: Концепт, 2008. С. 33 ~ 55.

[19] Лазаретов И.П., Поляков А.В. Могильник Красный Камень-погребально-ритуальный комплекс ранней бронзы // ТПАИ. №2 (22). 2018. С. 21 ~ 46.

[20] Максименков Г.А. Окуневская культура в Южной Сибири // МИА №130. 1965. С. 168 ~ 174.

[21] Максименков Г.А. Окуневская культура. Автореф. дис….докт. ист. наук. Новосибирск, 1975. 39 с.

[22] Максименков Г.А. Андроновская культура на Енисее. Л.: «Наука», 1978. 191 с.

[23] Максименков Г.А. Могильник Черновая VIII-эталонный памятник окуневской культуры // Вадецкая Э.Б., Леонтьев Н.В., Максименков Г.А. Памятники окуневской культуры. Л.: «Наука», 1980. С. 3 ~ 26.

[24] Поляков А.В. Об особенностях северной границы распространения карасукских памятников “классического” этапа // Труды II (XVIII) Всероссийского археологического съезда в Суздале. Том I. Москва, 2008. С. 440 ~ 442.

[25] Поляков А.В. К проблеме взаимосвязи карасукской культуры и памятников андроновской общности на Среднем Енисее // Записки ИИМК РАН. №4. СПб, 2009. С. 90 ~ 109.

[26] Поляков А.В. Радиоуглеродные даты афанасьевской культуры // Афанасьевский сборник. Барнаул: Азбука, 2010. С. 158 ~ 171.

[27] Поляков А.В. Радиоуглеродные даты окуневской культуры // Записки ИИМК РАН. №16. 2017. С. 52 ~ 74.

[28] Поляков А.В., Святко С.В. Радиоуглеродное датирование археологических памятников неолита-начала железного века Среднего Енисея: обзор результатов и новые данные // Теория и практика археологических исследований. Вып.5. 2009. С. 20 ~ 56.

[29] Поляков А.В., Святко С.В., Степанова Н.Ф. Новые данные по радиоуглеродной хронологии памятников афанасьевской культуры Алтая // Труды V (XXI) Всероссийского археологического съезда в Барнауле-Белокурихе. Барнаул: Изд-во Алт. Ун-та, 2017. Т. III. С. 62 ~ 66.

[30] Савинов Д.Г. Ранние кочевники Верхнего Енисея (археологические культуры и культурогенез). СПб.: Изд-во СПбГУ, 2002. 204 с.

[31] Савинов Д.Г. К проблеме выделения позднего этапа окуневской культуры // Теория и практика археологических исследований. Вып.1, 2005. С. 28 ~ 34.

[32] Степанова Н.Ф. Проблемы абсолютной и относительной хронологии памятников афанасьевской археологической культуры Горного Алтая // Роль естественно-научных методов в археологических исследованиях. Барнаул: Изд-во АГУ, 2009. С. 154 ~ 159.

[33] Степанова Н.Ф. Проблемы хронологии афанасьевской культуры // Афанасьевский сборник 2. Барнаул: Азбука, 2012. С. 183 ~ 195.

[34] Степанова Н.Ф., Поляков А.В. Афанасьевская культура: история изучения и современное состояние // Афанасьевский сборник. Барнаул: Азбука, 2010. С. 4 ~ 15.

[35] Теплоухов С.А. Древние погребения в Минусинском крае // Материалы по этнографии. T.III, вып.2. 1927. С. 91 ~ 108.

[36] Хаврин С.В. Металл могильника Кюргеннер // Грязнов М.П., Комарова М.Н., Лазаретов И.П., Поляков А.В., Пшеницына М.Н. Могильник Кюргеннер эпохи поздней бронзы Среднего Енисея. СПб: Петербургское Востоковедение, 2010. С. 102 ~ 106. (Archaeologca Petropolitana; Труды ИИМК РАН. Т. XXXI).

[37] Хохлов А.А., Солодовников К.Н., Рыкун М.П., Кравченко Г.Г., Китов Е.П. Краниологические данные к проблеме связи популяций ямной и афанасьевской культур Евразии начального этапа бронзового века // Вестник археологии, антропологии и этнографии. 2016. №3 (34). С. 86 ~ 106.

[38] Чжун Сук-Бэ О хронологии комплексов с кинжалами эпохи поздней бронзы из Северного Китая // Археология, палеоэкология и палеодемография Евразии.-М.: Геос, 2000. С. 110 ~ 137.

[39] Членова Н.Л., Бобров В.В. Смешанные лугавско-ирменские памятники района Кузнецкого Алатау.-Проблемы археологии Евразии.-М.: «Наука», 1991, стр.143 ~ 180.

[40] Peter de Barros Damgaard, Rui Martiniano, Jack Kamm, J. Víctor Moreno-Mayar, Guus Kroonen, Michaël Peyrot, Gojko Barjamovic, Simon Rasmussen, Claus Zacho, Nurbol Baimukhanov, Victor Zaibert, Victor Merz, Arjun Biddanda, Ilja Merz, Valeriy Loman, Valeriy Evdokimov, Emma Usmanova, Brian Hemphill, Andaine Seguin-Orlando, Fulya Eylem Yediay, Inam Ullah, Karl-Göran Sjögren, Katrine Højholt Iversen, Jeremy Choin, Constanza de la Fuente, Melissa Ilardo, Hannes Schroeder, Vyacheslav Moiseyev, Andrey Gromov, Andrei Polyakov, Sachihiro Omura, Süleyman Yücel Senyurt, Habib Ahmad, Catriona McKenzie, Ashot Margaryan, Abdul Hameed, Abdul Samad, Nazish Gul, Muhammad Hassan Khokhar, O.I. Goriunova, Vladimir I. Bazaliiskii, John Novembre, Andrzej W. Weber, Ludovic Orlando, Morten E. Allentoft, Rasmus Nielsen, Kristian Kristiansen, Martin Sikora, Alan K. Outram, Richard Durbin, Eske Willerslev The First Horse Herders and the Impact of Early Bronze Age Steppe Expansions into Asia // Science, 2018. Vol. 360, Issue 6396. DOI: 10.1126/science.aar7711.

[41] Hollard at al, 2018-Clemence Hollard, Vincent Zvenigorosky, Alexey Kovalev, Yurii Kiryushin, Alexey Tishkin, Igor Lazaretov, Eric Crubezy, Bertrand Ludes, Christine Keyser New genetic evidence of affinities and discontinuities between bronze age Siberian populations // American Journal of Physical Anthropology. 2018. №167. P. 97 ~ 107.

[42] Poliakov Andrey, Svyatko Svetlana, Stepanova Nadezhda A review of the radiocarbon dates for the Afanasyevo Culture (Central Asia): Shifting towards the “shorter” chronology // Radiocarbon,

2018 https://doi.org/10.1017/RDC.2018.70 (статья опубликована на сайте в электронном виде, в печатном ещё не вышла).

[43] Rasmussen at al, 2015-Simon Rasmussen, Morten Erik Allentoft, Kasper Nielsen, Ludovic Orlando, Martin Sikora, Karl-Göran Sjögren, Anders Gorm Pedersen, Mikkel Schubert, Alex Van Dam, Christian MoliinOutzen Kapel, Henrik Bjørn Nielsen, Søren Brunak, Pavel Avetisyan, Andrey Epimakhov, Mikhail Viktorovich Khalyapin, Artak Gnuni, Aivar Kriiska, Irena Lasak, Mait Metspalu, Vyacheslav Moiseyev, Andrei Gromov, Dalia Pokutta, Lehti Saag, Liivi Varul, Levon Yepiskoposyan, Thomas Sicheritz-Pontén, Robert A. Foley, Marta Mirazón Lahr, Rasmus Nielsen, Kristian Kristiansen, Eske Willerslev Early Divergent Strains of Yersinia pestis in Eurasia 5000 Years Ago // Cell, Vol.163, Is.3. P. 571 ~ 582.

[44] Svyatko S.V., Mallory J.P., Murphy E.M., Polyakov A.V., Reimer P.J., Schulting R.J. New radiocarbon dates and a review of the chronology of prehistoric populations from the Minusinsk basin, Southern Siberia, Russia // Radiocarbon. Vol. 51 (1). 2009. P. 243 ~ 273.

[45] Svyatko S.V., Schulting R., Poliakov A.V., Ogle N., Reimer P.J. A lack of freshwater reservoir effects in human radiocarbon dates in the Eneolithic to Iron Age in the Minusinsk Basin // Archaeological and Anthropological Sciences. 2017. Volume 9. P. 1379 ~ 1388.

Chronological Study of Paleometal Age in Minushinsk Basin

A. B. Poliankov И. П. Lazaretov

Abstract: Content Summary: This paper is a study of Bronze Age chronology in the Minushinsk Basin (i. e. the Hakas Republic of the Russian Federation and the southern Krasnoyal border region). The chronological framework of the region was established by In this paper, the concepts of relative age and absolute age in some archaeological cultural periods are introduced, and the relationship between them is obtained. In addition, special attention is paid to the division of cultural stages of Okuniev culture and Bronze Age. In this paper, the results of radiocarbon dating for some archaeological relics are also listed.

Keywords: Central Asia; South Siberia; Minushinsk Basin; Bronze Age; Avana Envoy Culture; Okuniv Culture; Fedorov Culture; Late Bronze Age; chronology; radiocarbon dating

匈奴与康居：复原被遗忘的历史

——以塔米尔乌兰浩硕 28 号墓出土的陶器为例

Ц. 特尔巴图[1] 著　特尔巴依尔[2] 译

（1. 蒙古国科学院历史与考古研究所，乌兰巴托；2. 中国人民大学北方民族考古研究所，北京，100872）

内容摘要：2015 年，蒙法联合发掘队在发掘蒙古国中部塔米尔乌兰浩硕（Тамирын Улаан хошуу）匈奴时期墓地的墓葬时，发现了一件形态特殊的陶罐。塔米尔乌兰浩硕是蒙古国最大的匈奴时期"平民墓葬"墓地，共有圆形墓葬 400 座。此外，在这一墓葬群中，我们还发现了全蒙古最为丰富多彩的匈奴时期陶器。事实上，我们在这个遗址已经挖掘了 70 座墓葬，出土有 200 多个陶罐，包括匈奴早期文化的 10 种新形态陶罐。

本文所讨论的陶器是在塔米尔乌兰浩硕 28 号墓中发现的。其形态与匈奴标准陶器有显著差异。这种陶器的形式不是典型的匈奴陶器：它开口于腹部侧边，平底，表面用稀土磨光，由红色黏土制成，最后上釉。很明显这种陶器应是来自外来考古学文化。在对邻近地区的类似器物进行广泛分析后，我们发现这种陶器在中亚的康居时期广泛使用。这种陶罐在康居文化中非常典型，甚至有一个特别的名字——木斯塔哈拉（мустахара）。

虽然在匈奴墓葬随葬品中我们发现了各类外来遗物，但这是有史以来第一个陶罐，作为一种易碎、经济上无利可图的贸易对象，它本身就是一种不利于长途运输的物品。因此，我认为这个特定的陶罐与个人历史有关，是个人物品。根据这一推测，我们需要重新认识中亚的两个游牧民族——匈奴和康居之间的关系。

历史证明，匈奴和康居在公元前 2 ~ 前 1 世纪是政治同盟和亲密伙伴。但在匈奴文化和康居文化中均未发现考古证据。在这样的背景下，这个陶罐特别有趣地揭示了这段被遗忘的两国关系。

本文认为这个陶罐是公元前 1 世纪下半叶著名的郅支单于和呼韩邪单于内战时期在康居地购买的个人物品或战利品。

关键词：匈奴；康居；木斯塔哈拉陶罐；游牧民族关系

一、前　　言

2015年后杭爱省额吉诺尔（Өгийнуур）苏木塔米尔乌兰浩硕的匈奴时期墓地墓葬中出土了一件特殊的器物。该墓地于2013～2015年蒙古－法国联合的“塔米尔”项目进行考古发掘与研究，自2016年受蒙古国教育、文化、科学及体育部的委托项目“塔米尔河流域匈奴文化”，在法国考古队的参与下继续进行了发掘与研究工作。

塔米尔乌兰浩硕墓地在圆形石圈封堆的匈奴平民墓中属于封堆最大的墓葬。2017年该墓地统计出400座墓葬遗存，同时该墓地为匈奴特点的墓葬遗存中出土陶器数量最多的墓地。目前已考古发掘的70余座墓葬中出土了200件陶器，平均每座墓出土4～5件陶器，其中形制特征及结构不同的新陶器10件。本文选取乌兰浩硕墓地28号墓中出土的外来陶器，探讨被遗忘的匈奴与匈奴西部地区游牧族群康居之间的交流考古遗物。

虽然蒙古历史文献中对康居历史与物质文化和他们在游牧文化中所占的地位及其蒙古古代游牧族群的交流进行过记述和研究，但本着历史事实为基础与考古发掘所获得的遗物进行比较，对上述问题进行简要探讨。根据历史文献可知，公元前2世纪上半期至公元前1世纪下半期的100余年时间内康居在匈奴西部地区作为最重要的邻部与匈奴进行交流。因此，考古遗物理应成为证明这两个游牧民族在文化方面如何进行交流的重要证据。

匈奴文化中有不少外来遗物，不仅是来自邻国地区，跨州际的遗物也有。目前我们看到的外来遗物大致来自以下几个地区，希腊－罗马、叙利亚－埃及等地中海古代文明和西亚、中亚地区帕提亚古代定居农业文化以及南方的汉文化等。这种“游牧－定居农业文明”等典型文化间交流的证据非常充足，对此所做的研究工作也不少。蒙古地区古代游牧民族除了与定居农业地区文化交流外，虽然生产方式相似也避免不了与远在西边的游牧人群有联系。自鄂尔多斯至匈牙利的草原地区游牧民族以相同的“动物风格”艺术修饰武器、首饰以及生活工具历史，这一现象出现于早期铁器时代并迅速覆盖整个欧亚草原，可称之为“游牧文化的共性”。这方面的研究我国（蒙古国）的考古学者可能还没太关注或判定“游牧与游牧”间交流的研究理论方法还不够成熟。塔米尔乌兰浩硕出土的这件器物虽然数量少，但确是能够证明“游牧－游牧”间文化和物质交流的重要证据。另外，因此器物搬运及其不方便，也可见主人从西边搬运至蒙古时对该器物的特殊关照。作者认为，这件器物比起性价比及体积较小的金银或玻璃珠等器物来说对主人应具有特殊意义或它正是某个历史事件的见证者，故对此专门拟稿此文。

二、塔米尔乌兰浩硕匈奴墓地

塔米尔乌兰浩硕墓地位于乌兰巴托市以西450千米处塔米尔河北岸，鄂尔浑和塔米尔原野以西 10 千米处。该遗存虽然一方面具有匈奴社会中层阶级文化特征，另一方面也有很多与蒙古地区同类文化相异的文化特征。

乌贵诺尔苏木塔米尔乌兰浩硕墓地 2001 年首次被发现。蒙古国国立大学与国立师范大学的师生在此发掘近 20 座墓葬[1]。2013 ~ 2015 年蒙古国科学院历史与考古研究所与法国图卢兹大学签署合作协议，以“塔米尔”项目进行了联合考古发掘与研究工作。施行此项目的目的在于，通过塔米尔乌兰浩硕墓地的丧葬习俗、出土遗物对匈奴物质文化及内容进行研究的同时对出土人骨进行体质人类学研究，确定匈奴与蒙古之间的族属关系。此项目考古队在 2013 ~ 2015 年内共计发掘了 32 座墓葬。2017 年发掘 16 座、2018 年又加了 2 座进行了考古发掘与研究，墓地目前共计发掘了近 70 座墓葬。

该墓地的墓葬不像大多数匈奴墓一样人头向朝北，反而全都朝东进行安葬。墓葬中有随葬的马骨等动物骨骼较少，而陶器的数量却比平均数还要多等特点。除此之外还有一个特点就是武器也相对较少。塔米尔乌兰浩硕墓地墓葬的地表建筑可分为圆形石圈和无规则石堆等两种，直径 5 ~ 17 米不等。墓室尺寸 1 米 ×2 米至 4 米 ×5 米等大小不一，但大型墓室占多数。墓坑的深度取决于石封堆的大小，大型封堆的墓室深度可达到 5 ~ 6 米深。因此考古发掘需要大量的人力和时间。但墓葬的人骨及动物骨骼保存较好，出土遗物方面比较特殊，有些情况出土较多新型器物，因此在匈奴墓葬中占特殊的地位。出土遗物方面，从此墓地除出土像匈奴墓中常出土的各类器物外还出土了从未出土过的 10 种类型的陶器、铁鍑、铁锤、铜印章及鞍桥等珍贵器物。

三、匈奴陶器

陶器为大多数考古学文化中出土数量最多的遗物之一。匈奴考古遗存（墓葬与古城等居住址）也不例外，出土数量较多的遗物为陶器。Д. 策本道尔吉、З. 巴图赛很[2]，З. 巴图赛很[3],Д. 纳王[4],Ц. 特尔巴图[5],Ц. 特尔巴图、Т. 巴图巴雅尔、Н. 布萨[6],Ж. 乌莱特[7]，Ч. 阿穆尔图布新，Г. 嘎勒丹[8]，С. 托林木别勒[9]等学者都曾对蒙古地区匈奴时期陶器进行过针对性的研究。他们在研究中收集了大量的陶器遗物，为研究匈奴时期陶器的形制特征、质地、纹饰和它们在墓葬与城址中所占的地位等一系列问题提供了一定的可能。同时他们在匈奴考古学遗存[10]和蒙古地区陶器遗物的图录[11]中发表了典型匈奴时期陶器，成为了这一项研究的重要资料。可以说在蒙古国考古学研究中，对匈奴时期遗存和遗物的研究比起其他历史时期所做的工作和研究的多而突出，甚至根据陶器化学成分[12]的研究以及物理学方法确定年代[13]等自然科技手段所做的成果也有发表。

与此同时，境外出版的相关匈奴时期陶器的论著也起到了很重要的作用。值得一提的有 П. Б. 科诺瓦洛夫所著外贝加尔地区匈奴墓相关论著中的陶器部分[14]、В.Д. 库巴列夫、А.Д. 珠拉吾列瓦[15]等人论著的有关俄罗斯阿尔泰地区烧造陶器的匈奴时期窑址，

A.B. 达维多瓦[16]论著的有关伊沃尔加墓地与遗址等。

匈奴陶器根据形制特征总体可分为侈口、腹部微鼓、平底罐和直口微向外侈、矮领、溜肩、圆腹、平底陶罐两种。墓葬中出土的侈口罐大部分有火烧的烟炱痕迹，学者们解释可能为烧饭或储存干粮之用，而直口、矮领、圆腹、平底罐根据形制特征解释为盛液体之用。

上述两种陶器除形制特征不同之外，制作原料和方法技术也有所不同。如侈口罐为夹砂陶而直口圆腹罐为泥质陶。侈口罐表面比较粗糙，大部分腹部有从上往下的划痕纹，有些在口沿下有单直线或单波浪纹。直口、矮领、圆腹罐表面比较光滑，双直线之间饰有多种波浪纹等。侈口罐一般为深灰色、红褐色或黑灰色而直口、矮领、圆腹罐一般为浅灰色、黑灰色、溜光黑色等。

匈奴陶器的尺寸不一，侈口罐大多高 10 ~ 40 厘米，直口、矮领、圆腹罐高 15 ~ 30 厘米，甚至与诺彦乌拉 1 号墓出土的陶器一样高 80 厘米的也有。这种较高的陶器底部有手指那么大的小孔，都尔勒格纳日苏 2 号墓葬出土的陶器小孔用木头封闭。

中央省博尔淖尔苏木地区博热根遗址中出土的未完全烧制的陶器半成品残片、孟根莫尔特苏木胡斯特布鲁格发现烧制陶器的窑址等都是匈奴人自己烧制陶器的有力证据[17]。

除以上大量统计和梳理匈奴陶器的论著之外，Ю.С. 格柳生[18]所写的以墓葬中出土的单个陶器为主的研究文章引起我们极大兴趣。此文章以达尔汗墓葬中出土的直口、矮领、圆腹陶器且表面饰有五角星红色彩绘为例，通过对陶器是详细介绍，得出了比较有趣的推论：此类图案应为描绘星空的图案[19]。

此文最终目的在于通过单个器物，研究更广阔的历史考古学问题，这器物为塔米尔乌兰浩硕墓地 28 号墓葬中康居类型陶器。

四、康居与匈奴交流史

公元前 2 世纪内陆与中央亚洲地区斯基泰 - 萨科（塞种）类考古学文化逐渐退出历史舞台，在他们的故地，新的匈奴 - 萨尔马泰时期人群逐渐出现在了历史舞台。一般认为，分布在斯基泰文化区东部的月氏（Юэчжи）和乌孙人被同化的主要原因之一是：强大的匈奴人的扩张将他们逐渐挤入了东部突厥斯坦和中央亚地区并使他们逐渐融入到了塞人文化之中。

公元前 2 世纪末汉朝使者张骞出使西域时中央亚的政治和族群处于非常紧张的状态。据汉文文献所记载，最东边伊犁河、七河地区为乌孙人的领地，在他们的西侧锡尔河流域为康居（Канцзюй），西南费尔干纳盆地为大宛（Даюань），大宛西侧为大月（ИхЮэчжи），西南为大夏或巴克特里亚国（Дася буюу Бактри），康居西北为奄蔡国（Яньцай）（阿兰人 Аланчууд），月氏西侧为安西或帕提亚帝国。

总之，匈奴强盛时期势力最西到达大宛，但首先可以确定乌孙和于阗等地已在他们的控制范围内[20]，甚至大宛和康居也跟匈奴和睦相处或者有时可能是匈奴的附属国。

公元前138～公元前125、126年间张骞出使西域开辟丝绸之路共计使用了14年[21]。他在去中亚和返回汉朝的途中两次被匈奴骑兵扣留十余年。据张骞的叙述他从匈奴逃出来沿昆仑山艰难跋涉几个月最终到达了大宛或费尔干纳汗国，虽然有过继续向西前往大月氏建立军事联盟夹击匈奴的想法，但大宛约129年把他们送向了位于西北方向的康居，他在康居逗留的时间并不长并最终抵达了月氏，虽然他未能达到同大月氏建立军事联盟的目的，但他首次最翔实可靠地记载了关于中亚诸国及民族，贡献甚大。

史集123卷中首次记载了张骞在康居的见闻，即［文献均引自Л.Б.博罗吾卡（Боровка）的俄译版］：康居在大宛西北可二千里，行国，与月氏大同俗。控弦者八九万人。与大宛邻国。国小，南羁事月氏，东羁事匈奴[22]。

史记虽然记载康居是小国，但拥有9万兵力的国家人口至少达到60万，因此显然不是一般的小国。康居的军事实力比较强，有能力给予相关的邻国军事援助，因此大宛等小国考虑到康居的实力，把张骞介绍到了康居。公元前104～公元前101年汉朝统一大宛时受到康居的反对，并派兵援助大宛，终因受到东邻乌孙国的夹击归顺汉朝。之后中亚历史舞台上兴起了两大敌对的联盟势力，即一方为汉朝和乌孙，另一方为匈奴和康居。

关于康居的另一个信息记载于《汉书》中，即［汉书第九十六卷 西域传，（翻译时参考了原文）］："康居国，王冬治乐越匿地。到卑阗城。去长安万二千三百里。不属都护。至越匿地马行七日，至王夏所居蕃内九千一百四里。户十二万，口六十万，胜兵十二万人。东至都护治所五千五百五十里。与大月氏同俗。东羁事匈奴[23]。"

这段关于康居的汉文文献中也提到了匈奴，有趣的是还提到他们之间的关系比较密切。虽然他们分别属不同的民族而且还离得那么远，但在公元前2世纪初至公元前1世纪末的100余年间，他们之间可能存在着比较紧密的关系。

继上述文献之后与公元前1世纪有关另一个记载为（翻译时参考了原文）："都护吏至其国，坐之乌孙诸使下，王及贵人先饮食已，乃饮啖都护吏，故为无所省以旁国。以此度之，何故遣子入侍？其欲贾市为好，辞之诈也。匈奴百蛮大国，今事汉其备，闻康居不拜，且使单于有自下之意，宜归其侍子，绝勿复使，以章汉家不通无礼之国……[24]。"

郅支单于在中亚地区的暴行结束之后，匈奴的影响在此地逐渐削弱，使得康居能够单独直接与汉朝建立联系。公元1世纪中亚南部地区汉朝的势力削弱，康居的势力逐渐强大了起来，魏晋时期康居与他们的后裔者"舌"或"柘折"有关的记载在汉文文献中很少，至公元4世纪康居与他们东部的族群几乎消失在了历史舞台。这一情况与中亚地区兴起的嚈哒人有关。

康居的统辖区域为现今哈萨克斯坦南部，乌兹别克斯坦北部或锡尔河中游地区。他们虽然是游牧民族，但当时他们在统治着粟特国，汉文文献中记载他们的首府或国都为卑阗城。康居国持续了600年，汉文文献虽然记载他们是以游牧经济方式为主，但考古资料显示他们是游牧与农耕混合的生活方式。康居人的构成除以定居农业为主的粟特人后裔、游牧为主的康居之外，可能还包括塞种人和萨尔玛特人后裔。与此同时，考古发现也证实在郅支单于时期进入了一少部分匈奴人。公元4世纪嚈哒或白匈奴以武力征服康居之后对他们的民族成分产生了极大的影响。

关于康居人的语言也有不同于北伊朗语或突厥语的看法，这种文字的样式可以从乌兹别克斯坦库勒－奥巴（Куль-Обаг）（又称奥日拉特遗址 Орлат）出土的骨腰带饰上刻画的图案中可以清晰地看到[25]。这些绘制了精巧细致图案的艺术品，年代方面虽然有争议[26]，但从哈萨克斯坦阿拉木图省吐尔根谷地乌孙时期科泽勒布拉克遗址出土的另一骨器[27]上雕刻的一样穿着盔甲的武士图案中可以断定其年代为康居或属公元前1～公元2世纪。

康居与匈奴之间达到交流最频繁的高峰期为公元前1世纪末，汉书第96卷中记载了公元前36年发生的事件："宣帝時，匈奴乖乱，五单于并争，汉拥立呼韩邪单于，而郅支单于怨望，杀汉使者，西阻康居。其后都护甘延寺、副校尉陈汤发戊已校尉西域诸国兵至康居，诛灭郅支单于[28]。"

这次事件改变了中亚的政治局势，汉朝开始了短暂而有力的管控。失去中亚和丝绸之路直接影响了匈奴的持续发展，这让100年前汉武帝开始实行地击退匈奴左贤王的计划到此终于得以实现。

此事件始于公元前56年"五单于相攻"，呼韩邪单于求助于汉朝，得到帮助的呼韩邪实力大于其他竞争者。公元前51年郅支因畏惧亲兄和汉朝联合而迁徙至乌孙故地。乌孙人不仅没接见反而视为仇敌，因此他们进攻乌孙侵占了乌孙东北部的呼揭、坚昆、丁零三部。公元前44年他们因斩杀汉朝使者继续向西迁徙，康居因乌孙所困，与郅支单于联合反击乌孙。公元前42年康居派几千峰骆驼协助郅支单于迁徙，路上伤亡惨重仅剩3000余人来到了康居东部边境扎营。

郅支单于虽然人数少但扎营康居东部边境杜莱河（今塔拉斯或伊犁河），袭击乌孙西部，强迫大宛等各族为其进贡，同时还有杀害自己的康居妻子以及几百个仆人的说法。虽然如此，康居仍帮助郅支单于派1万骑兵阻击汉朝士兵，但为时已晚大势已定，匈奴已被击败[29]。

这就是康居与匈奴两个游牧民族，曾经在中亚政治局势如此复杂多变时，相互扶持、和谐求生的历史。从考古学角度看，康居考古学文化中匈奴文化因素虽然甚少，但也有一定的影响，这些都与这一时期有关。

五、康居考古遗存

康居考古学文化对于我们比较陌生，因此有必要作一下简要介绍。康居人曾经聚居的区域目前已发现并进行研究的有几千座考古学遗存。分别命名为以塔什干－巴彦布尔为中心的卡吾恩钦文化（Каунчиний соёл）、以奥特拉勒－巴彦布尔和喀拉塔吾山为主的奥特拉勒－喀拉塔吾文化（Отрар-Каратауийн соёл）、锡尔河下游地区的杰提－阿萨勒文化（Джеты-Асарын соёл）和喀拉塔吾－卡尔加恩塔吾山之间的以奇姆肯特－阿热斯市为中心的阿热斯文化（Арысийн соёл）等[30]。这些考古学文化中到底哪一个为康居文化？解答这一问题[31]可参考关于这些文化的最近研究成果[32]。

部分哈萨克斯坦考古学家把这些考古学文化合并为希尔达尔文化[33]。总体来看，哈萨克斯坦南部公元前2世纪～公元前1世纪考古学遗存的文化属性、命名等问题上还有一定的分歧，但可观察到他们根据文化的普遍共性将多个考古学文化统一合并的趋势。就体质人类学而言上述文化的人群体貌特征大体一致，偏向欧罗巴人种[34]，这一现象反映出以文化共性来解释是比较合理的。

虽然之前的学者们认为康居人的居住区要么在锡尔河流域要么完全相反在阿穆尔河流域，但根据考古调查和研究结果确定了他们的生活区域在锡尔河中游地区。根据A.H. 帕都什金（А.Н.Подушкиний）的看法，康居人的活动范围以哈萨克斯坦南部的喀拉塔吾－卡尔加恩塔吾山之间的奇姆肯特－阿热斯市为中心，南部到乌兹别克斯坦北部塔什坎市，东部可到奥特拉勒等地[35]。当时哈萨克斯坦南部地区的考古学遗存的族属成分中也有晚期塞种人、萨尔玛特人和匈奴人的因素[36]。

阿热斯文化遗存虽然较少，但出土的遗物中常见匈奴文化的遗物。如库勒托别（Культобе）墓地的3号偏室出土片岩雕制的带扣[37]，这与蒙古和外贝加尔地区其他匈奴遗存中出土的带扣一样。除此之外，属阿热斯文化的与喀拉乌托别－喀拉托别遗存有关的几处遗存中出土类似匈奴式的遗物。即奥尔多托别（Ордобасы）阿克布拉克托别（Акбулактобе 3-р булш），科雷什加尔（Кылышжар）墓地中出土铁剑、骨弓弭、三翼铁镞、汉代铜镜、乳钉纹铜饰等遗物[38]。这些从康居考古文化遗存中出土的匈奴遗物被哈萨克斯坦的考古学家们解释为与郅支单于从草原地区迁徙至锡尔河谷地区有关。康居人的相貌可以从奥尔拉特和图尔格尼骨头上雕刻的图案中了解（图一）[39]。

六、塔米尔乌兰浩硕28号墓陶器

2015年蒙古与法国联合的“塔米尔”项目的联合考古队发掘了位于塔米尔乌兰浩硕墓地东台地中北部的28号墓葬。该墓地表封堆直径7.1米的圆形石圈，墓向为西北朝东南。墓葬^{14}C测年数据显示为距今2020±30年，校正后的年代为公元前107～公元59年（2 сигма，95%）。该墓早年被盗，发掘过程中土石混合的填土中出土了动物骨、陶罐腹部残片、腐蚀的铁器残片以及漆器残片等，接近墓底时出土陶器残片、大型动物的残块、铁器、栓有动物皮绳的铜器、人头骨残片、股骨、桡骨残块等。

墓室尺寸320厘米×228厘米，深315米，墓室内发现248厘米×124厘米的原木椁，木椁内发现较小的木板棺，墓主仰身直肢，头向104°。木椁内侧北部，棺椁间的

图一 （*Зураг 1. 1.* 原文 11 页）、1. 奥尔拉特一对骨带扣（引自 Г.А. 普嘎切恩阔瓦 . 来自中东地区艺术瑰宝，塔什干，1987）；2. 左手边的带扣部分图案的放大图；3. 图尔格尼骨器上雕刻的图案（引自格里亚诺、雅茨阔……等：《图尔格尼河谷上游库孜布拉格 -4 号遗址中出土的一块被雕刻的骨架》，欧亚大陆考古学的实际问题——致力于哈萨克斯坦共和国独立 25 周年和以 A.X. 玛尔古拉娜考古研究所成立 25 周年的国际学术研讨会论文集，2016 年，阿拉木图）；4. 图尔格尼被雕刻骨架标本的手绘图（引自格里亚诺、雅茨阔……等：《图尔格尼河谷上游库孜布拉格 -4 号遗址中出土的一块被雕刻的骨架》，欧亚大陆考古学的实际问题——致力于哈萨克斯坦共和国独立 25 周年和以 A.X. 玛尔古拉娜考古研究所成立 25 周年的国际学术研讨会论文集，2016 年，阿拉木图）

长隔断里发现凌乱的人骨，同时还发现 4 件陶罐，另一侧的棺椁之间的隔断里出土漆器残块。北部南侧隔断里发现的两件黑灰色陶罐已破坏，这两件陶罐腹有管相互连体，并且肩部弓形把手相互连接。西北侧的陶器比较独特，黄褐色夹砂陶，口开于腹部，口沿微破损。这陶器从侧的陶罐相对较小，黑灰色肩部印有山字符号。除此之外，还有其他扰动过的遗物发现于棺内或棺椁之间的隔断里。即方形漆盘、5 颗锡珠子、北山羊头饰的骨簪、包金的铁器残片。

上述珍贵文物中我们所研究的器物为 21 号红褐色陶罐（图二，1）。该陶罐高 19.7、腹部直径 26、口径 9.9 × 10.2 厘米。开口于腹部、表面用稀土磨光，这种形制的陶罐从未在匈奴陶罐中出现过。一侧平一侧鼓腹，鼓腹中部有三圈凸起的旋纹，敞口。

根据出土器物的形制特征，我们查阅了东部和中亚地区有可能出现或分布区域内的古代文化遗物并进行了梳理和研究，现基本能确定当时在匈奴地区未生产过该类型器物，这可以再次证明这类器物应属外来遗物。

据调查我们距塔米尔乌兰浩硕墓地 2800 千米外的中亚哈萨克斯坦和乌兹别克斯坦之间的边境地区发现了与这相似的遗物（图二，2、3；图三；图四）。虽然在文献中有所记载，但对考古学而言尚还未完全识别康居考古遗存中出土的陶器。

图二　（*Зураг* 2. 1. 12 页）、1. 塔米尔乌兰浩硕墓地出土的背水壶；2. 希仁塞遗存中出土的背水壶（引自 M. Б. 朴德罗夫斯基主编：欧亚草原游牧之路是上的帝国，艾尔米塔什博物馆学术会议及文物展图录，圣彼得堡，2012 年）；3. 库勒 – 托别墓地出土的背水壶（A.H. 坡都什金，公元前 4 ~ 公元 6 世纪哈萨克斯坦南部阿热斯卡亚文化——突厥斯坦，2000 年）

七、考古学比较

塔米尔乌兰浩硕墓地28号墓出土的腹部开口的陶罐在中亚地区主要用来收集、运输和储存水，也有木斯塔哈拉（*мустахара*）一词来命名的情况[40]，年代大概为公元前2世纪至公元3世纪。这些背水壶通常被认为是从康居文化（乌兹别克斯坦卡吾恩钦文化、哈萨克斯坦杰提阿萨尔文化与阿热斯文化）的遗存中出土，此外在土库曼斯坦、吉尔吉斯斯坦等邻近地区同一时代的文化中也有发现。虽然背水壶的分布地域较为广泛，但大多出现在不同文化的遗存中，其在康居文化遗存中出土的比例和频率要比在其他文化遗存中高出很多，因此可以被看作是康居文化的典型器物。该器物最早可能与定居的塞人有关。目前对该器物的研究还处于初始阶段。

下面以中亚地区文化遗存中出土的马斯塔哈拉类背水壶为例：

乌兹别克斯坦－卡吾恩钦和萨尔玛特－月氏文化，

- 尼古拉斯基，乌兹别克斯坦塔什干巴彦布尔（公元1～3世纪瑟吉欧考）（图三，3）[41]，

- 史仁萨依墓，乌兹别克斯坦塔什干巴彦布尔（公元2～4世纪）（图二，2；图四，3）[42]，

- 拉吾亚恩达类墓葬，撒马尔干－布哈拉巴彦布尔（公元前2～公元1世纪）[43]，

- 图拉哈尔类墓（公元前2～公元1世纪）[44]。

哈萨克斯坦

- 阿克托别遗址，哈萨克斯坦南哈萨克斯坦州（图三，2）[45]，

- 杰提－阿萨热墓葬群，哈萨克斯坦克泽勒－奥尔德州（图三，1）[46]，

- 杰提－阿萨热9号遗址[47]。

吉尔吉斯斯坦

- 肯阔勒布拉格墓葬群（公元1世纪初期）（图四，1）[48]。

塔吉克斯坦

- 木格霍纳和库鲁木陶器传统，费尔干纳和北塔吉克斯坦（公元1～3世纪）（图四，2）。

土库曼斯坦

- 蔑什列皮塔赫提墓葬，霍加卡林河谷，土库曼斯坦。帕德嫩晚期文化（公元前1～公元1世纪）[49]。

这种背水壶的分布区域十分广泛，并且延续的年代也非常久远。从公元3～5世纪的布哈拉巴彦布尔墓地[50]出土的情况看，该类器物确实是这一区域古代文化的典型且主要器物之一。虽然从器物的形制特点而言与塔米尔乌兰浩硕出土的陶器相似，但尺寸和器形稍有区别。中亚地区的背水壶不管大小均为一侧鼓腹，但也有尖腹的；纹饰方

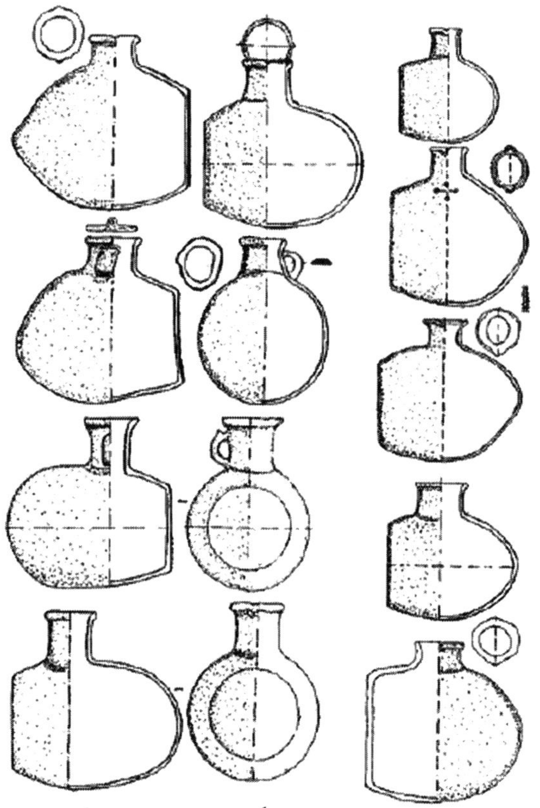

1

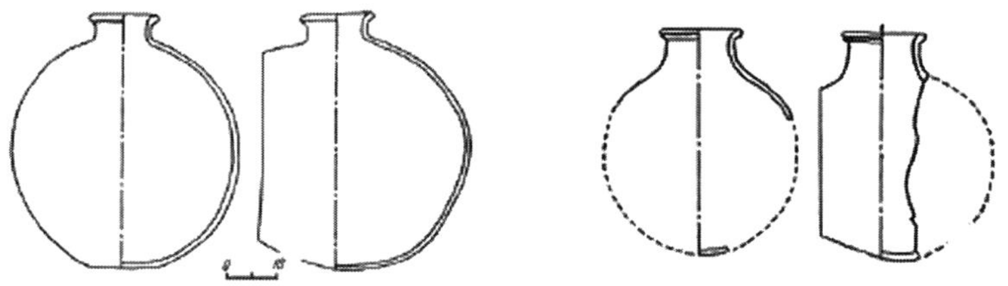

2

3

图三　（原文 Зурar 3. 1. 13 页）、1. 杰提－阿萨尔墓葬群（引自 Л.М. 列维纳：公元 1 世纪锡尔河下游和中游地区陶器，莫斯科，1971 年，图 13-31）；2. 阿克托别－号遗址（引自 Л.М. 列维纳：公元 1 世纪锡尔河下游和中游地区陶器，莫斯科，1971 年，图 31）；3. 尼克勒斯基遗址群（引自 Л.М. 列维纳：公元 1 世纪锡尔河下游和中游地区陶器，莫斯科，1971 年，图 55）

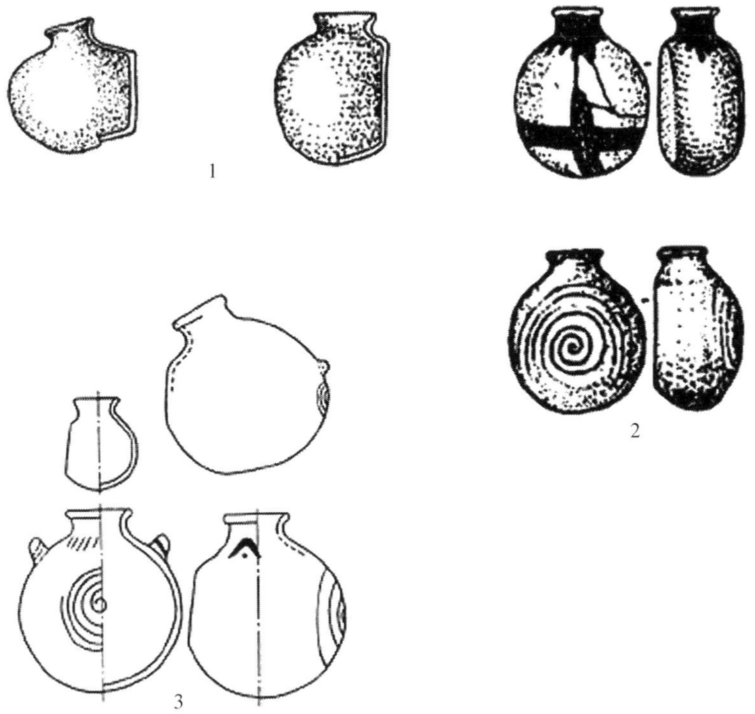

图四 （原文 3ураr 4. 1. ,14 页)1. 肯阔勒墓葬群（引自 A.H. 别仁什塔木：肯阔勒墓葬群 彼得格勒市，1940 年）； 2. 穆格霍纳或库鲁姆类型墓葬（引自 Л.M. 列维纳：公元 1 世纪锡尔河下游和中游地区陶器，莫斯科，1971 年）； 3. 希仁塞墓地（引自 Л.M. 列维纳：公元 1 世纪锡尔河下游和中游地区陶器，莫斯科，1971 年）

面，鼓腹中部有一圈圈凸起的旋纹，同时这些器物均为红褐色或黄褐色，同时水壶腹部两侧有系绳的壶耳，有些在口沿下颈部位置，这些情况再次可证明是背水壶。

塔米尔乌兰浩硕墓地 28 号墓出土的陶器从颜色、器形、器类以及结构等方面都与中亚康居考古遗存中出土的背水壶相似，目前该陶器的来源非常清楚，但我们需要研究的是这种陶器怎么从中亚以什么路线来到蒙古高原又怎么随葬到了匈奴墓葬之中。

八、结　　语

我们所称匈奴贫民墓的圆形石圈墓中出土不少外来遗物。这些遗物大多是来自中国汉朝以及地中海地区搬运方便、比较珍贵和较稀缺的金属类、玻璃、陶瓷和石器等遗物。而不易长途搬运以及较脆弱的陶器背水壶是第一次出土，并且我们还通过多种资料证明了这类背水壶是中亚康居考古遗存中较常见的一种器物。可惜的是我们目前还没有足够的证据解答这类器物是以什么路线搬运至蒙古，又怎么随葬到了匈奴墓葬之中的问题。值得一提的是，2017 年的发掘中从 23 号墓葬中也出土了一件黑灰色表面磨光过的陶杯类器物。目前为止从其他遗存中还没发现此类器物，该器物表面用细釉类涂料磨光过，可能也来自中亚地区。因此可以说从塔米尔乌兰浩硕墓地不止一件陶器而是一批类似的器物出土，这些器物的出现不是偶然现象，而是与重要的历史事件有关。

匈奴与康居关系最密切的时期为公元前1世纪中期，这一时期郅支单于西迁至康居故地建造自己的城池。根据历史文献我们也可知道，郅支单于之前，康居与匈奴西部地区也有一定的联系。可以确定的是，公元前1世纪中期塔米尔乌兰浩硕墓地安葬的勇士可能曾经亲自去过康居故地。这类背水壶不是丝绸之路上的贸易品，只能是个人从康居故地拿来的。不仅如此，M34号墓出土的陶器也同样可能来自中亚。

作为游牧文化的康居典型器物首次从蒙古地区匈奴墓主中出土，游牧族群相互欣赏各自的文化并以某种方式占为己有，这些历史的物证就是背水壶。

注 释

［1］ З. Батсайхан. Тамирын Улаан хошуунд хүннү булш малтан судалсан тухай. -Studia Archaeologica. Tom. XXXIV, Fasc. 17. -УБ., 2014, т. 214-235［J］; Ц. Төрбат. Тамирын Улаан хошууны булш ба Хүннүгийн угсаатны бүрэлдэхүүний асуудалд. -Түүхийн сэтгүүл. Tom. IV, Fasc. 1. -УБ., 2003, т. 6-17［J］; D. E. Purcell, K. C. Spurr. Archaeological Investigations of Xiongnu Sites in the Tamir River Valley: Results of the 2005 Joint American-Mongolian Expedition to Tamiryn Ulaan Khoshuu, Ogii nuur, Arkhangai aimag, Mongolia. -in: The Silk Road. Vol. 4/1, 2006, pp. 20-32［J］.

［2］ Д. Цэвээндорж, З. Батсайхан Хүннүгийн шавар сав. -Studia Archaeologica. Tom. XIV, Fasc. 5. -УБ., 1994, т. 76-107［J］.

［3］ З. Батсайхан Хүннү (түүх, археологи, угсаатны зүй). -УБ., 2002［C］.

［4］ Д. Наваан. Археологийн 100 ваар сав. -УБ., 2002［M］.

［5］ Ц. Төрбат. Керамика хуннского могильника Бурхан-толгой. -Антропологи, Археологи, Угсаатан судлал. МУИС-ийн ЭШБ. No. 210 (19). -УБ., 2003, т. 82-100［J］; Ts. Turbat. La céramique. -in: P. -H. Giscard, Ts. Turbat, E. Crubezy. Le Premier empire des Steppes en Mongolie. Histoire du peuple Xiongnu et étude pluridisciplinaire de l'ensemble funéraire d'Egyin Gol. -Dijon: Éditions Faton, 2013, pp. 240-248［C］.

［6］ Ц. Төрбат, Т. Батбаяр, Н. Пуса. Хүннүгийн үеийн Бороогийн суурингийн серамологийн судалгаа. -Acta Historica. Tom. VI, Fasc. 1. -УБ., 2005, т. 5-23［J］.

［7］ J. Wright. Xiongnu Ceramic Chronology and Typology in the Egiin Gol Valley, Mongolia. - in: Xiongnu Archaeology: Multidisciplinary Perspectives of the First Steppe Empire in Inner Asia. Edited by U. Brosseder and B. K. Miller. -Bonn: Vor- und Frühgeschichtliche Archäologie, Rheinische Friedrich- Wilhelms-Universität Bonn, 2011, pp. 161-168［C］.

［8］ Ч. Амартүвшин, Г. Галдан. Бага Газрын чулууны хүннү булшнаас илэрсэн шавар сав суулга. -Studia Archaeologica. Tom. XXXII, Fasc, 8. -УБ., 2012, т. 122-135［J］.

［9］ S. Thorimbert. La céramique. -in: N. Pousaz, D. Ramseyer, Ts. Turbat. L'Habitat Xiongnu de Boroo

Gol. Recherche archeologique en Mongolie (2003-2008). -Infolio, 2013, pp. 108-158 [C].

[10] Г. Эрэгзэн. *Шавар ваар сав*. -Хүннүгийн өв. Каталоги. Эмхтгэн нийтүүлсэн Г. Эрэгзэн. -УБ., 2011, т. 152 [M].

[11] Ц. Төрбат. *Монголын эртний шавар сав*. Каталоги. Ботийн редактор Ц. Төрбат. "Монголын археологийн өв" 6 боть каталоги. Боть VI. -УБ., 2016 [M].

[12] M. Hall, S. Minyaev. *Chemical Analyses of Xiongnu Pottery: a Preliminary Study of Exchange and Trade on the Inner Asian Steppes*. -In: Journal of Archaeological Sciences. 2002, Vol. 29, pp. 135-144 [J].

[13] S. Saran. *Luminescence Dating and Technology Study of Xiongnu Pottery*. -Хүннүгийн эзэнт улс ба Монголын эртний түүхийн судалгаа. Редактор Б. Батсүрэн. -УБ., 2012, т. 605-609 [M]; S. Saran, Ts. Turbat. *The Chronology of Boroo settlement, Mongolia: OSL Dating of Xiongnu Pottery*. -in: Xiongnu Archaeology: Multidisciplinary Perspectives of the First Steppe Empire in Inner Asia. Edited by U. Brosseder and B. K. Miller. -Bonn: Vor- und Frühgeschichtliche Archäologie, Rheinische Friedrich-Wilhelms-Universität Bonn, 2011, pp. 169-172 [C].

[14] П. Б. Коновалов. *Хунну в Забайкалье (погребальные памятники)*. -Улан-Удэ, 1976 [M].

[15] В. Д. Кубарев, А. Д. Журавлева. *Керамическое производство хуннов Алтая*. -Палеоэкономика Сибири. -Новосибирск, 1986, стр. 101-119 [C].

[16] А. В. Давыдова. *Иволгинский комплекс (городище и могильник)-памятник хунну в Забайкалье*. -Л., 1985 [M]; А. В. Давыдова. *Иволгинский могильник*. Иволгинский археологический комплекс. Том 2. -СПб., 1996 [M].

[17] Г. Эрэгзэн Г. *Шавар ваар сав*. -Хүннүгийн өв. Каталоги. Эмхтгэн нийтүүлсэн Г. Эрэгзэн. -УБ., 2011, т. 152 [M].

[18] Ю. С. Гришин. *О находках расписных сосудов в гуннских могилах Монголии*. -СА. 1979, №3, стр. 260-262 [M].

[19] Ю. С. Гришин. *О находках расписных сосудов в гуннских могилах Монголии*. -СА. 1979, №3, стр. 261-262 [M].

[20] Л. А. Боровкова. *Запад Центральной Азии во II в. до н. э. -VII в. н. э. (историко-географический обзор по древнекитайскими источниками)*. -М., 1989, стр. 21 [M].

[21] Л. А. Боровкова. *Запад Центральной Азии во II в. до н. э. -VII в. н. э. (историко-географический обзор по древнекитайскими источниками)*. -М., 1989, стр. 20 [M].

[22] Л. А. Боровкова. *Царства "Западного края" во II-I веках до н. э. (Восточный Туркестан и Средняя Азия по сведениям из "Ши чжи" и "Хань шу")*. -М., 2001, стр. 99 [M].

[23] 同 [22]: стр. 293.

[24] 同 [22]: стр. 307, 308.

[25] Г. А. Пугаченкова. *Из художественной сокровищницы Среднего Востока*. -Ташкент, 1987 [M].

[26] M. Mode. *Heroic fight and dying heroes - The Orlat battle plaque and the roots of Sogdian Art*. -Eran

ud Aneran. Marschak Festschrift. -Venice, 2006, p. 424［M］; A. Kurbanov. *The Archaeoloy and History of the Hepthalites*. Universitaetsforschungen zur praehistorischen Archaeologie. Band 230. -Bonn: Verlag Dr. Rudolf Habelt GmbH, 2013, pp. 87-88［M］.

［27］ А. А. Горячев, С. А. Яценко, Т. А. Егорова. *Костяная пластина с гравированной композицией из поселения раннего железного века Кызырбулак-IV в верховьях ущелия Турген*. -Актуальные проблемы археологии Евразии. Сборник материалов международной научно-практической конференции, посвященной 25-летию независимости Республики Казахстан и 25-летию Института археологии им. А. Х. Маргулана. -Алматы, 2016［C］.

［28］ Л. А. Боровкова. *Царства "Западного края" во II-I веках до н. э.* (*Восточный Туркестан и Средняя Азия по сведениям из "Ши чжи" и "Хань шу"*). -М., 2001, стр. 295［M］.

［29］ 同［28］: 306.

［30］ Л. М. Левина. *Керамика Нижней и Средней Сырдарьи в I тыс. н. э.* -М., 1971, стр. 64-76［M］; А. Н. Подушкин. *Арысская культура Южного Казахстана. IV в. до н. э. -VI в. н. э.* -Туркестан, 2000［M］; Л. М. Левина. Этнокультурная история Восточного Приаралья. I тыс. до н. э. -I тыс. н. э. -М., 1996［M］.

［31］ А. Н. Свиридов. *Кангюйская проблема в археологии Казахстана*. -Проблемы истории, филологии, культуры. 2012. №2 (36), стр. 113-128［J］.

［32］ Р. Д. Темиргалиев. *О ранней истории народа канцзюй*. -in: Global Turk, 2018, No. 1-2, pp. 107-130［C］.

［33］ К. М. Байпаков, Е. А. Смагулов, А. А. Ержегитова. *Ранеесредневековые некрополи Южного Казахстана*. -Алматы, 2005, стр. 88, 168［M］.

［34］ Е. П. Китов, А. Саипов. *Новые краниологические материалы из могильника Борижары* (*к вопросу о населении средней Сырдарьи и Таласа*). -Известия Самарского научного центра РАН. 2015, № 3-2, стр. 548-558［C］.

［35］ А. Н. Подушкин. *Арысская культура Южного Казахстана. IV в. до н. э. -VI в. н. э.* -Туркестан, 2000［M］; Байпаков К. М., Авизова А. К. *Тамгообразные знаки на керамике с памятников Отрарского оазиса доарабской эпохи*. - Поволжская Археология. 2017, №3 (21), стр. 155-167［J］.

［36］ А. Н. Подушкин. *Арысская культура Южного Казахстана. IV в. до н. э. -VI в. н. э.* -Туркестан, 2000, стр. 140［M］.

［37］ A. Podushkin. *Der staat der Kangju aus sicht der archäoljgie*. -Unbekanntes Kasachstan. Archäologie im Herzen Asiens. Band II. -Bochum: Deutches Bergbau-Museum, 2013, pp. 793- 809, p. 803, Abb. 7-6［M］.

［38］ А. Н. Подушкин. *Арысская культура Южного Казахстана. IV в. до н. э. -VI в. н. э.* -Туркестан, 2000, 153-156, Табл. 1-5; Подушкин А. Н. *Катакомбы могильника Кылышжар*. -Маргулановские чтения-2011. Материалы международной археологической конференции. Астана, 20-22 апр. 2011 г. -Астана, 2011, стр. 327-332［M］; A. Podushkin. *Der staat der Kangju aus sicht der archäoljgie*. -

Unbekanntes Kasachstan. Archäologie im Herzen Asiens. Band II. -Bochum: Deutches Bergbau-Museum, 2013, pp. 793- 809, pp. 800-803, Abb. 7 [M].

[39] A. Podushkin. *Der staat der Kangju aus sicht der archäoljgie*. -Unbekanntes Kasachstan. Archäologie im Herzen Asiens. Band II. -Bochum: Deutches Bergbau-Museum, 2013, pp. 793- 809, p. 803 [M].

[40] К. Алимов. *Кендыктепе*. -Древности Туябугуза. -Ташкент, 1978, стр. 109 [M].

[41] Л. М. Левина. *Керамика Нижней и Средней Сырдарьи в I тыс. н. э.* -М., 1971, рис. 55 [M].

[42] Гайдукевич В. Ф. *Могильник близ Ширин-Сая в Узбекистане*. - Советская археология. Вып. XVI. -М. -Л., 1952, стр. 342, рис. 11-1 [J].

[43] Боталов С. Г. *Гунны и тюрки* (*историко-археологическая реконструкция*). -Челябинск, 2009, стр. 119, рис. 18-43, 19-82 [C].

[44] Боталов С. Г. *Гунны и тюрки* (*историко-археологическая реконструкция*). -Челябинск, 2009, рис. 20-85 [C].

[45] Л. М. Левина. *Керамика Нижней и Средней Сырдарьи в I тыс. н. э.* -М., 1971, стр. 117, 125, рис. 34, 40, 45-21 [M].

[46] Л. М. Левина. *Керамика Нижней и Средней Сырдарьи в I тыс. н. э.* -М., 1971, рис. 13-31 [M]; Л. М. Левина. Этнокультурная история Восточного Приаралья. I тыс. до н. э. -I тыс. н. э. -М., 1996, рис. 69, 71-72 [M].

[47] Л. М. Левина. *Керамика Нижней и Средней Сырдарьи в I тыс. н. э.* -М., 1971, стр. 24, рис. 6-44 [M].

[48] А. Н. Бернштам. *Кенкольский могильник*. -Л., 1940 [M].

[49] А. М. Мандельштам. *Мештерхазинский могильник*. -КСИА. №128, стр. 66-72, рис. 28-5 [C].

[50] C. L. Muzio. An archaeological outline of the Bukhara Oasis [J]. *Journal of Inner Asian Art and Archaeology*, 2009 (4) 48, fig. 9.

Xiongnu and Kangju: A Forgotten History of Interactions (On the Motif of a Ceramic Pot from Tomb #28 of Tamir Ulaan Khoshuu)

Ts. Turbat

Abstract: During the excavation of Xiongnu period funeral complex Tamir Ulaan Khoshuu in Central Mongolia a ceramic pot of specific form unearthed in 2015 by Mongol-French Joint project field research team. Tamir Ulaan Khoshuu is the largest funeral complex of Xiongnu period "Commoners burials" in Mongolia with its 400 graves of circular form. Moreover from this funeral complex we have the most various and numberious findings of ceramics of Xiongnu period in whole Mongolia. Actaully we have more than 200 ceramic pots from

70 burials already excavated in this site. Among them 10 ceramic pots distinguished forms discovered first ever in Xiongnu culture.

Ceramic pot-flask discussed in this paper was discovered in the Tomb #28 of Tamir Ulaan Khoshuu. Its form and consistency differs significantly from Xiongnu standard ceramics. The form of the ceramic is untypical: with the mouth in the side, flat bottom and slightly bosseleated round top and made of reddish colour clay, definitively coated with angob, it was clear that this ceramic came to the Xiongnu tomb from a foreign culture. After the extensive analysis of analogues from neighboring regions we have identified that this form ceramics were in use in Central Asia during the Kangju period. This type flasks was very typical in Kangju culture and even had special name-mustahara.

Although in Xiongnu funeral monuments we are finding several categories of foreign culture objects, it was first ever ceramic pot, which is themself an unconvinient object for long distance transport, as a material easy to break, and economically unprofitable object of trade. Therefore I would assume that this specific ceramic pot was related to a personal history, an object of personal attirance. According to this object we needs to revalue the relationship between two nomadic people of Central Asia-Xiongnu and Kangju.

Historically attested that Xiongnu and Kangju were political allies and close partners during the 2-1st centuries BCE. Nevertheless no archaeological evidence was occurred both in Xiongnu culture and and Kangju as well. In this context, this ceramic flask is particularly interesting to reveal the forgotten relationship between two nations.

I would suppose that this ceramic flask was personal item purchased in Kangju land or war booty during the well known Zhizhi chanyu and Huhanye chanyu internal war period in the second half of 1st century BCE.

Keywords: Xiongnu; Kangju; mustahara flask; Nomadic inter-relations

汉“君子”砖考述

翟鹏飞

（河北师范大学历史文化学院，石家庄，050011）

内容摘要：河北沧州西北部的肃宁、任丘及邻近区县，自清代以来陆续有带“君子”铭文的汉砖出土。“君子”铭汉砖的发现及其拓本的流传使之在直隶、京师、山东一带的文人之间获得了广泛而持续的关注。君子砖本为墓砖，但长期被附会成西汉河间献王“君子馆”故物，本文重点梳理了君子砖的发现史并从考古学的角度对之进行重新分析。本文主张君子砖应为东汉时期的墓砖，集中见于河间国西部以及邻近的安平国东部这一范围内，以“君子”铭墓砖砌筑墓室是流行于该区域的一种特殊葬俗。

关键词：君子砖；君子馆；河间国

一、“君子”砖发现与收藏史[1]

君子砖见于著录始于清代，早期君子砖收藏者以当地学者为主，目前可考者有肃宁孔氏、苗夔、刘子重、高继珩等人。学界普遍认为君子砖的收藏始自苗夔，但实际上应以肃宁孔氏为早。民国《献县志》中收录了一件纪晓岚祖辈纪坤旧藏的“君子”铭瓦，附有盐山李学白的跋语：

> 汉武建元初，河间献王德开君子馆以招学修之士，其创建之始，凡砖瓦器具皆镌以“君子”字，曩见肃宁孔氏藏有君子砖，其瓦则未之觏也……乾隆甲寅（1794年）冬月盐邑素心氏李学白识。[2]

肃宁孔氏，生平不详，其主要生活时代当在乾隆前后。李学白跋语中说肃宁孔氏藏有君子砖，但并未言明发现地点。孔氏既居肃宁之地，且君子砖多见于肃宁及邻近各县，因此推测其发现地当不会出此范围。李氏在跋语中将君子砖、君子瓦与君子馆相关联，可视为时人对此类铭文的基本认识。孔氏是目前有据可查的最早的君子砖收藏者[3]，但其所藏君子砖在当时并未引起较多的关注。后世学者包括肃宁本地的苗夔以及在肃宁为官的刘子重等人在谈及君子砖时并无人提及孔氏的收藏，足见其影响有限[4]。直至苗夔重新发现君子砖后，该砖始为学界重视。关于苗夔发现君子砖的经过，可见苗夔自撰诗文：

……庚辰九日偶之野，登高何处看黄华。县城东南十余里，有汉河间国旧址……当年谁筑日华宫，客馆二十高连空。我来寻访无遗迹，但见霜华染树燕支红……钩弋坡前珠玉碎，垣翰亭边走荒秽。近前拾得一古砖，依稀上有“君子”字……花纹方形胜骈罗……此应造自建元岁……后儒安可污前贤，馆不在此此何砖……[5]

李联榜《题六君子砖拓本》：

嘉庆庚辰（1820年），肃宁苗先露学植于县城东南十余里拾得之，其地即河间国故址。仙露拓数百本，分赠同人，题詠积卷。于是士人竞相访求，凡有得，仙露辄索拓一纸见寄。道光乙未（1835年），仙露复得此砖，遂以归余……

此砖初出在肃宁某秀才许，仙露以汲古阁本《十三经》易之以赠。[6]

《光绪畿辅通志·卷一六一·古迹八》引《肃宁县采访册》云：

县治东南十余里有武垣郡城，邑优贡生苗学植博学好古，谒毛公祠，得砖一枚，上刻君子二字……其后庠生刘溯主讲毛公祠畔，又得“君子馆”砖三。嗣是而得者，有“君子大吉”“君子长生”字样。[7]

何绩溪 题《河间君子馆砖拓本》跋：

（苗夔）丁亥（1827年）秋，以一砖示予，上镌隶书“君子”二字，云得之垣城南，定为君子馆之所遗。[8]

苗夔在《苗氏说文四种》中自述其收藏情况：

夔家藏“君子”砖五块，皆汉隶书，又“君子长生”“君子大吉”砖各一块，独“君子长生”砖腹下有甘露二年钱文印。[9]

苗夔（1783 ~ 1857年），肃宁人。苗夔题君子砖的诗文目前可见三个版本[10]，其中关于苗夔发现君子砖时间的记载存在矛盾。前引多种文献均表明苗夔发现君子砖的地点在肃宁的武垣城遗址。苗夔推断“君子”砖为西汉河间献王所修日华宫“君子馆”之砖，并据此认为所谓“君子馆”就在武垣城。苗夔得砖之后“拓数百本，分赠同人”，这不仅使君子砖被广泛关注，也使得苗夔关于君子砖性质的推定被广泛接受。此后苗夔又多次得到君子砖以及君子砖拓片[11]，这些拓片的原主人多是受到苗夔的影响而搜求君子砖之人。继苗夔之后，访求君子砖的有高继珩、刘子重二人，二人的搜访是共同进行的。

高继珩《蝭阶外史》有“君子砖”条：

> 后予官河间，学博刘子重同官肃宁，约共搜访。子重得九砖，其一刻“日华”字，八皆“君子”也。予得二砖，皆“君子”，又一砖，“君子”已泐尽，仅存其影，而方花纹深刻明润，质完好，尤古雅。[12]

方朔《汉河间献王君子馆砖文跋》亦记述此事，其内容与《蝶阶外史》所载基本相同，但所记刘子重发现砖的数量有异：

> 是时（高继珩）并出三砖见示：其二砖，阳文凸起，中隔二画，与苗本不大相远；其一砖字已泐尽，仅存其影，侧面方花纹全在。予询广文（高继珩），广文云：……子重得六砖，其一系“日华”二字，五皆“君子”。予得三砖，皆“君子”，其一字面泐尽者，以村人不知爱重，砌为灶台，年深日久，磨蚀殆平耳。[13]

此外，方寄泉《养渊堂古文 卷一 刘子重君子八砖拓本赞》云：

> 子重官肃学博时访得八砖，构小楼供之，题曰砖祖楼。[14]

又，张之洞《君子馆记》：

> 道光中，肃（宣庙讳）耕者数于田原坟陇中得之，教谕全福始加表彰，由是博古者宝焉。[15]

高继珩（1797 ~ 1865 年），于道光二十八年（1848 年）任河间教谕[16]；刘子重，即刘铨（全）福，生卒年不详，与高继珩为同时代人，曾任肃宁教谕。刘子重、高继珩二人当时均在河间、肃宁为官，此时苗夔亦在肃宁。刘子重不仅与苗夔有交谊[17]，其父刘位坦还收藏有苗夔题诗的君子砖拓本[18]，因此刘、高二人寻访君子砖与苗夔的影响是分不开的。文献中关于刘子重与高继珩共同搜访时所得君子砖数量的记载存在差异。据《汉河间献王君子馆砖文跋》记述，刘子重所得君子砖一共五枚，而《蜨阶外史》中则记为“子重得九砖，其一刻‘日华’字，八皆‘君子’也”。跋文系转述高继珩语，而《蜨阶外史》则为高继珩自述，后者可信度更高。又，据方寄泉《刘子重君子八砖拓本赞》中“子重官肃学博时访得八砖，构小楼供之，题曰砖祖楼”，亦可知刘子重此次所得君子砖应为八枚。《补寰宇访碑录》中又云：“大兴刘氏藏十枚（君子砖），字无同者”[19]，可知此后刘子重又获得了新的君子砖。刘子重所藏君子砖后来有一部分归李濬之收藏[20]。

在此之后，见诸记载的还有一次君子砖的发现。王树枬《文莫室诗集》中有题君子砖诗文一则，序言中云：

> 同治壬戌（1862年），河间毛公墓坏于雨。土人掘之，出砖门三，坼其顶，得君子砖数枚。旁砌者皆花纹，无字。光绪辛巳（1881年），邑冯明经持二枚来莲池，一贻贵筑师，一为盐山刘颖侯所得……左侧回文，背麻布纹，质里坚緻，与君子砖大小厚薄皆同，洵西京物也。[21]

《直隶风土调查录》记载：

> （河间县）城北三十里铺毛公寺有君子砖，可作砚，好古者多宝藏之。现已不易得矣。[22]

据雍正《畿辅通志》乾隆《河间府志》乾隆《河间县志》可知河间的“毛公墓”位于河间城北三十里，即今日的河间城北的三十里铺村。王树枬所记载的这次发现具有重要意义，这是清代发现的众多君子砖中唯一一例具有明确出土情境的。“贵筑师”即刘子重之姐 / 妹夫黄彭年[23]。2018西泠春拍中出现的《刘铨福、黄彭年等旧藏君子砖等砖瓦、造像、印蜕杂拓册》中就含有多张君子砖拓片，均为刘子重、黄彭年旧藏。据《直隶风土调查录》可知，三十里铺村发现的君子砖吸引了不少人收藏，到民国初年该种砖已经不易获得。

民国时，鲁迅先生亦曾收藏有来自肃宁的君子砖。《鲁迅日记》1924年9月10日记：

> 十日 晴，齐寿山为从肃宁人家觅得“君子专”一块，阙角不损字，未定直，姑持归，于下午打数本。[24]

鲁迅先生收藏的这块砖出自肃宁，原砖现藏北京鲁迅博物馆，此砖拓片后被收录于《俟堂专文杂集》中。同书中还收录有另外一块君子砖的拓片，上钤“子重”印，可知此拓当为刘子重旧藏。除鲁迅先生外，民国时河间圣公会医院张馨谷博士亦藏有君子砖[25]。

建国后亦有为数不少的君子砖被发现。1999年于河北安平水泥管厂东汉墓中发现了一枚“君子”砖，同墓中还发现有“子”字砖和“大吉”砖[26]，这是目前可见的唯一经考古发掘发现的君子砖。在任丘、河间两地，当地学者收集到了为数不少的君子砖，收录于《任丘金石文征》《河间金石遗录》《诗经在河间》三部著作中，目前均有实物及拓片留存。据《任丘金石文征》记载，2009年高阳县旧城镇石家庄村发现有砖室墓，“其墓门发券用砖，迎面皆范‘君子’二字，‘君’字与任丘所出者同，‘子’字稍异，略带篆意”[27]，可知高阳县亦有此砖。此外饶阳师钦村也发现有君子砖[28]。

除君子砖外，该地区还发现有“君”“君子长生”“君子大吉”砖。《光绪畿辅通志卷一六一 古迹八》引《肃宁县采访册》“其后庠生刘溯，主讲毛公祠畔，又得君子馆砖三。嗣是而得者，有‘君子大吉’‘君子长生’字样”。“君”字砖见于2016年西泠秋拍清代《汉河间献王君子馆砖砖文》。自清代以来，这几种砖偶有出土，时人将这三种砖亦称为“君子砖”“君子馆砖”。无论从文献还是传世的拓片来看，这三种砖在建国前的发现和著录数量都远不及君子砖。1966年，在献县柳椽村发现砖室墓，墓室多用“君”字砖砌筑[29]，其风格与清代的“君”字砖拓片相同；1999年，在河北安平水泥管厂东汉墓还发现有“子”字砖。

二、“君子”砖形制分析

自清代以来，君子砖的具体发现数量已无从考证，1949年前发现的君子砖多数仅存拓片，而且这些君子砖拓片流传情况复杂、出土地点并不明确。目前可搜集到的君子砖材料共26例，其中绝大多数均有线索表明应出自沧州西部及邻近区县[30]。现将目前可见的君子砖拓本及实物材料列为表一，并对拓本的收藏、著录情况进行简要说明。

表一 君子砖材料[31]

编号	具体信息	类别
1	何绩溪藏《汉河间君子馆砖拓本》，有何绩溪、苗夔等人题跋，落款日期为道光八年（1828年）。据何绩溪题跋可知原砖为苗夔发现于武垣城者。何绩溪时任肃宁知县。（《书法丛刊》，2015年第3期）；同砖拓本亦见于《许瀚收藏金石遗书合册》，钤“横琴馆藏”印，同册有许瀚手书《君子砖歌》（该合册见于2017西泠春拍）；同砖拓本亦见于《君子留真谱》，题“武垣汉砖”；同砖拓本亦见沈曾植旧藏《东汉河间献王君子馆砖拓本》，有苗夔题跋，钤“苗夔之印”“宽父”“刘位坦”印（《金石书画 第三卷》）	Bb
2	杨铎藏《汉河间君子馆砖砖文》合拓本，该拓本含六枚君子砖，有同治六年（1867年）杨铎跋（以下简称“杨藏本”关于该拓本题跋的情况亦不一一介绍）（该合拓本见于2016西泠秋拍）；同砖拓本亦见于《艺林旬刊》1929年41期（图一，6）	Bb
3	杨藏本	Ac
4	杨藏本；仅残存“子”字；同砖拓本亦见于李宗侗《汉晋砖图录》	Ba
5	杨藏本；同砖拓本亦见于《刘铨福、黄彭年等旧藏君子砖等砖瓦、造像、印蜕杂拓册》，该册含六枚君子砖拓本（以下简称“刘黄藏本”）（该杂拓册见于2018西泠秋拍）	Ba

续表

编号	具体信息	类别
6	杨藏本；同砖拓本亦见于刘黄藏本，钤“砖祖斋”印	Ac
7	杨藏本；同砖拓本亦见于刘黄藏本，钤“砖祖斋”印	Bb
8	刘黄藏本，钤“砖祖斋”印；同砖拓本亦见于《艺林旬刊》，1929年第57期（图一，7）	Bc
9	刘黄藏本，钤“砖祖斋”印；鲁迅亦收藏有同砖拓本，钤“子重”“砖祖斋”印，见《鲁迅藏拓本全集 砖文卷》（编者将“砖祖斋”误释为“齐惠祖”）（图一，5）	Ba
10	刘黄藏本，钤“砖祖斋”印；同砖拓本亦见于《艺林旬刊》1929年第37期	Ba
11	司马芙生藏《汉河间献王君子馆砖》拓本，钤“晋斋手拓”印，见于司马芙生所集金石拓本集册《金石捃》中，“晋斋手拓”为晚清文人吴廷康（1799～1873年）之印（该集册见于德州经伟·弘文2016暑期拍卖会）	Bb
12	陈介祺藏拓，钤多枚陈介祺印章，见《国家图书馆藏陈介祺藏古拓本选编·古砖卷》	Bb
13	陈介祺藏拓，见《国家图书馆藏陈介祺藏古拓本选编·古砖卷》（图一，3）	Ac
14	李浚之《君子留真谱》收录	Ac
15	李浚之《君子留真谱》收录（图一，8）	Bd
16	鲁迅藏砖，拓本见《鲁迅藏拓本全集 砖文卷》，砖现存北京鲁迅博物馆（图一，1）	Aa
17	河间圣公会医院张馨谷藏砖，拓本见《河北月刊》，1935年第三卷，第4期	Aa
18	唐云艺术博物馆藏砖，已改做砚台，见于《唐云艺术馆藏品精萃》	Bb
19	河间诗经斋藏砖，拓本见《诗经在河间》	Aa
20	河间诗经斋藏砖，拓本见《河间金石遗录》（图一，2）	Ab
21	河间诗经斋藏砖，拓本见《河间金石遗录》	D
22	任丘博物馆藏砖，拓本见《任丘金石文征》，该砖与编号23者发现于同一座砖室墓	Ab
23	任丘博物馆藏砖，拓本见《任丘金石文征》（图一，10）	D
24	襄城县某氏藏砖，已改做砚台，拓本见《中原文化大典 文学艺术典 书法》，砚铭中可辨“河间……君子馆……苗先露”字样（图一，4）	Ad
25	出土于安平水泥管厂东汉砖室墓，摹本见《文物春秋》2005年第2期	Aa
26	出土于饶阳师钦村，拓本见《朱惠民集 第四卷》（图一，9）	C

目前可见君子砖拓片大多数仅能看到其铭文面的形态，整砖的尺寸及纹饰分布则不可尽知。目前可以依据铭文面的形状及纹饰形态将这批君子砖材料分成四大类，再依据铭文的字体及其与各种纹饰的组合对各大类进行进一步细分，初步分类如下：

A型　铭文位于砖的短侧面，纵向布局，中间有界格，将砖侧面分为上下两部分，上半部为纹饰，下半部为“君子”二字。与“君子”二字组合的纹饰主要有“X”与点的组合纹以及菱形纹两大类。可以依据纹饰细节的不同将该型分为四个亚型。

Aa型　菱形纹。

Ab型　外部边框四角带方格的菱形纹。

Ac型　“X”与两点的组合纹。

Ad型　“※”纹。

B型　铭文位于砖的短侧面，纵向布局，中间有界格，将砖侧面分为上下两部分，上半部为“君”字，下半部为“子”字。依据“君子”二字的书体（主要是“子”字的差异），可以分为四个亚型。

Ba 型 “子”字带篆意，下半部曲折。

Bb 型 “君子”为隶书，简约舒朗。

Bc 型 “子”字一横两端上折。

Bd 型 “子”字一横呈浅“U”形，“君”字“口”部呈三角形。

C 型 铭文位于砖的侧面（无法判断是短侧面还是长侧面），纵向布局，铭文在上部，下部至少有两组外部边框四角带方格的菱形纹。

D 型 铭文位于砖的短侧面，横向布局，铭文两侧为两组外部边框四角带方格的菱形。

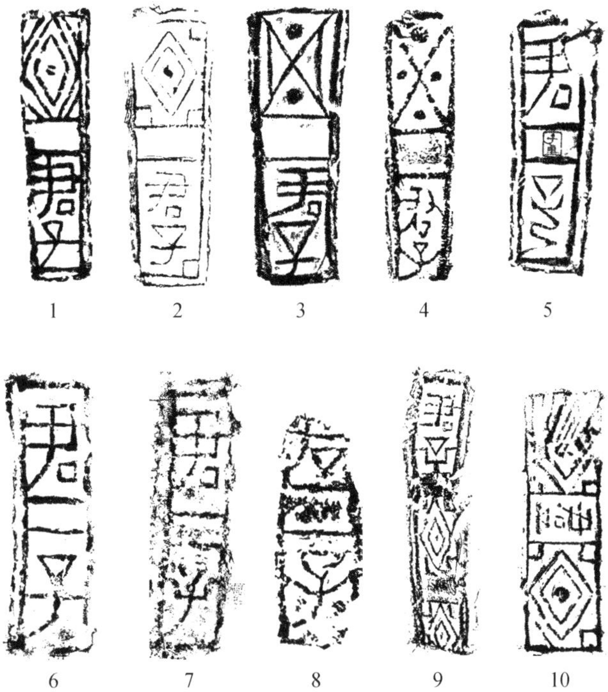

图一 君子砖的类型

1. Aa 型 2. Ab 型 3. Ac 型 4. Ad 型 5. Ba 型 6. Bb 型 7. Bc 型 8. Bd 型 9. C 型 10. D 型

（1.《鲁迅藏拓本全集·砖文卷》；2.《河间金石遗录》；3.《国家图书馆藏陈介祺藏古拓本选编·古砖卷》；4.《中原文化大典·文学艺术典·书法》；5.《鲁迅藏拓本全集·砖文卷》；6.《艺林丛刊》1929 年第 41 期；7.《艺林丛刊》1929 年第 57 期；8.《诗经在河间》；9.《朱惠民集·第四卷》；10《任丘金石文征》）

通过上述类型划分并结合各样本的具体形态，可得出以下几点认识。

（1）就砖的形状来看，可将君子砖可分为两大类，一种是最为常见的长方体条砖（13 枚），另一种是短侧面呈梯形的楔形砖（12 枚）。A 型砖中除 Aa 型外均为楔形砖[32]，B 型砖中除 Ba 型外均为条砖，可见砖的形态与其装饰风格是存在相关性的。一般情况下在砌筑时砖上文字应保持正向，这说明 A、B、C 三型砖与 D 型砖在砌筑时的放置方式是不同的，而条形砖与楔形砖的具体砌筑方式应该也存在差别，楔形砖应该是发券用砖。需要说明的是，尽管风格上差异较大，但由于多数砖均为传世品，因此无法判断各类型相对时间的早晚。

（2）就装饰风格而言，君子砖的正反两面多为绳纹或素面，其铭文均位于砖的侧面，且绝大多数位于短侧面，纵向书写。君子砖中"君子"二字存在不同的书写方式，A 型与 B 型砖每一亚型的铭文字体是相同的。除铭文面外，其余各侧面中一般有一到两面有纹饰，包括菱形纹和"X"与点的组合纹两大类。表中列举的君子砖共 26 块，其中已知有 20 块含有几何图案，其中 14 块含有菱形图案，可知菱形是最常见的装饰图案。

（3）表一中编号为 22、23 的两块砖见于任丘的同一座砖室墓，两砖分属 D 型、Ab 型，两者之间差异在于砖的形状与铭文、纹饰的布局，但铭文字体、纹饰图案则完全一致。可据此推测同一窑中会生产装饰风格相同但形状不同（亦即砌筑方法不同）的铭文砖。此外，分别属于 D 型、Ab 型的另两块砖，与任丘发现的这两块砖尺寸基本一致，纹饰特征完全相同，四者的生产地可能相同。结合四者均为建国后出土、且任丘与河间邻近的事实，不能排除四者出土于同一地点的可能。

三、"君子"砖性质考订

在本文第一节我们已经提及，早在乾隆年间李学白就已经将君子砖、君子瓦与君子馆相联系。苗夔重新发现君子砖后，将其定为所谓的西汉河间献王"君子馆"故物[33]，这一认识与李学白不谋而合。此砖因为苗夔的传拓而广为人知，嗣后文人收藏、题咏此砖，多以"献王君子馆砖""君子馆砖"称之，其年代也多被定为西汉。《补寰宇访碑录》更是给出了明确的断代，认为君子砖年代"在景武间"。君子砖发现至今已历数百年，历代关于君子砖的题跋吟咏中也有人对其性质和年代提出疑问[34]，近代以来关于其定性的疑问更是逐渐增多，朱惠民指出"或君子砖亦非献王君子馆故物"，《中原文化大典》在收录一枚君子砖砚时依据字体结构将之定为东汉遗物，秦焕泽、李顺成的《君子砖乌龙君子馆》主张君子砖与君子馆并无关系。

由于君子砖极少有经考古发掘发现者，更多的是采集自野外或收购于村民之手，因此其出土情境多不明确，可资参考者仅以下几例：

（1）河间"毛公墓"：砖室墓。"出砖门三，圻其顶，得君子砖数枚。旁砌者皆花纹，无字"。（据《文莫室诗集》）

（2）河北安平水泥管厂东汉墓：发现一枚"君子"砖，同墓中还发现有"子"字砖和"大吉"砖。（据《河北安平水泥管厂东汉墓》）

（3）任丘谒城古墓：砖室墓，残存部分高约 2 米，广约 4 米，采集到君子砖两种，其余墓砖均为乳钉菱形纹。（据《任丘金石文征》）

（4）高阳县石家庄村古墓：带回廊的大型砖室墓，墓南北长22米，东西宽7.2～7.7米。墓砖侧面有菱形花纹。墓门发券用砖，迎面皆范“君子”二字。（据《任丘金石文征》《河北省第三次全国文物普查重要新发现：古代遗址及墓葬》）

除此之外，该区域发现的“大吉”“君”“子”等铭文砖均有于砖室墓中发现的案例。“君子”及其他几种铭文砖在墓中的发现表明该区域有着砌筑墓室时使用“君子”及相关铭文墓砖的习俗。君子砖中最为常见的几何图案为菱形，而模印同样的菱形纹饰的墓砖是冀中地区汉墓花纹砖中常见的纹样，南皮芦庄子汉墓（东汉晚期）[35]、蠡县汉墓（东汉中期）[36]、安平水泥管厂汉墓（东汉）[37]、安平后大寨汉墓（东汉早中期）[38]、黄骅马闸口汉墓（东汉）[39]、献县柳椽村北汉墓[40]、高阳县石家庄汉墓[41]、静海东滩头1号墓（东汉晚期）[42]、任丘百尺村汉墓[43]、山东无棣东汉墓[44]等砖室墓均大量使用了模印菱形纹的墓砖，在河间、献县一带的部分汉墓封土附近亦可以采集到该类砖。君子砖上其他的几何纹饰亦可在该区域发现的汉墓砖上找到。此外，近半数的君子砖为发券用的楔形砖，在汉代，楔形砖主要用于砌筑砖室墓的墓门、券顶。基于以上这些事实，基本可以确定君子砖应为墓砖。

对“君子”砖年代进行判断，主要有以下两条依据。第一，就出土单位而言，前面所列出的四例出土情境明确的君子砖材料中安平水泥管厂汉墓已被定为东汉墓，其余三例中高阳石家庄汉墓为带回廊多室墓、河间“毛公墓”有砖门三座、任丘谒城古墓残存尺寸达4米。据宋蓉的研究，冀中南地区砖室墓出现于西汉晚期，直到东汉早期才广泛流行[45]。因此这几例砖室墓不会早于西汉晚期，且多数应为东汉墓。第二，君子砖最常见几何纹饰为菱形纹，前述出土模印菱形纹墓砖的汉墓，可断代者年代均为东汉，可知此种纹饰东汉时在该区域的流行。综合考虑以上因素，“君子”铭墓砖的主要使用时期应为东汉。

通过梳理我们可以得出结论：“君子”铭文的汉砖应为墓砖，其使用年代主要为东汉，该类砖与河间献王以及所谓的“君子馆”[46]并无直接关系。此外，因为河间“毛公墓”发现有用君子砖砌筑的墓门，所以该墓不可能是西汉前期的墓葬，“毛公墓”之说亦应为后人附会。东汉时期以菱形纹为代表的几何纹墓砖在整个冀中地区都较为流行，作为其中的特殊者，“君子”及含有相关内容铭文的墓砖集中见于河间国西部以及邻近的安平国东部这一小区域内，这种特殊的葬俗与该区域浓厚的崇儒传统不无关系。

注　释

[1] 关于君子砖的学术史梳理，前人已有涉及，但重点多在于拓片题跋的辑录. 学界考察君子砖的拓片的收藏与题跋，往往以李滂之的《君子留真谱》为重点，2017西泠春拍中上拍的《许瀚辑藏金石遗书合册》中有苗夔藏《汉河间献王博士毛公君子馆砖》拓本，并附许瀚集钞苗

夔、马邦举、周寿椿、熊士鸿、何熙绩等二十三人作的歌咏君子砖的诗歌，以及许瀚手书《君子砖歌》，合为《君子砖诗集》. 此集的出现早于《君子留真谱》，是考察君子砖拓片流传、题赠以及早期整理情况的重要材料，在今后研究中应当引起重视. 许瀚之后，李浚之汇集歌咏君子砖的诗歌和题跋并收集君子砖拓片，于 1933 年结集出版《君子留真谱》. 今人田国福广泛搜集君子砖相关文献材料并有考证文章，均收录于其编著文集《诗经在河间》一书中，是研究君子砖的重要参考资料. 与前人所做的工作不同，本节重点在于对文献中明确记载的君子砖发现与收藏过程进行梳理，不涉及拓片的流传与题赠.

［2］ 薛凤鸣主修. 献县志·卷 18. 河北府县志辑·第 49 册［M］. 上海：上海书店出版社，2006：445.《民国献县志》中收录的这件纪坤收藏的汉“君子”瓦，瓦之正面有汉篆“君子”二字. 右下角有“戈氏曾藏”字样；瓦侧刻铭“瀛台之畔、子牙之浒，获兹瓦兮溯汉武……”铭后落款“花王阁主人识”（花王阁主人即纪坤）. 纪坤卒于明末，可知该地区“君子”铭器物，应以纪氏收藏为早.

［3］ 此外尚有一条关于乾隆年间发现君子砖的线索. 1929 年第 37 期的《艺林旬刊》刊有君子砖拓本，所附文字说明中云：“此砖清乾隆时初出土，纪晓岚昀定为献王筑馆之物”. 据此可知当时有观点认为君子砖在乾隆时已有出土，且纪晓岚认为应是献王筑馆遗物。遗憾的是该条记载的文献依据目前尚无从考证，故列于此，俟有识者考之.

［4］ 莫友芝《刘子重示以八君子砖墨拓卷兼惠新拓为题二十韵》注曰：“此砖出，始献县苗明经夔”。可知时人多认为苗夔是首次发现者.（清）莫友芝. 郘亭诗集·卷 5. 清代诗文集汇编. 第 641 册［M］. 上海：上海古籍出版社，2010：89.

［5］ 浙江省博物馆藏《东汉河间君子馆砖文拓本轴》. 浙江省博物馆编. 金石书画. 第三卷［M］. 杭州：浙江人民美术出版社，2018：123.

［6］ 转引自田国福. 诗经在河间［M］. 北京：人民日报出版社，2008：324.

［7］ 李鸿章等修，黄彭年等撰. 光绪畿辅通志·卷一六一. 续修四库全书·第 628 册［M］. 上海：上海古籍出版社，2002：669.

［8］ 河间君子馆砖（苗夔题诗本）. 书法丛刊［J］. 2015（3）.

［9］ 同［6］. 田著中云同书中收录有苗夔墓志.《中国古籍总目》中记录有咸丰刻本的《毛诗韵订》十卷，其中包括附录一卷，墓志一卷。可知田文所据或为该版本.

［10］ 该诗由苗夔自撰，记述其发现君子砖经过，苗夔将其所藏君子砖拓片赠予他人时多题此诗，目前可见以下三例：《君子留真谱》著录；何绩溪旧藏君子砖拓片中苗夔题诗；刘位坦旧藏君子砖拓片中苗夔题诗. 三个版本内容略有区别，《君子留真谱》与何绩溪藏拓题诗内容基本相同，后者比前者少四联. 而刘位坦旧藏君子砖拓片中苗夔题诗与前两者不同处较多.

［11］ 苗夔收藏的君子砖，除 1820 年采集自武垣城以及 1835 年交换自肃宁某秀才的这两块之外，尚有以下线索：天津市现存有君子砖一枚，上镌“丙辰二月，苗夔记于理董居”，可知此砖当为苗夔旧藏.

［12］ 高继珩. 正续蝶阶外史［M］. 上海：大达图书供应社，1934：60. 引文中“其一刻‘日华’

字，八皆‘君子’也”一句，所据版本原文为“其一刻‘日华’字八，皆君子也”，《丛书集成三编》中所收《蝀阶外史》句读与之相同．原文文意不通，且鲁迅藏有钤刘子重印记的“日华”砖拓本，其铭文仅见“日华”二字，因此我们判定原文断句有误，今予改之．

[13] 转引自孙殿起．琉璃厂小志［M］．北京：北京古籍出版社［M］．1982：437.

[14] （清）方寄泉．养洲堂古文·卷一．清代诗文集汇编·第600册［M］．上海：上海古籍出版社，2010：121.

[15] 国家图书馆藏张之洞《君子馆记》抄本，转引自董馥荣．国家图书馆藏抄本〈君子馆记〉述略［J］．文献，2015（2）.

[16] 周汝昌．红楼梦新证［M］．北京：华艺出版社，1998：784.

[17] 依据杨翰《跋刘子重藏君子馆砖拓本》．（清）杨翰．息柯杂箸·卷一．清代诗文集汇编·第650册［M］．上海：上海古籍出版社，2010：339.

[18] 《金石书画·第三卷》中收录的《东汉河间君子馆砖纹拓本轴》即为刘位坦旧藏．浙江省博物馆编．金石书画．第三卷［M］．杭州：浙江人民美术出版社，2018：123.

[19] （清）赵之谦．补寰宇访碑录·卷一［M］．石刻史料新编·第1辑·第27册［M］．台北：新文丰出版公司，1977：20196.

[20] 史树青．书画鉴真［M］．北京：北京燕山出版社，1996：408.

[21] 王树枏．文莫室诗集·卷三．中国西北文献丛书·第6辑·第15卷［M］．兰州：兰州古籍书店，1990：238.

[22] 直隶省视学编．直隶风土调查录［M］．上海：商务印书馆，1915：97.

[23] 《清稗类钞》“刘位坦三位令坦”条：“贵筑黄子寿方伯彭年之夫人为大兴刘宽夫侍御位坦女”。刘子重为刘位坦之子，但其生平不详，故难以确定其与黄彭年的具体关系．（清）徐珂．清稗类钞·讥讽类［M］．北京：中华书局，1984：1587.

[24] 鲁迅．鲁迅全集·第15卷［M］．北京：人民文学出版社，2015：528.

[25] 河间县汉君子馆砖［J］．河北月刊，1935（4）.

[26] 衡水市文物管理处．河北安平水泥管厂东汉墓［J］．文物春秋，2005（2）.

[27] 马合意．任丘金石文征［M］．沧州：沧州区域文化研究所，2012：3.

[28] 朱惠民．朱惠民文集：卷四［M］．石家庄：花山文艺出版社，2016：5．该条材料承蒙河北大学文学院刘青松老师告知．谨致谢忱．

[29] 同［28］：6.

[30] 拓片上有搜求该区域君子砖文人的印记或题跋，或直接定名为“河间君子馆砖”“献王君子馆砖”，或与该区域已发现的君子砖形制形同．

[31] 《君子留真谱》中收录有许瀚藏六君子砖合本，但由于图版过于模糊，难以辨认与其他拓本是否为同一块砖。因此表中未收录该拓本中的君子砖．

[32] 目前尚不能确定Aa型的具体形态．

[33] 方寄泉《刘子重君子八砖拓本赞》，中有“仙露曾得其一，拓呈阮云台，先生谓逼真西汉物，

在近人所藏魏晋各砖上，呼为砖祖”，可知阮元也为君子砖的断代贡献了意见.（清）方寄泉. 养渊堂古文·卷一. 清代诗文集汇编·第600册［M］. 上海：上海古籍出版社，2010：121.

［34］ 秦焕泽，李顺成. 君子砖乌龙君子馆［J］. 沧州文化研究，2016（2）.

［35］ 沧州市文物管理处. 河北南皮县芦庄子汉墓［J］. 文物春秋，1998（1）.

［36］ 河北省文物研究所. 蠡县汉墓发掘纪要［J］. 文物，1983（6）.

［37］ 衡水市文物管理处. 河北安平水泥管厂东汉墓［J］. 文物春秋，2005（2）.

［38］ 衡水市文物管理处. 河北安平后大寨汉墓发掘简报［C］. 河北省考古文集5［A］. 北京：科学出版社，2014：81.

［39］ 黄骅市博物馆. 古城印记：战国秦汉古城文明集录［M］. 北京：科学出版社，2018，43.

［40］ a. 国家文物局主编. 中国文物地图集：河北分册［M］. 北京：文物出版社，2013：643.
b. 同［28］：4.

［41］ 河北省文物局. 河北省第三次全国文物普查重要新发现：古代遗址及墓葬［M］. 北京：科学出版社，2015：156.

［42］ 国家文物局主编. 中国文物地图集：天津分册［M］. 北京：中国大百科全书出版社，2002：106.

［43］ 笔者于2019年4月份随同任丘文保所调查时所见，砖现存任丘博物馆.

［44］ 郭世云. 山东无棣清理一座东汉墓［J］. 考古，1992（5）.

［45］ 宋蓉. 汉代冀中南地域文化的考古学研究：以汉墓为中心［J］. 文物春秋，2005（1）.

［46］ 笔者主张所谓河间献王筑“君子馆”之事究竟存在与否，是值得重新考证的. 此处不展开讨论.

A Study on the “Jun Zi” Bricks of the Han Dynasty

Zhai Pengfei

Abstract: Many bricks of Han Dynasty with the Inscription of “Jun Zi” on them were found in the northwest of Cangzhou City, Hebei Province since Qing Dynasty. These bricks were originally used to build tombs, but for a long time people have mistakenly linked them to the palaces built by the Xian King in the Western Han Dynasty. In this article, we have proved through research that this brick is used to build tombs in the Eastern Han Dynasty. The reason why these bricks were used is this region has formed a cultural tradition of respecting Confucianism since the Western Han Dynasty.

Keywords: the “Jun Zi” bricks; the “Jun Zi” hall; the Hejian Kingdom

辽上京博物馆藏辽乾统九年经幢所镌之寺名辩证

葛华廷[1]　李俊义[2]

（1. 巴林左旗辽上京历史文化研究会，林东，025450；
2. 赤峰学院历史文化学院，赤峰，024001）

内容摘要： 内蒙古赤峰市巴林左旗辽上京博物馆藏有一通辽乾统九年石经幢。李逸友先生于 1961 年发表的《内蒙古巴林左旗前后召庙的辽代石窟》一文，以及其后陆续出版的《全辽文》《巴林左旗志》《辽代石刻文编》《临潢史迹》《内蒙古辽代石刻文研究》等书，均称此石经幢所记寺庙名称为"上京开化寺"。然而，笔者查阅最早系统调查、记载前召辽代寺庙及乾统九年经幢的日人鸟居龙藏的相关著作，却发现其记载的乾统九年经幢所刻寺名当为"佛顶寺"，而非"开化寺"。

关键词： 辽上京石经幢；佛顶寺；开化寺

内蒙古赤峰市巴林左旗辽上京博物馆藏有一通辽乾统九年石经幢。1985 年修成的《巴林左旗志》"前召庙乾统年经幢"一节详述此经幢如下。

> （此经幢）"文革"前置于前召庙[1]佛殿后小石山上，"文革"时被弃于山腰间。一九七二年移至旗文化馆。台座为四角形，上有莲台，台上有石幢。八面皆有铭文，为汉译陀罗尼经，通高 1.8 米。
>
> 幢身之雕刻极为优美，一面有双龙相对和凤凰张翼。另一面有迦陵频加相对和双狮并舞。幢身周围刻有八层莲瓣及牡丹图案。幢身最后刻有建幢人及年月日。陀罗尼经（略）。幢上最末铭文："特建石幢子堂壹座僧蕴崇李阿刘男孙焸晃郭郎法化女清汉兴圣最连乾统九年乙丑午时十月三日上京开化寺僧普□（达）"。[2]

政协巴林左旗委员会编辑出版的《临潢史迹》一书中，亦介绍此经幢如下。

开化寺：位于弘福寺东北十华里山谷中，即今巴林左旗前召庙。

前召庙位于后召庙圣水山东南的伞形山前，……原来的前召喇嘛庙建筑辉煌，……但由于年久失修，早在1966年以前都已坍塌，现仅存遗址和石窟。……

石窟前的大殿即清代隆善寺，大殿左侧置石幢一通，全高1.52米，……

另一件辽代石幢原来置于佛殿后的小石丘上，也就是石窟的外顶部。……八面幢身皆有铭文，为汉译陀罗尼经。通高1.8米。……幢身最末铭文是“乾统九年乙丑午时十月三日上京开化寺僧普□”字样。[3]

1982年出版的《全辽文》[4]、1995年出版的《辽代石刻文编》[5]和2007年出版的《内蒙古辽代石刻文研究》（增订版）[6]等书，亦收录了前召乾辽统九年石经幢刻文的后记部分，其中的寺庙名称皆为“开化寺”。

查阅目前能够找到的国内相关资料，谓前召庙辽乾统九年石经幢后记中寺庙名称为“开化寺”的，最早当属李逸友先生的《内蒙古巴林左旗前后召庙的辽代石窟》一文。其文称：“幢上铭文有‘特建石幢子壹座僧蕴崇李阿刘男孙□（砚）□（男）□郭郎法花女清汉兴圣最連乾统九年已丑午时十月三日上京开化寺僧书普□（达）’等字样。”[7]

上述书刊均称前召庙辽乾统九年石经幢所记寺庙名称为“上京开化寺”，但是查阅最早系统调查、记载前召辽代寺庙及乾统九年经幢的日本人鸟居龙藏的相关著作，却发现其记载的乾统九年经幢所刻寺名并不是我们现在所称的“开化寺”。

鸟居龙藏在《辽上京城以南伊克山之辽代佛刹》一文中称：“今日乌布尔古伊布尔交喇嘛庙（指前召庙——笔者）之背后岩上，立有一基陀罗尼幢。……台座为四角形，其上部有圆形之莲台，莲台上载有八角形之陀罗尼幢。”“此幢身雕有四种陀罗尼，即首为佛顶尊胜陀罗尼，……最后镌刻建立陀罗尼幢之人名，及其年月日等。”[8]根据鸟居龙藏对此经幢的所在及形状、幢身刻文的描述，我们可以肯定此经幢即《巴林左旗志》《临潢史迹》等提到的前召带有“开化寺”字样的经幢。鸟居龙藏全文录入幢身所刻陀罗尼经，其中后记部分的录文为：“特建石礓子一坐僧蕴崇孛刘男尛晃田□□法花女清汉兴圣最逴乾统九年已[9]丑午时十月三日上京佛顶寺□□□□□。”鸟居龙藏文中有云：“于年月日之下，有最小之‘上京佛顶寺□□□□□’之文字，尚模糊可见。再者于‘上京’文字下之［佛］［顶］寺想佛顶寺当为此处寺院之名称。……此寺名于《辽史》上并无记述，然则由此石幢之镌记，又可新知一辽代佛刹矣。”[10]由此，我们可以肯定，前召庙辽乾统九年经幢所刻的佛寺的名称当为“佛顶寺”，而非“开化寺”。

鸟居龙藏对辽上京以南的后召庙、前召庙的调查时间为1930年。此次的调查、记载可以说是十分详细的，是研究辽上京以南前召庙、后召庙等辽代寺庙及佛教信仰的第一手材料。鸟居龙藏调查之际，他看到的前召庙乾统九年经幢上的寺庙名称“佛顶寺”等字“尚模糊可见”，并制作拓本。今天，当我们再查看辽上京博物馆所藏的前召庙乾统九年经幢所记的寺庙名称的刻字时，只有“寺”字依稀可辨，其余两字已难以辨认，实在令人遗憾！好在有鸟居龙藏早年的调查记录及拓本照片存世[11]，尽管拓本不甚清晰，但“佛顶寺”三字的字形还可以辨认出来（图一）。在鸟居龙藏调查前召辽乾统九年经幢之后的1941年，由三宅俊成、杉村勇造、黑田源次、三枝朝四郎、清水铗一、上原之节、大内健等日本人组成的林东辽代史迹调查团亦对前召乾统九年经幢做了调查。三宅俊成所著《林东辽代遗迹踏查记》一书详细记载了此次调查，书中明载：乾统九年经幢所刻寺庙名称为“上京佛顶寺”[12]。此载与鸟居龙藏的记述相一致。

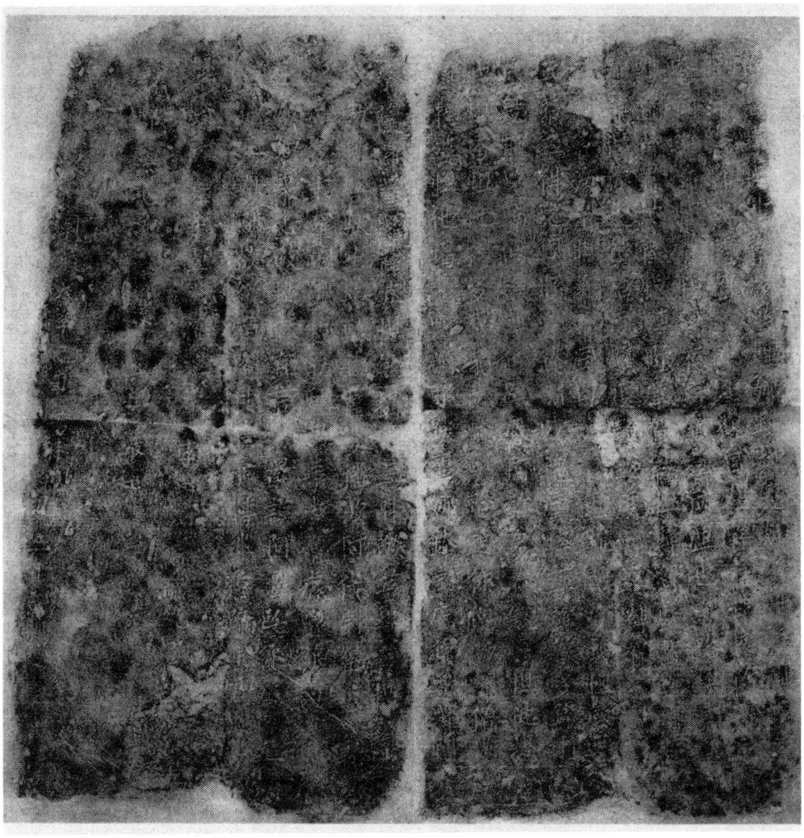

图一 辽乾统九年经幢拓本（鸟居龙藏拓制）

前召庙乾统九年经幢所刻寺庙名称“佛顶寺”之“佛顶”两字，与“开（開）化”两字比较，字形差异很大，不可能存在由于字形相近而致误的情况。且该经幢幢身所刻四种陀罗尼经，为首的即《佛顶尊胜陀罗尼经》，所在寺庙如以“佛顶”为名，也合乎情理。《巴林左旗志》等书、文将乾统九年经幢上的寺名“佛顶”误为“开化”，当是后来抄录者辨识有误，而且抄录者当时尚未见到鸟居龙藏的相关文章及拓本照片。

前召庙乾统九年经幢所刻寺名，由于某种原因，使“佛顶寺”讹为“开化寺”，遂产生了连锁反应，使此讹误扩散。《辽代石刻文编》在收录前召庙乾统九年石经幢石刻文时即题为《上京开化寺经幢记（乾统九年）》，且寺名“开化寺”之后的“僧书普□□”几字，与鸟居龙藏录文及《巴林左旗志》《临潢史迹》所录又有差别。有鉴于此，为辽上京博物馆所藏辽乾统九年石经幢所刻寺名正名，是十分必要的。

注　释

［1］前召是俗称，位于后召东南．后召庙，即清善福寺、辽真寂之寺所在．

［2］巴林左旗志编辑委员会编．巴林左旗志［M］．1985年内部印行：464.

［3］政协巴林左旗委员会编．临潢史迹［M］．呼和浩特：内蒙古人民出版社，1999：80，81.

［4］陈述辑校．全辽文［M］．北京：中华书局，1982：307.

［5］向南．辽代石刻文编［M］．石家庄：河北教育出版社，1995：600.

［6］盖之庸编著．内蒙古辽代石刻文研究（增订本）［M］．呼和浩特：内蒙古大学出版社，2007：687.

［7］李逸友．内蒙古巴林左旗前后昭庙的辽代石窟［J］．文物．1961（12）：23.

［8］a.〔日〕鸟居龙藏．辽上京城以南伊克山上之辽代佛刹（中文）［A］．辽海引年集（第一册）［C］．北京：和记印书馆，1947：328～330；燕京学报．1951（40）：233，235.

b. 鸟居龙藏．辽上京城の南，伊克山上の辽代佛刹（日文）［A］．鸟居龙藏全集（第六卷）［C］．朝日新闻社，1976：190，191.

［9］《燕京学报》1951年6月第四十期此字误作“已”．

［10］同［8］a：330，331.

［11］鸟居龙藏．考古學上より見たる遼之文化圖譜（第一册）［M］．东京：东方文化学院东京研究所，1936：第70图版．

［12］〔日〕三宅俊成著，戴岳曦译，李俊义，程嘉静，吕富华校注．林东辽代遗迹踏查记［M］．呼和浩特：内蒙古人民出版社，2014：58，59.

On the Names of the Temples Inscribed on the Liao Dynasty Buddhist Stone Pillar Dated to the Ninth Year of Qiantong Kept in Liao Shangjing Museum

Ge Huating　Li Junyi

Abstract: The Liao Shangjing Museum in Bahrain Left Banner, Chifeng City, Inner Mongolia, has a buddhist stone pillar dated to the ninth year of Qiantong of the Liao Dynasty. In 1961, Li

Yiyou published the article *Liao Dynasty Grottoes in the Qian Zhao and Hou Zhao Temples in the vicinity of Bahrain Left Banner in Inner Mongolia,* as well as *Quan Liao Wen, Annals of the Bahrain Left Banner, Liao Dynasty Stone Inscriptions, The Historical Site of Linhuang, On Liao Dynasty Stone Carvings in Inner Mongolia* and so on, which all designated the temple inscribed on this stone pillar as "Shangjing Kaihua Temple". However, the author conducted a systematic investigation of the records of Qian Zhao Temple in the Liao Dynasty including books about the buddhist stone pillar dated to the ninth year of Qiantong written by the Japanese scholar Torii Ryuzo, and found that the name of the temple should be called "Foding Temple", rather than "Kaihua Temple".

Keywords: Buddhist Stone Pillar in Liao Shangjing Museum; Foding Temple; Kaihua Temple

南漳“永定章程”石碑考

姜　波[1]　陈　易[2]　孙义红[2]

（1. 枣阳市文物考古队，枣阳，441200；2. 南漳县博物馆，枣阳，441500）

内容摘要：南漳“永定章程”石碑是清代同治八年对同治元年或二年“武镇”八大商号报备于南漳“里问衔”分司的乡规民约的续订章程。章程对约120类商品按重量40～60千克为一“回”计搬运费。商品涵盖川货、广货、京货、地方特产。特别是“里问衔”分司的设置揭示了当时南漳武镇水运码头的重要性。反映了繁华的区域经济，鼎盛的行业商会。对研究清代基层官吏考核、鄂西北部分行业商会概况、清代襄阳汉水水运商品货物计价方式、内陆河道管理、码头文化提供了实物资料。

关键词：南漳“永定章程”石碑；里问衔；清代基层官吏考核仪叙制；行业商会规章；货物计价方法；水运文化线路；码头文化

2012年11月27日，襄阳市南漳城关镇胡营加油站发现一通石碑，现收藏于南漳县博物馆，石碑稍有损毁与划痕，通身为青灰色石质，圭首，正面楷书，字迹清晰，背面无文，上端、下端、侧面和背面均有制凿石碑时留下线性凹痕，下端未见凸出的榫头，“经调查”该碑原镶嵌于武镇白马庙内。

石碑整体保存较完整，通高170、宽78.5、厚12.5厘米（图一）。正面碑文整理如下。

额头“永定章程”四字，纵行右读：“钦加里问衔特授南漳县分司加四级记录扬为”21字。考“里问”，元、明、清均有该机构[1]。《清史稿·职官制三》：承宣布政使……里问一人，从六品……里问掌推勘邢名……。可见“里问”品级比县令还高一级。据《襄阳光绪府志》，襄阳府有“里问衔”[2]，在南漳武镇设立分司则未见。但据南漳民国旧县志载，清咸丰初年武安镇设“牙厘（治理、整顿）分局”，光绪末年裁。宣统二年设商务自治会，三年二月停止。

“加四级记录五次”，是清代官吏考核制度（仪叙制）。据《清史稿》，清代官吏考核一般分“京察”和“大计”，“四格八法”，督抚京官（三品以上）考核一般为京察，基层官吏为大计，大计是督抚考察府、州、县基层官吏，上报吏部，都察院，优等者上报皇帝，三

图一 “永定章程”石碑

年为初考，六年为再考，九年为考满，一般具备其一即可生转。但各朝也不尽相同[3]。

《清会典·吏部》卷11记载：“凡议叙之法有二：一曰纪录，其等三（计以次，有纪录一次、纪录二次、纪录三次之别）；二曰加级（计以级，有加一级、加二级、加三级之别），合之，其等十有二。”

对官员的通常奖赏叫做“议叙”，分成“纪录”和“加级”两种，各有三等。最低的是“纪录一次”，累积三次，便算“加一级”，再上为“加一级纪录一次”，到“加一级纪录三次”晋升为“加二级”，依此类推累进，直到“加三级”为止，共有十二等。但从一些资料看，很多官吏超过加三级记录。

官员得到议叙，遇有升迁可随带以示荣誉，在考核也是具有评定优劣等次功能的依据。官员因过受降级、罚俸处分时，可以本人所得之“加级、纪录”抵消。例如，纪录一次，抵消罚俸六个月；军功纪录一次，抵消罚俸一年；纪录四次，可抵消降一级等类推。但若是大过，必须实降实罚时，不准抵消。所以，在清代文献中，常见某某官员加若干级、纪录若干次的记载。

扬为即县令扬宗时，字春生，江苏扬湖（萧山）人，杨湖供事，扬湖文派，咸丰五年天门知县、同治元年南漳知县、同治三年襄阳知县，从主持修《襄阳县志》。《襄阳府志》评价他：“尚质朴、长听断、修试院、筑城隍……”[4]其在任期间即同治元年至二年（1862 ~ 1863 年），在南漳武镇，根据正顺、忠茂等 14 商行，胡天长、胡正义约 22 商户禀示整顿脚夫规范搬运市场，出示“晓瑜”（即布告），规定 80 ~ 100 觔（斤）为一回，按回计算搬运费，如有更改，依据商行、商户举报“分司”将重责。该碑刻立之时杨宗时已调任襄阳为知县。

其内容见“右仰知悉”，也是该碑文第二部分。共 7 行，满行 52 字，缺 3 字，凡 283 字。由于杨宗时在任期间政绩卓著，所以加四级、记录五次。

第三部为“告示”，即续订碑文。分叙言；货物单位按石、包、箱、桶、篓、捆、坛、块、串、夹、夕分类；每类折合回数；告示补充说明；落款三部分。

告示“叙言”纵五行，满行 52 字，凡 188 字。“效蒙 司主赏示”可能是出于尊敬或避讳中间空一字。该段强调再次制定“定章”的原因：“我镇商贸云辏”即云聚，贸易日新月异，但有脚夫勒索商贾，酿生事端，扰乱搬运市场，而积习成风，为此效蒙前贤旧制，约定 80 ~ 100 斤为一回的乡规民约。并把细目刊列于后，约定存庙每年演戏印送。本章程刻石（也许还有木刻板）存庙，演戏印送（也许是石刻拓片、或木刻印刷品），据南漳旧县志武安镇清有白马庙[5]。

商品细类，分八项，每项约 14 类，共计商品约 120 类。总计 810 字。该部分是“永定章程”的纲，明确规定各类商品按某计量单位（包、箱、桶、篓、捆、坛等）折合“回数”，也许按容量大小计算回数比较方便，比每类商品均要过秤便捷。商品的货源分地方货、川货、淮货、广货、京货。货的种类涵盖生活用品、生产工具、建材、染料、油漆、饲料、钱币、纸张、釉料、地方特产山珍等。其中纸张为大宗者就有 15 类。这可能和南漳有多处造纸作坊有关。全国第三次文物普查资料表明，南漳现存民国以前造纸作坊共计 26 处。

烧瓷用釉料洋蓝，耳蓝（清代多进口）以“夕”为计量单位也较少见。是否与包装有关。章程并规定商品损坏照价赔偿的条款。

“补充说明”三行，满行 51 字，凡 130 字。补充说明未上单货物以重量 80 ~ 300 斤及 300 斤以上重量折合回数的方法。并有距离远近增加力资的规定，否则雇主可另顾脚力。本处重量用“斤”而不用“觔”。

落款一行 11 字为“大清同治己巳年十月　日立”，即同治八年（1869 年），此时扬宗时已在襄阳知县任上。

结　　语

南漳武安镇曾是秦将白起挖“长渠”引蛮河水淹鄢城以后封邑[6]。据南漳旧县志载，武安素有小汉口之称。南漳境内的清凉河、黑河两大水系注入蛮河蜿蜒进入宜城而入汉水，再入长江。溯流襄江北上唐白河而入淯水、沘水（河南南阳水系），淯水沘水的东部是淮水系，北部是伊洛水系，该水系直达黄河。第三次文物普查表明，从四川到南漳自古就有一条文化线路，我们从唐代白居易《闻官军收河南河北》中“即从巴峡穿巫峡，便下襄阳向洛阳”可见一斑。

据“永定章程”碑刻载，南漳武镇码头分布川货、汉货、广货、京货。如此，武镇货运东可达淮水，北可达黄河，南可达长江。而南漳的沮、漳水南注入远安、当阳，荆门而入长江，西南注入宜昌、恩施与峡江水系，四川水系交融。漳水与蛮河相距不远，为此在武镇有川货、淮货、广货、京货也就不足为怪了。而货物搬运以“回”计价为目前清代资料所仅见。

清代南漳“武镇”作为鄂西北货物集散地是由其特殊水系位置、水利设施确定的，它不但有动态的大河，也有较大的静态的围堰“武安堰”、灵溪堰，上游还有莲花堰（均相当于水库），来往船只可进堰避风雨、停靠，可以休息、娱乐，也可在码头上下进行货物中转[7]。由于其独特作用，所以清代在南漳设立“里问衔分司”管理行业商会及码头安全与市场稳定，这为湖北境内其他旧县所未见。

该碑文（右仰知悉）不是一般的乡规民约，而是通过行业商会的报备，政府动议而形成具有约束性文件而刊石记录，这些政绩有别于一般公益事业，它参与在任行政长官考核。为我们研究清代基层官吏考核、鄂西北水运商贸、商品计价方法、码头文化、内陆河道管理、湖北地方史志补充等研究提供了实物资料。

附记：古城文化馆李富平提供南漳民国县志，襄阳光绪府志。中山大学历史系17年研究生徐小萌提供《清史稿》。湖北省考古研究所胡刚博士审阅了稿件。特此感谢。

注　　释

[1] 《元史·百官志七》：里问所里问二员正四品，副里问二员从五品.《明代·职官制四》：“承宣布政使司……里问所，里问一人从六品，副里问一人，从七品”.《清史稿·职官制三》承宣布政使司布政使，省个一人……里问所里问从六品…….《清史稿·职官制三》：“里问”掌推勘刑名.

[2] 光绪乙酉年重修《襄阳府志》有里问衔，坩生李春荣，可见清代襄阳有里问衔可能成定制.

[3] 《清史稿》志八十六 选举六：康熙元年罢京察，专用三年考满例，三品以上仍自陈，余官分五等，一等称职者记录，二等称职者赏赉，平常者留任，不及者降调，不称职者革职……

［4］ 查南漳民国县志，同治时知县仅有三人，分别是杨宗时（同治元至二年），赵宴清三至七年，王元曾同治八至十二年．而同治三年杨宗时已调襄阳县任知县．

［5］ 南漳民国县志襄阳宝汇堂石印，台北陈文出版社有限公司出版卷19，寺观．

［6］ 周赧王三十六年（前279年），秦昭王派大良造（爵位名）白起率军大举攻楚．《元和郡县图志》："长渠在县南二十六里．昔秦使白起攻楚，引西山谷水两道，争灌鄢城．"《长渠志》记载，公元前279年，白起率兵进逼鄢城，久攻不下之时，于距鄢城百里之遥的武安镇蛮河上垒石筑坝，开沟挖渠，以水代兵，引水破鄢。北魏《水经注》描述了这场残酷的战争："水溃城东北角，百姓随水流，死于城东者数十万……"而后秦封白起为武安君，武安镇由此得名．

［7］ 参见光绪《襄阳府志》，卷九建置 水利：武安堰在县东45里，灵溪堰在县东50里通木渠……

Textual Research on the Stone Stele of the "Yongding Constitution" in Nanzhang

Jiang Bo　Chen Yi　Sun Yihong

Abstract: The Qing Dynasty "Yongding Constitution" stele from Nanzhang was a renewal of the local regulations and civil contracts of the eight major businesses of "Wuzhen" from the first or second year of Tongzhi to the eighth year of Tongzhi, which were reported to the "Liwen Title" branch of Nanzhang. The text reports the handling fee for about 120 kinds of commodities according to the weight of 80-120 kg for one "return". Commodities cover "Sichuan goods", "Guangzhou goods", "Beijing goods" and "local specialties". In particular, the establishment of the "Liwen Title" sub-division reveals the importance of the Nan Zhangwu Town Waterway Terminal at that time. It reflects the prosperous regional economy and the important role played by the flourishing chamber of Commerce and Industry. It provides material for the study of the assessment of grass-roots officials, the general situation of trade associations in Northwest Hubei, the valuation methods of goods transported by water in Xiangyang, and the management of docks and inland river courses in the Qing Dynasty.

Keywords: Nanzhang "Yongding Constitution" stone tablet; inquiry title; Qing Dynasty grass-roots officials appraisal system; Industry and Commerce Association rules; goods valuation method; waterway transportation; dock culture

延庆两方唐代墓志考释

王伯轩

（北京市延庆区文物管理所博物馆部，延庆，102100）

内容摘要：唐代逯运墓志是延庆地区保藏年代最早的一方砖刻唐志，也是这一地区发现记有“儒价州”字样年代最早的出土文献，为考古学定位儒价州城地理位置提供了关键依据。唐代张乾曜墓志主人为防御军武职官员。防御军是唐中后期幽州北部存在的重要军事力量。这方墓志为探究唐代防御军建置和幽州防御功能实现提供了重要线索。

关键词：唐代；墓志；儒价州；防御军

唐代延庆地区是幽州西北部的军事要地和地缘藩屏，也是幽州军镇及其防御体系的重要构成，随着唐朝对东北地区经营方略的渐次转变，和突厥、契丹、奚等民族群体对唐活动的日益频繁，延庆地区的防戍机构、御边功能在唐中后期幽州军镇建构的同时得到逐步强化。但也正因地处边隅，发展滞缓，延庆虽处多元民族互动交流的前沿地带，相关史料却罕见难寻，可谓一片空白。在这种形势下，延庆地区考古积累的重要意义得以突显，特别是唐代墓葬、墓志的持续发现，对于还原唐代延庆地区建置、军防的历史本真起到了关键作用。本文即以在延庆发现的唐代逯运墓志、张乾曜墓志为探究材料，对志文所载信息和历史价值进行考释研究。

一、逯运墓志考释

（一）逯运墓志出土概况

唐逯运墓志，2007 年出土于延庆南菜园二区建设工地编号 M79 的砖室墓葬中，现藏于延庆区文物管理所。由于目前尚未见到该墓考古报告，笔者依据相关图像资料对该墓简介如下。该墓为砖砌单室墓，由墓道、甬道、主室三部分构成。墓道呈斜坡式长方形，位于主室南侧中部。甬道位于墓道北侧，北接主室。主室平面约呈圆形，墓室用绳纹砖砌筑而成，墓底未见铺砖。该墓因早期盗毁，墓室周壁均有不同程度拆损，其中东北壁尚存 16 层平砖及 1 层竖砖，平砖为错缝砌制。棺床在墓室北侧，未见铺砖。因被

图一　唐逯运墓志

扰动，在清理时，有南北两具骨架残缺散乱于棺床上。墓壁高度、墓门、甬道及墓室顶砌已残毁不清。棺床北侧还发现一残破三彩陶罐。通过墓志和遗骨判断，该墓应为夫妻合葬墓。

墓志砖质，长40、宽40厘米。其中志盖无字，墓志刻文7行，每行8字至11字不等，共65字，楷体。志文简要记载了墓主人逯运的籍贯、官职、配偶、葬地等内容。录文并断句如下（图一）。

大唐开元廿八年岁」次庚辰，三月一日丁亥。」郑州荥泽县人逯运，」前任汝州甲城府折冲，」左降幽州开福府别将，妫」州身亡。夫人太原王氏。寄葬」儒价州城东南一里坎上。」

（二）逯运生平和儒价州记载

逯运，“郑州荥泽县人，……夫人太原王氏”。郑州（荥阳郡），唐属河南道，领“管城、荥阳、荥泽、原武、阳武、新郑、中牟”等县[1]。太原府（并州），唐属河东道，领“太原、晋阳、太谷、祁、文水、榆次、盂、寿阳、乐平、广阳、清源、交城、阳曲”等县[2]。荥泽县，治今郑州古荥镇北[3]。

“大唐开元廿八年岁次庚辰，三月一日丁亥”是该志唯一的纪年，也是墓主人的埋葬时间，即公元740年4月1日。

逯运“前任汝州甲城府折冲，左降幽州开福府别将”。“折冲”是折冲都尉的省称。折冲府是唐代府兵制的基层单位，每府以折冲都尉为主将，以左、右果毅二人为副，以别将、长史、兵曹参军等为僚属分理军务。折冲府府官的品级依各府级别而定，其中，折冲都尉“上府正四品上、中府从四品下、下府正五品下”，别将“上府正七品下，中府从七品上，下府从七品下”。折冲都尉“掌领五校之属，以备宿卫，以从师役，总其戎具、资粮、差点、教习之法令。”别将主要职责是将“材老弱少壮，各为之簿，以进退为。”[4]此外，“凡发府兵，皆下符契，州刺史与折冲勘契乃发。若全府发，则折冲都尉以下皆行；不尽，则果毅行；少则别将行。”[5]可见，除折冲都尉外，别将也具有一定的领兵职权。

汝州（临汝郡），唐初属河南道，开元中又属都畿道，领“梁、郏城、鲁山、叶、黄、襄城、龙兴、临汝”等县[6]。由于唐代折冲府均以其所在地命名，且其名均为两字。又据逯运官职可知，“甲城府”应为汝州境内的折冲府名。但是目前已知的唐时汝州所辖折冲府共有6个，其中《新唐书》地理志记有4府，前贤又新补2府，分别为：

龙兴府、鲁阳府、梁川府、郏城府、鲁山府、期城府。“甲城府”并不在汝州已知诸府之列，同时汝州地志及相关材料亦未见其辖地有“甲城”或相近地名（例如田城）的材料，则疑该志所刻“甲城府”应为某已知府名的讹记。按上述6府中，名为“某城”府的仅有2例，分别为郏城府和期城府。在切韵方面，根据《正韵》记载，“甲”、“郏”二字皆记为古洽切，由此推测“甲城府”应为郏城府之误。《唐折冲府汇考》记郏城府在今河南郏县[7]。

开福府为幽州境内所置折冲府之一。按“幽州范阳郡，县九。有府十四，曰吕平、涿城、德闻、潞城、乐上、清化、洪源、良乡、开福、政和、停骖、柘河、良杜、咸宁。”[8]《唐仵钦墓志》载，仵钦于“永徽五年（654年），除开福府旅帅。”[9]开福府的具体置地未详。

一般而言，左降官是指被朝廷降职削级并迁任远地的官吏[10]。从逯运的前后官职对比不难发现，其“左降”后的任所虽仍为折冲府，然而任地已由河南道更迁至偏远的河北道，官位也由折冲都尉降职为折冲府别将。

志文记载逯运于“妫州身亡”。妫州（北燕州、怀戎郡），隋涿郡之怀戎县。唐武德七年讨平高开道，以幽州之怀戎县置北燕州。贞观八年改为妫州。长安二年移治旧清夷军城。天宝元年改名为妫川郡。乾元元年复为妫州。妫州位于河北道西部，东南与幽州毗邻，为幽北极为重要的军镇边州之一，辖有清夷军、怀柔军、宁武军和广边军等4军。“玄宗时代，奚、契丹为患，几无日无之。其最严重者，始于开元十八年奚、契丹并西降突厥，于是二十一年有郭英杰之败，继之又有安禄山之败，迄无宁岁。”[11]

谷霁光在《府兵制度考释》中指出，“府兵的担任征防任务，它与地方兵或边防兵结合在一起，往往被视为中坚力量。……唐玄宗于河北诸州增置府兵番上以备两蕃，依照番第，担任戍边之责。凡守库、护桥虽为专责，但仍然会同地方兵驻屯境内；戍边则系配合边防兵，府兵人数不多，除非战争中临时从各地调遣而来，一般均以少数兵力担负着防戍的重要任务。”[12]由此不难看出，幽州的折冲府在玄宗时代担负着防戍北边诸州的重要任务，以应对两蕃的侵扰。

同时，墓志中表达死亡含义的用词较多，诸如终、歿、卒、薨等为一般常用词。“身亡”一词可以泛指死亡，但是在唐志中更惯用于非正常死亡原因，诸如征战、染疾等。举例如下，“（契苾）公讳嵩，字议节，……匈奴大下，公兄频胜，短兵接战，为虏所擒，荒外身亡，骸留不返。”[13]“维咸亨三年岁次壬申正月甲午朔廿八日辛酉，故周王府队正李元昭以今年正月廿一日构疾身亡。”[14]“（曹公）忠赤奉国，未展勤心，抱疾塞园，去大中元年二月七日，终于本镇雄军界万泉栅身亡，享年六十有七。”[15]综上所言，逯运作为折冲府军官，很可能是在参与幽北边地征防、征战等军事活动过程中“身亡”的。

志谓墓主人“寄葬儒价州城东南一里坎上”。“寄葬”表示临时性埋葬，一般而言，受归葬祖茔等传统丧葬观念影响，客死异乡之人往往会先被“权厝”，待日后以亲属认领等形式再行归葬或直接以权厝之地当作永久葬地。从该墓葬尚见大量遗骨判断可知，墓主人尚未迁葬。

儒价州，史籍无载。根据逯运墓葬的实际地理位置和“儒价州城东南一里”的志文记载推断，墓葬西北一里即为“儒价州城”，这表明该州城应位于今天妫河北岸的延庆城区西南部。2003年在延庆南菜园地区发现的一座唐墓中出土了一方墓志，该志记载墓主人刘日用埋葬时间为永泰二年（766年）五月十九日，季弟刘日政历任“北郡使兼儒价州刺史、平州刺史、卢龙军使、云麾将军、右武卫大将军”，那么粗略推断，儒价州至少应是唐开元末期至“安史之乱”时期或“乱”前，今延庆地区存在的州一级行政建置。

值得说明的是，墓志中有三个关键地点与逯运生平关系密切，其中幽州开福府为其最终任所，妫州为其身亡地，儒价州为其葬地。逯运左降以后，其户籍应随之迁入幽州，其家室亦应生活于开福府地团范围内。唐律规定：“州、县有境界，折冲府有地团。不因公事私自出境界者，杖一百。”[16]这表明折冲府属官更是不得擅自离开地团境界的。同时，“诸从征及从行、公使于所在身死，依令应送还本乡……”。关于这条律文的具体解释是，“‘从征’谓从军征讨，‘及从行’谓从车驾行及从东宫行，并公事充使，于所在身死。依令应送还本乡者，《军防令》：‘征行卫士以上，身死行军，具录随身资财及尸，付本府人将还。无本府人者，付随近州县递送。’”[17]这说明，逯运死亡后，本应由开福府将其尸体领回幽州处理，如果没有被领回，可以由邻近的州县递送。从实际情况看，儒价州承担了最终处理尸体的职责，虽然没有递送，但是将逯运临时埋葬在州城附近。换言之，该处墓地的性质很可能为儒价州为逯运提供的临时性埋葬墓地。

二、张乾曜墓志考释

（一）张乾曜墓志出土概况

1975年，延庆谷家营村东北发掘出唐代砖室墓1座，该墓呈圆形，直径约2.8米，残损严重。出土墓志1合，陶罐2件。墓志石质，保存基本完好。志盖盝顶，长45厘米，宽44厘米。顶面正中阴刻篆书“张公之铭”，四刹阴刻人物携带生肖动物图像，交角阴刻牡丹。其中人物为持笏文臣扮相，生肖动物或捧于胸前，或置于冠顶。图案生动写实，錾刻精细。下合长49厘米，宽47厘米，周饰回纹，志面阴刻纵向罫线。志文正书兼行，18行，23字至29字不等，共计401字。墓志主要记载了墓主人张乾曜的籍贯、生平、官封及配偶、世系等信息，为研究唐中、后期幽州防御军及其军城建置提供了重要史料。录文并断句如下（图二）。

唐故南阳张公墓志铭并序[18]

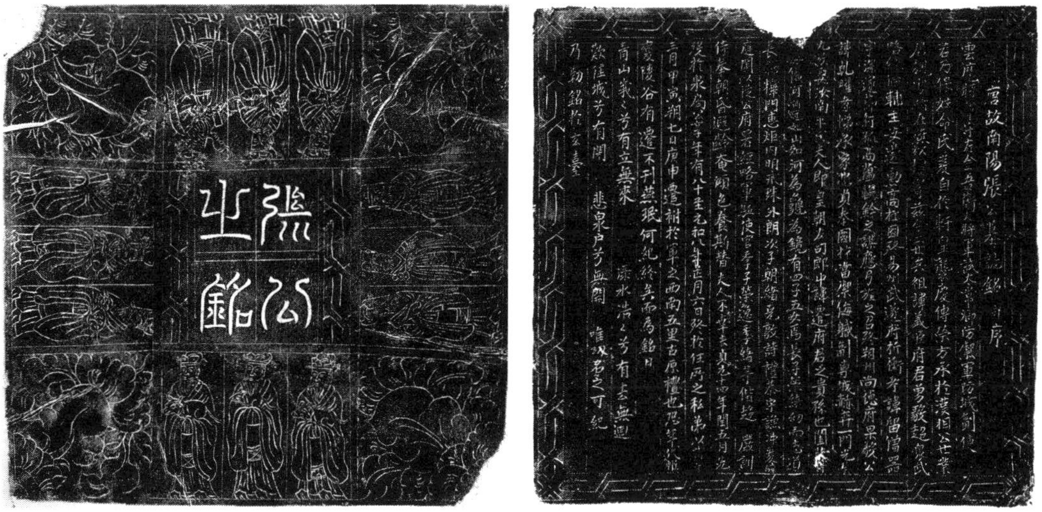

图二 唐张乾曜墓志拓片

云麾将军守右金吾卫大将军、试太常卿、防御军防城副使。」若乃保姓命氏爰自于轩皇，袭庆传荣方承于汉相。公世业」居魏，官绪在燕。松檟寄兹，今二世矣。祖讳义臣，府君勇毅超众，武」略绝伦。辅主安边，勋高柱国。终易州武遂府折冲。考讳留僧，器」宇深邃，节行孤高。蕴韫钤之谋，应弓旌之召。终朔州尚德府果毅。公」讳乾曜，孝悌承家，忠贞奉国。材当御侮，职副专城。赫弈一门，光荣」九族。娶汝南平氏，夫人即皇朝左司郎中讳迁府君之贵孙也。闺□□」□，母仪可遵。如山如河，为龟为镜。有四子五女焉，长子荣绪，幼而志道，」长归释门。惠炬内明，戒珠外朗。次子朝绪，克敦诗礼，恭守谦冲。爰辞」庭闱，以从公府，署经略军驱使官。季子荣逸、季绪等偕趋严训，」侍奉朝昏。遐龄奄倾，色养斯替。夫人不幸，去贞元十四年闰五月先」殁于泉扃。公享年有八十，至元和八年正月六日终于任所之私弟，以其年」三月甲寅朔七日庚申迁祔于军之西南五里古原，礼也。恐年代推」变，陵谷有迁。不刊燕珉，何纪终矣，而为铭曰：」青山峩峩兮有立无来，渌水浩浩兮有去无回。」叹佳城兮有闭，悲泉户兮无开。唯功名之可纪，」乃勒铭于玄台。

（二）张乾曜祖上事迹

志题张乾曜籍贯南阳。唐代南阳即指邓州（南阳郡），武德二年，改隋南阳郡为邓州。三年置总管府，四年废之。天宝元年改为南阳郡。乾元元年复为邓州[19]。

志载张姓“爰自于轩皇”。据《元和姓纂》载：“黄帝第五子青阳生挥，为弓正，观弧星，始制弓矢，主祀弧星，因姓张氏。”[20]所谓“承于汉相”即指世系继承于汉初名相张良。汉末至唐，张乾曜祖上居于魏地，至张公之时，官任则于燕地，故称“世业居魏，官绪在燕”。“松檟寄兹，今二世矣”。松树、檟树常被栽种于墓地，亦可作为墓地代称。因此，该句意指张乾曜祖父（张义臣）和父亲（张留僧）均葬于燕地。

志载张义臣“辅主安边，勋高柱国。终易州武遂府折冲。”唐代勋官共有十二转，有品级而无职掌[21]。其最高者称上柱国，次为柱国。易州，隋上谷郡，武德四年讨平宝建德，改为易州。天宝元年改为上谷郡。乾元元年复为易州[22]。又据《新唐书·地理志》载，易州“有府九，曰遂城、安义、修武、德行、新安、古亭、武遂、长乐、龙水”，武遂府名列其中，张沛疑此府在今河北徐水县西北遂城[23]。折冲即折冲都尉的省称，为折冲府军事长官。

志载张留僧“蕴韬钤之谋，应弓旌之召。终朔州尚德府果毅。”钤指兵法，弓旌指古代招贤信物。前句意指张留僧怀藏兵法谋略以从军府。朔州，隋马邑县。武德四年置朔州。天宝元年改为马邑郡。乾元元年复为朔州[24]。《新唐书·地理志》关于朔州折冲府建置失载，《唐折冲府汇考》补记尙德、石井二府，则该志所记又可为其证。果毅是果毅都尉的省称，诸府设左果毅、右果毅各一人，为折冲都尉的副职。品秩依府而定，上府从五品下、中府正六品上、下府从六品下。

（三）张乾曜事迹和官职

墓志对张乾曜官职记载在志文开篇，“云麾将军守右金吾卫大将军、试太常卿、防御军防城副使”。其中，云麾将军为武散官名，从三品。右金吾卫大将军为十六卫中左、右金吾卫职事官名，《大唐六典·诸卫府》载，“左、右金吾卫，大将军各一人，正三品。……掌宫中及京城昼夜巡警之法，以执御非违”等职[25]。“守”指“阶卑而官高者”，由于云麾将军品秩低于右金吾卫大将军，因此称“守”[26]。值得说明的是，虽然右金吾卫大将军为职事官职，但在中唐以后，随着府兵制的瓦解，十六卫官职逐渐成为一种封赏的虚衔。太常卿即太常寺卿，“太常寺，卿一人，正三品。……掌邦国礼乐、郊庙、社稷之事，以八署分为理焉”[27]。“试”指“未为正命”，即官员没有被正式任命某个官职。防御军防城副使与志记“职副专城”相符，据《新唐书·地理志》载，幽州（范阳郡）昌平县“北十五里有军都径。西北三十五里有纳款关，即居庸故关，亦谓之军都关。其北有防御军，古夏阳川也。”按墓志记张乾曜葬于“军之西南五里”，即延庆谷家营村东北，可知防御军置地应在今延庆城区附近。防城副使即指防城使的副职，城则指防御军城。有学者指出，防城使“最早见诸史籍是在唐德宗建中四年（783年）”，“唐中后期藩镇战乱，攻城掠地，防城使一职在一些重要城镇纷纷设立，主防守城池之务。”[28]

志载张乾曜为左司郎中平迁[29]之孙婿。左司郎中，尚书省左司职事官名，从五品上，“掌付十有二司之事，以举正稽违，省署符目”[30]。

墓志记载张公夫人平氏卒于贞元十四年闰五月，即公元798年6月，具体日期不详。张乾曜“享年有八十，至元和八年正月六日终于任所之私弟，以其年三月甲寅朔七日庚申迁祔于军之西南五里古原”，则其卒年为公元 813 年 2 月 10 日，葬年为当年 4 月 11 日。推知张乾曜生年应为开元二十一年（公元 733 年）前后。“迁祔”指出张公夫妇最终得以合葬。

（四）张乾曜子嗣

张乾曜夫妇育有四子五女，四子依长幼次序分别为张荣绪、张朝绪、张荣逸和张季绪。张荣绪“幼而志道，长归释门”。释门指佛门，表明张荣绪在年长后皈依三宝。张朝绪“爰辞庭闱，以从公府，署经略军驱使官”。庭闱意指父母，这句志文表明张朝绪辞别父母步入仕途，任经略军驱使官。经略军，“置在范阳城内，延载元年（694 年）置。”[31] 经略军是范阳节度使（幽州节度使）的直管军队，“管军三万人，马三百匹”[32]。安史之乱后，经略军沿置。驱使官是经略军属胥吏官名，以供节府差役杂务之职。[33] 张荣逸、张季绪“偕趋严训，侍奉朝昏。遐龄奄倾，色养斯替。”表明二人克尽孝道，留守家中侍奉年迈的父母。遐龄，敬称老年人高寿。色养，即指和颜悦色奉养父母或承顺父母。

（五）防御军及其军城建置

防御军始置时间不详，唐长孺《唐书兵志笺正》认为防御军“当是肃宗以后增置”[34]。目前，笔者发现最早关于防御军建置的材料为《唐建中四年买地券》，其所记年代早于张乾曜墓志所记约 30 年[35]。据券文记载，墓主人户籍为“幽州安次县崇仁乡招贤里”，官任“防御军衙前判宦（判官）”，葬年为“建中四年歲次癸亥十一月甲戌朔十二日乙酉”，即公元 783 年 12 月 10 日。卒年为当年“六月廿四日”，即公元 783 年 7 月 27 日。葬地为“防御军城东南三里平原”。根据该墓实际位置分析，防御军城应位于葬地西北三里，其地相当于今天妫河北岸延庆城区西南部，该城亦应是防御军驻扎地。这表明防御军至迟在 783 年就已建立。

还有一些志石和题记亦可反映出唐后期防御军的建置情况，例举如下。据《唐故巨鹿郡曹府君夫人清河郡张氏合祔墓志铭并序》载，夫人张氏“去开成二年（837 年）四月十九日终于防御军”[36]。

据《大唐故彭城刘府君（海云）祔葬墓志铭并序》载，刘海云“会昌六年（846 年）归合于防御军东石堆栅”[37]。

据《大唐故幽州节度判官兼殿中侍御史银青光禄大夫检校太子宾客卢龙节度留后营府都督柳城军使平州诸军使平妫等州刺史上柱国太原王府君（公淑）墓铭并序》载，“乐输井税，转牧妫汭。……邻有凋弊，借以抚绥。更充防御军使。……大中二年（848

年）十月十四日，兑易箦归全[38]于蓟门私第"[39]。"转牧妫汭"即指任妫州刺史。

又据《唐故幽州节度押衙摄檀州刺史充威武军营田团练等使银青光禄大夫检校国子祭酒兼御史大夫上柱国南阳乐公（邦穗）墓志并序》载，"咸通三年（862年）秋九月，奏旧职，遥摄防御军使、守妫州别驾、银青光禄大夫、检校国子祭酒兼侍御史。"[40]

《房山石经题记汇编》记有"节度押衙兼摄防御军使检校国子监祭酒兼殿中侍御史任石裕"，咸通九年（868年）勾当造经；又记"节度押衙遥摄防御军使中散大夫试太子宾客马如□"，中和三年（883年）四月八日[41]。

除此之外尚有一例值得说明，据《唐故幽州节度押衙金紫光禄大夫检校太子宾客摄妫檀义州刺史□□□□□等使兼御史中丞东海郡高公（霞寓）玄堂铭并序》载，"累加奏幽州节度押衙、金紫光禄大夫、检校太子宾客。兼御史中丞。遇以境尘犯塞……改摄妫州刺史，告勋如旧。……暨周星，移防练使兼知儒等州事。霜未几，转摄广边军使兼营田等使，终于位。"高霞寓"以大和七年（833年）五月十三日迮疾归谢，时年六十六。"[42]

其中，录文"移防练使兼知儒等州事"有待商榷。《唐代墓志汇编》所载高霞寓墓志系录自《京畿冢墓遗文》[43]。《唐刺史考全编》妫州刺史高霞寓条下引证则录自上海图书馆藏拓片，二者所记主要有两处不同。

其一是志题，《唐刺史考全编》记《唐故幽州节度押衙金紫光禄大夫检校太子宾客摄妫檀等州刺□□□□□等使兼御史中丞东海郡高公（霞寓）玄堂铭并序》[44]。区别在于前者为"摄妫檀义州刺史"，而后者没有认定"义州刺史"，"义"记作"等"。同时，若据文意补全"刺史"，后者实际只有四个阙字。

其二，志文"移防练使兼知儒等州事"，后者记"移防□□使兼知儒等州事"。该条记载不但没有认定"防练使"，而且据阙字判断，此处官职应为四字。

《隋唐五代墓志汇编》载有高霞寓墓志拓片（图三），志题下部泐蚀，二者所记已很难分辨[45]。志文"移防"二字位于志石下部，"使兼知儒等州事"位于转行的上部，字迹均较为清晰，唯"防"、"使"之间的字迹泐蚀亦较难分辨。但是参照该拓下部罫线和邻近行的刻字判断，"防"、"使"之间确有二字。那么，"防练使"则不应成立。

笔者推断这处阙字应为"御军"，即高霞寓曾任防御军使。一方面，防御军有军使一职，见上述王公淑墓志、乐邦穗墓志。另一方面，唐代所谓"知州事"，指以非正员州刺史或他官理州事[46]。按"知儒等州事"可知其知事之州包括"儒州"[47]。儒州在今延庆境，与防御军同处一地。因此，高霞寓应曾于大和中任防御军使。

上述材料反映出唐中、后期出现的防御军作为今延庆地区曾经存在的重要军事建置单位，自"安史之乱"以后沿置于唐末，其存在时间约为1个世纪。不仅如此，防御军的组织形成应与北郡防戍有一定演变关系。

"安史之乱"以前，防御军驻地曾称为北郡。据《唐刘日用墓志》载，刘日用于永

图三 唐高霞寓墓志拓片

泰二年（766年）葬于“北郡城南三里”，葬地在今延庆境内。据《露布》载，乌承恩曾于开元年间任北郡长上折冲兼儒州都督。另据《唐国希仙墓志》载，国希仙卒年为建中三年（782年），其祖父国守义曾任北郡守捉使。由此可知，北郡曾存在长上折冲、守捉使等职，其建置规模要低于军。

此外，据《大唐六典·尚书工部·屯田郎中》载，“凡天下诸军州管屯，总九百九十有二，……河北道幽州五十五屯，清夷一十五屯，北郡六屯，威武一十五屯，……”。按清夷、威武均为军名，二者分别设置于妫州城内和檀州城内。幽州北部6屯由“北郡”掌管，其数量仅有清夷或威武的40%，可能与其地位低于军的建置规模有一定关联。

综上所述，防御军是唐中后期设立于幽州昌平县北部，即今延庆境内的军事单位，其职事官职体系包括军使、衙前判官、防城使（副使）等职。其中，防御军使职充（摄）任者包括州刺史、别驾、节度押衙等。

就大环境而论，幽州镇位于河北藩镇的最北边，承担着防御奚、契丹等侵扰的重要任务。“安史之乱”以后，幽州凋弊，备边增强。“自至德后，藩镇擅地务自安，鄣戍斥候益谨，不生事于边，奚、契丹亦鲜入寇”[48]。因此，防御军的设立应与唐后期幽州镇军事防御功能实现密切相关。就区域军事体系演变而言，“安史之乱”应是促使幽州北部区域防戍建置发生演变的主要因素。其对延庆地区的主要影响在于增强了北郡的军事建置等级，即从守捉提升为军。同时，北郡称谓亦不再见于史载。

（六）附表：张乾曜墓志所载张氏于唐可考世系

义臣——留僧——乾曜——荣绪、朝绪、荣逸、季绪

三、结　语

逯运墓志虽然志文简短，但却是目前延庆地区保藏年代最早的砖刻唐志，刊刻年代为开元二十八年（740年）。同时，该志也是这一地区发现记有“儒价州”字样年代最早的出土文献，其重要价值在于填补了唐中期延庆地区行政建置的史料空白，该墓地与“州城”距离仅1里，更为考古学定位儒价州城地理位置提供了关键依据。逯运的生平事略客观印证了汝州郏城府、幽州开福府等折冲府建置的存在。此外，逯运左降前后的任地、官职变化对于考察唐中期武职贬官的地区规律提供了实物文字资料。

张乾曜墓志是目前延庆地区发现的并且保存最为完好的石刻唐志之一，刻工精细，史料丰富，志、铭完整，不失为这一地区出土唐志的精品，同时兼具较高的文献价值。首先，张乾曜及其于唐时世系均不见史载，据志可补。墓志记载了张氏一族祖孙四代的官职情况，从折冲府武职官员到边境防城副使，再到军镇驱使官，从一个侧面勾勒出唐代军事形态演变的地方色彩和家族体现。其次，以张乾曜墓志、建中四年买地券等为代表的延庆地区出土文献进一步丰富了关于防御军的基本资料，而且为定位防御军及其军城地理位置提供了重要的史料依据。最后，综合史载，唐中后期包含防御军记载的墓志、石刻等文献数量较多，防御军官员流转更为频繁。这表明“安史之乱”以后，延庆地区的军事建置等级相比之前经历了较大提升，防御军对于幽州军事防御体系的构建具有重要意义。众多材料亦为确定防御军的建置时间提供了重要参考，进而为分析唐代延庆地区军事建置演变过程提供了指引。

注　释

［1］（宋）欧阳修，宋祁撰．新唐书·志第二十八·地理二［M］．北京：中华书局，1975：987.

［2］（宋）欧阳修，宋祁撰．新唐书·志第二十九·地理三［M］．北京：中华书局，1975：1003，1004.

［3］吴松弟编著．两唐书地理志汇释［M］．合肥：安徽教育出版社，2002：85.

［4］（唐）张九龄等原著．袁文兴，潘寅生主编．唐六典全译·卷二五·诸卫府［M］．兰州：甘肃人民出版社，1997：645，646.

［5］（宋）欧阳修，宋祁撰．新唐书·志第四十·兵［M］．北京：中华书局，1975：1326.

［6］（宋）欧阳修，宋祁撰．新唐书·志第二十八·地理二［M］．北京：中华书局，1975：984.

[7] 张沛编著．唐折冲府汇考［M］．西安：三秦出版社，2003：130.

[8]（宋）欧阳修，宋祁撰．新唐书·志第二十九·地理三［M］．北京：中华书局，1975：1019．据考，吕平为昌平之误、德闻为德闰之误、乐上为乐土之误．详见张沛编著．唐折冲府汇考［M］．西安：三秦出版社，2003：207.

[9] 该志于1929年10月，发现于北京市西城区大木仓唐墓．志题为《唐故朝散大夫仪同三司上柱国右戎卫开福府旅帅仵君（钦）墓志铭并叙》，载于吴钢主编．全唐文补遗第6辑［M］．西安：三秦出版社，1999：311.

[10] 张艳云．唐代量移制度考述［J］．中国史研究，2001（4）：67～77.

[11] 张沛编著．唐折冲府汇考［M］．西安：三秦出版社，2003：194.

[12] 谷霁光著．府兵制度考释［M］．上海：上海人民出版社，1962：172.

[13] 周绍良主编．唐代墓志汇编·开元314·大唐故特进凉国公行道州别驾契苾公墓志铭并序［M］．上海：上海古籍出版社，1992：1374，1375.

[14] 周绍良主编．唐代墓志汇编·咸亨046·无志题［M］．上海：上海古籍出版社，1992：542.

[15] 周绍良，赵超主编．唐代墓志汇编续集·大中008·唐故巨鹿郡曹府君夫人清河郡张氏合祔墓志铭并序［M］．上海：上海古籍出版社，2001：974.

[16] 钱大群撰．唐律疏议新注·职制律93·刺史县令等私自出界［M］．南京：南京师范大学出版社，2007：299.

[17] 钱大群撰．唐律疏议新注·杂律407·从征从行身死不送本乡及伤病医食有阙致死［M］．南京：南京师范大学出版社，2007：858.

[18] 这篇志文最早收录于《延庆文化文物志》编委会，延庆县文化委员会编．延庆文化文物志·文物卷［M］．北京：北京出版社，2010：146, 147．由于该篇校录存在诸多问题，今笔者依照原志石及拓片重校，并指正其误，正文不再追校．《文物志》第146页，"祚"为"方承"误；第147页，"祖讳义臣府君，勇毅超众，……殁于易州武遂府折冲"应为"祖讳义臣，府君勇毅超众，……终易州武遂府折冲"；"考讳留僧，……蕴韫钤之谋……殁朔州尚德府果毅"应为"考讳留僧，……蕴韫钤之谋……终朔州尚德府果毅"；"公讳乾曜，……忠勇奉国……职付专城"应为"公讳乾曜，……忠贞奉国……职副专城"；"娶汝南平氏夫人，即皇朝左司郎中讳迁府君之贵孙也．闺阑贤淑，母仪可遵"应为"娶汝南平氏，夫人即皇朝左司郎中讳迁府君之贵孙也．闺□□□，母仪可遵"；"次子朝绪，……恭守谦冲，爰词庭阑……署经略军驿使官"应为"次子朝绪，……恭守谦冲，爰辞庭闱……署经略军驱使官"；"季子荣逸等偕趋严训"应为"季子荣逸、季绪等偕趋严训"；"夫人不幸于贞元十四年闰五月，先殁于泉扃"应为"夫人不幸，去贞元十四年闰五月，先殁于泉扃"；"公享年有八十，……殁于任所之私第"应为"公享年有八十，……终于任所之私第"；"恐年代榷变，陵谷有迁，不堪燕珉，何纪终矣．而为铭"应为"恐年代推变，陵谷有迁，不刊燕珉，何纪终矣。而为铭曰"．另外，《文物志》第147页对张乾曜子嗣概括有误．其中，"次：张朝绪（经略军，驿使）"，官职应为经略军驱使官；"季：张荣逸．四：张荣□"，"季"可泛指排行最小者，志记"季子荣逸、季绪等偕趋严训，……色养斯替"，因此，季子应为张荣逸、张季绪.

［19］（后晋）刘昫等撰．旧唐书·志第十九·地理二［M］．北京：中华书局，1975：1543．

［20］（唐）林宝撰．岑仲勉校记．元和姓纂（附四校记）［M］．北京：中华书局，1994：584．

［21］勋官十二转分为：上柱国、柱国、上护军、护军、上轻车都尉、轻车都尉、上骑都尉、骑都尉、骁骑尉、飞骑尉、云骑尉、武骑尉。品级自正二品至从七品．

［22］（后晋）刘昫等撰．旧唐书·志第十九·地理二［M］．北京：中华书局，1975：1513．

［23］关于易州折冲府名称，《唐折冲府汇考》指出“修武”为“修政”之误，“古亭”为“石亭”之误，府数未变．张沛编著．唐折冲府汇考［M］．西安：三秦出版社，2003：204．另外，武遂府置地，参该书第206，207页．

［24］（后晋）刘昫等撰．旧唐书·志第十九·地理二［M］．北京：中华书局，1975：1487．

［25］（唐）张九龄等原著．袁文兴，潘寅生主编．唐六典全译·卷二五·诸卫府［M］．兰州：甘肃人民出版社，1997：634．

［26］据《通典》记载，“天授二年，凡举人，无贤不肖，咸加擢拜，大置试官以处之．试官盖起於此也．试者，未为正命．凡正官，皆称行、守．其阶高而官卑者称行，阶卑而官高者称守，官阶同者并无行、守字．”（唐）杜佑撰．王文锦等点校．通典·卷第十九·职官一［M］．北京：中华书局，1988：471．

［27］（唐）张九龄等原著．袁文兴，潘寅生主编．唐六典全译·卷十四·太常寺［M］．兰州：甘肃人民出版社，1997：401，402．

［28］冯培红．晚唐五代宋初归义军武职军将研究［A］．郑炳林主编．敦煌归义军史专题研究［C］．兰州．兰州大学出版社，1997：134，135．

［29］平迁，史籍未见传记。志载其职为左司郎中，然唐代郎官石柱题名等亦未见记载，据志可补．

［30］（唐）张九龄等原著．袁文兴，潘寅生主编．唐六典全译·卷一·三师三公尚书都省［M］．兰州：甘肃人民出版社，1997：17，18．《新唐书》所记略同，其职“掌付诸司之务，举稽违，署符目，知宿直，为丞之贰．”（宋）欧阳修，宋祁撰．新唐书·志第三十六·百官一［M］．北京：中华书局，1975：1185．

［31］（宋）王溥撰．唐会要·卷七八·诸使中·节度使［M］．上海：上海古籍出版社，1991：1429．

［32］（后晋）刘昫等撰．旧唐书·志第十八·地理一［M］．北京：中华书局，1975：1387．

［33］驱使官是唐后期出现的新型胥吏，上至御史台诸司诸使、朝堂等中央机构，下至使府、州、县等地方机构均有普遍设置，并呈现出“以职为官”的特征．其职掌正如官名所言，以供驱使，举凡诸司杂务，均为驱使官掌控．李锦绣．关于唐后期官与吏界限的几点思考［J］．暨南史学，2005（4）：116～129．另据《新唐书·百官志》记载，左右神策军置有驱使官各二人．（宋）欧阳修，宋祁撰．新唐书·志第三十九上·百官四上［M］．北京：中华书局，1975：1291．

［34］唐长孺撰．唐书兵志笺正［M］．北京：科学出版社，1957：38．

［35］2002年出土于延庆南菜园地区一处唐墓，墓志砖制，上合朱砂正书“墓志之铭”，下合墨书，局部字迹磨损严重，特别是墓主人名姓等内容不可辨识．该志在内容上具有浓厚的道教文化

特征，其实质应是一篇买地券（冥契）. 该志无题名，笔者依其内容性质称之《唐建中四年买地券》.

[36] 周绍良，赵超主编. 唐代墓志汇编续集·大中008·唐故巨鹿郡曹府君夫人清河郡张氏合祔墓志铭并序［M］. 上海：上海古籍出版社，2001：974.

[37] 该志石系2002年延庆文物管理所于延庆永宁镇西关村征集. 疑防御军下尚有“栅”一级军事单位.

[38] 易箦：箦为床席，易箦指人之临终. 归全：谓善终.

[39] 中国文物研究所，北京石刻艺术博物馆编. 新中国出土墓志·北京（壹）下册［M］. 北京：文物出版社，2003：18.

[40] 墓志1949年出土于北京丰台区石景山庞村. 志文按《唐乐邦穗墓志考释》录. 鲁晓帆. 唐乐邦穗墓志考释［J］. 北京文博，2009（2）：63～68.

[41] 北京图书馆金石组，中国佛教图书文物馆石经组编. 房山石经题记汇编［M］. 北京：书目文献出版社，1987：177，182.

[42] 周绍良主编. 唐代墓志汇编·大和066·唐故幽州节度押衙金紫光禄大夫检校太子宾客摄妫檀义州刺史□□□□□等使兼御史中丞东海郡高公玄堂铭并序［M］. 上海：上海古籍出版社，1992：2143，2144.

[43] （民国）罗振玉辑. 京畿冢墓遗文（民国自刊本）·卷下［A］. 中国东方文化研究会历史文化分会编. 历代碑志丛书·第14册［C］. 南京：江苏古籍出版社，1998：35.

[44] 郁贤皓著. 唐刺史考全编［M］. 合肥：安徽大学出版社，2000：1620.

[45] 郝本性主编. 隋唐五代墓志汇编·河南卷［M］. 天津：天津古籍出版社，1991：105.

[46] 龚延明著. 中国历代职官别名大辞典［M］. 上海：上海辞书出版社，2006：421.

[47] 儒州的始置时间正史没有记载，据《文献通考》载，“唐末置，石晋时没於契丹. 领县一，缙山.” 按高霞寓大和中（公元827年至835年）任防御军使兼理儒州事，则儒州始置应提前. 然而，开元二十一（733年）乌承恩曾为儒州都督，疑儒州为内附的乌洛侯所设. 按此推断，儒州始置至少应于开元中.（元）马端临撰. 文献通考·卷316·舆地考二［M］. 北京：中华书局，1986：2485. 杨晓燕. 唐代平卢军与环渤海地域［A］. 王小甫主编. 盛唐时代与东北亚政局［C］. 上海. 上海辞书出版社，2003：181，243（注112）.

[48] （宋）欧阳修，宋祁撰. 新唐书·列传第一百四十四·契丹［M］. 北京：中华书局，1975：6172.

Two Tang Dynasty Epitaphs from Yanqing

Wang Boxuan

Abstract: The Tang Dynasty Lu Yun epitaph is the earliest brick-carved epitaph found in the Yanqing area，it is also the earliest unearthed document in this region where the word "Rujiazhou" was written. This epitaph provides a key basis for the archaeological location of the city. The owner of the epitaph, Zhang Qianyao, was a military officer of the Tang Dynasty Fangyu army. This army was the main military force in the northern part of the You prefecture in the middle and late Tang Dynasty. This epitaph provides important clues for exploring the constitution of the Fangyu army and the defensive function of the You prefecture in the Tang Dynasty.

Keywords: Tang Dynasty; epitaph; Rujiazhou; Fangyu army

征稿启事

《北方民族考古》是由中国人民大学北方民族考古研究所、中国人民大学考古文博系在中国人民大学考古学科创建十周年之际创办的学术刊物。本刊本着加强学科建设，增进学术交流，普及考古文博知识的宗旨，以北方民族考古为主要特色，同时兼及中原和长江流域的考古学研究。

为及时反映最新考古学研究成果及田野考古新材料，本刊拟每年出版一辑，目前拟设置的栏目包括：①考古新发现；②研究与探索；③考古新视野；④考古与科技；⑤书评等。稿件内容以北方民族考古为主，同时欢迎其他方面的优秀成果投稿。

稿件具体要求：①论文不超过15000字，考古发掘报告字数可适度增加；②来稿请附中、英文摘要（300字左右）、关键词（3～6个）及作者简介；③注释统一采用文后注，注释格式请参考《北方民族考古》第一辑的样式；④译文需取得原作者的授权，以免发生版权纠纷。

《北方民族考古》实行双向匿名审稿，刊用意见将在收稿后3个月内通知作者。本刊不收取任何版面费，一经刊用，即奉样刊五本。

联系人：李梅田

电子邮件投稿地址：limeitian@hotmail.com（如邮件超过20M，请发至578134457@qq.com）

编辑部地址：北京市海淀区中关村大街59号中国人民大学北方民族考古研究所

邮编：100872